[Wissen für die Praxis]

Weiterführend empfehlen wir:

Ausländerrecht, Migrations- und Flüchtlingsrecht
ISBN 978-3-8029-5352-1

WALHALLA

Walhalla Fachredaktion

Arbeitsbuch Das neue Asylrecht nach der GEAS-Reform

Vergleichende Gegenüberstellung/Synopse

Gesetzesmaterialien und Erläuterungen zum neuen AsylG und den Verordnungen des Gemeinsamen Europäischen Asylsystems

Bibliografische Information der Deutschen Nationalbibliothek

Die Deutsche Nationalbibliothek verzeichnet diese Publikation in der Deutschen Nationalbibliografie; detaillierte bibliografische Daten sind im Internet über www.dnb.de abrufbar.

Zitiervorschlag:

Wahalla Fachredaktion, Arbeitsbuch: Das neue Asylrecht nach der GEAS-Reform, Wahalla Fachverlag, 2026

Walhalla
Mediengruppe

WALHALLA – eine Marke der Walhalla Mediengruppe

1. Auflage

15. Juli 2026

Kontakt bei Fragen zur Produktsicherheit:

Walhalla u. Praetoria Verlag GmbH & Co. KG, Haus an der Eisernen Brücke, 93042 Regensburg, E-Mail: produktsicherheit@walhalla.de, Telefon: 0941 5684-0

Produktion: Walhalla Mediengruppe, Regensburg

Umschlaggestaltung: grubergrafik, Augsburg

Printed in Germany

ISBN 978-3-8029-7661-2

Zur Walhalla Mediengruppe gehören die Marken WALHALLA, Deichmann+Fuchs, metropolitan und Annual Multimedia Award.

Einführung

Die Reform des Gemeinsamen Europäischen Asylsystems (GEAS)

*Eine Einführung von Dr. Hans-Peter Welte**

1. Zweck des GEAS

Das Gemeinsame Europäische Asylsystem ist darauf angelegt, die Migration von Asylsuchenden in die Europäische Union – EU – (vgl. Art. 18 AEUV[1], zum Asylrecht, Art. 78 Abs. 1 und 2 AEUV, zu Maßnahmen in Bezug auf ein gemeinsames europäisches Asylsystem) insgesamt zu steuern und zu ordnen, humanitäre Standards für Geflüchtete zu schützen und die irreguläre Migration zu begrenzen. Von einer ausgewogenen Balance aus Verantwortung und Solidarität wird Deutschland als Zielstaat von irregulärer Sekundärmigration deutlich profitieren.[2]

Viele Menschen aus anderen Teilen der Welt möchten aus unterschiedlichen Gründen in der Europäischen Union leben. Ihre Zuwanderung wirft jedoch auch Probleme auf, die in der Europäischen Union nur gemeinsam gelöst werden können. Deshalb ist eine Harmonisierung der Asyl-, Flüchtlings- und Einwanderungspolitik notwendig. Das GEAS[3] ist die Grundlage, um EU-weit die Gewährung internationalen Schutzes[4] zu steuern und zu ordnen, humanitäre Standards für Geflüchtete und ihre Familienangehörigen sowie vulnerable Asylsuchende zu schützen bzw. zu verbessern und irreguläre Migration zu begrenzen.[5]

2. Rückblick

Seit 1999 arbeitet die EU an einem Gemeinsamen Europäischen Asylsystem und an der Verbesserung des Rechtsrahmens. Dabei wurden EU-Vorschriften vereinbart, die gemeinsame hohe Standards und eine stärkere Zusammenarbeit in der EU festlegen, um zu gewährleisten, dass Asylbewerber in einem offenen und gerechten System gleichbehandelt werden.[6]

Die EU-Kommission hat im Frühjahr 2016 sieben Legislativvorschläge zur Reform des Gemeinsamen Europäischen Asylsystems (Reformpaket) vorgelegt, die eine Änderung der Rechtsakte des GEAS zum Ziel hatten. Dabei sollte auch die Dublin III-VO geändert werden.[7] Am 12. September 2018 unterbreitete sie drei weitere Vorschläge (darunter eine Aktualisierung eines der ersten sieben Vorschläge). Am 23. September 2020 hat die Europäische Kommission neben einer Reihe nicht legislativer Vorschläge zu diversen Migrationsfragen insgesamt fünf Legislativvorschläge für ein neues Migrations- und Asylpaket zur Reform des Gemeinsamen Europäischen Asylsystems vorgelegt:

- eine Asyl- und Migrationsmanagement-Verordnung, von der die Dublin III-Verordnung abgelöst werden soll,

---

* *Dr. Hans-Peter Welte ist Autor zahlreicher Fachpublikationen sowie Dozent bei Verwaltungsakademien und Fortbildungsleiter in Kommunen. Er war viele Jahre auf dem Gebiet des Ausländerrechts beim Regierungspräsidium Tübingen, Innenministerium Baden-Württemberg und Bundesministerium des Innern tätig.*

[1] Vertrag über die Arbeitsweise der Europäischen Union.

[2] Vgl. BT-Drs. 21/1850, Seite 22.

[3] Zur Ausfüllung der Vorgaben des Amsterdamer Vertrages haben die Staats- und Regierungschefs der Europäischen Union bei ihrem Treffen im Oktober 1999 im finnischen Tampere eine gemeinsame europäische Asyl- und Migrationspolitik beschlossen, die vier verschiedene, aber eng miteinander verbundene Bereiche umfasst: Partnerschaft mit den Herkunftsländern, ein Gemeinsames Europäisches Asylsystem (GEAS), eine gerechte Behandlung von Drittstaatsangehörigen sowie die Steuerung der Migrationsströme.

[4] Asyl, subsidiärer Schutz und vorübergehender Schutz, vgl. Art. 78 Abs. 1 AEUV.

[5] Vgl. Stübinger, Schutz klimabedingter Mobilität in der GEAS-Reform, ZAR 2025, 74–79.

[6] Vgl. Welte, Reform des Gemeinsamen Europäischen Asylsystems?, InfAuslR 2021, 369–371.

[7] Vgl. Stellungnahme des Bundesrates zum Entwurf der Dublin IV-VO vom 4.11.2016, BR-Drs. 390/16; Lesser/Nienhoff/Schmidt, Der New Pact on Migration and Asylum, ZAR 2021, 139, zur Reform des GEAS; Kluth, GEAS-Reformvorschlag enthält problematische Instrumente, ZAR 2023, 233.

- eine Krisenmanagement-Verordnung,
- eine Screening-Verordnung,
- Änderungen der konzipierten Asylverfahrens-Verordnung und
- Änderungen der geltenden Eurodac-Verordnung[8].

Dabei handelt es sich um den seit langem angekündigten „New Pact on Migration and Asylum" (New Pact) als einen Neuanfang in der europäischen Migrationspolitik,[9] wobei es um ein „umfassendes europäisches Migrationskonzept" zur Reform des Gemeinsamen Europäischen Asylsystems (GEAS) geht.[10] Nach langjährigen und intensiven Verhandlungen haben sich das Europäische Parlament und die Mitgliedstaaten im Mai 2024 auf eine GEAS-Reform geeinigt.

Im neuen Migrations- und Asylpaket wurde betont, wie wichtig gut verwaltete und unter Einsatz uneingeschränkt dialogfähiger IT-Systeme kontrollierte EU-Außengrenzen sind, wenn es darum geht, die Integrität und das Funktionieren eines Schengen-Raums ohne Kontrollen an den Binnengrenzen zu gewährleisten. Ablichtungen des Reisedokuments des Visumantragstellers werden in die VIS-Datenbank aufgenommen.

Die elf Gesetzgebungsakte des Europäischen Parlaments und des Rates zur Reform des Gemeinsamen Europäischen Asylsystems sind am 14. Mai 2024 beschlossen worden und am 11. Juni 2024 in Kraft getreten.[11] Die EU-Mitgliedsstaaten hatten bis zur Anwendbarkeit der Rechtsakte am 12. Juni 2026 Zeit, die neuen Regelungen umzusetzen und das einschlägige nationale Recht anzupassen.

Die Bundesregierung hat am 3. September 2025 zwei Gesetzentwürfe beschlossen, mit denen das neue GEAS im nationalen Recht umsetzbar wird. Diese Regelungen werden überwiegend zeitgleich mit der Anwendbarkeit der GEAS-Rechtsakte am 12. Juni 2026 in Kraft treten.[12]

Die Neuausrichtung des GEAS erfordert umfangreiche Anpassungen im innerstaatlichen Recht (z. B. Asylgesetz, Aufenthaltsgesetz) und wird weitreichende Auswirkungen auf die praktische Umsetzung der Reform in Deutschland haben. So sind etwa die Verfahrensabläufe den unionsrechtlichen Vorgaben anzupassen.[13]

---

[8] Nach Art. 4 Abs. 1 Eurodac-Verordnung besteht die Verpflichtung, jedem Asylbewerber, der mindestens 14 Jahre alt ist, unverzüglich die Fingerabdrücke aller Finger abzunehmen und der Eurodac-Zentraleinheit zu übermitteln. Diese vergleicht sie nach Art. 4 Abs. 3 Eurodac-Verordnung mit den von anderen Mitgliedstaaten übermittelten und in der zentralen Datenbank bereits gespeicherten Daten, auf Ersuchen auch mit früher übermittelten Fingerabdruck Daten des gleichen Mitgliedstaats (Art. 4 Abs. 4 Eurodac-Verordnung). § 16 AsylG dient der Erfüllung der unionsrechtlichen Verpflichtungen aus der Eurodac-Verordnung (BT-Drucks. 14/7386 S. 36, 59).

[9] Vgl. KOM, Neus Migrations- und Asylpaket.

[10] Vgl. Lesser/Nienhoff/Schmidt, Der New Pact on Migration and Asylum, ZAR 2021, 139–145, zur Reform des GEAS.

[11] Kluth, GEAS-Reformvorschlag enthält problematische Instrumente, ZAR 2023, 233–234.

[12] Nach einem Bericht der zuständigen Brüsseler Behörde über den Stand der Umsetzung der GEAS-Reform hinkt Deutschland bei den Vorbereitungen zur Umsetzung der Reform bei der notwendigen technischen Ausstattung und der Schulung der Beamten an den Grenzen hinterher. Dies gelte auch etwa für die Asyl-Grenzverfahren an Flughäfen, wo „dringend" die notwenigen Kapazitäten aufgebaut werden müssten. Auch Probleme bei der Einführung des Eurodac-Systems, in dem Fingerabdrücke und andere biometrische Daten gespeichert werden, müssten bis zum Start von GEAS behoben werden (siehe Südwestpresse, Asylreform tritt bald in Kraft, vom 21.6.2026, S. 3).

[13] Aufgrund des unionsrechtlichen Verbots, Vorschriften aus Verordnungen im nationalen Recht zu wiederholen (Wiederholungsverbot), müssen entsprechende Regelungen in bestehenden Gesetzen gestrichen werden. Die GEAS-Rechtsakte sehen zahlreiche Regelungen vor, die von den Mitgliedstaaten gesetzlich ausgefüllt werden müssen. Ebenso müssen Zuständigkeiten gesetzlich geregelt werden. Ferner ist sicherzustellen, dass die Speichersachverhalte im Ausländerzentralregister (AZR) den Vorgaben der GEAS-Reform entsprechen. Zur Anpassung des nationalen Rechts in der Zuständigkeit des Bundes an die Vorgaben der GEAS-Reform sind insbesondere das Asylbewerberleistungsgesetz und das AZR-Gesetz anzupassen. Auch für weitere Gesetze, so etwa das Aufenthaltsgesetz, besteht aufgrund der Rechtsfolgeänderungen Anpassungsbedarf.

- eine Krisenmanagement-Verordnung,
- eine Screening-Verordnung,
- Änderungen der konzipierten Asylverfahrens-Verordnung und
- Änderungen der geltenden Eurodac-Verordnung[8].

Dabei handelt es sich um den seit langem angekündigten „New Pact on Migration and Asylum" (New Pact) als einen Neuanfang in der europäischen Migrationspolitik,[9] wobei es um ein „umfassendes europäisches Migrationskonzept" zur Reform des Gemeinsamen Europäischen Asylsystems (GEAS) geht.[10] Nach langjährigen und intensiven Verhandlungen haben sich das Europäische Parlament und die Mitgliedstaaten im Mai 2024 auf eine GEAS-Reform geeinigt.

Im neuen Migrations- und Asylpaket wurde betont, wie wichtig gut verwaltete und unter Einsatz uneingeschränkt dialogfähiger IT-Systeme kontrollierte EU-Außengrenzen sind, wenn es darum geht, die Integrität und das Funktionieren eines Schengen-Raums ohne Kontrollen an den Binnengrenzen zu gewährleisten. Ablichtungen des Reisedokuments des Visumantragstellers werden in die VIS-Datenbank aufgenommen.

Die elf Gesetzgebungsakte des Europäischen Parlaments und des Rates zur Reform des Gemeinsamen Europäischen Asylsystems sind am 14. Mai 2024 beschlossen worden und am 11. Juni 2024 in Kraft getreten.[11] Die EU-Mitgliedsstaaten hatten bis zur Anwendbarkeit der Rechtsakte am 12. Juni 2026 Zeit, die neuen Regelungen umzusetzen und das einschlägige nationale Recht anzupassen.

Die Bundesregierung hat am 3. September 2025 zwei Gesetzentwürfe beschlossen, mit denen das neue GEAS im nationalen Recht umsetzbar wird. Diese Regelungen werden überwiegend zeitgleich mit der Anwendbarkeit der GEAS-Rechtsakte am 12. Juni 2026 in Kraft treten.[12]

Die Neuausrichtung des GEAS erfordert umfangreiche Anpassungen im innerstaatlichen Recht (z. B. Asylgesetz, Aufenthaltsgesetz) und wird weitreichende Auswirkungen auf die praktische Umsetzung der Reform in Deutschland haben. So sind etwa die Verfahrensabläufe den unionsrechtlichen Vorgaben anzupassen.[13]

---

[8] Nach Art. 4 Abs. 1 Eurodac-Verordnung besteht die Verpflichtung, jedem Asylbewerber, der mindestens 14 Jahre alt ist, unverzüglich die Fingerabdrücke aller Finger abzunehmen und der Eurodac-Zentraleinheit zu übermitteln. Diese vergleicht sie nach Art. 4 Abs. 3 Eurodac-Verordnung mit den von anderen Mitgliedstaaten übermittelten und in der zentralen Datenbank bereits gespeicherten Daten, auf Ersuchen auch mit früher übermittelten Fingerabdruck Daten des gleichen Mitgliedstaats (Art. 4 Abs. 4 Eurodac-Verordnung). § 16 AsylG dient der Erfüllung der unionsrechtlichen Verpflichtungen aus der Eurodac-Verordnung (BT-Drucks. 14/7386 S. 36, 59).

[9] Vgl. KOM, Neus Migrations- und Asylpaket.

[10] Vgl. Lesser/Nienhoff/Schmidt, Der New Pact on Migration and Asylum, ZAR 2021, 139–145, zur Reform des GEAS.

[11] Kluth, GEAS-Reformvorschlag enthält problematische Instrumente, ZAR 2023, 233–234.

[12] Nach einem Bericht der zuständigen Brüsseler Behörde über den Stand der Umsetzung der GEAS-Reform hinkt Deutschland bei den Vorbereitungen zur Umsetzung der Reform bei der notwendigen technischen Ausstattung und der Schulung der Beamten an den Grenzen hinterher. Dies gelte auch etwa für die Asyl-Grenzverfahren an Flughäfen, wo „dringend" die notwenigen Kapazitäten aufgebaut werden müssten. Auch Probleme bei der Einführung des Eurodac-Systems, in dem Fingerabdrücke und andere biometrische Daten gespeichert werden, müssten bis zum Start von GEAS behoben werden (siehe Südwestpresse, Asylreform tritt bald in Kraft, vom 21.6.2026, S. 3).

[13] Aufgrund des unionsrechtlichen Verbots, Vorschriften aus Verordnungen im nationalen Recht zu wiederholen (Wiederholungsverbot), müssen entsprechende Regelungen in bestehenden Gesetzen gestrichen werden. Die GEAS-Rechtsakte sehen zahlreiche Regelungen vor, die von den Mitgliedstaaten gesetzlich ausgefüllt werden müssen. Ebenso müssen Zuständigkeiten gesetzlich geregelt werden. Ferner ist sicherzustellen, dass die Speichersachverhalte im Ausländerzentralregister (AZR) den Vorgaben der GEAS-Reform entsprechen. Zur Anpassung des nationalen Rechts in der Zuständigkeit des Bundes an die Vorgaben der GEAS-Reform sind insbesondere das Asylbewerberleistungsgesetz und das AZR-Gesetz anzupassen. Auch für weitere Gesetze, so etwa das Aufenthaltsgesetz, besteht aufgrund der Rechtsfolgeänderungen Anpassungsbedarf.

- Richtlinie (EU) 2024/1346: Aufnahme-Richtlinie (AufnahmeRL) zur Regelung von Unterstützungsleistungen während des laufenden Asylverfahrens, Zugang zum Arbeitsmarkt sowie Haftvoraussetzungen
- Verordnung (EU) 2024/1347: Anerkennungs-Verordnung (Qualifikationsverordnung)[20] zur Regelung der materiellen Voraussetzungen für die Anerkennung als Flüchtling bzw. die Gewährung subsidiären Schutzes sowie der Rechtsstellung von international Schutzberechtigten;
- Verordnung (EU) 2024/1348: Asylverfahrens-Verordnung (AsylVfVO) mit Regelungen zu Verfahren, Rechtsbehelfen, Fristen, (verpflichtenden) Grenzverfahren für bestimmte Personengruppen sowie zum Konzept sicherer Staaten
- Verordnung (EU) 2024/1349: Rückkehrgrenzverfahrens-Verordnung (RGVfVO)zur Regelung des Rückkehrgrenzverfahrens
- Verordnung (EU) 2024/1350: Verordnung zur Schaffung eines Neuansiedlungsrahmens (Resettlement-Verordnung)[21] zur Regelung des Rechtsrahmens für Aufnahmeprogramme aus humanitären Gründen
- Verordnung (EU) 2024/1351: Asyl- und Migrationsmanagement-Verordnung, AMMVO (Nachfolge zur bisherigen sog. Dublin III-Verordnung) mit Regelungen zur Zuständigkeit der Mitgliedstaaten für die Durchführung von Asylverfahren, zum Übergang der Zuständigkeit auf einen anderen Mitgliedstaat, zu Überstellungsverfahren und zum neuen verpflichtenden Solidaritätsmechanismus zum Ausgleich von übermäßigen Belastungen einzelner Mitgliedstaaten im Zusammenhang mit Migration[22]
- Verordnung (EU) 2024/1352: Überprüfungs-Folge-Verordnung (Screening-Konsistenz-Verordnung) mit notwendigen Anpassungen in anderen Verordnungen hinsichtlich der Datenabfragen in existierenden Systemen bzw. Datenbanken und hinsichtlich der Herstellung der Interoperabilität
- Verordnung (EU) 2024/1356: Überprüfungs-Verordnung (Screening-Verordnung)[23] zur Regelung des Verfahrens für Identifizierung, Gesundheits- und Vulnerabilitätsprüfung sowie Sicherheitskontrolle von Personen, die in das Gebiet der Europäischen Union einreisen, ohne die Einreisevoraussetzungen nach Art. 6 der Verordnung (EU) 2016/399 zu erfüllen
- Verordnung (EU) 2024/1358: Eurodac-Verordnung mit Regelungen zur Reform der Datenbank Eurodac durch eine verbesserte Datengrundlage, Interoperabilität und einer effizienteren Nutzung der Daten
- Verordnung (EU) 2024/1359: Verordnung über Krisensituationen und höhere Gewalt (Krisen-Verordnung)[24] mit Sonderregelungen für Ausnahmesituationen, die zu einer Überlastung des Asylsystems führen könnten.

---

20 Vgl. Stübinger, Schutz klimabedingter Mobilität in der GEAS-Reform, ZAR 2025, 74, 75.

21 Vgl. Stübinger, Schutz klimabedingter Mobilität in der GEAS-Reform, ZAR 2025, 74, 78.

22 Vgl. Marx, Reform des Dubliner Systems – Kritische Auseinandersetzung mit den Plänen der Europäischen Kommission, ZAR 2016, 366–375.

23 Vgl. Priebe, Die neue EU-Screening-Verordnung: Mehr Kontrolle, weniger Rechte?, InfAuslR 2025, 112–126; Junghans, Die Auswirkungen der europäischen Asylreform auf den Rechtsschutz, ZAR 2025, 65, 67, zum Rechtsschutz gegen das Screening-Ergebnis.

24 Vgl. Stübinger, Schutz klimabedingter Mobilität in der GEAS-Reform, ZAR 2025, 74, 77.

Diese Rechtakte haben im Rahmen des europäischen Mehrebenensystems im Verhältnis zu nationalen Vorschriften Anwendungsvorrang und die nach ihnen getroffenen Entscheidungen unterliegen im Interesse einer einheitlichen Rechtsanwendung in der EU der Jurisdiktion des Europäischen Gerichtshofs (EuGH), was auf die Verfahrensdauer Einfluss haben kann. Bei der einzelfallbezogenen Umsetzung der einschlägigen EU-Verordnung durch die nach nationalem Recht zuständigen Behörden ist auf die betreffenden Regelungen der Verordnung und daher nicht auf innerstaatliches Recht abzustellen.

Mit Ausnahme der Verordnung über die EU-Asylagentur, die bereits Anfang 2022 in Kraft getreten ist, sind die genannten Rechtsakte am 11. Juni 2024 in Kraft getreten.

Aufnahmerichtlinie (Richtlinie (EU) 2024/1346)

Die Aufnahmerichtlinie (Richtlinie (EU) 2024/1346) muss im nationalen Recht umgesetzt werden. Darin werden nun u. a. die Möglichkeiten zur Beschränkung der Bewegungsfreiheit von Schutzsuchenden und zur Inhaftierung ausführlicher geregelt. Der neue Art. 21 sieht vor, dass Geflüchtete, die zuständigkeitshalber an einen anderen Mitgliedstaat überstellt werden sollen, keinen Anspruch auf Asylbewerberleistungen im Aufenthaltsstaat haben.

Beispiel:

Wer sich trotz einer Überstellungsentscheidung weiter in Deutschland aufhält, erhält keine Geld- oder Sachleistungen mehr. Lediglich die grund- und menschenrechtlich gebotene Minimalversorgung soll dabei erhalten bleiben.

Qualifikationsverordnung (Verordnung (EU) 2024/1347)

In der Qualifikationsverordnung (Verordnung (EU) 2024/1347) werden die inhaltlichen Kriterien für die Anerkennung von Schutzsuchenden als Flüchtlinge oder als subsidiär Schutzberechtigte normiert. Eine wichtige Änderung ist der neue Art. 27, der vorsieht, dass anerkannte Flüchtlinge keine Freizügigkeit innerhalb der EU genießen. Art. 40 sieht überdies nun vor, dass, wer sich unerlaubt in einen anderen Mitgliedstaat begibt, seine bis dato erworbene Aufenthaltsdauer einbüßt, die wichtig ist, um eines Tages ein Daueraufenthaltsrecht zu erlangen.

Asylverfahrens-Verordnung (EU) 2024/1348 (AsylVfVO)

Mit Wirkung vom 12. Juni 2026 wird die Asylverfahrens-RL 2013/32 durch die Asylverfahrens-Verordnung (EU) 2024/1348 (AsylVfVO), die bei Asylantragstellung ab diesem Zeitpunkt Anwendung findet, ersetzt.

Das Asylgesetz bedarf der Anpassung an die mit Wirkung vom 12. Juni 2026 in Kraft tretende Asylverfahrens-Verordnung (AsylVfVO), durch welche die RL 2013/32/EU (Asylverfahrens-RL) im Rahmen der Reform des Gemeinsamen Europäischen Asylsystems (GEAS) aufgehoben wird.[25]

[25] Vgl. Münch/Wittmann, Einige Beobachtungen zu Rechtsbehelfen nach der Asylverfahrensverordnung (VO [EU] 2024/1348, InfAuslR 2025, 150–158; Hoppe, Die neue Asylverfahrensverordnung – ein erster Überblick, ZAR 2025, 59–64.

Ab 12. Juni 2026 werden im sogenannten beschleunigten Prüfungsverfahren nach Art. 42 AsylVfVO[26] oder im Grenzverfahren nach Art. 43 AsylVfVO[27] Entscheidungen über Asylanträge von Schutzsuchenden aus sicheren Herkunftsländern ergehen. Im beschleunigten Prüfungsverfahren soll nach Art. 35 Abs. 3 AsylVfVO die Entscheidung über den Asylantrag binnen drei Monaten erfolgen. Unbegründete Asylanträge werden als offensichtlich unbegründet abgelehnt. In diesem Fall ist nach Art. 68 Abs. 3 Buchst. a ii AsylVfVO während des Klageverfahrens ein Verbleib im Bundesgebiet nicht möglich, es sei denn, ein Antrag auf vorläufigen Rechtsschutz nach § 80 Abs. 5 VwGO gegen eine entsprechende Rückkehrentscheidung (Abschiebungsandrohung) hat Erfolg.

In Art. 43 bis 45 AsylVfVO ist das Grenzverfahren, bei dem es sich nicht um eine Freiheitsentziehung, sondern lediglich um eine freiheitsbeschränkende Maßnahme handelt, geregelt. An die Standorte des Grenzverfahrens werden nach Art. 54 AsylVfVO bestimmte Anforderungen gestellt. Besteht etwa hinsichtlich der Dauer der Maßnahme nach Art. 51 AsylVfVO und in Bezug auf die Rechtsmittelfrist nach Art. 67 Abs. 7 Buchst. a AsylVfVO mitgliedstaatlicher Beurteilungsspielraum, steht das „Ob“ der Durchführung in verpflichtenden Konstellationen (Art. 45 AsylVfVO) nicht zur mitgliedstaatlichen Disposition.[28]

Ein Kernelement der GEAS-Reform ist die Gewichtung der asylrechtlichen Bedeutung und Funktion sicherer Drittstaaten und die Einbindung dieses Konzepts in das Grenzverfahren. Der Asylbewerber darf an der EU-Außengrenze zurückgewiesen werden, wenn ein aufnahmebereiter und sicherer Drittstaat für die Schutzgewährung bereit ist.[29]

In Art. 61 AsylVfVO werden die Voraussetzungen zur Bestimmung eines sicheren Herkunftsstaates geregelt.[30] Nach Art. 62 AsylVfVO können durch Verordnung unionsweit Staaten zu sicheren Herkunftsstaaten bestimmt werden, was die einzelnen Mitgliedstaaten nicht daran hindert, entsprechende Regelungen zu erlassen. Nach Art. 62 Abs. 1b Satz 1 AsylVfVO sind alle EU-Beitrittskandidaten als sichere Herkunftsstaaten einzustufen.[31] Art. 62 Abs. 1b Satz 1 zweiter Halbsatz AsylVfVO enthält drei Ausnahmen für die Bestimmung als sicherer Herkunftsstaat, z. B. wenn in dem Staat eine ernsthafte Bedrohung des Lebens oder der Unversehrtheit der Zivilperson durch willkürliche Gewalt im Rahmen eines internationalen oder innerstaatlichen bewaffneten Konflikts vorliegt. In diesem Fall können nach Art. 15 Abs. 1 Buchst. c der Verordnung (EU) 2024/1347 – Anerkennungs-Verordnung (Qualifikationsverordnung) – die Voraussetzungen für die Zuerkennung subsidiären Schutzes erfüllt sein und die Voraussetzungen für die Erteilung einer Aufenthaltserlaubnis nach § 25 Abs. 2 Satz 1 Alt. 2 AufenthG vorliegen.

Die Regelung, welche die Bestimmung von sicheren Herkunftsstaaten unter territorialen und personalen Ausnahmen ermöglicht, gilt nach Art. 79 Abs. 2 Uabs. 2 AsylVfVO zwar seit 27. Februar 2026, sie ist jedoch für die Bundesrepublik Deutschland ohne Bedeutung.[32]

Asyl- und Migrationsmanagement-Verordnung (Verordnung (EU) 2024/1351)

Nach der Verordnung (EU) 2024/1351 – Asyl- und Migrationsmanagement-Verordnung, AMMVO – besteht die Möglichkeit der Umverteilung im Rahmen eines „Solidaritätsmechanismus“, insbesondere wenn in einem Mitgliedstaat besonders viele Asylsuchende ankommen. Im Rahmen eines neuen Systems für Asyl- und Migrationsmanagement soll eine bessere Verteilung der Asylsuchen-

26 Vgl. Hoppe, ZAR 2025, 50, 62.
27 Vgl. Hoppe, ZAR 2025, 50, 62 f.
28 Vgl. Föcking/Nestler, (Neue) Möglichkeiten des Grundrechtsschutzes im neuen GEAS, InfAuslR 2026, 209.
29 Vgl. Junghans, Die Auswirkungen der europäischen Asylreform auf den Rechtsschutz, ZAR 2025, 65, 68.
30 Vgl. Groß, Gerichtliche Überprüfung und Legitimation der Einstufung als sicherer Herkunftsstaat, ZAR 2026, 147–153.
31 Vgl. Schulz-Bredemeier, Das Recht der sicheren Herkunftsstaaten, InfAuslR 2026, 216.
32 Vgl. Schulz-Bredemeier, Das Recht der sicheren Herkunftsstaaten, InfAuslR 2026, 218.

den zwischen den Mitgliedstaaten durch einen neuen Solidaritätsmechanismus sichergestellt und eine fristgerechte Bearbeitung der Anträge gewährleistet werden. Zu den sogenannten Solidaritätsmaßnahmen, die dann aktiviert werden, zählen neben der Aufnahme von Geflüchteten auch die Unterstützung von Mitgliedstaaten, in denen viele Schutzsuchende ankommen.[33]

Krisen-Verordnung (Verordnung (EU) 2024/1359)

Mit der Krisen-Verordnung (Verordnung (EU) 2024/1359) wird in Fällen außergewöhnlicher Flüchtlingsströme ein Mechanismus geschaffen, der Abweichungen von den europäischen Standards vorübergehend legalisiert. Der Begriff der "Krisensituation" umfasst sowohl "außergewöhnliche Situationen von Massenankünften" von Schutzsuchenden und Migranten als auch "Instrumentalisierungssituationen". Dahinter verbergen sich Versuche anderer Staaten, Flüchtlingsströme gewissermaßen als "Waffe" gegen die EU einzusetzen.

4. Umsetzung der GEAS-Reform auf nationaler Ebene – Änderungsbedarf

Die GEAS-Rechtsakte sehen zahlreiche Regelungen vor, die von den Mitgliedstaaten gesetzlich ausgefüllt werden müssen und Gesetzesänderungen erforderlich machen. Die Gesetzesänderungen dienen der Anpassung des nationalen Rechts in der Zuständigkeit des Bundes an die Vorgaben der GEAS-Reform.[34] Die Umsetzung der neuen unionsrechtlichen Regelungen auf nationaler Ebene kann sich auf die Gestaltung des Verfahrensrechts auswirken; dort sind z. B. die Verfahren den unionsrechtlichen Vorgaben anzupassen, Zuständigkeiten gesetzlich zu regeln und das unionsrechtliche Wiederholungsverbot einzuhalten.[35] Aufgrund dieses Verbots, Vorschriften aus EU-Verordnungen im nationalen Recht zu wiederholen, müssen deckungsgleiche Regelungen in bestehenden Gesetzen gestrichen werden.[36] Außerdem sind Fristenregelungen (z. B. Rechtsmittelfrist) im Asylgesetz aufzuheben oder anzupassen, die einen entsprechenden Regelungsgegenstand in einer höherrangigen EU-Verordnung betreffen.

Die Einführung des Asylgrenzverfahrens aufgrund von innerstaatlichem Recht stellt eine Neuerung im Vergleich zum bisherigen System dar, die eine besonders schnelle Durchführung von Asylverfahren bei denjenigen Personen ermöglicht, bei denen die Zuerkennung von Schutz unwahrscheinlich ist. Auch wenn die Bundesrepublik Deutschland landseitig nicht über EU-Außengrenzen verfügt, werden die Verfahren für die luft- und seeseitigen EU-Außengrenzen eingeführt.

Im innerstaatlichen Bereich ist sicherzustellen, dass die Speichersachverhalte im Ausländerzentralregister (AZR) den Vorgaben der GEAS-Reform entsprechen. Zur Anpassung des nationalen Rechts in der Zuständigkeit des Bundes an die Vorgaben der GEAS-Reform sind insbesondere das AZR-Gesetz sowie die AZRG-Durchführungsverordnung anzupassen. Auch weitere Gesetze sind vom Änderungsbedarf betroffen.

---

[33] Vgl. Schloss/Schneider, Die Bestimmung des zuständigen Mitgliedstaats nach der Verordnung [EU] 2024/1352 über Asyl- und Migrationsmanagement und ihre Bedeutung für die Rechtsanwendung, ZAR 2025, 3–10.

[34] Vgl. BT-Drs. 21/4321, Seite 1 und 2.

[35] Aufgrund des unionsrechtlichen Verbots, Vorschriften aus Verordnungen im nationalen Recht zu wiederholen (Wiederholungsverbot), müssen entsprechende Regelungen in bestehenden Gesetzen gestrichen werden.

[36] Für die deutsche Rechtsordnung bedeutet die GEAS-Reform zunächst, dass das nationale Recht an Bedeutung verliert, weil die Regelungen zur Anerkennung und zum Verfahren nun in den direkt anwendbaren EU-Verordnungen stehen. Die nationalen Behörden erhalten aber auch mehr Handlungsspielraum, vor allem hinsichtlich der Mitwirkungspflichten, der Beschränkungen der Bewegungsfreiheit, der Sanktionen und der Überstellung an den zuständigen Mitgliedstaat.

Beispiel:

So wird sichergestellt, dass zum einen die nationalen leistungsrechtlichen Regelungen den Vorgaben der EU-Rechtsakte (insb. der Richtlinie (EU) 2024/1346) entsprechen und dass zum anderen die Änderungen von Begrifflichkeiten und Verfahren sowie die Anpassung von Zuständigkeiten durch die GEAS-Reform im Ausländerzentralregister abgebildet werden.

Der nationale Gesetzgeber muss zudem das nationale Recht nicht nur an die o. g. Verordnungen anpassen, sondern auch die Richtlinie (EU) 2024/1346 umsetzen. Die Richtlinie enthält teils Regelungen, die mit einzelnen Regelungen der Verordnungen übereinstimmen (z. B. Vertretungsregelungen bei unbegleiteten Minderjährigen).

5. GEAS-Reform – Neuerungen im Asylgesetz (AsylG)

Die oben genannte Rechtsakte umfassende GEAS-Reform macht eine Anpassung des nationalen Rechts an die vorrangigen Reformvorschriften, die von den einzelnen Mitgliedstaaten im nationalen Rechtssystem gesetzlich ausgefüllt bzw. angepasst werden müssen, unerlässlich. Ebenso sind die für die ordnungsgemäße Umsetzung der Reform erforderlichen Zuständigkeiten und sonstigen Verfahrensmodalitäten zur Gewährleistung des subjektiv öffentlichen Rechts auf individuellen internationalen Schutz gesetzlich zu regeln und auf diese Weise zu gewährleisten.

Das Asylgesetz ist durch Art. 1 des Gesetzes zur Anpassung des nationalen Rechts an die Reform des Gemeinsamen Europäischen Asylsystems (GEAS-Anpassungsgesetz)[37] an die durch die GEAS-Reform geschaffene neue Rechtslage angepasst worden. Die Anpassung des Asylgesetzes an die GEAS-Reform hat weitreichende Auswirkungen auf die Asyl-Praxis; dort sind die Verfahren den neuen Vorgaben anzupassen. Dies gilt insbesondere in Bezug auf die praktische Umsetzung der für die innerstaatliche Durchführung eines Asylverfahrens maßgeblichen Asylverfahrens-Verordnung (EU) 2024/1348 und der Qualifikationsverordnung (Verordnung (EU) 2024/1347) auf nationaler Ebene etwa unter Berücksichtigung der innerstaatlichen Behördenstruktur. Falls das Asylgesetz noch Regelungen (z. B. Verfahrensvorschriften) enthält, die sich diese Rechtsakte der Europäischen Union zu eigen machen, handelt es sich lediglich um innerstaatliche Normen ohne eigene materiell-rechtliche Wirkung.

Beim Europäischen Gerichtshof (EuGH) ist die Kompatibilität unionsbezogener innerstaatlicher Entscheidungen mit dem betreffenden Unionsrecht justiziabel. Dies gilt umso mehr, als die EU-Verordnungen den Mitgliedstaaten in bestimmten Bereichen einen erheblichen Gestaltungsspielraum einräumen (z. B. Festlegung von Rechtsschutzfristen, Festlegung nationaler Listen über sichere Herkunftsstaaten und sicherer Drittstaaten, Bereich des Grenzverfahrens). Die Verwaltungsgerichte haben unter Umständen dem EuGH eine Rechtsfrage zur Klärung im Wege des Vorabentscheidungsverfahrens gemäß Art. 267 AEUV vorzulegen. Insoweit ist der EuGH gesetzlicher Richter i. S. d. Art. 101 Abs. 1 Satz 2 GG.[38]

Die Richtlinie (EU) 2024/1346 – Aufnahme-Richtlinie (AufnahmeRL) zur Regelung von Unterstützungsleistungen während des laufenden Asylverfahrens, Zugang zum Arbeitsmarkt sowie Haftvoraussetzungen, bedarf der Umsetzung in nationales Recht, was auch im Asylgesetz geschieht.

---

37 Vom 23.4.2026 (BGBl. 2026 I Nr. 111).

38 Vgl. Kment, in: Jarass/Pieroth, GG, Art. 101, Rn. 17ff.

Einführung

Die einschlägigen EU-Verordnungen finden auf nationaler Ebene unmittelbar Anwendung; es bedarf daher im Vergleich zur genannten Richtlinie nicht der Umsetzung in nationales Recht. Dennoch sind Verfahrensregelungen (z. B. über die Zuständigkeit) im nationalen Rechtssystem (z. B. Asylgesetz, VwGO)[39] des Mitgliedstaats unabdingbar, die Modalitäten zur Erlangung eines Rechtsanspruchs auf internationalen Schutz im nationalen Bereich durch Gesetz allgemein verbindlich zu fixieren und dadurch die Gewährung eines öffentlich-rechtlichen Anspruchs auf internationalen Schutz im Einzelfall unter Berücksichtigung rechtsstaatlicher Grundsätze sicherzustellen.[40] Dabei handelt es sich um das einklagbare subjektiv-öffentliche Recht auf Geltendmachung eines Anspruchs auf Anerkennung als Flüchtling oder subsidiär Schutzberechtigter in der Bundesrepublik Deutschland. Nach der Zuerkennung dieses Rechts im Asylverfahren nach dem Asylgesetz regelt sich der Aufenthalt des Schutzberechtigten nach § 25 Abs. 2 und § 26 AufenthG.

Das nationale Asylgrundrecht nach Art. 16a GG bleibt von der GEAS-Reform unberührt. Die in § 2 Abs. 2 AsylG genannten verfahrensbezogenen EU-Verordnungen finden für das Verfahren zur Prüfung der Anerkennung der Asylberechtigung entsprechende Anwendung, soweit in Art. 16a GG, im Asylgesetz oder anderen innerstaatlichen Rechtsvorschriften keine abweichenden Regelungen getroffen werden bzw. enthalten sind.

Die sogenannte Sekundärmigration, also die Einreise von Schutzsuchenden aus einem anderen Mitgliedstaat in das Bundesgebiet wird durch die GEAS-Reform weitgehend unterbunden. Über die unionsrechtlichen Vorgaben hinaus sollen die Länder ab dem 12.6.2026 Sekundärmigrationszentren schaffen können. Dort können Antragstellende, die bereits in einem anderen Mitgliedstaat internationalen Schutz erhalten, zentral untergebracht werden und nach Abschluss des Verfahrens unmittelbar in die zuständigen Mitgliedstaaten zurückgeführt werden. Darüber hinaus soll die Möglichkeit ausgeweitet werden, für bestimmte Personengruppen bereits am Flughafen Asylverfahren durchzuführen.

---

[39] Gesetz zur Änderung des AZR-Gesetzes und weiterer Gesetze infolge der Anpassung des nationalen Rechts an das Gemeinsame Europäische Asylsystem (GEAS-Anpassungsfolgegesetz) vom 23.4.2026 (BGBl. 2026 I Nr. 112).

[40] Vgl. Art. 52 Abs. 1 GRCh.

Literaturhinweise

Föcking/Nestler, (Neue) Möglichkeiten des Grundrechtsschutzes im neuen GEAS, InfAuslR 2026, 205–210.

Groß, Gerichtliche Überprüfung und Legitimation der Einstufung als sicherer Herkunftsstaat, ZAR 2026, 147–153.

Hoppe, Die neue Asylverfahrensverordnung – ein erster Überblick, ZAR 2025, 59–64.

Janda, Die Umsetzung der GEAS-Reform: Handlungsbedarf beim Zugang zur Schulbildung, InfAuslR 2025, 201–202.

Junghans, Die Auswirkungen der europäischen Asylreform auf den Rechtsschutz, ZAR 2025, 65, 66.

Kluth, GEAS-Reformvorschlag enthält problematische Instrumente, ZAR 2023, 233–234.

Kment, in: Jarass/Pieroth, GG, Art. 101, Rn. 17ff.

Lesser/Nienhoff/Schmidt, Der New Pact on Migration and Asylum, ZAR 2021, 139 –145, zur Reform des GEAS.

Marx, Reform des Dubliner Systems – Kritische Auseinandersetzung mit den Plänen der Europäischen Kommission, ZAR 2016, 366–375.

Münch/Wittmann, Einige Beobachtungen zu Rechtsbehelfen nach der Asylverfahrensverordnung (VO [EU] 2024/1348, InfAuslR 2025, 150–158.

Priebe, Die neue EU-Screening-Verordnung: Mehr Kontrolle, weniger Rechte?, InfAuslR 2025, 112–126.

Schloss/Schneider, Die Bestimmung des zuständigen Mitgliedstaats nach der Verordnung [EU] 2024/1352 über Asyl- und Migrationsmanagement und ihre Bedeutung für die Rechtsanwendung, ZAR 2025, 3–10.

Schulz-Bredemeier, Das Recht der sicheren Herkunftsstaaten, InfAuslR 2026, 216.

Stübinger, Schutz klimabedingter Mobilität in der GEAS-Reform, ZAR 2025, 74–79.

Welte, Reform des Gemeinsamen Europäischen Asylsystems?, InfAuslR 2021, 369–371.

Gesamtüberblick über die Änderungen der §§ 1–89 AsylG

Die Reform des Gemeinsamen Europäischen Asylsystems (GEAS) führt nicht lediglich zu einzelnen Änderungen des Asylgesetzes. Vielmehr wird das deutsche Asylverfahrensrecht grundlegend neu strukturiert. Zahlreiche bisher nationale Regelungen werden aufgehoben, weil sie künftig unmittelbar durch europäische Verordnungen geregelt werden. Gleichzeitig entstehen neue Verfahrensarten, neue Behördenaufgaben und neue Rechte der Schutzsuchenden.

Die Reform verfolgt drei große Leitgedanken, die beim Arbeiten mit dem deutschen AsylG stets im Hinterkopf behalten werden sollten:

1. **Europäisierung:** Materielle Schutzvoraussetzungen und Verfahrensstandards werden weitgehend aus dem nationalen Recht in unmittelbar geltendes Unionsrecht verlagert.

2. **Frühsteuerung:** Bereits vor dem eigentlichen Asylverfahren erfolgen:

   - Screening
   - Registrierung
   - Sicherheitsprüfung
   - Zuständigkeitsprüfung

3. **Beschleunigung:** Neue Grenzverfahren, Folgeantragsregelungen und gerichtliche Fristen sollen Verfahren schneller abschließen und Sekundärmigration innerhalb der EU reduzieren.

Damit verändert das GEAS das deutsche Asylrecht stärker als jede Reform seit dem Inkrafttreten des Asylverfahrensgesetzes im Jahr 1993. Es entsteht ein neues System, in dem das deutsche AsylG künftig nur noch den nationalen Rahmen bildet, während die eigentlichen Verfahrens- und Schutzregelungen überwiegend unmittelbar aus dem europäischen Recht folgen.

Die Änderungen im AsylG lassen sich in sechzehn große Reformblöcke einordnen.

1. Europäisierung der Schutzgewährung (§§ 1–4)

Wesentliche Änderungen mit dem Reformziel: Vollständige Harmonisierung der materiellen Schutzvoraussetzungen innerhalb der EU.

§ 1 AsylG – Neuer Geltungsbereich: Die bisherige Bezugnahme auf die Qualifikationsrichtlinie 2011/95/EU wird durch die unmittelbar geltende Qualifikationsverordnung (EU) 2024/1347 ersetzt.

Zugleich wird klargestellt:

- Asylantragsteller sind Drittstaatsangehörige oder Staatenlose.
- Der Begriff des Asylantrags wird unionsrechtlich geprägt.
- Die Asylverfahrensverordnung (EU) 2024/1348 gilt unmittelbar.

§ 2 AsylG – Einheitliches Verfahren: Das deutsche Grundrecht auf Asyl (Art. 16a GG) bleibt bestehen.

Neu ist jedoch: Die Verfahrensvorschriften der GEAS-Verordnungen gelten künftig grundsätzlich auch für die Prüfung der Asylberechtigung.

Dadurch bleibt das bisherige einheitliche Asylverfahren erhalten.

§ 3 AsylG – Vollständige Verlagerung ins Unionsrecht: Die Vorschrift enthält künftig keine eigene Definition des Flüchtlingsschutzes mehr.

Die Voraussetzungen für:

- Flüchtlingsschutz,
- subsidiären Schutz,
- Ausschlussgründe,
- Erlöschenstatbestände

richten sich unmittelbar nach der Qualifikationsverordnung (EU) 2024/1347.

Wegfall der §§ 3a–4 AsylG: Diese bisherigen Regelungen entfallen vollständig und sind künftig unionsrechtlich geregelt:

- Verfolgungshandlungen
- Verfolgungsgründe
- Akteure der Verfolgung
- Schutzakteure
- interner Schutz
- subsidiärer Schutz
- ernsthafter Schaden

2. Neuordnung der Asylverwaltung (§§ 5–10)

Wesentliche Änderungen mit dem Reformziel: Schaffung einer mit dem GEAS kompatiblen Behördenstruktur.

§ 5 AsylG: Das BAMF wird ausdrücklich als „Asylbehörde" im Sinne der Asylverfahrensverordnung definiert. Neu geregelt werden insbesondere:

- Zuständigkeit für GEAS-Verfahren
- Zuständigkeit für Überstellungen
- Zuständigkeit für Entzugsverfahren
- Feststellung besonderer Verfahrensgarantien

§ 8 AsylG: Anpassung an

- Screening-Verordnung
- Eurodac-Verordnung
- Asylverfahrensverordnung

Neue Datenaustauschpflichten unterstützen:

- Identitätsklärung
- Sicherheitsüberprüfung
- Entzugsverfahren

Wegfall des § 9 AsylG: Die Beteiligung des UNHCR wird künftig unmittelbar durch Art. 6 Asylverfahrensverordnung geregelt. Die Rolle des UNHCR bleibt dabei erhalten. Lediglich die nationale Parallelregelung entfällt.

§ 10 AsylG: Anpassung der Zustellungsvorschriften an die neue Verfahrensarchitektur. Die Zustellungsfiktionen bleiben grundsätzlich erhalten.

3. Ausbau der Verfahrensrechte (§§ 12–12c)

Wesentliche Änderungen mit dem Reformziel: Stärkung der Verfahrensrechte bereits im Verwaltungsverfahren.

§ 12 AsylG: Anpassung an das Internationale Privatrecht. Entfallen der nationalen Regelung zur Vertretung Minderjähriger; diese wird künftig unionsrechtlich bestimmt.

Neuer § 12b AsylG: Einführung eines Anspruchs auf unentgeltliche Rechtsauskunft durch das BAMF. Der Anspruch besteht im Asylverfahren, im Dublin-/Zuständigkeitsverfahren sowie im Grenzverfahren.

Neuer § 12c AsylG: Regelt den Zugang von Beratern, Rechtsauskunftspersonen, Hilfsorganisationen zu:

- Grenzeinrichtungen
- Hafteinrichtungen
- geschlossenen Einrichtungen

4. Neue Verfahrensarchitektur des Asylantrags (§§ 13–14a)

Wesentliche Änderungen mit dem Reformziel: Einführung eines unionsweit einheitlichen Antragsverfahrens.

§ 13 AsylG: Der nationale Asylantragsbegriff entfällt. Die Definition ergibt sich nun unmittelbar aus der Asylverfahrensverordnung.

Neuer § 13a AsylG: Einführung der Registrierung des Asylantrags. Die Aufnahmeeinrichtung wird Regelfallbehörde für die Registrierung.

§ 14 AsylG: Dreistufiges Verfahren:

- Stellung des Antrags
- Registrierung
- Einreichung des Antrags

Dies entspricht der Systematik der Asylverfahrensverordnung.

Wegfall des § 14a AsylG: Die automatische Familienantragsfiktion wird aufgehoben. Künftig gelten die unionsrechtlichen Familienregelungen.

5. Mitwirkung, Identität und Kommunikation (§§ 15–18)

Wesentliche Änderungen mit dem Reformziel: Frühzeitige Identitäts- und Sicherheitsklärung.

§ 15 AsylG: Verzahnung der nationalen Mitwirkungspflichten mit:

- Asylverfahrensverordnung
- Zuständigkeitsverordnung
- Eurodac-System.

§ 16 AsylG: Anpassung der Identitätsfeststellung an die neue Verfahrenslogik.

§ 17 AsylG: Die Pflicht zur Bereitstellung von Dolmetschern wird unionsrechtlich geregelt. Im Asylgesetz verbleibt nur das Recht auf Hinzuziehung eines eigenen Sprachmittlers.

§ 18 AsylG: Grenzbehörden werden in das neue Screening-System eingebunden. Vor Weiterleitung erfolgt gegebenenfalls:

- Sicherheitsprüfung
- Identitätsprüfung
- Gesundheitsprüfung

6. Einführung der Grenzverfahren (§ 18a)

Wesentliche Änderungen mit dem Reformziel: Verhinderung der Einreise in Fällen offensichtlich unbegründeter oder unzulässiger Anträge.

Das bisherige Flughafenverfahren wird faktisch durch das neue GEAS-Grenzverfahren ersetzt.

Neu eingeführt werden:

- **Asylgrenzverfahren:** Prüfung des Asylantrags unmittelbar an der Außengrenze.
- **Rückkehrgrenzverfahren:** Unmittelbarer Übergang in das Rückkehrverfahren.
- **Aufenthaltsbeschränkung:** Verpflichtung zum Aufenthalt an bestimmten Standorten.

Neue Fristen werden unionsrechtlich vorgegeben für BAMF, Verwaltungsgerichte, Rechtsmittel.

7. Registrierung, Aufnahme und Verfahrensorganisation (§§ 19–28)

Wesentliche Änderungen mit dem Reformziel: Verlagerung wichtiger Verfahrensschritte an den Beginn des Verfahrens und Anpassung an die neue GEAS-Verfahrensarchitektur.

Schwerpunkte:

- **Screening-Verfahren:** Einführung der unionsrechtlichen Vorprüfung vor dem eigentlichen Asylverfahren.
- **Eurodac-System:** Erweiterte Registrierungspflichten.
- **Zuständigkeitsverfahren:** Anpassung an die Asyl- und Migrationsmanagement-Verordnung (Nachfolger des Dublin-Systems).
- **Besondere Verfahrensgarantien:** Frühzeitige Erkennung vulnerabler Personen.
- **Minderjährige:** Neuregelung der Verfahrensgarantien für unbegleitete Minderjährige.

8. Zulässigkeit, sichere Staaten und Drittstaatenkonzepte (§§ 29–36)

Wesentliche Änderungen mit dem Reformziel: EU-weite Vereinheitlichung der Zulässigkeitsprüfung.

Die Konzepte

- sicherer Herkunftsstaat,
- sicherer Drittstaat,
- erster Asylstaat,
- Schutzstaat

werden unionsrechtlich harmonisiert.

Die Unzulässigkeitsentscheidungen werden an die Asylverfahrensverordnung angepasst.

9. Ausreisefristen und Vollzug (§§ 37–40)

Wesentliche Änderungen mit dem Reformziel: Verzahnung von Asylentscheidung, Rückkehrentscheidung und unionsrechtlichem Verbleiberecht.

Wegfall des § 37 AsylG: Die bisherige Regelung über das Wiederaufleben des Asylverfahrens nach erfolgreichem Eilrechtsschutz entfällt. Grund hierfür ist die Einführung des unionsrechtlichen Systems des:

- Rechts auf Verbleib,
- einstweiligen Rechtsschutzes nach Art. 68 Asylverfahrensverordnung.

Die bisherige nationale Sonderregel wird nicht mehr benötigt.

§ 38 AsylG: Die Ausreisefristen werden an die Asylverfahrensverordnung angepasst. Künftig richten sich Fristen und Fristläufe stärker nach:

- der Art der Entscheidung
- dem Vorliegen eines Rechts auf Verbleib
- den unionsrechtlichen Vorgaben für Grenzverfahren

§ 39 AsylG: Folgeänderungen zur Neustrukturierung von:

- Unzulässigkeitsentscheidungen
- Grenzverfahren
- Rückkehrentscheidungen

§ 40 AsylG: Anpassung der Regelungen über die Bekanntgabe und Wirksamkeit von Entscheidungen an die Asylverfahrensverordnung.

10. Aufnahmeeinrichtungen, Unterbringung und Aufenthaltsgestattung (§§ 42–55)

Wesentliche Änderungen mit dem Reformziel: Effektivere Steuerung und Erreichbarkeit von Antragstellern während des Verfahrens.

§§ 42–47 AsylG: Anpassung der Vorschriften über:

- Aufnahmeeinrichtungen
- Verteilung
- Erstaufnahme
- Aufenthaltsdauer

Die Änderungen dienen vor allem der Umsetzung der Aufnahmeverordnung (EU) 2024/1349.

§ 49 AsylG: Anpassung der Meldepflichten.Die Vorschrift wird stärker verknüpft mit:

- Eurodac
- Registrierung
- Aufenthaltsüberwachung

§ 50 AsylG: Neuregelung von Melde- und Erscheinenspflichten. Bedeutung insbesondere für:

- Folgeanträge
- Grenzverfahren
- Zuständigkeitsverfahren

§§ 52 und 53 AsylG: Anpassung der Mitwirkungs- und Erreichbarkeitspflichten.

§ 55 AsylG: Die Aufenthaltsgestattung bleibt als zentrales Aufenthaltsdokument bestehen.Die Vorschrift wird jedoch an die neue GEAS-Verfahrensarchitektur angepasst.

11. Wohnpflichten und Aufenthaltsbeschränkungen (§§ 56–59)

Wesentliche Änderungen mit dem Reformziel: Verhinderung des Untertauchens und Sicherung der Verfahrensdurchführung.

§ 57 AsylG: Anpassung der räumlichen Beschränkungen.

§ 58 AsylG: Anpassung der Wohnsitz- und Aufenthaltsregelungen an die neuen GEAS-Verfahren.

§ 59 AsylG: Neuregelung von Aufenthaltsbeschränkungen insbesondere im Zusammenhang mit:

- Grenzverfahren
- Rückkehrgrenzverfahren
- Folgeanträgen

12. Verfahrensdokumente und Registrierung (§§ 61–63b)

Wesentliche Änderungen mit dem Reformziel: Einheitliche unionsweite Dokumentation und Nachvollziehbarkeit des Verfahrens.

§ 61 AsylG: Anpassung an die neue Registrierungssystematik.

§ 62 AsylG: Folgeänderungen zur Dokumentation des Verfahrensstatus.

§ 63 AsylG: Neuregelung der Bescheinigungen und Dokumentationspflichten. Die Vorschrift wird stärker mit Eurodac und den unionsrechtlichen Registrierungsanforderungen verzahnt.

§ 63a AsylG: Anpassung des Ankunftsnachweises.

Neuer § 63b AsylG: Einführung neuer Dokumentationspflichten insbesondere für:

- Grenzverfahren
- Screeningverfahren
- besondere Verfahrenssituationen

13. Freiheitsbeschränkungen und neue Haftformen (§§ 64–70a)

Wesentliche Änderungen mit dem Reformziel: Schaffung eines eigenständigen Systems von Bewegungsbeschränkungen und Haftformen für Grenz- und Rückkehrverfahren.

§§ 64–68 AsylG: Anpassung bestehender Freiheitsbeschränkungen an die neue Aufnahmeverordnung.

Neuer § 68a AsylG: Einführung unionsrechtlich geprägter Beschränkungen der Bewegungsfreiheit im Grenzverfahren.

Neuer § 69 AsylG: Einführung der Asylverfahrenshaft. Diese kann unter bestimmten Voraussetzungen angeordnet werden, um die Durchführung des Asylverfahrens sicherzustellen.

§ 70 AsylG: Neuregelung der Haftbedingungen. Umsetzung der unionsrechtlichen Vorgaben für:

- Unterbringung
- Betreuung
- Trennungsgebot

Neuer § 70a AsylG: Einführung der Haft im Rückkehrgrenzverfahren. Diese Haftform dient der Sicherung der Durchführung des Rückkehrgrenzverfahrens nach Ablehnung eines Antrags im Grenzverfahren.

14. Folgeanträge und Mehrfachverfahren (§§ 70a–72)

Wesentliche Änderungen mit dem Reformziel: Verhinderung paralleler Asylverfahren innerhalb der EU.

§ 70a: Neuregelung des Folgeantragsverfahrens.

§ 70b: Neuregelung von Mehrfachanträgen innerhalb der EU.

§ 71: Anpassung an die unionsrechtlichen Folgeantragsregelungen.

Wegfall § 71a: Das nationale Zweitantragsverfahren entfällt.

§ 72: Neuregelung der Wirkungen früherer Entscheidungen.

15. Entzug, Widerruf und Rücknahme von Schutzstatus (§§ 73–73c)

Wesentliche Änderungen mit dem Reformziel: Einheitliches europäisches Schutzstatusmanagement.

Wegfall § 73: Widerrufsregelungen werden unionsrechtlich geregelt.

Wegfall § 73a: Rücknahmevorschriften werden unionsrechtlich geregelt.

§ 73b: Nationale Verfahrensregelungen zum Entzugsverfahren.

§ 73c: Zuständigkeiten und Durchführungsvorschriften.

16. Gerichtliches Verfahren und Rechtsschutz (§§ 74–89)

Wesentliche Änderungen mit dem Reformziel: Beschleunigung und Vereinheitlichung des gerichtlichen Rechtsschutzes.

Neue Fristen: Zahlreiche Klage- und Begründungsfristen werden an die Asylverfahrensverordnung angepasst.

Beschleunigung: Gerichte erhalten unionsrechtlich vorgegebene Entscheidungsfristen.

Grenzverfahren: Sonderregelungen für Asylgrenzverfahren und Rückkehrgrenzverfahren

§ 87e: Zeitliche Übergangsregelungen

§ 88 und § 89: Anpassungen der Rechtsmittel- und Zuständigkeitsregelungen.

Übergangsvorschriften des GEAS – Wann gilt welches Recht?

Mit dem Inkrafttreten der Rechtsakte des Gemeinsamen Europäischen Asylsystems (GEAS) zum 12. Juni 2026 stellt sich für die Praxis eine zentrale Frage: Welches Recht ist auf laufende und neu eingeleitete Verfahren anzuwenden?

Die Übergangsvorschriften der einzelnen GEAS-Verordnungen unterscheiden sich erheblich. Während das Verfahrensrecht weitgehend an den Zeitpunkt der Antragstellung anknüpft, gelten für das materielle Schutzrecht und für Zuständigkeitsverfahren teilweise andere Maßstäbe. Hinzu kommt, dass der deutsche Gesetzgeber zunächst Übergangsregelungen vorgesehen hatte, die nach überwiegender Auffassung nicht vollständig mit dem unmittelbar geltenden Unionsrecht vereinbar waren und deshalb erneut geändert werden mussten.

1. Einheitlicher Anwendungsbeginn

Ursprünglich sahen die einzelnen GEAS-Rechtsakte unterschiedliche Anwendungszeitpunkte vor (12. Juni 2026 bzw. 1. Juli 2026). Durch nachträgliche Änderungs- und Berichtigungsverordnungen wurde jedoch der 12. Juni 2026 als einheitlicher Anwendungsbeginn festgelegt.

Dennoch unterscheiden sich die Übergangsvorschriften der einzelnen Verordnungen erheblich.

2. Normale Asylverfahren

2.1 Verfahrensrecht

Für die Durchführung des Asylverfahrens gilt die Übergangsregelung des Art. 79 Abs. 3 der Asylverfahrensverordnung (VO (EU) 2024/1348). Danach richtet sich die Anwendbarkeit des Verfahrensrechts ausschließlich nach dem Zeitpunkt der Antragstellung.

- Anträge vor dem 12. Juni 2026: Anwendung des bisherigen Verfahrensrechts (Richtlinie 2013/32/EU sowie nationales Asylgesetz).
- Anträge ab dem 12. Juni 2026: Anwendung der neuen Asylverfahrensverordnung.

Dies gilt gleichermaßen für reguläre Asylverfahren, beschleunigte Verfahren sowie Grenzverfahren.

Für die Praxis bedeutet dies, dass Altverfahren noch über Jahre nach dem bisherigen Verfahrensrecht bearbeitet werden.

2.2 Materielles Schutzrecht

Anders verhält es sich bei der Qualifikations- bzw. Anerkennungsverordnung (VO (EU) 2024/1347).

Diese enthält keine eigene Übergangsregelung. Mit ihrem Geltungsbeginn am 12. Juni 2026 wurde gleichzeitig die bisherige Qualifikationsrichtlinie aufgehoben. Daraus folgt nach überwiegender Auffassung, dass die materiellen Voraussetzungen für die Zuerkennung internationalen Schutzes ab diesem Zeitpunkt unmittelbar gelten, unabhängig davon, wann der Asylantrag gestellt wurde.

Dies bedeutet:

- laufende Altverfahren werden zwar weiterhin nach altem Verfahrensrecht geführt,
- die materielle Prüfung des Schutzanspruchs richtet sich jedoch grundsätzlich bereits nach der neuen Qualifikationsverordnung.

Insbesondere die bisherigen §§ 3 und 4 AsylG, mit denen die Qualifikationsrichtlinie umgesetzt wurde, treten insoweit hinter die unmittelbar geltenden Vorschriften der Verordnung zurück.

3. Deutsches Anpassungsgesetz und gesetzgeberische Korrektur

Der deutsche Gesetzgeber hatte in § 87e Abs. 2 AsylG (siehe dazu auch die synoptische Darstellung) zunächst vorgesehen, die neue Qualifikationsverordnung ebenfalls nur auf Anträge anzuwenden, die ab dem 12. Juni 2026 gestellt werden.

Diese Regelung wurde jedoch vielfach als unionsrechtswidrig angesehen, da eine nationale Übergangsvorschrift den unmittelbaren Geltungsanspruch einer EU-Verordnung nicht einschränken kann.

Die Bundesregierung räumte dieses Problem später ausdrücklich ein.

In einer Antwort des Parlamentarischen Staatssekretärs Christoph de Vries vom 10. Juni 2026 wurde klargestellt, dass die materielle Prüfung von Asylanträgen unionsrechtlich bereits ab dem 12. Juni 2026 nach der Qualifikationsverordnung erfolgt und zwischen Alt- und Neufällen gerade nicht unterschieden wird.

Gleichzeitig kündigte die Bundesregierung an, die entgegenstehenden Regelungen des § 87e Abs. 2 und 3 AsylG zum 1. Oktober 2026 wieder aufzuheben. Als Begründung wurde angeführt, dass das Bundesamt für Migration und Flüchtlinge (BAMF) bis zu diesem Zeitpunkt die erforderlichen technischen und organisatorischen Anpassungen vornehmen müsse. Bis dahin wurde das BAMF angewiesen, bereits nach der Qualifikationsverordnung zu entscheiden, soweit dies für die betroffenen Personen günstiger ist.

Mit dem „Gesetz zur Reform der missbräuchlichen Anerkennung von Vaterschaften und zur Änderung weiterer Vorschriften" vom 21. Juli 2026 (BGBl. I Nr. 221) wurde eine entsprechende Korrektur von § 87e AsylG vorgenommen (siehe dazu detailliert die synoptische Darstellung von § 87e).

4. Zuständigkeitsverfahren (Dublin/AMM-Verordnung)

Für Zuständigkeitsverfahren gelten andere Übergangsregeln.

Die bisherige Dublin-III-Verordnung wird durch die Asyl- und Migrationsmanagement-Verordnung (AMM-Verordnung), VO EU 2024/1351 ersetzt.

Hier knüpft die Übergangsregelung nicht an die Antragstellung, sondern an die Registrierung des Asylantrags an.

Es gilt:

- Registrierung vor dem 12. Juni 2026 –> Dublin-III-Verordnung.
- Registrierung ab dem 12. Juni 2026 –> AMM-Verordnung.

Damit unterscheiden sich Zuständigkeitsverfahren grundlegend von den regulären Asylverfahren.

Besonders hervorzuheben ist, dass für die Frage der Zuständigkeit allein der Registrierungszeitpunkt maßgeblich ist. Bereits zuvor eingetretene Tatsachen können daher auch unter Geltung der neuen AMM-Verordnung berücksichtigt werden.

5. Entzug des Schutzstatus

Für Widerrufs- und Rücknahmeverfahren enthält Art. 79 Abs. 3 der Asylverfahrensverordnung (VO EU 2024/1348) eine eigenständige Übergangsregelung.

Entscheidend ist der Zeitpunkt, zu dem die Überprüfung eingeleitet wurde.

- Beginn der Überprüfung vor dem 12. Juni 2026 –> bisheriges Recht.
- Beginn der Überprüfung ab dem 12. Juni 2026 –> Asylverfahrensverordnung.

6. Folgeanträge

Für Folgeanträge enthält die Asylverfahrensverordnung(VO EU 2024/1348) keine ausdrückliche Übergangsvorschrift.

Da Folgeanträge jedoch als neue Anträge auf internationalen Schutz behandelt werden, kommt es auf den Zeitpunkt ihrer Stellung an.

- Folgeantrag vor dem 12. Juni 2026 –> bisheriges Recht.
- Folgeantrag ab dem 12. Juni 2026 –> neues Verfahrensrecht.

GEAS-Quickcheck: Übergangsrecht ab 12. Juni 2026

Rechtsbereich	Maßgeblicher Anknüpfungspunkt	Bis 11.06.2026	Ab 12.06.2026
Asylverfahren im engeren Sinn	Stellung des Antrags auf internationalen Schutz	bisheriges Verfahrensrecht	Asylverfahrensverordnung (EU) 2024/1348
Folgeantrag	Stellung des Folgeantrags	bisheriges Verfahrensrecht	Asylverfahrensverordnung (EU) 2024/1348
Widerruf, Rücknahme, Entzug des Schutzstatus	Beginn der Überprüfung	bisheriges Verfahrensrecht	grundsätzlich neues Verfahrensrecht; Übergangsregeln im Einzelfall beachten
Zuständigkeitsbestimmung	Registrierung des Asylantrags	Dublin-III-Verordnung	grundsätzlich Asyl- und Migrationsmanagement-Verordnung (EU) 2024/1351; für Altfälle Übergangsrecht beachten
Aufnahme, Unterbringung, Leistungen	kein besonderer Übergangstatbestand	bisheriges Aufnahmerecht	neue Aufnahmeregelungen
Materielle Schutzprüfung	keine ausdrückliche Sonderregel	bisherige Qualifikationsrichtlinie	grundsätzlich neue Qualifikationsverordnung (EU) 2024/1347; Übergangs- und Verweisungsfragen im Einzelfall prüfen
Gerichtsverfahren	Übergangsvorschriften der jeweiligen Verfahrensordnung	bisheriges Recht maßgeblich	kein automatischer Rechtswechsel; maßgeblich sind die jeweiligen Übergangsregelungen

Änderungen im AsylG

§ 1 AsylG

bis 11.06.2026	ab 12.06.2026
§ 1 Geltungsbereich	**§ 1 Geltungsbereich**
(1) Dieses Gesetz gilt für *Ausländer*, die Folgendes beantragen:	(1) Dieses Gesetz gilt für **Drittstaatsangehörige oder Staatenlose (Ausländer)**, die Folgendes beantragen **(Asylantrag)**:
1. Schutz vor politischer Verfolgung nach Artikel 16a Absatz 1 des Grundgesetzes oder	1. Schutz vor politischer Verfolgung nach Artikel 16a Absatz 1 des Grundgesetzes **(Asylberechtigung)** oder
2. *internationalen Schutz nach der Richtlinie 2011/95/EU des Europäischen Parlaments und des Rates vom 13. Dezember 2011 über Normen für die Anerkennung von Drittstaatsangehörigen oder Staatenlosen als Personen mit Anspruch auf internationalen Schutz, für einen einheitlichen Status für Flüchtlinge oder für Personen mit Anrecht auf subsidiären Schutz und für den Inhalt des zu gewährenden Schutzes (ABl. L 337 vom 20. 12 2011, S. 9); der internationale Schutz im Sinne der Richtlinie 2011/95/EU umfasst den Schutz vor Verfolgung nach dem Abkommen vom 28. Juli 1951 über die Rechtsstellung der Flüchtlinge (BGBl. 1953 II S. 559, 560) und den subsidiären Schutz im Sinne der Richtlinie; der nach Maßgabe der Richtlinie 2004/83/EG des Rates vom 29. April 2004 über Mindestnormen für die Anerkennung und den Status von Drittstaatsangehörigen oder Staatenlosen als Flüchtlinge oder als Personen, die anderweitig internationalen Schutz benötigen, und über den Inhalt des zu gewährenden Schutzes (ABl. L 304 vom 30. 9 2004, S. 12) gewährte internationale Schutz steht dem internationalen Schutz im Sinne der Richtlinie 2011/95/EU gleich; § 104 Absatz 9 des Aufenthaltsgesetzes bleibt unberührt.*	2. internationalen Schutz **nach der Verordnung (EU) 2024/1347, der den Schutz vor Verfolgung nach dem Abkommen vom 28. Juli 1951 über die Rechtsstellung der Flüchtlinge (BGBl. 1953 II S. 559) und den subsidiären Schutz im Sinne der Verordnung (EU) 2024/1347 umfasst; § 104 Absatz 9 des Aufenthaltsgesetzes bleibt unberührt.**
(2) Dieses Gesetz gilt nicht für heimatlose Ausländer im Sinne des Gesetzes über die Rechtsstellung heimatloser Ausländer im Bundesgebiet in der im Bundesgesetzblatt Teil III, Gliederungsnummer 243-1, veröffentlichten bereinigten Fassung in der jeweils geltenden Fassung.	(2) [unverändert]
	(3) Dieses Gesetz gilt auch für Staatsangehörige der Mitgliedstaaten der Europäischen Union, die nicht Deutsche sind, wenn die Voraussetzungen des dem Vertrag über die Arbeitsweise der Europäischen Union anhängenden Protokolls (Nr. 24) über die Gewährung von Asyl für Staatsangehörige von Mitgliedstaaten der Europäischen Union erfüllt sind.

Änderungen im AsylG

bis 11.06.2026	ab 12.06.2026
§ 1 Geltungsbereich	**§ 1 Geltungsbereich**
	(4) Dieses Gesetz gilt auch für das Verfahren zur Bestimmung des zuständigen Mitgliedstaats, soweit nicht die Verordnung (EU) 2024/1351 oder die Rechtsverordnung nach § 88 Absatz 1 abweichende Regelungen treffen.
	(5) Die Vorschriften dieses Gesetzes finden keine Anwendung, soweit das Recht der Europäischen Union, im Besonderen die Verordnung (EU) 2024/1348 in der jeweils geltenden Fassung, unmittelbar gilt.

Redaktionelle Hinweise zu den Neuerungen

Vom national geprägten Asylrecht zum unionsrechtlichen Verfahrensrahmen

Der neue § 1 AsylG steht für eine systematische Umstellung: Das zuvor vor allem richtliniengestützte europäische Asylrecht wird nun durch ein unmittelbar geltendes unionsrechtliches Regelungsregime überlagert und zunehmend ersetzt – im Rahmen des Gemeinsamen Europäischen Asylsystems (GEAS).

Man kann die Norm daher als programmatische Grundbestimmung lesen. Sie regelt nicht nur den Anwendungsbereich des Gesetzes, sondern ordnet das nationale Asylrecht zugleich in eine europäische Rechtsarchitektur ein. Damit verschiebt sich die Funktion des Asylgesetzes: materiellrechtlich rückt das unmittelbar anwendbare Unionsrecht stärker in den Vordergrund, während dem nationalen Recht vor allem eine Durchführungs- und Ergänzungsrolle zukommt.

Der bisherige § 1 AsylG verwies auf die Flüchtlingseigenschaft und den subsidiären Schutz nach europäischem Richtlinienrecht. Der neue Wortlaut ersetzt diese Verweise durch die Verordnung (EU) 2024/1347 (Qualifikationsverordnung).

Damit wird deutlich, dass sich die materiellen Voraussetzungen für die Zuerkennung internationalen Schutzes künftig primär aus unmittelbar anwendbarem Unionsrecht ergeben. Das Asylgesetz bleibt dabei weiterhin bedeutsam – insbesondere für die verfahrensrechtliche Umsetzung und für ergänzende nationale Regelungen –, gewinnt jedoch in materieller Hinsicht spürbar an eigenständiger Regelungsdichte.

Fortbestehen der dualen Schutzstruktur

Trotz der stärkeren unionsrechtlichen Primäranknüpfung hält § 1 Abs. 1 AsylG an der grundlegenden Zweiteilung fest:

- der Asylberechtigung nach Art. 16a GG („Asylgrundrecht“) und
- dem internationalen Schutz

Der internationale Schutz umfasst sowohl die Flüchtlingseigenschaft als auch den subsidiären Schutz – nunmehr ausdrücklich nach Maßgabe der Qualifikationsverordnung (also der Verordnung (EU) 2024/1347). Die verfassungsrechtliche Schutzgarantie steht daneben eigenständig fort;

die europäische Qualifikationsverordnung übernimmt dagegen den maßgeblichen materiellen Bezugspunkt für den internationalen Schutz.

Einbindung des Zuständigkeitsverfahrens (AMMR)

§ 1 Abs. 4 AsylG stellt klar, dass das Gesetz auch für Verfahren zur Bestimmung des zuständigen Mitgliedstaats gilt, soweit die Verordnung (EU) 2024/1351 (Asyl- und Migrationsmanagement-Verordnung [AMMR], die die bisherige Dublin-III-Verordnung ablöst) oder darauf beruhende Regelungen keine abschließenden Vorgaben enthalten.

Dabei ist wichtig, die Ebenen zu unterscheiden: Zuständigkeitsfragen und Schutzgewährung folgen unterschiedlichen Regelungslogiken. Das Asylgesetz bleibt in diesem Kontext der verfahrensrechtliche Rahmen; die eigentlichen Zuständigkeitsregeln ergeben sich aber primär aus der AMMR.

Anwendungsvorrang des Unionsrechts

Besonders bedeutsam ist § 1 Abs. 5. Dort wird klar zum Ausdruck gebracht, dass die Vorschriften des Asylgesetzes nicht zur Anwendung kommen, soweit unmittelbar geltendes Unionsrecht – insbesondere die Verordnung (EU) 2024/1348 (Asylverfahrensverordnung) – den betreffenden Regelungsgegenstand abschließend regelt. Die ausdrückliche Erwähnung der Asylverfahrensverordnung bildet damit künftig den Kern des europäischen Asylverfahrensrechts und enthält zahlreiche Regelungen, die bislang im nationalen Recht verankert waren. Das nationale Verfahrensrecht ergänzt dieses nur noch dort, wo Spielräume verbleiben.

Für die Rechtsanwendung folgt daraus ein methodischer Prüfungsvorrang:

- Besteht eine unmittelbar anwendbare unionsrechtliche Regelung?
- Regelt diese den Sachverhalt abschließend?
- Nur wenn dies nicht der Fall ist, ist nationales Recht heranzuziehen.

Gesetzesbegründung zu § 1 AsylG (BT-Drs. 21/1848)

Zu Absatz 1

Die Änderung dient der Anpassung an die Verordnungen (EU) 2024/1347 und (EU) 2024/1348. Diese gelten lediglich für Drittstaatsangehörige und Staatenlose. Zur Klarstellung wird definiert, wer Ausländer und was ein Asylantrag ist. Im gesamten Asylgesetz bezieht sich der Begriff „Ausländer" auf solche, die einen Asylantrag gestellt haben.

Zu Absatz 3 bis 5

Der neue Absatz 3 ist eine Folgeänderung zur Änderung [in Absatz 1]. Für Asylanträge von Staatsangehörigen der Europäischen Union gelten besondere Regelungen.

Der neue Absatz 4 dient der Klarstellung, dass das Asylgesetz auch für Verfahren nach der Verordnung (EU) 2024/1351 gilt, soweit dort oder in der Rechtsverordnung nach § 88 Absatz 1 keine besonderen Regelungen getroffen sind.

Der neue Absatz 5 dient der Klarstellung, dass das Unionsrecht dem Asylgesetz vorgeht, falls Regelungen im Asylgesetz dem Unionsrecht widersprechen.

Änderungen im AsylG

§ 2 AsylG

bis 11.06.2026	ab 12.06.2026
§ 2 Rechtsstellung Asylberechtigter	**§ 2 Rechtsstellung Asylberechtigter**
(1) Asylberechtigte genießen im Bundesgebiet die Rechtsstellung nach dem Abkommen über die Rechtsstellung der Flüchtlinge.	(1) [unverändert]
(2) Unberührt bleiben die Vorschriften, die den Asylberechtigten eine günstigere Rechtsstellung einräumen.	**(2) Für das Verfahren zur Prüfung der Anerkennung der Asylberechtigung finden die verfahrensbezogenen Regelungen der Verordnungen**
	1. **(EU) 2024/1347,** 2. **(EU) 2024/1348,** 3. **(EU) 2024/1349,** 4. **(EU) 2024/1351,**
	5. **(EU) 2024/1352,** 6. **(EU) 2024/1356,** 7. **(EU) 2024/1358 und** 8. **(EU) 2024/1359**
	entsprechende Anwendung, soweit in Artikel 16a des Grundgesetzes, in diesem Gesetz oder anderen Rechtsvorschriften keine abweichenden Regelungen getroffen werden.
(3) Ausländer, denen bis zum Wirksamwerden des Beitritts in dem in Artikel 3 des Einigungsvertrages genannten Gebiet Asyl gewährt worden ist, gelten als Asylberechtigte.	(3) [unverändert]

Redaktionelle Hinweise zu den Neuerungen

Während § 1 AsylG den Anwendungsbereich des neuen Systems bestimmt, beantwortet § 2 AsylG eine grundlegende Anschlussfrage: Wie verhält sich das deutsche Grundrecht auf Asyl (Art. 16a GG) zum unionsrechtlich geprägten Asylverfahrensrecht?

Der neue Wortlaut von Absatz 2 stellt klar, dass das Asylverfahren nach Art. 16a GG und das Verfahren für internationalen Schutz grundsätzlich als ein einheitliches Verfahren behandelt werden. Praktisch heißt das: Ob jemand Asyl im verfassungsrechtlichen Sinn, Flüchtlingsschutz, subsidiären Schutz oder nur internationalen Schutz beantragt, soll verfahrensrechtlich nicht zu zwei getrennten Verfahren führen. Wenn also jemand Asyl beantragt, soll die Behörde nicht erst ein Verfahren für „Asyl nach Art. 16a GG" und daneben noch eines für „internationalen Schutz" aufmachen. Stattdessen läuft alles in einem gemeinsamen Ablauf, bis geklärt ist, ob Asylberechtigung, Flüchtlingsschutz oder subsidiärer Schutz in Betracht kommen.

Die Behörden müssen dazu die neuen europäischen Regeln anwenden. Absatz 2 verweist dazu auf mehrere zentrale GEAS-Verordnungen, deren verfahrensbezogene Regelungen heranzuziehen sind:

Verordnung (EU) 2024/1348 (Asylverfahrensverordnung): Sie bildet künftig den wesentlichen Maßstab für Verfahrensabläufe. Die Gesetzesbegründung nennt ausdrücklich:

- Anhörungen (Artikel 11 bis 14)
- Rechtsauskunft und Rechtsberatung und -vertretung (Artikel 15 bis 19)
- besondere Garantien für schutzbedürftige Personen (Artikel 20 bis 25)
- Verwaltungsverfahren (Zugang zum Verfahren, Artikel 26 bis 33; Prüfungsverfahren, Artikel 34 und 35; Entscheidung über Anträge, Artikel 36 bis 41; Besondere Verfahren, Artikel 42 bis 56)
- Verfahren für den Entzug des internationalen Schutzes (Artikel 65 und 66)
- Rechtsbehelfsverfahren (Artikel 67 bis 69)

Verordnung (EU) 2024/1347 (Qualifikationsverordnung): Die Gesetzesbegründung hebt insbesondere Artikel 4 als verfahrensbezogene Regelung hervor. Artikel 4 regelt im Rahmen der Prüfung von Anträgen auf internationalen Schutz die Darlegung von Informationen und Prüfung der Tatsachen und Umstände, also wer im Asylverfahren was vortragen und beweisen muss und wie die Asylbehörde die Angaben prüft und bewertet. Der Artikel enthält also die zentralen Regeln zur Mitwirkungspflicht des Antragstellers, zur Sachverhaltsaufklärung und zur Beweiswürdigung.

Auch die Artikel 11 (= Erlöschen der Flüchtlingseigenschaft), 12 (= Ausschluss von der Anerkennung als Flüchtling) und 14 (= Entzug der Flüchtlingseigenschaft) gelten entsprechend; der Inhalt dieser Regelungen war bisher in § 73 Abs. 1 und 5 AsylG enthalten. § 73 AsylG ist zum 12. Juni 2026 entfallen, das Widerruf und Rücknahme werden nun vollständig über europäische Regelungen vollzogen.

Die mit dem internationalen Schutz verbundenen Rechte und Pflichten von Personen, denen dieser Schutz gewährt wurde, also von anerkannten Asylberechtigten, sind nun in Kapitel VII (= Artikel 20 bis 36) der Qualifikationsverordnung niedergelegt und anzuwenden.

Verordnung (EU) 2024/1351 (Asyl- und Migrationsmanagement-Verordnung): Auch im Rahmen der Prüfung des Art. 16a GG ist das unionsrechtliche Zuständigkeitsbestimmungsverfahren durchzuführen. Die Berufung auf das Grundrecht entzieht den Antragsteller nicht dem unionsrechtlichen Zuständigkeitssystem. Ist Deutschland nicht zuständig, kann eine Überstellung in den zuständigen Mitgliedstaat erfolgen.

Verordnung (EU) 2024/1356 (Screening): Auch Personen, die sich auf Art. 16a GG berufen, müssen das europäische Screening-Verfahren durchlaufen. Die vorgeschaltete Identitäts-, Sicherheits- und Gesundheitsprüfung erfolgt somit unabhängig von der konkreten Schutzform.

Verordnung (EU) 2024/1358 (Eurodac): Die vorgelagerten Identifizierungs- und Erfassungsmechanismen gelten unabhängig von der begehrten Schutzform. Die Erfassung in der europäischen Fingerabdruckdatenbank erfolgt also ebenfalls unabhängig davon, ob der Antragsteller sich auf Art. 16a GG oder internationalen Schutz beruft.

Änderungen im AsylG

Verordnungen (EU) 2024/1349 und 2024/1359: Besondere Verfahrensformen (Grenzverfahren, Krisenverfahren) werden ebenfalls in die entsprechende Anwendung einbezogen. Damit sollen auch die besonderen GEAS-Verfahrensformen auf die Prüfung der Asylberechtigung anwendbar sein.

Die Anwendung der unionsrechtlichen Vorschriften steht unter dem Vorbehalt, dass keine abweichenden Regelungen insbesondere im Grundgesetz oder im nationalen Recht bestehen.

Dieser Vorbehalt dient der Sicherung der verfassungsrechtlichen Eigenständigkeit des Asylgrundrechts. Die unionsrechtlich geprägten Verfahrensregeln gelten daher nicht uneingeschränkt, sondern nur insoweit, als sie mit den Vorgaben des Art. 16a GG vereinbar sind oder durch nationale Regelungen nicht modifiziert werden.

Gesetzesbegründung zu § 2 AsylG (BT-Drs. 21/1848)

Die Änderung dient der Klarstellung, dass das Verfahren zur Prüfung des Grundrechts auf Asyl nach Artikel 16a Grundgesetz dem Verfahren zur Prüfung des internationalen Schutzes gleichgestellt ist und wie nach bisheriger Rechtslage ein einheitliches Asylverfahren durchgeführt werden soll, soweit dies nicht anderweitig geregelt ist. Nach bisheriger Rechtslage kommt es für die Durchführung des Asylverfahrens sowie die Aufnahme des Asylantragstellers nicht darauf an, ob ein Ausländer den Asylantrag umfassend nach § 1 Nummer 1 und 2 stellt oder diesen nach § 13 Absatz 2 Satz 2 auf die Zuerkennung des internationalen Schutzes beschränkt. Diese Rechtslage soll zukünftig fortgelten. Es ist wie bisher ein einheitliches Verfahren durchzuführen, insbesondere solange die Prüfung, ob die Asylberechtigung anerkannt werden kann, noch nicht abgeschlossen ist.

Nach bisheriger Rechtslage sind die verfahrensbezogenen Regelungen ganz überwiegend im nationalen Recht, insbesondere im Asylgesetz, geregelt. Lediglich die Eurodac-Verordnung (Verordnung (EU) Nr. 603/2013) und die Dublin-III-Verordnung (Verordnung (EU) Nr. 604/2013) galten auch bisher unmittelbar und wurden ebenfalls auf Asylantragsteller, die auch § 1 Nummer 1 beantragt hatten, angewandt. Durch die unmittelbare Geltung der Verordnung (EU) 2024/1348 (Asylverfahrensverordnung) und der weiteren GEAS-Verordnungen werden zahl reiche Vorschriften im Asylgesetz mit Blick auf das Wiederholungsverbot aufgehoben oder angepasst. Das Asyl verfahren bestimmt sich daher zukünftig maßgeblich aus einem Zusammenspiel von Verordnungen und dem nationalen Recht.

Dies betrifft aus der Asylverfahrensverordnung insbesondere die Regelungen in Kapitel II zur Durchführung der Anhörungen (Artikel 11 bis 14), der Bereitstellung von Rechtsauskunft und Rechtsberatung und -vertretung (Artikel 15 bis 19) sowie der besonderen Garantien (Artikel 20 bis 25) sowie des Kapitels III Abschnitt I bis IV zum Verwaltungsverfahren, des Kapitels IV zum Verfahren für den Entzug sowie des Kapitels V zum Rechtsbehelfs verfahren. Hinsichtlich des Kapitels III Abschnitt V zu den Konzepten des sicheren Staats gilt dies nur insoweit, als dadurch keine Abweichung von Artikel 16a des Grundgesetzes erfolgt.

Wird die Anerkennung der Asylberechtigung im Rahmen des Asylgrenzverfahrens sowie die Zuerkennung des internationalen Schutzes abgelehnt, muss in diesem Fall die Verordnung (EU) 2024/1349 Anwendung finden.

Auch hinsichtlich der weiteren genannten GEAS-Verordnungen ist eine entsprechende Anwendung erforderlich, um ein einheitliches Verfahren zu gewährleisten. Unabhängig davon, ob ein Ausländer § 1 Nummer 1 und 2 oder nur § 1 Nummer 2 beantragt, muss die Person weiterhin in der Eurodac-Datenbank nach der Verordnung (EU) 2024/1358 erfasst und der Überprüfung nach der Verordnung (EU) 2024/1356 unterzogen werden. Hinsichtlich der Verordnung (EU) 2024/1351 ist ebenfalls eine entsprechende Anwendung vorzusehen, da auch bei Ausländern, die den Asylantrag nach § 1 Nummer 1 stellen, die Anhörung für das Zuständigkeitsbestimmungsverfahren durchzuführen ist und eine Überstellung in einen anderen Mitgliedstaat erfolgen muss, wenn die Anerkennung der Asylberechtigung nicht einschlägig ist und ein anderer Mitgliedstaat für die Prüfung des internationalen Schutzes zuständig ist.

Die Verordnung (EU) 2024/1359 regelt für die Krisenfall abweichende Verfahrensvorschriften und modifiziert die zuvor genannten GEAS-Verordnungen, insbesondere die Asylverfahrensverordnung hinsichtlich einzuhalten der Fristen. Im Krisenfall muss daher auch die Verordnung (EU) 2024/1359 für die Prüfung der Anerkennung der Asylberechtigung Anwendung finden.

Hinsichtlich der Verordnung (EU) 2024/1347 ist insbesondere Artikel 4 als verfahrensbezogene Regelung entsprechend anzuwenden. Auch die Artikel 11, 12 und 14 gelten entsprechend, da der Inhalt dieser Regelungen bisher in § 73 Absatz 1 und 5 enthalten war. Für anerkannte Asylberechtigte gelten zudem die in Kapitel VII geregelten Rechte und Pflichten entsprechend.

Änderungen im AsylG

§ 3 AsylG

bis 11.06.2026	ab 12.06.2026
§ 3 Zuerkennung *der Flüchtlingseigenschaft*	**§ 3 Zuerkennung des internationalen Schutzes**
(1) Ein Ausländer ist Flüchtling im Sinne des Abkommens vom 28. Juli 1951 über die Rechtsstellung der Flüchtlinge (BGBl. 1953 II S. 559, 560), wenn er sich	**Die Zuerkennung des internationalen Schutzes richtet sich nach den Kapiteln III bis VI der Verordnung (EU) 2024/1347.**
1. *aus begründeter Furcht vor Verfolgung wegen seiner Rasse, Religion, Nationalität, politischen Überzeugung oder Zugehörigkeit zu einer bestimmten sozialen Gruppe*	
2. *außerhalb des Landes (Herkunftsland) befindet,*	
a) *dessen Staatsangehörigkeit er besitzt und dessen Schutz er nicht in Anspruch nehmen kann oder wegen dieser Furcht nicht in Anspruch nehmen will oder*	
b) *in dem er als Staatenloser seinen vorherigen gewöhnlichen Aufenthalt hatte und in das er nicht zurückkehren kann oder wegen dieser Furcht nicht zurückkehren will.*	
(2) Ein Ausländer ist nicht Flüchtling nach Absatz 1, wenn aus schwerwiegenden Gründen die Annahme gerechtfertigt ist, dass er	
1. *ein Verbrechen gegen den Frieden, ein Kriegsverbrechen oder ein Verbrechen gegen die Menschlichkeit begangen hat im Sinne der internationalen Vertragswerke, die ausgearbeitet worden sind, um Bestimmungen bezüglich dieser Verbrechen zu treffen,*	
2. *vor seiner Aufnahme als Flüchtling eine schwere nichtpolitische Straftat außerhalb des Bundesgebiets begangen hat, insbesondere eine grausame Handlung, auch wenn mit ihr vorgeblich politische Ziele verfolgt wurden, oder*	
3. *den Zielen und Grundsätzen der Vereinten Nationen zuwidergehandelt hat.*	
Satz 1 gilt auch für Ausländer, die andere zu den darin genannten Straftaten oder Handlungen angestiftet oder sich in sonstiger Weise daran beteiligt haben.	
(3) Ein Ausländer ist auch nicht Flüchtling nach Absatz 1, wenn er	
1. *den Schutz oder Beistand einer Organisation oder einer Einrichtung der Vereinten Nationen mit Ausnahme des Hohen Kommissars der Vereinten Nationen für Flüchtlinge nach Artikel 1 Abschnitt D des Abkommens über die Rechtsstellung der Flüchtlinge genießt oder*	

bis 11.06.2026	ab 12.06.2026
§ 3 Zuerkennung *der Flüchtlingseigenschaft*	**§ 3 Zuerkennung des internationalen Schutzes**
2. von den zuständigen Behörden des Staates, in dem er seinen Aufenthalt genommen hat, als Person anerkannt wird, welche die Rechte und Pflichten, die mit dem Besitz der Staatsangehörigkeit dieses Staates verknüpft sind, beziehungsweise gleichwertige Rechte und Pflichten hat.	
Wird der Schutz oder Beistand nach Satz 1 Nummer 1 nicht länger gewährt, ohne dass die Lage des Betroffenen gemäß den einschlägigen Resolutionen der Generalversammlung der Vereinten Nationen endgültig erklärt worden ist, sind die Absätze 1 und 2 anwendbar.	
(4) Einem Ausländer, der Flüchtling nach Absatz 1 ist, wird die Flüchtlingseigenschaft zuerkannt, es sei denn, er erfüllt die Voraussetzungen des § 60 Absatz 8 Nummer 2 oder 3 des Aufenthaltsgesetzes oder das Bundesamt hat nach § 60 Absatz 8a oder 8b des Aufenthaltsgesetzes von der Anwendung des § 60 Absatz 1 des Aufenthaltsgesetzes abgesehen	**Hinsichtlich der Anwendung von Artikel 14 Absatz 2 der Verordnung (EU) 2024/1347 ist eine besonders schwere Straftat im Sinne des Artikels 14 Absatz 1 Buchstabe e der Verordnung (EU) 2024/1347 anzunehmen, wenn die in § 60 Absatz 8 Nummer 2 des Aufenthaltsgesetzes genannten Voraussetzungen vorliegen oder das Bundesamt nach § 60 Absatz 8a oder 8b des Aufenthaltsgesetzes von der Anwendung des § 60 Absatz 1 des Aufenthaltsgesetzes abgesehen hat.**

Redaktionelle Hinweise zu den Neuerungen

Bislang beruhte das materielle Flüchtlingsrecht auf der Qualifikationsrichtlinie, die Deutschland in den §§ 3 ff. AsylG umgesetzt hatte. § 3 AsylG regelte daher selbst:

- die Flüchtlingsdefinition
- die Verfolgungsgründe
- die Ausschlussgründe
- die Voraussetzungen zur Zuerkennung der Flüchtlingseigenschaft

Seit dem 12. Juni 2026 lautet die Kernregelung dagegen lediglich: „Die Zuerkennung des internationalen Schutzes richtet sich nach den Kapiteln III bis VI der Verordnung (EU) 2024/1347."

§ 3 AsylG fungiert damit nicht mehr als materiell-rechtliche Definitionsnorm, sondern als Verweisungs- und Ergänzungsnorm, die auf das unionsrechtliche Schutzsystem verweist.

Bereits die Änderung der Überschrift macht den Systemwechsel deutlich: Aus „Zuerkennung der Flüchtlingseigenschaft" wird „Zuerkennung des internationalen Schutzes". Diese Änderung ist bewusst gewählt. Denn der Begriff des internationalen Schutzes umfasst nach der Qualifikationsverordnung die Flüchtlingseigenschaft und den subsidiären Schutz.

Änderungen im AsylG

Damit löst sich das Gesetz von der bisherigen Trennung, wonach § 3 AsylG ausschließlich den Flüchtlingsschutz regelte, und integriert beide Schutzformen in eine einheitliche unionsrechtliche Systematik.

Die materiellen Voraussetzungen für die Gewährung internationalen Schutzes ergeben sich künftig aus den Kapiteln III bis VI der Qualifikationsverordnung. Dort werden insbesondere geregelt:

- Verfolgungshandlungen und Verfolgungsgründe
- Akteure der Verfolgung und Schutzgewähr
- Flüchtlingseigenschaft
- Voraussetzungen für den subsidiären Schutz
- Beendigung und Entziehung des Schutzstatus

Die Gesetzesbegründung stellt klar, dass diese Regelungen den bisherigen nationalen Vorschriften – insbesondere §§ 3a und 3b AsylG – im Ausgangspunkt inhaltlich weitgehend entsprechen (siehe dazu auch die Gegenüberstellungen in den §§ 3a und 3b im Folgenden).

Ganz verschwunden ist das nationale Recht allerdings nicht. Hinsichtlich der Anwendung von Art. 14 Abs. 2 der Qualifikationsverordnung bestimmt § 3 AsylG in seiner Fassung ab 12. Juni 2026, wann eine „besonders schwere Straftat" im Sinne von Art. 14 Abs. 1 Buchst. e vorliegt.

Ein solcher Fall ist insbesondere anzunehmen, wenn:

- die Voraussetzungen des § 60 Abs. 8 Nr. 2 AufenthG erfüllt sind oder
- das Bundesamt nach § 60 Abs. 8a oder 8b AufenthG von der Anwendung des Abschiebungsverbots abgesehen hat.

Die Gesetzesbegründung nennt ausdrücklich den Zweck dieser Regelung: Es soll ein Gleichlauf zwischen dem Flüchtlingsschutz nach der Qualifikationsverordnung und den Ausschlussregelungen des Aufenthaltsgesetzes gewährleistet werden. Ohne diese Klarstellung hätte die Gefahr bestanden, dass dieselbe Straftat im Aufenthaltsrecht und im Flüchtlingsrecht unterschiedlich bewertet wird.

Gesetzesbegründung zu § 3 AsylG (BT-Drs. 21/1848)

Die Voraussetzungen für die Zuerkennung des internationalen Schutzes richten sich nach den Vorschriften der Kapitel III bis VI der Verordnung (EU) 2024/1347. Diese umfassen unter anderem Regelungen zu Verfolgungshandlungen und Verfolgungsgründen, welche im Wesentlichen den bisherigen nationalen Vorschriften in den §§ 3a und 3b AsylG entsprechen. Dies gilt insbesondere auch für die Verfolgung aufgrund geschlechtsbezogener Aspekte einschließlich der geschlechtlichen Identität nach dem bisherigen § 3b Absatz 1 Nummer 4 letzter Teilsatz AsylG, der in Artikel 10 Unterabsatz 2 Satz 2 der Verordnung (EU) 2024/1347 inhaltlich vergleichbar formuliert ist. Um dies im Asylgesetz zu verdeutlichen und den neuen Satz 2 einzuleiten, wird der neue Satz 1 als Klarstellung eingefügt.

Nicht in der Verordnung (EU) 2024/1347 geregelt ist, wann eine besonders schwere Straftat im Sinne von Artikel 14 Absatz 1 Buchstabe e der Verordnung (EU) 2024/1347 anzunehmen ist. Um einen Gleichlauf mit den Regelungen in § 60 Absatz 8 bis Absatz 8b des Aufenthaltsgesetzes sicherzustellen, wird der neue Satz 2 eingefügt.

§§ 3a bis 4 AsylG

ab 12.06.2026
§§ 3a bis 4 (weggefallen)

bis 11.06.2026	**ab 12.06.2026**
§ 3a AsylG Verfolgungshandlungen	**Art. 9 VO (EU) 2024/1347 Verfolgungshandlungen**
(1) Als Verfolgung im Sinne des § 3 Absatz 1 gelten Handlungen, die	(1) Eine Handlung wird als Verfolgung im Sinne des Artikels 1 Abschnitt A der Genfer Flüchtlingskonvention angesehen, wenn sie
1. auf Grund ihrer Art oder Wiederholung so gravierend sind, dass sie eine schwerwiegende Verletzung der grundlegenden Menschenrechte darstellen, insbesondere der Rechte, von denen nach Artikel 15 Absatz 2 der Konvention vom 4. November 1950 zum Schutze der Menschenrechte und Grundfreiheiten (BGBl. 1952 II S. 685, 953) keine Abweichung zulässig ist, oder	a) aufgrund ihrer Art oder Wiederholung so gravierend ist, dass sie eine schwerwiegende Verletzung der grundlegenden Menschenrechte darstellt, insbesondere der Rechte, von denen nach Artikel 15 Absatz 2 EMRK keine Abweichung zulässig ist, oder
2. in einer Kumulierung unterschiedlicher Maßnahmen, einschließlich einer Verletzung der Menschenrechte, bestehen, die so gravierend ist, dass eine Person davon in ähnlicher wie der in Nummer 1 beschriebenen Weise betroffen ist.	b) in einer Kumulierung unterschiedlicher Maßnahmen, einschließlich einer Verletzung der Menschenrechte, besteht, die so gravierend ist, dass eine Person davon in ähnlicher Weise wie bei einer Handlung nach Buchstabe a betroffen ist.
(2) Als Verfolgung im Sinne des Absatzes 1 können unter anderem die folgenden Handlungen gelten:	(2) Als Verfolgung im Sinne des Absatzes 1 können unter anderem die folgenden Handlungen gelten:
1. die Anwendung physischer oder psychischer Gewalt, einschließlich sexueller Gewalt, *2. gesetzliche, administrative, polizeiliche oder justizielle Maßnahmen, die als solche diskriminierend sind oder in diskriminierender Weise angewandt werden,*	a) Anwendung physischer oder psychischer Gewalt, einschließlich sexueller Gewalt; b) gesetzliche, administrative, polizeiliche oder justizielle Maßnahmen, die als solche diskriminierend sind oder in diskriminierender Weise angewandt werden;
3. unverhältnismäßige oder diskriminierende Strafverfolgung oder Bestrafung, *4. Verweigerung gerichtlichen Rechtsschutzes mit dem Ergebnis einer unverhältnismäßigen oder diskriminierenden Bestrafung,*	c) unverhältnismäßige oder diskriminierende Strafverfolgung oder Bestrafung; d) Verweigerung gerichtlichen Rechtsschutzes mit dem Ergebnis einer unverhältnismäßigen oder diskriminierenden Bestrafung;
5. Strafverfolgung oder Bestrafung wegen Verweigerung des Militärdienstes in einem Konflikt, wenn der Militärdienst Verbrechen oder Handlungen umfassen würde, die unter die Ausschlussklauseln des § 3 Absatz 2 fallen, *6. Handlungen, die an die Geschlechtszugehörigkeit anknüpfen oder gegen Kinder gerichtet sind.*	e) Strafverfolgung oder Bestrafung wegen Verweigerung des Militärdienstes in einem Konflikt, wenn der Militärdienst Verbrechen oder Handlungen umfassen würde, die in den Anwendungsbereich der Ausschlussgründe des Artikels 12 Absatz 2 fallen; f) Handlungen, die an das Geschlecht anknüpfen oder gegen Kinder gerichtet sind.

Änderungen im AsylG

bis 11.06.2026	ab 12.06.2026
§ 3a AsylG Verfolgungshandlungen	**Art. 9 VO (EU) 2024/1347 Verfolgungshandlungen**
(3) Zwischen den in § 3 Absatz 1 Nummer 1 in Verbindung mit den in § 3b genannten Verfolgungsgründen und den in den Absätzen 1 und 2 als Verfolgung eingestuften Handlungen oder dem Fehlen von Schutz vor solchen Handlungen muss eine Verknüpfung bestehen.	(3) Damit ein Antragsteller die Voraussetzungen für die Anerkennung als „Flüchtling" nach Artikel 3 Nummer 5 erfüllt, muss ein Zusammenhang zwischen den in Artikel 10 genannten Verfolgungsgründen und den in Absatz 1 des vorliegenden Artikels als Verfolgung eingestuften Handlungen oder dem Fehlen von Schutz vor solchen Handlungen bestehen.

bis 11.06.2026	ab 12.06.2026
§ 3b AsylG Verfolgungsgründe	**Art. 10 VO (EU) 2024/1347 Verfolgungsgründe**
(1) Bei der Prüfung der Verfolgungsgründe nach § 3 Absatz 1 Nummer 1 ist Folgendes zu berücksichtigen:	(1) Bei der Prüfung der Verfolgungsgründe ist Folgendes zu berücksichtigen:
1. *der Begriff der Rasse umfasst insbesondere die Aspekte Hautfarbe, Herkunft und Zugehörigkeit zu einer bestimmten ethnischen Gruppe;*	a) der Begriff der Rasse umfasst insbesondere die Aspekte Hautfarbe, Herkunft und Zugehörigkeit zu einer bestimmten ethnischen Gruppe;
2. *der Begriff der Religion umfasst insbesondere theistische, nichttheistische und atheistische Glaubensüberzeugungen, die Teilnahme oder Nichtteilnahme an religiösen Riten im privaten oder öffentlichen Bereich, allein oder in Gemeinschaft mit anderen, sonstige religiöse Betätigungen oder Meinungsäußerungen und Verhaltensweisen Einzelner oder einer Gemeinschaft, die sich auf eine religiöse Überzeugung stützen oder nach dieser vorgeschrieben sind;*	b) der Begriff der Religion umfasst insbesondere theistische, nichttheistische und atheistische Glaubensüberzeugungen, die Teilnahme oder Nichtteilnahme an religiösen Riten im privaten oder öffentlichen Bereich, allein oder in Gemeinschaft mit anderen, sonstige religiöse Betätigungen oder Meinungsäußerungen und Verhaltensweisen Einzelner oder einer Gemeinschaft, die sich auf eine religiöse Überzeugung stützen oder nach dieser vorgeschrieben sind;
3. *der Begriff der Nationalität beschränkt sich nicht auf die Staatsangehörigkeit oder das Fehlen einer solchen, sondern bezeichnet insbesondere auch die Zugehörigkeit zu einer Gruppe, die durch ihre kulturelle, ethnische oder sprachliche Identität, gemeinsame geografische oder politische Herkunft oder ihre Verwandtschaft mit der Bevölkerung eines anderen Staates bestimmt wird;*	c) der Begriff der Nationalität beschränkt sich nicht auf die Staatsangehörigkeit oder das Fehlen einer solchen, sondern umfasst insbesondere auch die Zugehörigkeit zu einer Gruppe, die durch ihre kulturelle, ethnische oder sprachliche Identität, gemeinsame geografische oder politische Herkunft oder ihre Verwandtschaft mit der Bevölkerung eines anderen Staates bestimmt wird;
4. *eine Gruppe gilt insbesondere als eine bestimmte soziale Gruppe, wenn*	d) der Begriff der Zugehörigkeit zu einer bestimmten sozialen Gruppe umfasst insbesondere die Zugehörigkeit zu einer Gruppe,
a) *die Mitglieder dieser Gruppe angeborene Merkmale oder einen gemeinsamen Hintergrund, der nicht verändert werden kann, gemein haben oder Merkmale oder eine Glaubensüberzeugung teilen, die so bedeutsam für die Identität oder das Gewissen sind, dass der Betreffende nicht gezwungen werden sollte, auf sie zu verzichten, und*	i. deren Mitglieder tatsächlich oder nach gemeinhin vertretener Auffassung angeborene Merkmale, einen gemeinsamen Hintergrund, der nicht verändert werden kann, oder ein Merkmal oder eine Glaubensüberzeugung teilen, die so bedeutsam für die Identität oder das Gewissen sind, dass die betreffende Person nicht gezwungen werden sollte, auf sie zu verzichten, und

bis 11.06.2026	**ab 12.06.2026**
§ 3b AsylG Verfolgungsgründe	**Art. 10 VO (EU) 2024/1347 Verfolgungsgründe**
b) *die Gruppe in dem betreffenden Land eine deutlich abgegrenzte Identität hat, da sie von der sie umgebenden Gesellschaft als andersartig betrachtet wird;*	ii. die in dem betreffenden Land eine deutlich abgegrenzte Identität hat, da sie von der sie umgebenden Gesellschaft als andersartig betrachtet wird;
als eine bestimmte soziale Gruppe kann auch eine Gruppe gelten, die sich auf das gemeinsame Merkmal der sexuellen Orientierung gründet; Handlungen, die nach deutschem Recht als strafbar gelten, fallen nicht darunter; eine Verfolgung wegen der Zugehörigkeit zu einer bestimmten sozialen Gruppe kann auch vorliegen, wenn sie allein an das Geschlecht oder die geschlechtliche Identität anknüpft;	
5. *unter dem Begriff der politischen Überzeugung ist insbesondere zu verstehen, dass der Ausländer in einer Angelegenheit, die die in § 3c genannten potenziellen Verfolger sowie deren Politiken oder Verfahren betrifft, eine Meinung, Grundhaltung oder Überzeugung vertritt, wobei es unerheblich ist, ob er auf Grund dieser Meinung, Grundhaltung oder Überzeugung tätig geworden ist.*	e) der Begriff der politischen Überzeugung umfasst insbesondere, dass der Antragsteller in einer Angelegenheit, die die in Artikel 6 genannten potenziellen Verfolger sowie ihre Politik oder ihre Methoden betrifft, eine Meinung, Grundhaltung oder Überzeugung vertritt, wobei es unerheblich ist, ob der Antragsteller aufgrund dieser Meinung, Grundhaltung oder Überzeugung tätig geworden ist.
	Je nach den Umständen im Herkunftsland umfasst der Begriff der Zugehörigkeit zu einer bestimmten sozialen Gruppe gemäß Unterabsatz 1 Buchstabe d auch die Zugehörigkeit zu einer Gruppe, die sich auf das gemeinsame Merkmal der sexuellen Ausrichtung gründet. Geschlechtsbezogene Aspekte, einschließlich der Geschlechtsidentität und des Ausdrucks des Geschlechtsausdrucks, sind zum Zweck der Bestimmung der Zugehörigkeit zu einer bestimmten sozialen Gruppe oder der Ermittlung eines Merkmals einer solchen Gruppe angemessen zu berücksichtigen.
(2) Bei der Bewertung der Frage, ob die Furcht eines Ausländers vor Verfolgung begründet ist, ist es unerheblich, ob er tatsächlich die Merkmale der Rasse oder die religiösen, nationalen, sozialen oder politischen Merkmale aufweist, die zur Verfolgung führen, sofern ihm diese Merkmale von seinem Verfolger zugeschrieben werden.	(2) Bei der Prüfung der Frage, ob die Furcht eines Antragstellers vor Verfolgung begründet ist, ist es unerheblich, ob der Antragsteller tatsächlich die Merkmale der Rasse oder die religiösen, nationalen, sozialen oder politischen Merkmale aufweist, die zur Verfolgung führen, sofern ihm diese Merkmale von seinem Verfolger zugeschrieben werden.
	(3) Bei der Prüfung der Frage, ob die Furcht eines Antragstellers vor Verfolgung begründet ist, kann die Asylbehörde von dem Antragsteller vernünftigerweise nicht erwarten, dass er sich anpasst oder sein Verhalten, seine Überzeugungen oder seine Identität verändert oder von bestimmten Praktiken absieht, um die Gefahr einer Verfolgung in seinem Herkunftsland zu vermeiden, wenn dieses Verhalten, diese Überzeugungen oder diese Praktiken untrennbar mit seiner Identität verbunden sind.

Änderungen im AsylG

bis 11.06.2026	ab 12.06.2026
§ 3c AsylG Akteure, von denen Verfolgung ausgehen kann	**Art. 6 VO (EU) 2024/1347 Akteure, von denen Verfolgung oder ein ernsthafter Schaden ausgehen kann**
Die Verfolgung kann ausgehen von	Verfolgung oder ein ernsthafter Schaden kann ausgehen von:
1. *dem Staat,*	a) dem Staat;
2. *Parteien oder Organisationen, die den Staat oder einen wesentlichen Teil des Staatsgebiets beherrschen, oder*	b) Parteien oder Organisationen, die den Staat oder einen wesentlichen Teil seines Hoheitsgebiets beherrschen;
3. *nichtstaatlichen Akteuren, sofern die in den Nummern 1 und 2 genannten Akteure einschließlich internationaler Organisationen erwiesenermaßen nicht in der Lage oder nicht willens sind, im Sinne des § 3d Schutz vor Verfolgung zu bieten, und dies unabhängig davon, ob in dem Land eine staatliche Herrschaftsmacht vorhanden ist oder nicht.*	c) nichtstaatlichen Akteuren, sofern die in Artikel 7 Absatz 1 genannten Akteure erwiesenermaßen nicht in der Lage oder nicht willens sind, Schutz vor Verfolgung oder einem ernsthaften Schaden zu bieten.

bis 11.06.2026	ab 12.06.2026
§ 3d AsylG Akteure, die Schutz bieten können	**Art. 7 VO (EU) 2024/1347 Akteure, die Schutz bieten können**
(1) Schutz vor Verfolgung kann nur geboten werden	(1) Nur die folgenden Akteure können Schutz vor Verfolgung oder einem ernsthaften Schaden bieten, sofern sie in der Lage und willens sind, wirksamen und nicht nur vorübergehenden Schutz gemäß Absatz 2 zu bieten:
1. *vom Staat oder*	a) der Staat;
2. *von Parteien oder Organisationen einschließlich internationaler Organisationen, die den Staat oder einen wesentlichen Teil des Staatsgebiets beherrschen, sofern sie willens und in der Lage sind, Schutz gemäß Absatz 2 zu bieten.*	b) stabile und etablierte nichtstaatliche Stellen, einschließlich internationaler Organisationen, die den Staat oder einen wesentlichen Teil seines Hoheitsgebiets beherrschen.
(2) Der Schutz vor Verfolgung muss wirksam und darf nicht nur vorübergehender Art sein. Generell ist ein solcher Schutz gewährleistet, wenn die in Absatz 1 genannten Akteure geeignete Schritte einleiten, um die Verfolgung zu verhindern, beispielsweise durch wirksame Rechtsvorschriften zur Ermittlung, Strafverfolgung und Ahndung von Handlungen, die eine Verfolgung darstellen, und wenn der Ausländer Zugang zu diesem Schutz hat.	(2) Der Schutz vor Verfolgung oder einem ernsthaften Schaden muss wirksam und darf nicht nur vorübergehender Art sein. Ein solcher Schutz wird als gewährt angesehen, wenn die in Absatz 1 genannten Akteure geeignete Schritte unternehmen, um Verfolgung oder einen ernsthaften Schaden zu verhindern, unter anderem durch Anwendung wirksamer Rechtsvorschriften für die Aufdeckung, strafrechtliche Verfolgung und Ahndung von Handlungen, die Verfolgung oder einen ernsthaften Schaden darstellen, und wenn ein Antragsteller Zugang zu diesem Schutz hat.

bis 11.06.2026	ab 12.06.2026
§ 3d AsylG Akteure, die Schutz bieten können	**Art. 7 VO (EU) 2024/1347 Akteure, die Schutz bieten können**
(3) Bei der Beurteilung der Frage, ob eine internationale Organisation einen Staat oder einen wesentlichen Teil seines Staatsgebiets beherrscht und den in Absatz 2 genannten Schutz bietet, sind etwaige in einschlägigen Rechtsakten der Europäischen Union aufgestellte Leitlinien heranzuziehen.	(3) Bei der Prüfung der Frage, ob stabile und etablierte nichtstaatliche Stellen, einschließlich internationaler Organisationen, einen Staat oder einen wesentlichen Teil seines Hoheitsgebiets beherrschen und Schutz im Sinne des Absatzes 2 bieten, berücksichtigt die Asylbehörde genaue und aktuelle Informationen über Herkunftsländer aus einschlägigen und verfügbaren nationalen Quellen, Unionsquellen und internationalen Quellen und, sofern verfügbar, die gemeinsame Analyse zur Lage in bestimmten Herkunftsländern und die Leitfäden nach Artikel 11 der Verordnung (EU) 2021/2303.

bis 11.06.2026	ab 12.06.2026
§ 3e AsylG Interner Schutz	**Art. 8 VO (EU) 2024/1347 Interne Schutzalternativen**
(1) Dem Ausländer wird die Flüchtlingseigenschaft nicht zuerkannt, wenn er	(1) Geht die Verfolgung oder der ernsthafte Schaden nicht vom Staat oder von Vertretern des Staates aus, so prüft die Asylbehörde im Rahmen der Prüfung des Antrags auf internationalen Schutz, ob ein Antragsteller keinen internationalen Schutz benötigt, da er sicher und rechtmäßig in einen Teil des Herkunftslandes reisen und dort Aufnahme finden kann und vernünftigerweise erwartet werden kann, dass er sich dort niederlässt, und ob der Antragsteller in diesem Teil des Landes
1. *in einem Teil seines Herkunftslandes keine begründete Furcht vor Verfolgung oder Zugang zu Schutz vor Verfolgung nach § 3d hat und*	a) keine begründete Furcht vor Verfolgung hat oder keine tatsächliche Gefahr besteht, dass er einen ernsthaften Schaden erleidet, oder
2. *sicher und legal in diesen Landesteil reisen kann, dort aufgenommen wird und vernünftigerweise erwartet werden kann, dass er sich dort niederlässt.*	b) Zugang zu einem wirksamen und nicht nur vorübergehenden Schutz vor Verfolgung oder einem ernsthaften Schaden hat.
(2) Bei der Prüfung der Frage, ob ein Teil des Herkunftslandes die Voraussetzungen nach Absatz 1 erfüllt, sind die dortigen allgemeinen Gegebenheiten und die persönlichen Umstände des Ausländers gemäß Artikel 4 der Richtlinie 2011/95/EU zum Zeitpunkt der Entscheidung über den Antrag zu berücksichtigen. Zu diesem Zweck sind genaue und aktuelle Informationen aus relevanten Quellen, wie etwa Informationen des Hohen Kommissars der Vereinten Nationen für Flüchtlinge oder des Europäischen Unterstützungsbüros für Asylfragen, einzuholen.	(2) Geht die Verfolgung oder der ernsthafte Schaden vom Staat oder von Vertretern des Staates aus, so geht die Asylbehörde davon aus, dass der Antragsteller keinen wirksamen Schutz erhalten kann, und es wird keine Prüfung nach Absatz 1 durchgeführt. Die Asylbehörde darf nur dann eine Prüfung nach Absatz 1 durchführen, wenn eindeutig festgestellt wurde, dass die Gefahr von Verfolgung oder einem ernsthaften Schaden von einem Akteur ausgeht, dessen Macht eindeutig auf ein bestimmtes geografisches Gebiet beschränkt ist, oder wenn der Staat selbst nur bestimmte Teile des Landes beherrscht.

bis 11.06.2026	ab 12.06.2026
§ 3e AsylG Interner Schutz	**Art. 8 VO (EU) 2024/1347 Interne Schutzalternativen**
	(3) Die Asylbehörde nimmt eine Prüfung nach Absatz 1 vor, sobald sie festgestellt hat, dass der Antragsteller die in dieser Verordnung festgelegten Anerkennungskriterien im Übrigen erfüllen würde. Den Nachweis dafür, dass dem Antragsteller eine Alternative des internen Schutzes zur Verfügung steht, hat die Asylbehörde zu erbringen. Der Antragsteller ist dazu berechtigt, Nachweise und Informationen vorzulegen, die nahelegen, dass eine solche Alternative für seinen Fall nicht besteht. Die Asylbehörde berücksichtigt die vom Antragsteller vorgelegten Nachweise und Informationen.
	(4) Bei der Prüfung der Frage, ob ein Antragsteller eine begründete Furcht vor Verfolgung hat oder tatsächlich Gefahr läuft, einen ernsthaften Schaden zu erleiden, oder ob er Zugang zu Schutz vor Verfolgung oder einem ernsthaften Schaden in einem Teil des Herkunftslandes nach Absatz 1 hat, berücksichtigt die Asylbehörde zum Zeitpunkt der Entscheidung über den Antrag auf internationalen Schutz die allgemeinen Umstände in diesem Teil des Landes und die persönlichen Umstände des Antragstellers nach Artikel 4. Zu diesem Zweck berücksichtigt die Asylbehörde genaue und aktuelle, aus einschlägigen und verfügbaren nationalen Quellen, Unionsquellen und internationalen Quellen stammende Informationen und, sofern verfügbar, die gemeinsame Analyse zur Lage in bestimmten Herkunftsländern und die Leitfäden nach Artikel 11 der Verordnung (EU) 2021/2303.
	(5) Für die Zwecke von Absatz 1 berücksichtigt die Asylbehörde
	a) die allgemeinen Umstände in dem betreffenden Teil des Herkunftslandes, einschließlich Zugänglichkeit, Wirksamkeit und Dauerhaftigkeit des in Artikel 7 genannten Schutzes,
	b) die persönlichen Umstände des Antragstellers hinsichtlich Faktoren wie Gesundheit, Alter, Geschlecht einschließlich Geschlechtsidentität, sexuelle Ausrichtung, ethnische Herkunft und Zugehörigkeit zu einer nationalen Minderheit und
	c) die Frage, ob der Antragsteller in der Lage wäre, seine Grundbedürfnisse zu befriedigen.
	(6) Ist der Antragsteller ein unbegleiteter Minderjähriger, so trägt die Asylbehörde dem Wohl des Kindes Rechnung und berücksichtigt insbesondere, ob langfristige und angemessene Betreuungsmöglichkeiten vorhanden sind und Sorgerechtsregelungen bestehen.

bis 11.06.2026	ab 12.06.2026
§ 4 AsylG Subsidiärer Schutz	**Art. 18 VO (EU) 2024/1347 Zuerkennung des Status subsidiären Schutzesn**
(1) Ein Ausländer ist subsidiär Schutzberechtigter, wenn er stichhaltige Gründe für die Annahme vorgebracht hat, dass ihm in seinem Herkunftsland ein ernsthafter Schaden droht. Als ernsthafter Schaden gilt:	Die Asylbehörde erkennt einem Drittstaatsangehörigen oder einem Staatenlosen, der die Voraussetzungen für subsidiären Schutz nach den Kapiteln II und V erfüllt, den Status subsidiären Schutzes zu.
	Art. 15 VO (EU) 2024/1347 Ernsthafter Schaden
Als ernsthafter Schaden gilt:	Als ernsthafter Schaden nach Artikel 3 Nummer 6 gilt
1. *die Verhängung oder Vollstreckung der Todesstrafe,*	a) die Verhängung oder Vollstreckung der Todesstrafe,
2. *Folter oder unmenschliche oder erniedrigende Behandlung oder Bestrafung oder*	b) Folter oder unmenschliche oder erniedrigende Behandlung oder Bestrafung eines Antragstellers im Herkunftsland oder
3. *eine ernsthafte individuelle Bedrohung des Lebens oder der Unversehrtheit einer Zivilperson infolge willkürlicher Gewalt im Rahmen eines internationalen oder innerstaatlichen bewaffneten Konflikts.*	c) *eine ernsthafte individuelle Bedrohung des Lebens oder der Unversehrtheit einer Zivilperson durch willkürliche Gewalt im Rahmen eines internationalen oder innerstaatlichen bewaffneten Konflikts.*
	§ 17 VO (EU) 2024/1347 Ausschluss
(2) Ein Ausländer ist von der Zuerkennung subsidiären Schutzes nach Absatz 1 ausgeschlossen, wenn schwerwiegende Gründe die Annahme rechtfertigen, dass er	(1) Ein Drittstaatsangehöriger oder ein Staatenloser wird von der Gewährung subsidiären Schutzes ausgeschlossen, wenn schwerwiegende Gründe die Annahme rechtfertigen, dass dieser Drittstaatsangehörige oder Staatenlose
1. *ein Verbrechen gegen den Frieden, ein Kriegsverbrechen oder ein Verbrechen gegen die Menschlichkeit im Sinne der internationalen Vertragswerke begangen hat, die ausgearbeitet worden sind, um Bestimmungen bezüglich dieser Verbrechen festzulegen,*	a) *ein Verbrechen gegen den Frieden, ein Kriegsverbrechen oder ein Verbrechen gegen die Menschlichkeit im Sinne der internationalen Vertragswerke begangen hat, die ausgearbeitet worden sind, um Bestimmungen bezüglich dieser Verbrechen festzulegen;*
2. *eine schwere Straftat begangen hat,*	b) vor seiner Ankunft im Hoheitsgebiet des Mitgliedstaats eine schwere Straftat begangen hat oder nach seiner Ankunft aufgrund einer schweren Straftat verurteilt wurde;
3. *sich Handlungen zuschulden kommen lassen hat, die den Zielen und Grundsätzen der Vereinten Nationen, wie sie in der Präambel und den Artikeln 1 und 2 der Charta der Vereinten Nationen (BGBl. 1973 II S. 430, 431) verankert sind, zuwiderlaufen oder*	3. sich Handlungen hat zuschulden kommen lassen, die den Zielen und Grundsätzen der Vereinten Nationen, wie sie in der Präambel und den Artikeln 1 und 2 der Charta der Vereinten Nationen verankert sind, zuwiderlaufen;
4. *eine Gefahr für die Allgemeinheit oder für die Sicherheit der Bundesrepublik Deutschland darstellt.*	d) eine Gefahr für die Allgemeinheit oder für die nationale Sicherheit darstellt.
Diese Ausschlussgründe gelten auch für Ausländer, die andere zu den genannten Straftaten oder Handlungen anstiften oder sich in sonstiger Weise daran beteiligen.	(2) Absatz 1 findet auch auf Personen Anwendung, die andere zu den dort genannten Straftaten oder Handlungen anstiften oder in sonstiger Weise daran teilnehmen.

Änderungen im AsylG

bis 11.06.2026	ab 12.06.2026
§ 4 AsylG Subsidiärer Schutz	**Art. 18 VO (EU) 2024/1347 Zuerkennung des Status subsidiären Schutzesn**
(3) Die §§ 3c bis 3e gelten entsprechend. An die Stelle der Verfolgung, des Schutzes vor Verfolgung beziehungsweise der begründeten Furcht vor Verfolgung treten die Gefahr eines ernsthaften Schadens, der Schutz vor einem ernsthaften Schaden beziehungsweise die tatsächliche Gefahr eines ernsthaften Schadens; an die Stelle der Flüchtlingseigenschaft tritt der subsidiäre Schutz.	

Redaktionelle Hinweise zu den Neuerungen

Mit der Aufhebung der §§ 3a bis 4 AsylG entfällt die nationale Ausgestaltung der materiellen Schutzvoraussetzungen. Verfolgung, Verfolgungsgründe und subsidiärer Schutz richten sich künftig unmittelbar nach der Qualifikationsverordnung (EU) 2024/1347.

1. Funktion der §§ 3a bis 4 AsylG im bisherigen Recht

Die §§ 3a bis 4 AsylG bildeten bislang das Kernstück des materiellen Flüchtlings- und subsidiären Schutzrechts im deutschen Recht. Sie regelten insbesondere:

- die Voraussetzungen einer relevanten Verfolgungshandlung (§ 3a),
- die Verfolgungsgründe (§ 3b),
- die Akteure der Verfolgung (§ 3c),
- die schutzgewährenden Akteure (§ 3d),
- die interne Schutzalternative (§ 3e) sowie
- die Voraussetzungen des subsidiären Schutzes (§ 4).

Diese Vorschriften konkretisierten die Vorgaben der Qualifikationsrichtlinie und bildeten die zentrale dogmatische Grundlage der materiellen Schutzprüfung.

2. Wechsel der Regelungsebene

Seit 12. Juni 2026 werden die materiellen Voraussetzungen des internationalen Schutzes nun unmittelbar und primär durch Unionsrecht, durch die Verordnung (EU) 2024/1347 (Qualifikationsverordnung), bestimmt. Die Gesetzesbegründung bringt dies zum Ausdruck, indem sie feststellt, dass für die bisherigen Regelungen „kein Bedarf mehr" besteht.

Dogmatisch bedeutet dies jedoch nicht den Wegfall der Regelungsmaterie, sondern deren Verlagerung auf eine andere Normebene: Die bisherigen Inhalte bestehen fort, sind jedoch nicht mehr im nationalen Gesetz normiert, sondern ergeben sich unmittelbar aus der Verordnung. Die Aufhebung der §§ 3a bis 4 AsylG bedeutet daher keinen inhaltlicher Wegfall der Schutzkategorien, sondern den Wegfall ihrer nationalen Ausformulierung. Die zentralen Strukturbegriffe des Flüchtlingsrechts – insbesondere Verfolgung, Verfolgungsgründe, Verfolger, Schutz und subsidiärer Schutz – bleiben vollständig erhalten. Sie sind künftig jedoch unmittelbar dem Unionsrecht zu entnehmen.

§ 3a	Verfolgungshandlungen	Art. 9
§ 3b	Verfolgungsgründe	Art. 10
§ 3c	Verfolger	Art. 6
§ 3d	Schutzgewährende Akteure	Art. 7
§ 3e	Interner Schutz	Art. 8
§ 4	Subsidiärer Schutz	insbes. Art. 18, 15, 17

Gesetzesbegründung zu § 3 AsylG (BT-Drs. 21/1848)

Die Voraussetzungen für die Zuerkennung des internationalen Schutzes sind in der Verordnung (EU) 2024/1347, insbesondere die Artikel 6 bis 10 und 18, geregelt. Für die Regelungen in den §§ 3a bis 4 gibt es daher keinen Bedarf mehr.

Änderungen im AsylG

§ 5 AsylG

bis 11.06.2026	ab 12.06.2026
§ 5 Bundesamt	**§ 5 Bundesamt**
(1) Über Asylanträge entscheidet das Bundesamt für Migration und Flüchtlinge (Bundesamt).	**(1) Das Bundesamt für Migration und Flüchtlinge (Bundesamt) ist Asylbehörde im Sinne des Artikels 4 Absatz 1 der Verordnung (EU) 2024/1348 und nimmt Asylanträge entgegen, prüft diese und erlässt Entscheidungen über den Asylantrag; dies umfasst Entscheidungen über Überstellungen nach Artikel 42 Absatz 1 und Artikel 67 Absatz 10 der Verordnung (EU) 2024/1351. Das Bundesamt stellt zudem fest, ob der Ausländer nach Artikel 20 der Verordnung (EU) 2024/1348 besondere Verfahrensgarantien benötigt. Das Bundesamt entscheidet auch über den Entzug der Anerkennung als Asylberechtigter oder der Zuerkennung des internationalen Schutzes.**
Es ist nach Maßgabe dieses Gesetzes auch für ausländerrechtliche Maßnahmen und Entscheidungen zuständig.	Es ist nach Maßgabe dieses Gesetzes auch für ausländerrechtliche Maßnahmen und Entscheidungen zuständig.
(2) Das Bundesministerium *des Innern, für Bau und Heimat* bestellt den *Leiter* des Bundesamtes. Dieser sorgt für die ordnungsgemäße Organisation der Asylverfahren.	(2) Das Bundesministerium **des Innern** bestellt den **Präsidenten** des Bundesamtes. Dieser sorgt für die ordnungsgemäße Organisation der Asylverfahren
(3) Der *Leiter* des Bundesamtes soll bei jeder Zentralen Aufnahmeeinrichtung für Asylbewerber (Aufnahmeeinrichtung) mit mindestens 1000 dauerhaften Unterbringungsplätzen in Abstimmung mit dem Land eine Außenstelle einrichten. Er kann in Abstimmung mit den Ländern weitere Außenstellen einrichten.	(3) Der **Präsident** des Bundesamtes soll bei jeder Zentralen Aufnahmeeinrichtung für Asylbewerber (Aufnahmeeinrichtung) mit mindestens 1000 dauerhaften Unterbringungsplätzen in Abstimmung mit dem Land eine Außenstelle einrichten. Er kann in Abstimmung mit den Ländern weitere Außenstellen einrichten.
(4) Der *Leiter* des Bundesamtes kann mit den Ländern vereinbaren, ihm sachliche und personelle Mittel zur notwendigen Erfüllung seiner Aufgaben in den Außenstellen zur Verfügung zu stellen. Die ihm zur Verfügung gestellten Bediensteten unterliegen im gleichen Umfang seinen fachlichen Weisungen wie die Bediensteten des Bundesamtes. Die näheren Einzelheiten sind in einer Verwaltungsvereinbarung zwischen dem Bund und dem Land zu regeln.	(4) Der **Präsident** des Bundesamtes kann mit den Ländern vereinbaren, ihm sachliche und personelle Mittel zur notwendigen Erfüllung seiner Aufgaben in den Außenstellen zur Verfügung zu stellen. Die ihm zur Verfügung gestellten Bediensteten unterliegen im gleichen Umfang seinen fachlichen Weisungen wie die Bediensteten des Bundesamtes. Die näheren Einzelheiten sind in einer Verwaltungsvereinbarung zwischen dem Bund und dem Land zu regeln.
(5) Der *Leiter* des Bundesamtes kann mit den Ländern vereinbaren, dass in einer Aufnahmeeinrichtung Ausländer untergebracht werden, deren Verfahren beschleunigt nach *§ 30a* bearbeitet werden sollen (besondere Aufnahmeeinrichtungen). Das Bundesamt richtet Außenstellen bei den besonderen Aufnahmeeinrichtungen nach Satz 1 ein oder ordnet sie diesen zu. Auf besondere Aufnahmeeinrichtungen finden die für Aufnahmeeinrichtungen geltenden Regelungen Anwendung, soweit nicht in diesem Gesetz oder einer anderen Rechtsvorschrift etwas anderes bestimmt wird.	(5) Der **Präsident** des Bundesamtes kann mit den Ländern vereinbaren, dass in einer Aufnahmeeinrichtung Ausländer untergebracht werden, deren Verfahren beschleunigt nach **Artikel 42 der Verordnung (EU) 2024/1348** bearbeitet werden sollen (besondere Aufnahmeeinrichtungen). Das Bundesamt richtet Außenstellen bei den besonderen Aufnahmeeinrichtungen nach Satz 1 ein oder ordnet sie diesen zu. Auf besondere Aufnahmeeinrichtungen finden die für Aufnahmeeinrichtungen geltenden Regelungen Anwendung, soweit nicht in diesem Gesetz oder einer anderen Rechtsvorschrift etwas anderes bestimmt wird.

bis 11.06.2026	ab 12.06.2026
§ 5 Bundesamt	**§ 5 Bundesamt**
(6) Für Personen, die für das Bundesamt tätig werden sollen, ist eine einfache Sicherheitsüberprüfung nach dem Sicherheitsüberprüfungsgesetz durchzuführen. Von einer Sicherheitsüberprüfung kann abgesehen werden, wenn Art oder Dauer der Tätigkeit dies zulassen.	(6) [unverändert]

Redaktionelle Hinweise zu den Neuerungen

Die Änderungen in § 5 AsylG betreffen nicht die materiellen Voraussetzungen des internationalen Schutzes, sondern die institutionelle und organisatorische Einbindung des Bundesamtes für Migration und Flüchtlinge (BAMF) in das Gemeinsame Europäische Asylsystem (GEAS).

Zentrale Neuerung ist die ausdrückliche Bestimmung des Bundesamtes als Asylbehörde im Sinne des Art. 4 Abs. 1 der Verordnung (EU) 2024/1348 (Asylverfahrensverordnung).

Der neue Absatz 1 beschreibt, welche Aufgaben das Bundesamt wahrnimmt. Danach ist das BAMF zuständig für:

- die Entgegennahme von Asylanträgen,
- die Prüfung der Anträge,
- die Entscheidung über Asylanträge,
- die Entscheidung über Überstellungen (siehe gleich),
- die Feststellung besonderer Verfahrensgarantien (siehe gleich),
- den Entzug von Schutzstatus.

Viele dieser Aufgaben wurden bereits zuvor wahrgenommen; neu ist ihre ausdrückliche gesetzliche Verklammerung mit den unionsrechtlichen Vorgaben des GEAS.

Zentrale Rolle bei der Durchführung von Überstellungen

Besondere Bedeutung kommt der ausdrücklichen Erwähnung der Zuständigkeit für Überstellungsentscheidungen nach der Verordnung (EU) 2024/1351 (= Asyl- und Migrationsmanagement-Verordnung, AMMR) zu. Der neue § 5 Abs. 1 nennt ausdrücklich diese Artikel der Verordnung:

- Art. 42 Abs. 1 [„(1) Der die Zuständigkeit bestimmende Mitgliedstaat, dessen Aufnahmegesuch in Bezug auf den Antragsteller im Sinne von Artikel 36 Absatz 1 Buchstabe a stattgegeben wurde oder der eine Wiederaufnahmemitteilung in Bezug auf Personen im Sinne von Artikel 36 Absatz 1 Buchstaben b und c übermittelt hat, trifft zwei Wochen nach Annahme des Gesuchs oder nach der Bestätigung eine Überstellungsentscheidung."]

Änderungen im AsylG

- Art. 67 Abs. 10 [„(10) Der begünstigte Mitgliedstaat trifft innerhalb einer Woche nach der Bestätigung durch den Übernahmemitgliedstaat eine Überstellungsentscheidung. Er teilt der betreffenden Person unverzüglich, im Fall von Antragstellern spätestens zwei Tage und im Fall von Begünstigten spätestens eine Woche vor der Überstellung, schriftlich die Entscheidung mit, sie in diesen Mitgliedstaat zu überstellen. Handelt es sich bei der zu übernehmenden Person um einen Antragsteller, so hat er die Übernahmeentscheidung zu befolgen."]

Damit wird klargestellt, dass das Bundesamt auch im neuen Zuständigkeitssystem (Nachfolgeregelung der Dublin-III-Verordnung) die zentrale Rolle bei der Durchführung von Überstellungen innehat: Das Zuständigkeitsbestimmungsverfahren wird künftig durch die Verordnung (EU) 2024/1351 geregelt. Die organisatorische Verantwortung verbleibt jedoch beim BAMF.

Besondere Verfahrensgarantien als eigenständige Aufgabe

Neu hervorgehoben wird die Aufgabe des Bundesamtes, festzustellen, ob ein Antragsteller besondere Verfahrensgarantien im Sinne des Art. 20 der Verordnung (EU) 2024/1348 benötigt. Art. 20 der Asylverfahrensverordnung betrifft Antragsteller mit besonderen Verfahrensbedürfnissen, etwa:

- Minderjährige
- Traumatisierte
- Folteropfer
- Personen mit psychischen Erkrankungen
- besonders schutzbedürftige Personen

Entzugsentscheidungen als ausdrücklich normierte Zuständigkeit

Neu ist außerdem die ausdrückliche Zuständigkeit für „den Entzug der Anerkennung als Asylberechtigter oder der Zuerkennung des internationalen Schutzes".

Zwar führte das BAMF auch bisher Widerrufs- und Rücknahmeverfahren durch. Die ausdrückliche Erwähnung trägt jedoch dem Umstand Rechnung, dass diese Verfahren künftig detailliert in der Qualifikationsverordnung und der Asylverfahrensverordnung geregelt sind.

Aus dem „Leiter" wird der „Präsident"

In diversen Absätzen wird der Begriff „Leiter des Bundesamtes" durch „Präsident des Bundesamtes" ersetzt. Materielle Auswirkungen hat diese Anpassung nicht. Die organisatorischen Strukturen des Bundesamtes bleiben insoweit unverändert.

Gesetzesbegründung zu § 5 AsylG (BT-Drs. 21/1848)

Zu Absatz 1

Die Änderung dient der Anpassung an die Anforderungen aus Artikel 4 Absatz 1 der Verordnung (EU) 2024/1348. Zu Klarstellung wird auch eingefügt, dass das Bundesamt auch für die Überstellungsentscheidungen nach Artikel 42 Absatz 1 und Artikel 67 Absatz 10 der Verordnung (EU) 2024/1351 zuständig ist, sowie für den Entzug der Anerkennung als Asylberechtigter oder der Zuerkennung des internationalen Schutzes.

Zu Absatz 2 und Absatz 3

Es handelt sich um eine redaktionelle Änderung.

Zu Absatz 5

Es handelt sich um eine Folgeänderung zur Streichung von § 30a in Artikel 2 Nummer 37. Die beschleunigten Verfahren sind unmittelbar in Artikel 42 der Verordnung (EU) 2024/1348 geregelt.

Änderungen im AsylG

§ 8 AsylG

bis 11.06.2026	ab 12.06.2026
§ 8 Übermittlung personenbezogener Daten	**§ 8 Übermittlung personenbezogener Daten**
(1) Öffentliche Stellen haben auf Ersuchen (§ 7 Abs. 1) den mit der Ausführung dieses Gesetzes betrauten Behörden ihnen bekannt gewordene Umstände mitzuteilen, soweit besondere gesetzliche Verarbeitungsregelungen oder überwiegende schutzwürdige Interessen der betroffenen Person dem nicht entgegenstehen.	(1) [unverändert]
(1a) Die für die Einleitung eines Strafverfahrens zuständigen Stellen haben in Strafsachen gegen die betroffene Person das Bundesamt unverzüglich zu unterrichten über	(1a) [unverändert]
1. die Einleitung des Strafverfahrens, soweit dadurch eine Gefährdung des Untersuchungszwecks nicht zu erwarten ist, und die Erhebung der öffentlichen Klage, wenn	1. [unverändert]
a) eine Freiheits- oder Jugendstrafe von mindestens drei Jahren zu erwarten ist oder b) eine Freiheits- oder Jugendstrafe von mindestens einem Jahr wegen einer oder mehrerer vorsätzlicher Straftaten zu erwarten ist, sofern die Straftat	a) [unverändert] b) [unverändert]
aa) eine Straftat *nach § 177* des Strafgesetzbuches, § 96 oder § 97 des Aufenthaltsgesetzes ist,	aa) eine Straftat **gegen die sexuelle Selbstbestimmung nach den §§ 176, 176a, 176c, 176d, 177, 178 oder § 184b** des Strafgesetzbuches, § 96 oder § 97 des Aufenthaltsgesetzes ist,
bb) mit Gewalt, unter Anwendung von Drohung mit Gefahr für Leib oder Leben oder mit List begangen worden ist oder	bb) [unverändert]
cc) mit einem antisemitischen, rassistischen, fremdenfeindlichen, geschlechtsspezifischen, gegen die sexuelle Orientierung gerichteten oder sonstigen menschenverachtenden Beweggrund im Sinne von § 46 Absatz 2 Satz 2 des Strafgesetzbuches begangen worden ist;	cc) [unverändert]
2. die Erledigung eines Strafverfahrens	2. [unverändert]
a) durch eine rechtskräftige Verurteilung zu einer Freiheits- oder Jugendstrafe von mindestens drei Jahren,	a) [unverändert]
b) durch eine rechtskräftige Verurteilung zu einer Freiheits- oder Jugendstrafe von mindestens einem Jahr wegen einer oder mehrerer vorsätzlicher Straftaten, sofern	b) [unverändert]

bis 11.06.2026	ab 12.06.2026
§ 8 Übermittlung personenbezogener Daten	**§ 8 Übermittlung personenbezogener Daten**
aa) die Straftat eine Straftat nach *§ 177* des Strafgesetzbuches, § 96 oder § 97 des Aufenthaltsgesetzes ist,	aa) die Straftat eine Straftat **gegen die sexuelle Selbstbestimmung nach den §§ 176, 176a, 176c, 176d, 177, 178 oder § 184b** des Strafgesetzbuches, § 96 oder § 97 des Aufenthaltsgesetzes ist,
bb) die Straftat mit Gewalt, unter Anwendung von Drohung mit Gefahr für Leib oder Leben oder mit List begangen worden ist oder	bb) [unverändert]
cc) im Rahmen des Urteils ein antisemitischer, rassistischer, fremdenfeindlicher, geschlechtsspezifischer, gegen die sexuelle Orientierung gerichteter oder sonstiger menschenverachtender Beweggrund im Sinne von § 46 Absatz 2 Satz 2 des Strafgesetzbuches ausdrücklich festgestellt wurde,	cc) [unverändert]
c) in sonstiger Weise im Falle einer vorausgegangenen Unterrichtung nach Nummer 1.	c) [unverändert]
(1b) Die oberste Landesbehörde oder die von ihr bestimmte Stelle kann dem Bundesamt personenbezogene Daten über körperliche, seelische, geistige oder Sinnesbeeinträchtigungen eines Ausländers übermitteln, deren Kenntnis für das Bundesamt zur ordnungsgemäßen Durchführung der Anhörung erforderlich ist. Die Daten dürfen nur zu diesem Zweck verarbeitet werden und sind anschließend zu löschen.	**(1b) Die nach Artikel 12 Absatz 1 Satz 1 und Absatz 3 Satz 1 der Verordnung (EU) 2024/1356, nach den Artikeln 24 und 25 der Richtlinie (EU) 2024/1346 und nach Artikel 20 Absatz 1 Satz 1 der Verordnung (EU) 2024/1348 durch eine Bundes- oder Landesbehörde erhobenen personenbezogenen Daten werden dem Bundesamt zur Erfüllung seiner Aufgaben nach § 5 Absatz 1 übermittelt und dürfen nur zu diesem Zweck verarbeitet werden und sind durch das Bundesamt anschließend zu löschen.**
(1c) Die Träger der Grundsicherung für Arbeitsuchende, die mit der polizeilichen Kontrolle des grenzüberschreitenden Verkehrs beauftragten Behörden, die Ausländerbehörden und die deutschen Auslandsvertretungen teilen den mit der Ausführung dieses Gesetzes betrauten Behörden mit, wenn sie von Umständen Kenntnis erlangt haben, dass ein Ausländer, der einen Asylantrag gestellt hat, ein Asylberechtigter oder ein Ausländer, dem internationaler Schutz im Sinne des § 1 Absatz 1 Nummer 2 zuerkannt oder für den ein Abschiebungsverbot nach § 60 Absatz 5 oder Absatz 7 des Aufenthaltsgesetzes festgestellt worden ist, in sein Herkunftsland (*§ 3 Absatz 1 Nummer 2*) gereist ist. Die nach Satz 1 übermittelten personenbezogenen Daten dürfen nur für die Prüfung verarbeitet werden, ob die Voraussetzungen für die *Einstellung des Asylverfahrens oder die Ablehnung eines Asylantrags nach § 33 Absatz 1 und 3 oder für einen Widerruf oder eine Rücknahme der Asylberechtigung, des internationalen Schutzes* oder der Feststellung eines Abschiebungsverbots nach § 60 Absatz 5 oder Absatz 7 des Aufenthaltsgesetzes vorliegen.	(1c) Die Träger der Grundsicherung für Arbeitsuchende, die mit der polizeilichen Kontrolle des grenzüberschreitenden Verkehrs beauftragten Behörden, die Ausländerbehörden und die deutschen Auslandsvertretungen teilen den mit der Ausführung dieses Gesetzes betrauten Behörden mit, wenn sie von Umständen Kenntnis erlangt haben, dass ein Ausländer, der einen Asylantrag gestellt hat, ein Asylberechtigter oder ein Ausländer, dem internationaler Schutz im Sinne des § 1 Absatz 1 Nummer 2 zuerkannt oder für den ein Abschiebungsverbot nach § 60 Absatz 5 oder Absatz 7 des Aufenthaltsgesetzes festgestellt worden ist, in sein Herkunftsland gereist ist. Die nach Satz 1 übermittelten personenbezogenen Daten dürfen nur für die Prüfung verarbeitet werden, ob die Voraussetzungen für die **Erklärung der stillschweigenden Rücknahme nach Artikel 41 Absatz 1 der Verordnung (EU) 2024/1348 oder für einen Entzug der Asylberechtigung oder des internationalen Schutzes oder für einen Widerruf oder eine Rücknahme** der Feststellung eines Abschiebungsverbots nach § 60 Absatz 5 oder Absatz 7 des Aufenthaltsgesetzes vorliegen.

bis 11.06.2026	ab 12.06.2026
§ 8 Übermittlung personenbezogener Daten	**§ 8 Übermittlung personenbezogener Daten**
(2) Die zuständigen Behörden unterrichten das Bundesamt unverzüglich über ein förmliches Auslieferungsersuchen und ein mit der Ankündigung des Auslieferungsersuchens verbundenes Festnahmeersuchen eines anderen Staates sowie über den Abschluss des Auslieferungsverfahrens, wenn der Ausländer einen Asylantrag gestellt hat.	(2) [unverändert]
(2a) Die mit der Ausführung dieses Gesetzes betrauten Behörden teilen Umstände und Maßnahmen nach diesem Gesetz, deren Kenntnis für die Leistung an Leistungsberechtigte des Asylbewerberleistungsgesetzes erforderlich ist, sowie die ihnen mitgeteilten Erteilungen von Arbeitserlaubnissen an diese Personen und Angaben über das Erlöschen, den Widerruf oder die Rücknahme der Arbeitserlaubnisse den nach § 10 des Asylbewerberleistungsgesetzes zuständigen Behörden mit.	(2a) [unverändert]
(3) Die nach diesem Gesetz erhobenen Daten dürfen auch	(3) [unverändert]
1. zur Ausführung des Aufenthaltsgesetzes,	1. [unverändert]
2. zur gesundheitlichen Betreuung und Versorgung von Asylbewerbern,	2. [unverändert]
3. für Maßnahmen der Strafverfolgung,	3. [unverändert]
4. zur Abwehr von erheblichen Gefahren für Leib und Leben des Asylbewerbers oder von Dritten und	4. [unverändert]
5. auf Ersuchen zur Verfolgung von Ordnungswidrigkeiten	5. [unverändert]
den damit betrauten öffentlichen Stellen, soweit es zur Erfüllung der in ihrer Zuständigkeit liegenden Aufgaben erforderlich ist, übermittelt und von diesen dafür verarbeitet werden. Sie dürfen an eine in § 35 *Abs. 1* des Ersten Buches Sozialgesetzbuch genannte Stelle übermittelt und von dieser verarbeitet werden, soweit dies für die Aufdeckung und Verfolgung von unberechtigtem Bezug von Leistungen nach dem Zwölften Buch Sozialgesetzbuch, von Leistungen der Kranken- und Unfallversicherungsträger oder von Arbeitslosengeld oder Leistungen zur Sicherung des Lebensunterhalts nach dem Zweiten Buch Sozialgesetzbuch erforderlich ist und wenn tatsächliche Anhaltspunkte für einen unberechtigten Bezug vorliegen. Die nach diesem Gesetz erhobenen Daten dürfen der Bundesagentur für Arbeit übermittelt und von dieser verarbeitet werden, soweit dies zur Erfüllung von Aufgaben nach dem Dritten Buch Sozialgesetzbuch erforderlich ist. § 88 *Abs. 1* bis 3 des Aufenthaltsgesetzes findet entsprechende Anwendung.	den damit betrauten öffentlichen Stellen, soweit es zur Erfüllung der in ihrer Zuständigkeit liegenden Aufgaben erforderlich ist, übermittelt und von diesen dafür verarbeitet werden. Sie dürfen an eine in § 35 **Absatz 1** des Ersten Buches Sozialgesetzbuch genannte Stelle übermittelt und von dieser verarbeitet werden, soweit dies für die Aufdeckung und Verfolgung von unberechtigtem Bezug von Leistungen nach dem Zwölften Buch Sozialgesetzbuch, von Leistungen der Kranken- und Unfallversicherungsträger oder von Arbeitslosengeld oder Leistungen zur Sicherung des Lebensunterhalts nach dem Zweiten Buch Sozialgesetzbuch erforderlich ist und wenn tatsächliche Anhaltspunkte für einen unberechtigten Bezug vorliegen. Die nach diesem Gesetz erhobenen Daten dürfen der Bundesagentur für Arbeit übermittelt und von dieser verarbeitet werden, soweit dies zur Erfüllung von Aufgaben nach dem Dritten Buch Sozialgesetzbuch erforderlich ist. § 88 **Absatz 1** bis 3 des Aufenthaltsgesetzes findet entsprechende Anwendung.

bis 11.06.2026	ab 12.06.2026
§ 8 Übermittlung personenbezogener Daten	**§ 8 Übermittlung personenbezogener Daten**
(4) Die Verarbeitung der im Asylverfahren erhobenen Daten ist zulässig, soweit die Verarbeitung dieser Daten für die Entscheidung des Bundesamtes über die Zulassung zum Integrationskurs nach § 44 Absatz 4 des Aufenthaltsgesetzes oder zu einer Maßnahme der berufsbezogenen Deutschsprachförderung nach § 45a Absatz 2 Satz 3 und 4 des Aufenthaltsgesetzes erforderlich ist.	(4) [unverändert]
(5) Eine Datenübermittlung auf Grund anderer gesetzlicher Vorschriften bleibt unberührt.	(5) [unverändert]

Redaktionelle Hinweise zu den Neuerungen

Die Änderungen des § 8 AsylG betreffen die Übermittlung und Verarbeitung personenbezogener Daten im Asylverfahren und stehen im Kontext der zunehmenden Europäisierung der Informations- und Datenflüsse im Gemeinsamen Europäischen Asylsystem (GEAS).

Die Grundstruktur des § 8 AsylG bleibt weitgehend erhalten. Weiterhin geregelt werden insbesondere:

- Mitteilungspflichten öffentlicher Stellen,
- Unterrichtungen über Strafverfahren,
- Datenübermittlung zwischen Behörden,
- Zweckbindungen der Datenverarbeitung sowie
- Übermittlungen für sozial- und sicherheitsrechtliche Zwecke.

Die strukturell bedeutsamen Neuerungen konzentrieren sich auf die Absätze 1b und 1c.

Neue Ausrichtung des § 8 Abs. 1b: Übermittlung von GEAS-Daten

Der bisherige Absatz 1 wird inhaltlich vollständig neu gefasst und unionsrechtlich ausgerichtet. Künftig regelt die Vorschrift die Übermittlung personenbezogener Daten, die im Rahmen unterschiedlicher GEAS-Verfahren erhoben werden, an das Bundesamt.

Erfasst sind insbesondere Daten aus:

- dem Screening-Verfahren nach Art. 12 VO (EU) 2024/1356 (= Screening-VO),
- der Aufnahmephase nach Art. 24 und 25 RL (EU) 2024/1346 (= Aufnahme-Richtlinie) sowie
- dem Asylverfahren nach Art. 20 VO (EU) 2024/1348 (= Asylverfahrens-VO)

Diese Daten werden dem Bundesamt zur Erfüllung seiner Aufgaben nach § 5 Abs. 1 AsylG übermittelt und dürfen nur zweckgebunden verarbeitet sowie anschließend gelöscht werden.

Änderungen im AsylG

Zentrales Anliegen der Neuregelung ist die frühzeitige Identifizierung und Berücksichtigung besonderer Schutzbedürftigkeit („Vulnerabilitäten") im gesamten Asylverfahren. Das GEAS sieht entsprechende Prüfungen auf mehreren Ebenen vor:

- Screening: erste Identifikation besonderer Bedürfnisse
- Aufnahmephase: vertiefte Feststellung besonderer Schutzbedarfe
- Asylverfahren: Prüfung besonderer Verfahrensgarantien

§ 8 Abs. 1b AsylG stellt sicher, dass die in diesen Phasen gewonnenen Informationen dem Bundesamt zur Verfügung stehen. Dadurch wird eine mehrfache Datenerhebung vermieden und eine kohärente Berücksichtigung von Schutzbedürfnissen ermöglicht.

Der neue Absatz 1 steht in engem funktionalem Zusammenhang mit § 5 AsylG: § 5 verpflichtet das Bundesamt, festzustellen, ob ein Antragsteller besondere Verfahrensgarantien benötigt. § 8 Abs. 1b AsylG schafft die datenschutzrechtliche Grundlage dafür, dass die hierfür erforderlichen Informationen überhaupt übermittelt werden dürfen. Beide Normen greifen somit ineinander und bilden gemeinsam den institutionellen und informationellen Rahmen für den Umgang mit schutzbedürftigen Personen im GEAS.

Die Übermittlungspflichten betreffen regelmäßig besondere Kategorien personenbezogener Daten im Sinne des Art. 9 DSGVO, insbesondere:

- Gesundheitsdaten
- Angaben zu Behinderungen
- Informationen zur sexuellen Orientierung oder zu Gewalterfahrungen

Die Verarbeitung dieser Daten wird durch ein erhebliches öffentliches Interesse gerechtfertigt, nämlich die Gewährleistung besonderer Verfahrensgarantien im Asylverfahren.

Zugleich unterliegt die Datenübermittlung unionsrechtlichen Einschränkungen: Nach Art. 20 Abs. 1 Satz 3 VO (EU) 2024/1348 (= Asylverfahrens-VO) ist insbesondere für die Übermittlung des Ergebnisses der Prüfung besonderer Verfahrensgarantien grundsätzlich die Zustimmung des Antragstellers erforderlich.

Anpassung des § 8 Abs. 1c: Neue unionsrechtliche Verfahrenskategorien

Auch § 8 Abs. 1c AsylG wird an die Systematik des GEAS angepasst. Die Vorschrift betrifft die Übermittlung von Informationen über Reisen in das Herkunftsland. Solche Informationen sind künftig insbesondere relevant für die Prüfung:

- einer stillschweigenden Rücknahme des Asylantrags nach Art. 41 Abs. 1 VO (EU) 2024/1348 (= Asylverfahrens-VO),
- eines Entzugs der Asylberechtigung oder des internationalen Schutzes sowie
- eines Widerrufs oder einer Rücknahme nationaler Abschiebungsverbote.

Damit treten unionsrechtliche Verfahrenskategorien an die Stelle bisheriger nationaler Institute (insbesondere § 33 AsylG a. F.).

Die Bezugnahme auf Art. 41 VO (EU) 2024/1348 (= Asylverfahrens-VO) ist besonders hervorgehoben. Diese Vorschrift führt mit der „stillschweigenden Rücknahme" ein unionsweit harmonisiertes Instrument ein. Es ermöglicht unter bestimmten Voraussetzungen die Annahme, dass ein Antragsteller sein Schutzbegehren faktisch nicht weiterverfolgt. Die Anpassung des § 8 Abs. 1c stellt sicher, dass relevante Informationen, etwa zur freiwilligen Rückkehr in das Herkunftsland, für diese unionsrechtliche Entscheidung verwertet werden können.

Gesetzesbegründung zu § 8 AsylG (BT-Drs. 21/1848)

Zu Absatz 1a

Folgeänderung zu der Änderung des § 60 Absatz 8a und Absatz 8b des Aufenthaltsgesetzes in Artikel 3 Nummer 19 Buchstabe c und Buchstabe d.

Zu Absatz 1b

Das BAMF ist gemäß § 5 Absatz 1 des Asylgesetzes für die Durchführung der Asylverfahren zuständig und damit auch zur Gewährung besonderer Verfahrensgarantien verpflichtet. Um diese Verpflichtung zu erfüllen, werden die Daten nach Artikel 24 der Verordnung (EU) 2024/1346 benötigt. Diese begründen sowohl die besonderen Verfahrensgarantien als auch eine eventuelle Schutzgewährung.

Um eine Mehrfacherhebung von Daten zu Vulnerabilitäten bei Ansprechpartnern zu vermeiden, wird mit dieser Regelung sichergestellt, dass das BAMF entsprechende Informationen aus dem Überprüfungsprozess erhält und verarbeiten darf. Benötigt werden hierfür die Angaben zur Art der Vulnerabilität entsprechend Artikel 24 der Verordnung (EU) 2024/1346. Damit wird es in die Lage versetzt, besonderer Verfahrensgarantien besser berück sichtigen zu können. Eine eigene Vulnerabilitätsprüfung durch das BAMF ersetzt dies nicht. Hierbei ist zu beachten, dass gemäß Artikel 20 Absatz 1 Satz 3 der Verordnung (EU) 2024/1348 für die Übermittlung der Prüfung und des Ergebnisses der Prüfung des Vorliegens besonderer Verfahrensgarantien im Sinne des Artikels 20 der Verordnung (EU) 2024/1348 an das BAMF die Zustimmung des Antragstellers erforderlich ist.

Bei diesen Daten kann es sich auch um personenbezogene Daten im Sinne des Artikels 9 Absatz der Verordnung (EU) 2016/679 handeln, insbesondere um Gesundheitsdaten und Daten zur sexuellen Orientierung. An der Verarbeitung besteht ein erhebliches öffentliches Interesse im Sinne des Artikels 9 Absatz 2 Buchstabe g der Verordnung (EU) 2016/679, da durch die Verarbeitung sichergestellt wird, dass den Antragstellern gegebenenfalls besonderen Verfahrensgarantien im Asylverfahren gewährt werden.

Zu Absatz 1c Satz 1

Es handelt sich um eine Folgeänderung zur Anpassung von § 3 in Artikel 2 Nummer 6.

Zu Absatz 1c Satz 2

Es handelt sich um eine Folgeänderung zur Aufhebung von § 33 in Artikel 2 Nummer 41 sowie zur Anpassung von § 73b in Artikel 2 Nummer 80.

Zu Absatz 3

Redaktionelle Anpassung.

Änderungen im AsylG

§ 9 AsylG

bis 11.06.2026	ab 12.06.2026
§ 9 Hoher Flüchtlingskommissar der Vereinten Nationen	**§ 9 (weggefallen)**
(1) Der Ausländer kann sich an den Hohen Flüchtlingskommissar der Vereinten Nationen wenden. Dieser kann in Einzelfällen in Verfahren beim Bundesamt Stellung nehmen. Er kann Ausländer aufsuchen, auch wenn sie sich in Gewahrsam befinden oder sich im Transitbereich eines Flughafens aufhalten.	
(2) Das Bundesamt übermittelt dem Hohen Flüchtlingskommissar der Vereinten Nationen auf dessen Ersuchen die erforderlichen Daten zur Erfüllung seiner Aufgaben nach Artikel 35 des Abkommens über die Rechtsstellung der Flüchtlinge.	
(3) Entscheidungen über Asylanträge und sonstige Angaben, insbesondere die vorgetragenen Verfolgungsgründe dürfen, außer in anonymisierter Form, nur übermittelt werden, wenn sich der Ausländer selbst an den Hohen Flüchtlingskommissar der Vereinten Nationen gewandt hat oder die Einwilligung des Ausländers anderweitig nachgewiesen ist.	
(4) Die Daten dürfen nur zu dem Zweck verarbeitet werden, zu dem sie übermittelt wurden.	
(5) Die Absätze 1 bis 4 gelten entsprechend für Organisationen, die im Auftrag des Hohen Flüchtlingskommissars der Vereinten Nationen auf der Grundlage einer Vereinbarung mit der Bundesrepublik Deutschland im Bundesgebiet tätig sind.	

Redaktionelle Hinweise zum Wegfall der Vorschrift

Der Wegfall des § 9 AsylG ist ein gutes Beispiel dafür, wie das GEAS nicht nur materielle Schutzvoraussetzungen und Verfahrensabläufe harmonisiert, sondern auch institutionelle Beteiligungsrechte auf die Ebene des unmittelbar geltenden Unionsrechts verlagert.

Der Wegfall des § 9 AsylG bedeutet keine Einschränkung der Rechte des UNHCR im Asylverfahren. Die Vorschrift wird vielmehr durch Art. 6 der Asylverfahrensverordnung (EU) 2024/1348 ersetzt. Die Beteiligung des Hohen Flüchtlingskommissars wird damit nicht mehr national, sondern unmittelbar unionsrechtlich geregelt.

Was regelte § 9 AsylG bislang? Die Vorschrift enthielt als Umsetzung der besonderen Stellung des UNHCR nach Art. 35 der Genfer Flüchtlingskonvention die zentrale nationale Regelung über die Beteiligung des UNHCR am Asylverfahren und gewährleistete insbesondere:

- das Recht des Asylsuchenden, sich an den UNHCR zu wenden,
- das Recht des UNHCR, in einzelnen Verfahren Stellung zu nehmen,
- das Recht des UNHCR, Asylsuchende aufzusuchen,

- datenschutzrechtliche Grundlagen für die Datenübermittlung,
- die Beteiligung von Organisationen, die im Auftrag des UNHCR tätig werden.

Art. 6 der Asylverfahrensverordnung übernimmt die Funktion der bisherigen nationalen Vorschrift und gewährleistet unionsweit die Mitwirkung des UNHCR an Asylverfahren. Damit wird die Rolle des UNHCR nicht national unterschiedlich ausgestaltet, sondern europaweit vereinheitlicht.

Gesetzesbegründung zu § 9 AsylG (BT-Drs. 21/1848)

Die Streichung dient der Anpassung an Artikel 6 der Verordnung (EU) 2024/1348; weitergehender Regelungen im Asylgesetz bedarf es nicht.

Änderungen im AsylG

§ 10 AsylG

bis 11.06.2026	ab 12.06.2026
§ 10 Zustellungsvorschriften	**§ 10 Zustellungsvorschriften**
(1) Der *Ausländer hat* während der Dauer des Asylverfahrens vorzusorgen, dass ihn Mitteilungen des Bundesamtes, der zuständigen Ausländerbehörde und der angerufenen Gerichte stets erreichen können; insbesondere hat er jeden Wechsel seiner Anschrift den genannten Stellen unverzüglich anzuzeigen.	**(1) Unbeschadet der Pflicht aus Artikel 9 Absatz 2 Unterabsatz 1 Buchstabe c der Verordnung (EU) 2024/1348 hat der Ausländer** während der Dauer des Asylverfahrens vorzusorgen, dass ihn Mitteilungen des Bundesamtes, der zuständigen Ausländerbehörde und der angerufenen Gerichte stets erreichen können; insbesondere hat er jeden Wechsel seiner Anschrift den genannten Stellen unverzüglich anzuzeigen.
	(2) **Liegt ein Fall des Artikels 36 Absatz 1 Satz 2 der Verordnung (EU) 2024/1348 oder des Artikels 42 Absatz 3 der Verordnung (EU) 2024/1351 vor, soll an den Bevollmächtigten zugestellt werden, sofern der Ausländer einen solchen bestellt hat. Unbeschadet von Artikel 9 Absatz 3 Unterabsatz 1 der Verordnung (EU) 2024/1348 muss der Ausländer**
(2) Der *Ausländer muss* Zustellungen und formlose Mitteilungen unter der letzten Anschrift, die der jeweiligen Stelle auf Grund seines Asylantrags oder seiner Mitteilung bekannt ist, gegen sich gelten lassen, wenn er für das Verfahren weder einen Bevollmächtigten bestellt noch einen Empfangsberechtigten benannt hat oder diesen nicht zugestellt werden kann. Das Gleiche gilt, wenn die letzte bekannte Anschrift, unter der der Ausländer wohnt oder zu wohnen verpflichtet ist, durch eine öffentliche Stelle mitgeteilt worden ist. Der Ausländer muss Zustellungen und formlose Mitteilungen anderer als der in Absatz 1 bezeichneten öffentlichen Stellen unter der Anschrift gegen sich gelten lassen, unter der er nach den Sätzen *1 und 2* Zustellungen und formlose Mitteilungen des Bundesamtes gegen sich gelten lassen muss. Kann die Sendung dem Ausländer nicht zugestellt werden, so gilt die Zustellung mit der Aufgabe zur Post als bewirkt, selbst wenn die Sendung als unzustellbar zurückkommt.	Zustellungen und formlose Mitteilungen unter der letzten Anschrift, die der jeweiligen Stelle **nach Absatz 1** auf Grund seines Asylantrags oder seiner Mitteilung bekannt ist, gegen sich gelten lassen, wenn er für das Verfahren weder einen Bevollmächtigten bestellt noch einen Empfangsberechtigten benannt hat oder **an** diesen nicht zugestellt werden kann. Das Gleiche gilt, wenn die letzte bekannte Anschrift, unter der der Ausländer wohnt oder zu wohnen verpflichtet ist, durch eine öffentliche Stelle mitgeteilt worden ist. Der Ausländer muss Zustellungen und formlose Mitteilungen anderer als der in Absatz 1 bezeichneten öffentlichen Stellen unter der Anschrift gegen sich gelten lassen, unter der er nach den Sätzen **2 und 3** Zustellungen und formlose Mitteilungen des Bundesamtes gegen sich gelten lassen muss. Kann die Sendung dem Ausländer nicht zugestellt werden, so gilt die Zustellung mit der Aufgabe zur Post als bewirkt, selbst wenn die Sendung als unzustellbar zurückkommt.
(3) Betreiben Familienangehörige im Sinne des § 26 Absatz 1 bis 3 ein gemeinsames Asylverfahren und ist nach Absatz 2 für alle Familienangehörigen dieselbe Anschrift maßgebend, können für sie bestimmte Entscheidungen und Mitteilungen in einem Bescheid oder einer Mitteilung zusammengefasst und einem Familienangehörigen zugestellt werden, sofern er volljährig ist. In der Anschrift sind alle volljährigen Familienangehörigen zu nennen, für die die Entscheidung oder Mitteilung bestimmt ist. In der Entscheidung oder Mitteilung ist ausdrücklich darauf hinzuweisen, gegenüber welchen Familienangehörigen sie gilt.	(3) [unverändert]

bis 11.06.2026	ab 12.06.2026
§ 10 Zustellungsvorschriften	**§ 10 Zustellungsvorschriften**
(4) In einer Aufnahmeeinrichtung hat diese Zustellungen und formlose Mitteilungen an die Ausländer, die nach Maßgabe des Absatzes 2 Zustellungen und formlose Mitteilungen unter der Anschrift der Aufnahmeeinrichtung gegen sich gelten lassen müssen, vorzunehmen. Postausgabe- und Postverteilungszeiten sind für jeden Werktag durch Aushang bekannt zu machen. Der Ausländer hat sicherzustellen, dass ihm Posteingänge während der Postausgabe- und Postverteilungszeiten in der Aufnahmeeinrichtung ausgehändigt werden können. Zustellungen und formlose Mitteilungen sind mit der Aushändigung an den Ausländer bewirkt; im Übrigen gelten sie am vierten Tag nach Übergabe an die Aufnahmeeinrichtung als bewirkt.	(4) [unverändert]
(5) Die Vorschriften über die Ersatzzustellung bleiben unberührt.	(5) [unverändert]
(6) Müsste eine Zustellung außerhalb des Bundesgebiets erfolgen, so ist durch öffentliche Bekanntmachung zuzustellen. Die Vorschriften des § 10 *Abs.* 1 Satz 2 und *Abs.* 2 des Verwaltungszustellungsgesetzes finden Anwendung.	(6) Müsste eine Zustellung außerhalb des Bundesgebiets erfolgen, so ist durch öffentliche Bekanntmachung zuzustellen. Die Vorschriften des § 10 **Absatz** 1 Satz 2 und **Absatz** 2 des Verwaltungszustellungsgesetzes finden Anwendung.
(7) Der Ausländer ist bei der Antragstellung schriftlich und gegen Empfangsbestätigung auf diese Zustellungsvorschriften hinzuweisen.	(7) [unverändert]

Redaktionelle Hinweise zu den Neuerungen

Die Änderungen des § 10 AsylG betreffen die Zustellung im Asylverfahren, und dienen der Einbettung der bisherigen nationalen Regelungen in die verfahrensrechtliche Architektur des GEAS. Die Änderungen stellen keine grundlegende Neuregelung des Zustellungsrechts dar, sondern verknüpfen die bestehenden nationalen Zustellungsmechanismen mit den unmittelbar geltenden Vorgaben der Asylverfahrensverordnung (EU) 2024/1348 und der Asyl- und Migrationsmanagement-Verordnung (EU) 2024/1351.

Trotz der unionsrechtlichen Vorgaben bleibt § 10 Abs. 1 AsylG erforderlich. Dies beruht darauf, dass Art. 9 der Asylverfahrensverordnung primär die Zusammenarbeit mit den zuständigen Verwaltungsbehörden betrifft. Die nationale Vorschrift erstreckt die Erreichbarkeitspflicht darüber hinaus auch auf die gerichtliche Ebene und sichert damit die Funktionsfähigkeit des gesamten asylrechtlichen Verfahrens. Damit ergänzt § 10 AsylG das europäische Verfahrensrecht um einen Bereich, den die EU-Verordnung nicht regelt.

Die Systematik des § 10 AsylG bleibt im Wesentlichen unverändert. Die Vorschrift regelt weiterhin:

- die Erreichbarkeitspflichten des Antragstellers,
- die Folgen bei unterlassener Mitteilung von Anschriftenänderungen,
- die Zustellung an Bevollmächtigte,

Änderungen im AsylG

- Zustellungen in Aufnahmeeinrichtungen,
- Zustellungsfiktionen sowie
- besondere Formen der Zustellung, etwa im Ausland.

Europäisierung der Mitwirkungspflichten (Abs. 1)

§ 10 Abs. 1 AsylG wird nun ausdrücklich mit der unionsrechtlichen Kooperationspflicht aus Art. 9 Abs. 2 Buchst. c VO (EU) 2024/1348 verknüpft.

Danach ist der Antragsteller verpflichtet, insbesondere Änderungen seines

- Aufenthaltsortes,
- seiner Anschrift,
- seiner Telefonnummer oder
- seiner elektronischen Kontaktdaten

unverzüglich mitzuteilen.

Damit erweitert das Unionsrecht die bisherigen nationalen Mitwirkungspflichten, die im Schwerpunkt auf die postalische Erreichbarkeit zugeschnitten waren, um moderne Formen der Kommunikation.

Zustellung an Bevollmächtigte (Abs. 2)

Eine wesentliche Neuerung enthält § 10 Abs. 2 AsylG. Danach soll in bestimmten, unionsrechtlich geregelten Konstellationen an einen bestellten Bevollmächtigten zugestellt werden:

- Art. 36 der Asylverfahrensverordnung (VO (EU) 2024/1348): Geregelt wird hier die Bekanntgabe von Entscheidungen und die Kommunikation mit dem Antragsteller.
- Art. 42 Abs. 3 der Asyl- und Migrationsmanagement-Verordnung (VO (EU) 2024/1351), der die die Kommunikation im Zuständigkeitsbestimmungsverfahren regelt.

Die genannten Verordnungen eröffnen den Mitgliedstaaten insoweit Gestaltungsspielräume, die der deutsche Gesetzgeber durch § 10 Abs. 2 AsylG ausfüllt. Die Zustellung an den Bevollmächtigten wird damit als Regelfall vorgesehen, ohne zwingend vorgeschrieben zu sein.

Zustellfiktion

Für die Praxis bleibt die Zustellungsfiktion weitgehend unverändert.

Wer

- seine Anschrift nicht mitteilt,
- seinen Briefkasten nicht kontrolliert,
- behördliche Schreiben nicht entgegennimmt,

muss weiterhin die Folgen gegen sich gelten lassen.

Die Pflicht zur Sicherstellung der Erreichbarkeit bleibt also weiterhin bestehen.

Gesetzesbegründung zu § 10 AsylG (BT-Drs. 21/1848)

Zu Absatz 1

Die Änderung dient der Umsetzung von Artikel 9 Absatz 2 Buchstabe c der Verordnung (EU) 2024/1348, wonach der Antragsteller uneingeschränkt mit den zuständigen Behörden zu kooperieren hat, indem er insbesondere An gaben zu etwaigen Änderungen in Bezug auf Aufenthaltsort, Anschrift, Telefonnummer oder E-Mail-Adresse macht. Über die in Artikel 9 Absatz 2 Buchstabe c der Verordnung (EU) 2024/1348 geregelte Kooperationspflicht gegenüber den für den Vollzug der Asylverfahrensverordnung zuständigen Behörden hinaus, regelt § 10 Absatz 1 der bisherigen Rechtslage entsprechend auch weiterhin entsprechende Kooperationspflichten gegenüber den Gerichten.

Zu Absatz 2

Satz 1: Die Änderung dient der Umsetzung von Artikel 36 Absatz 1 Satz 2 der Verordnung (EU) 2024/1348 und von Artikel 42 Absatz 3 der Verordnung (EU) 2024/1351; das in den genannten Verordnungen eingeräumte Ermessen der Mitgliedstaaten wird für das Bundesamt gesetzlich ausgeübt.

Satz 2: Die Änderung dient der Klarstellung, dass die Regelung in Artikel 9 Absatz 3 Unterabsatz 1 der Verordnung (EU) 2024/1348 vorrangig gilt.

Zu Absatz 6

Redaktionelle Änderung.

Änderungen im AsylG

§ 12 AsylG

bis 11.06.2026	ab 12.06.2026
§ 12 Handlungsfähigkeit	**§ 12 Handlungsfähigkeit**
(1) Fähig zur Vornahme von Verfahrenshandlungen nach diesem Gesetz ist ein volljähriger Ausländer, sofern er nicht nach Maßgabe des Bürgerlichen Gesetzbuches geschäftsunfähig oder in dieser Angelegenheit zu betreuen und einem Einwilligungsvorbehalt zu unterstellen wäre.	(1) [unverändert]
(2) Bei der Anwendung dieses Gesetzes sind die Vorschriften des Bürgerlichen Gesetzbuches dafür maßgebend, ob ein Ausländer als minderjährig oder volljährig anzusehen ist. Die Geschäftsfähigkeit und die sonstige rechtliche Handlungsfähigkeit eines *nach dem Recht seines Heimatstaates volljährigen Ausländers bleiben davon unberührt.*	(2) Bei der Anwendung dieses Gesetzes sind die Vorschriften des Bürgerlichen Gesetzbuches dafür maßgebend, ob ein Ausländer als minderjährig oder volljährig anzusehen ist. Die Geschäftsfähigkeit und die sonstige rechtliche Handlungsfähigkeit eines **Ausländers, der gemäß dem nach Internationalem Privatrecht anzuwendenden Recht volljährig ist, bleibt davon unberührt.**
(3) Im Asylverfahren ist vorbehaltlich einer abweichenden Entscheidung des Familiengerichts jeder Elternteil zur Vertretung eines minderjährigen Kindes befugt, wenn sich der andere Elternteil nicht im Bundesgebiet aufhält oder sein Aufenthaltsort im Bundesgebiet unbekannt ist.	

Redaktionelle Hinweise zu den Neuerungen

Die Handlungsfähigkeit bleibt grundsätzlich national geregelt

Der Kern der Vorschrift bleibt unverändert. Auch künftig gilt:

- Verfahrenshandlungen kann grundsätzlich nur ein volljähriger und handlungsfähiger Ausländer wirksam vornehmen.
- Maßgeblich sind die Vorschriften des Bürgerlichen Gesetzbuchs über Geschäftsunfähigkeit und Betreuung.

Das GEAS-Regime selbst enthält keine eigenständige europäische Regelung über die allgemeine Verfahrensfähigkeit Erwachsener.

Vom Recht des Heimatlandes zum Internationalen Privatrecht

Die wichtigste Änderung betrifft Absatz 2. Bis zum 11. Juni 2026 knüpfte dieser Absatz an das Heimatrecht an. Mit der ab 12. Juni 2026 geltenden Formulierung verschwindet das „Recht seines Heimatstaates“. Hintergrund ist die bereits seit 1. Januar 2023 geltende Änderung von Art. 7 EGBGB. Danach wird unterschieden zwischen:

- Rechtsfähigkeit, Art. 7 Abs. 1 Satz 1 EGBGB: „Die Rechtsfähigkeit einer Person unterliegt dem Recht des Staates, dem die Person angehört."
- Geschäftsfähigkeit, Art. 7 Abs. 2 Satz 1 EGBGB: „Die Geschäftsfähigkeit einer Person unterliegt dem Recht des Staates, in dem die Person ihren gewöhnlichen Aufenthalt hat."

Warum ist das für das Asylverfahren bedeutsam? Im Asylverfahren treten häufig Konstellationen auf, in denen Personen unterschiedliche Staatsangehörigkeiten besitzen, staatenlos sind, lange außerhalb ihres Herkunftsstaates gelebt haben und/oder mehrere Rechtsordnungen berühren.

Die bisherige starre Anknüpfung an den Heimatstaat passte deshalb nicht mehr zur neuen Systematik des Internationalen Privatrechts. Deshalb legt das Gesetz jetzt nicht mehr von vornherein ein bestimmtes Land fest, sondern richtet sich danach, welches Recht im Einzelfall nach den geltenden Zuständigkeitsregeln maßgeblich ist.

Die eigentliche GEAS-Änderung: Wegfall von Absatz 3

Die hier bislang national geregelte Verfahrensfrage wird künftig unmittelbar durch die Asylverfahrensverordnung (VO (EU) 2024/1348) in Artikel 32 geregelt.

Art. 32 VO (EU) 2024/1348 gehört zu den Vorschriften über die Vertretung und Verfahrenswahrnehmung von Minderjährigen. Die europäische Regelung soll gewährleisten, dass die Vertretung minderjähriger Antragsteller unionsweit nach einheitlichen Maßstäben erfolgt. Dadurch entsteht ein europaweit harmonisiertes Schutzniveau für Kinder im Asylverfahren. Art. 32 Abs. 1 Satz 2 der Verordnung (EU) 2024/1348, der die bisherige Regelung in Absatz 3 ersetzt, lautet: „Ist der begleitete Minderjährige nach dem nationalen Recht des betreffenden Mitgliedstaats nicht rechts- und geschäftsfähig, so reicht ein Elternteil oder ein anderer Erwachsener, etwa eine gesetzlich bestimmte Betreuungsperson oder ein Vertreter der Kinderschutzdienste, der nach dem Recht oder den Gepflogenheiten des betreffenden Mitgliedstaats für den Minderjährigen verantwortlich ist, den Antrag im Namen des Minderjährigen ein."

Gesetzesbegründung zu § 12 AsylG (BT-Drs. 21/1848)

Zu Absatz 2

Die Ersetzung dient der Anpassung an die Änderung der Vorschriften zum auf die Rechts- und Geschäftsfähigkeit anwendbaren Recht in Artikel 7 des Einführungsgesetzes zum Bürgerlichen Gesetzbuche (EGBGB). Danach wird nur noch die Rechtsfähigkeit an die Staatsangehörigkeit angeknüpft (Artikel 7 Absatz 1 Satz 1 EGBGB), während die Geschäftsfähigkeit nunmehr dem Recht des Staates des gewöhnlichen Aufenthalts unterliegt (Artikel 7 Absatz 2 Satz 1 EGBGB). Mit der allgemeinen Bezugnahme auf die Vorschriften des Internationalen Privatrechts statt der Staatsangehörigkeit wird diese Änderung auch in § 12 AsylG nachvollzogen.

Zu Absatz 3

Die Streichung dient der Anpassung an Artikel 32 Absatz 1 Satz 2 der Verordnung (EU) 2024/1348.

Änderungen im AsylG

§ 12b AsylG

NEU ab 12.06.2026
§ 12b Unentgeltliche Rechtsauskunft
(1) Das Bundesamt gewährt auf Ersuchen des Antragstellers unentgeltlich Rechtsauskunft nach Artikel 16 der Verordnung (EU) 2024/1348 und nach Artikel 21 der Verordnung (EU) 2024/1351. (2) In den Fällen des Artikels 16 Absatz 3 der Verordnung (EU) 2024/1348 und des Artikels 21 Absatz 7 der Verordnung (EU) 2024/1351 ist die Rechtsauskunft ausgeschlossen.

Redaktionelle Hinweise zu den Neuerungen

§ 12b AsylG normiert erstmals ausdrücklich einen behördlichen Anspruch auf unentgeltliche Rechtsauskunft im Asylverfahren sowie im Zuständigkeitsverfahren. Absatz 1 verweist dabei auf Art. 16 VO (EU) 2024/1348 (Asylverfahrensverordnung) sowie Art. 21 VO (EU) 2024/1351 (Asyl- und Migrationsmanagement-Verordnung). Die Vorschrift konkretisiert einen unionsrechtlich vorgegebenen Anspruch, indem sie dessen praktische Durchführung dem Bundesamt für Migration und Flüchtlinge (BAMF) zuweist. Der Anspruch besteht im gesamten behördlichen Verfahren zur Gewährung internationalen Schutzes einschließlich Grenz- und Überprüfungsverfahren sowie im Verfahren zur Bestimmung des zuständigen Mitgliedstaates.

Inhalt und Reichweite der Rechtsauskunft

Gegenstand des Anspruchs ist eine Rechtsauskunft, nicht hingegen eine umfassende Rechtsberatung oder Vertretung. Erfasst ist die Information über grundlegende rechtliche und verfahrensbezogene Aspekte, insbesondere:

- Rechte und Pflichten des Antragstellers
- Verfahrensablauf und -strukturen
- mögliche Entscheidungen und deren Folgen
- bestehende Rechtsbehelfe

Ziel ist die Sicherstellung, dass Antragsteller in die Lage versetzt werden, ihre verfahrensrechtlichen Positionen sachgerecht wahrzunehmen.

Zuständigkeit und Verfahren

Die Rechtsauskunft wird ausschließlich durch das BAMF gewährt. § 12b stellt insoweit klar, wer Träger der unionsrechtlichen Verpflichtung ist.

Die Inanspruchnahme erfolgt auf Ersuchen, wobei an die Antragstellung keine formellen Anforderungen gestellt werden. Ausreichend ist jede erkennbare Willensäußerung – schriftlich oder mündlich.

Flankierend dazu ist das BAMF nach Art. 15 Abs. 2 Unterabs. 1 VO (EU) 2024/1348 verpflichtet, den Antragsteller frühzeitig, spätestens bei Registrierung des Asylgesuchs, über sein Recht auf unentgeltliche Rechtsauskunft und Rechtsberatung zu informieren.

Verhältnis zur unabhängigen Asylverfahrensberatung (§ 12a AsylG)

§ 12b tritt neben die bereits bestehende behördenunabhängige Asylverfahrensberatung nach § 12a AsylG (§ 12a blieb unverändert bestehen).

Auch weiterhin können also unabhängige Stellen rechtliche Beratungsleistungen erbringen. Die Beratung nach § 12a umfasst weiterhin auch rechtliche Aspekte und berücksichtigt insbesondere besondere Verfahrens- und Aufnahmebedarfe.

Für Schutzsuchende ergibt sich damit ein faktisches Wahlverhältnis zwischen behördlicher Rechtsauskunft und unabhängiger Beratung. Ein einklagbarer Anspruch auf Rechtsauskunft besteht jedoch ausschließlich gegenüber dem BAMF nach § 12b.

Ausschlusstatbestände (Abs. 2)

Absatz 2 beschränkt den Anspruch entsprechend den unionsrechtlichen Vorgaben. Kein Anspruch besteht insbesondere,

- wenn der Antragsteller bereits durch einen Rechtsberater unterstützt oder vertreten wird (sowohl im Asyl- als auch im Zuständigkeitsverfahren),
- in bestimmten Konstellationen von Folgeanträgen, insbesondere bei missbräuchlichen Erstfolgeanträgen mit Verzögerungsabsicht sowie bei zweiten bzw. weiteren Folgeanträgen.

Die Vorschrift übernimmt damit die in Art. 16 Abs. 3 VO (EU) 2024/1348 und Art. 21 Abs. 7 VO (EU) 2024/1351 vorgesehenen Einschränkungen.

Gesetzesbegründung zu § 12b AsylG (BT-Drs. 21/1848)

§ 12b dient der Umsetzung der Vorgaben verschiedener EU-Rechtsakte der GEAS-Reform.

Zu Absatz 1:

Antragsteller haben im Verwaltungsverfahren nach Kapitel III der Verordnung (EU) 2024/1348 zur Feststellung für den internationalen Schutz einen Anspruch auf unentgeltliche Rechtsauskunft. Der Anspruch besteht während der gesamten Dauer des Asylverfahrens, einschließlich des Asylgrenzverfahrens und des Überprüfungsverfahrens und wird auf Ersuchen vom Bundesamt für Migration und Flüchtlinge gewährt. Ebenso haben die Antragsteller in einem Verfahren zur Bestimmung des zuständigen Mitgliedstaates nach der Verordnung (EU) 2024/1351 einen Anspruch auf unentgeltliche Rechtsauskunft. Die Regelung in Absatz 1 stellt klar, dass das Bundesamt für Migration und Flüchtlinge die jeweilige Rechtsauskunft erteilt. Eine schriftliche oder mündliche formlose Äußerung, aus der erkennbar ist, dass Rechtsauskunft gewünscht wird, reicht aus. Insofern konkretisiert die Vorschrift den Anspruch aus den beiden genannten Verordnungen. Entsprechend Artikel 15 Absatz 2 Unterabsatz 1 der Verordnung (EU) 2024/1348 informiert das Bundesamt für Migration und Flüchtlinge den Antragsteller spätestens zum Zeitpunkt der Registrierung seines Antrags über sein Recht auf unentgeltliche Rechtsauskunft und unentgeltliche Rechtsberatung. Neben dem in § 12b neu eingeführten Anspruch auf behördliche Rechtsauskunft bleibt die Möglichkeit, eine behördenunabhängige Asylverfahrensberatung nach § 12a wahrzunehmen für Schutzsuchende bestehen. Soweit Anbieter der behördenunabhängigen Asylverfahrensberatung im Sinne des §12a auch Rechtsauskünfte anbieten, bleibt diese Möglichkeit auch künftig neben dem behördlichen

Anspruch auf Rechtsauskunft nach § 12b bestehen. Die behördenunabhängige Asylverfahrensberatung nach § 12a umfasst auch Aspekte einer rechtlichen Beratung. Die Beratung berücksichtigt die besonderen Umstände des Ausländers, insbesondere, ob dieser besondere Verfahrensgarantien oder besondere Garantien bei der Aufnahme benötigt. Dabei werden auch spezialisierte Angebote der besonderen Rechtsberatung für vulnerable Schutzsuchende gefördert. Für Schutzsuchende besteht folglich ein Wahlrecht, ob sie eine Rechtsauskunft von einem behördenunabhängigen Anbieter oder die vom Bundesamt für Migration und Flüchtlinge bereitgestellte Rechtsauskunft wahrnehmen. Ein Anspruch auf Rechtsauskunft kann jedoch ausschließlich nach § 12b gegenüber dem Bundesamt für Migration und Flüchtlinge geltend gemacht werden.

Zu Absatz 2:

In Fällen, in denen der Antragsteller bereits von einem Rechtsberater unterstützt oder vertreten wird, sind die Mitgliedstaaten nicht zur Rechtsauskunft verpflichtet. In einem Verfahren zur Feststellung für den internationalen Schutz oder in einem Verfahren zur Feststellung des zuständigen Mitgliedstaates sind die Mitgliedstaaten im Falle eines ersten Folgeantrags, bei dem davon ausgegangen werden kann, dass er nur zu dem Zweck gestellt worden ist, die Vollstreckung einer Rückkehrentscheidung zu verzögern oder zu vereiteln, die zur unverzüglichen Abschiebung des Antragstellers aus dem Mitgliedstaat führen würde, oder im Falle eines zweiten oder weiteren Folgeantrags nicht zur unentgeltlichen Rechtsauskunft verpflichtet. Im Verfahren zur Bestimmung des zuständigen Mitgliedstaates ist Deutschland nicht zur unentgeltlichen Rechtsauskunft verpflichtet, wenn der Antragsteller bereits von einem Rechtsberater unterstützt oder vertreten wird.

§ 12c AsylG

NEU ab 12.06.2026
§ 12c Beschränkung des Zugangs zu abgeschlossenen Bereichen, zu Hafteinrichtungen und zu Grenzübergangsstellen
Der Zugang zu Einrichtungen im Sinne des Artikels 18 Absatz 3 sowie des Artikels 30 Absatz 3 der Verordnung (EU) 2024/1348 von Personen und Organisationen, die befugt sind, Rechtsauskunft und Beratungsleistungen zu erbringen, kann durch die für die Einrichtung zuständige Behörde beschränkt werden, wenn dies für die Gewährleistung der öffentlichen Sicherheit und Ordnung oder die Gewährleistung der Funktionsfähigkeit des abgeschlossenen Bereichs, der Hafteinrichtung oder der Grenzübergangsstelle objektiv erforderlich ist und der Zugang dadurch nicht wesentlich erschwert oder unmöglich gemacht wird. Der Zugang für Rechtsvertreter bleibt davon ausgenommen.

Redaktionelle Hinweise zu den Neuerungen

Der neue § 12c AsylG ergänzt die in § 12a und § 12b AsylG geregelten Beratungs- und Auskunftsansprüche um deren tatsächliche Erreichbarkeit. Die Vorschrift setzt unionsrechtliche Zugangsrechte um und gewährleistet, dass rechtliche Unterstützung auch unter restriktiven Aufenthaltsbedingungen in Anspruch genommen werden kann.

Die Norm dient der Umsetzung von

- Art. 18 Abs. 3 VO (EU) 2024/1348, Umfang der Rechtsauskunft und der Rechtsberatung und -vertretung

  [„(3) Der Rechtsberater des Antragstellers oder die mit der Bereitstellung von Rechtsauskunft betraute Person, der beziehungsweise die einem Antragsteller Rechtsauskunft oder Rechtsberatung und -vertretung bereitstellt, erhält gemäß der Richtlinie (EU) 2024/1346 zum Zweck der Bereitstellung von Rechtsauskunft oder Rechtsberatung und -vertretung Zugang zu abgeschlossenen Bereichen wie Hafteinrichtungen und Transitzonen."] sowie

- Art. 30 Abs. 3 VO (EU) 2024/1348, Zugang zum Verfahren in Hafteinrichtungen und an Grenzübergangsstellen

  [„(3)Organisationen und Personen, die nach nationalem Recht befugt sind, Beratungsleistungen und Auskunft zu erbringen, wird effektiver Zugang zu Antragstellern in Hafteinrichtungen und an Grenzübergangsstellen an den Außengrenzen, einschließlich Transitzonen, gewährt. Dieser Zugang kann von einer vorherigen Vereinbarung mit den zuständigen Behörden abhängig gemacht werden.

  Die Mitgliedstaaten dürfen nach nationalem Recht Beschränkungen des Zugangs nach Unterabsatz 1 verhängen, wenn sie für die Sicherheit, die öffentliche Ordnung oder die Verwaltung der Grenzübergangsstelle, einschließlich Transitzonen, oder Hafteinrichtung objektiv erforderlich sind und sofern der Zugang nicht erheblich behindert oder unmöglich gemacht wird."]

und konkretisiert diese Verpflichtung für das nationale Recht. Ziel ist die Sicherstellung der praktischen Wirksamkeit der unionsrechtlich gewährleisteten Verfahrensrechte, insbesondere in Situationen eingeschränkter Bewegungsfreiheit.

Anwendungsbereich

Die Vorschrift betrifft den Zugang zu Antragstellern in Einrichtungen, in denen der Kontakt typischerweise nicht frei möglich ist. Hierzu zählen insbesondere:

- abgeschlossene Unterbringungseinrichtungen,

Hafteinrichtungen im Zusammenhang mit Asyl- oder Überstellungsverfahren,

Grenzübergangsstellen, insbesondere im Rahmen des Asylgrenzverfahrens.

Gerade im Grenzverfahren kommt der Regelung zentrale Bedeutung zu, da sich Antragsteller dort regelmäßig in kontrollierten oder transitähnlichen Bereichen aufhalten.

Personen und Organisationen, die Rechtsauskunft oder Beratungsleistungen erbringen, ist Zugang zu gewähren; ein freies Ermessen der Behörden, diesen Zugang zu verweigern, besteht nicht.

Grundsatz des Zugangs und zulässige Zugangsbeschränkungen

Personen und Organisationen, die Rechtsauskunft oder Beratungsleistungen erbringen, ist Zugang zu gewähren; ein freies Ermessen der Behörden, diesen Zugang zu verweigern, besteht nicht. Die Vorschrift stellt damit sicher, dass Beratungsrechte nicht durch tatsächliche Zugangshindernisse entwertet werden.

Der Zugang kann im Einzelfall beschränkt werden, soweit dies objektiv erforderlich ist zur

- Gewährleistung der öffentlichen Sicherheit,
- Aufrechterhaltung der öffentlichen Ordnung oder

Sicherstellung der Funktionsfähigkeit der jeweiligen Einrichtung.

Zulässige Beschränkungen betreffen vor allem organisatorische Modalitäten des Zugangs. Hierzu zählen etwa:

- Regelungen zu Besuchszeiten
- Erfordernisse vorheriger Anmeldung
- allgemeine Zutritts- und Sicherheitsvorschriften.

Diese Maßnahmen dienen der geordneten Durchführung des Betriebs und sind grundsätzlich mit dem unionsrechtlichen Zugangsanspruch vereinbar.

Zugangsbeschränkungen dürfen nicht dazu führen, dass die Inanspruchnahme von Rechtsauskunft oder Beratung wesentlich erschwert oder unmöglich gemacht wird. Eine faktische Vereitelung des Zugangs ist daher verboten.

Privilegierung von Rechtsvertretern

Besondere Bedeutung kommt der Regelung zu, wonach Rechtsvertreter von Zugangsbeschränkungen ausgenommen sind.

Hierdurch wird klargestellt, dass für anwaltliche Vertretung ein gesteigerter Zugangsschutz gilt. Während für sonstige Beratungsangebote organisatorische Einschränkungen zulässig bleiben, ist der Zugang von Rechtsvertretern nur in deutlich engeren Grenzen einschränkbar.

Die Vorschrift trägt damit dem besonderen Gewicht anwaltlicher Rechtswahrnehmung Rechnung.

Systematische Einordnung

§ 12c steht in engem Zusammenhang mit den §§ 12a und 12b AsylG:

- § 12a AsylG gewährleistet die behördenunabhängige Asylverfahrensberatung.
- § 12b AsylG begründet den Anspruch auf behördliche Rechtsauskunft.
- § 12c AsylG sichert die tatsächliche Zugänglichkeit beider Instrumente.

Die drei Vorschriften bilden ein abgestimmtes Regelungssystem zur Sicherung der Informations- und Beratungsrechte im Asylverfahren.

Gesetzesbegründung zu § 12b AsylG (BT-Drs. 21/1848)

Personen und Organisationen, die Rechtsauskunft und Beratungsleistungen erbringen, wird im Einklang mit Artikel 18 Absatz 3 und Artikel 30 Absatz 3 der Verordnung (EU) 2024/1348 Zugang zu den dort genannten Einrichtungen von der für die Einrichtung zuständigen Behörde gewährt. Der Zugang kann aus Gründen der Aufrechterhaltung der Sicherheit, der öffentlichen Ordnung oder der Funktionsfähigkeit der Einrichtung beschränkt werden. Beispielsweise kann der Zugang auf die üblichen Öffnungszeiten der Einrichtung begrenzt oder von einer vorherigen Anmeldung abhängig gemacht werden, um einen ordnungsgemäßen und reibungslosen Betrieb der Einrichtung zu gewährleisten. Die Möglichkeit der Zugangsbeschränkung gilt nicht für den Zugang von Rechtsvertretern.

Änderungen im AsylG

§ 13 AsylG

bis 11.06.2026	ab 12.06.2026
§ 13 Asylantrag	**§ 13 Stellung eines Asylantrags**
(1) Ein Asylantrag liegt vor, wenn sich dem schriftlich, mündlich oder auf andere Weise geäußerten Willen des Ausländers entnehmen lässt, dass er im Bundesgebiet Schutz vor politischer Verfolgung sucht oder dass er Schutz vor Abschiebung oder einer sonstigen Rückführung in einen Staat begehrt, in dem ihm eine Verfolgung im Sinne des § 3 Absatz 1 oder ein ernsthafter Schaden im Sinne des § 4 Absatz 1 droht.	
(2) Mit jedem Asylantrag wird die Anerkennung als Asylberechtigter sowie internationaler Schutz im Sinne des § 1 Absatz 1 Nummer 2 beantragt.	
Der Ausländer kann den Asylantrag auf die Zuerkennung internationalen Schutzes beschränken. Er ist über die Folgen einer Beschränkung des Antrags zu belehren. *§ 24 Absatz 2 bleibt unberührt.*	**(1)** Der Ausländer kann den Asylantrag auf die Zuerkennung internationalen Schutzes beschränken. Er ist über die Folgen einer Beschränkung des Antrags zu belehren.
(3) Ein Ausländer, der nicht im Besitz der erforderlichen Einreisepapiere ist, hat *an der Grenze um Asyl nachzusuchen* (§ 18). Im Falle der unerlaubten Einreise hat er sich unverzüglich bei einer Aufnahmeeinrichtung zu melden (§ 22) oder bei der Ausländerbehörde oder der Polizei *um Asyl nachzusuchen* (§ 19). *Der nachfolgende Asylantrag ist unverzüglich zu stellen.*	**(2)** Ein Ausländer, der nicht im Besitz der erforderlichen Einreisepapiere ist, hat **den Asylantrag bei der Grenzbehörde zu stellen** (§ 18). Im Falle der unerlaubten Einreise hat er sich unverzüglich bei einer Aufnahmeeinrichtung zu melden (§ 22) oder bei der Ausländerbehörde oder der Polizei **den Asylantrag zu stellen** (§ 19).

Redaktionelle Hinweise zu den Neuerungen

Während der bisherige § 13 AsylG den Begriff des Asylantrags selbst definierte, regelt die Vorschrift künftig nur noch die Stellung eines Asylantrags. Die eigentliche Definition des Antrags wird aus dem deutschen Recht entfernt und durch unmittelbar geltendes Unionsrecht ersetzt.

Ein Asylantrag gilt als gestellt, wenn persönlich der Wunsch auf internationalen Schutz geäußert wird.

So lautet Artikel 26 Abs. Satz 1 der Verordnung (EU) 2024/1348 (Asylverfahrensverordnung): „(1) Wenn ein Drittstaatsangehöriger oder Staatenloser, auch unbegleiteter Minderjähriger, einer zuständigen Behörde gemäß Artikel 4 Absätze 1 und 2 gegenüber persönlich den Wunsch äußert, internationalen Schutz von einem Mitgliedstaat zu erhalten, gilt damit ein Antrag auf internationalen Schutz als gestellt."

Und in Artikel 3 der Verordnung (EU) 2024/1348 (Asylverfahrensverordnung) wird in Ziffer 12 „Antrag auf internationalen Schutz" oder „Antrag" wie folgt definiert: „das Ersuchen eines Drittstaatsangehörigen oder eines Staatenlosen um Schutz durch einen Mitgliedstaat, bei dem davon ausgegangen werden kann, dass er die Zuerkennung der Flüchtlingseigenschaft oder des Status subsidiären Schutzes anstrebt;"

Die Streichung des bisherigen Absatzes 1 hängt eng mit dem unionsweit vereinheitlichten dreistufigen Verfahren zusammen, das künftig durchzuführen ist:

- erstmalige Schutzbekundung (§ 13 AsylG, Art. 26 Verordnung (EU) 2024/1348)
- Registrierung (§ 13a AsylG, Art. 27 Verordnung (EU) 2024/1348)
- förmliche Antragstellung (14 AsylG, Art. 28 Verordnung (EU) 2024/1348).

Während das bisherige Asylgesetz zwischen dem Asylgesuch und dem förmlichen Asylantrag unterschied, führt die Asylverfahrensverordnung (EU) 2024/1348 ein unionsweit harmonisiertes Verfahren der Antragstellung und Registrierung ein.

Wie bisher kann der Antrag auf die Zuerkennung internationalen Schutzes beschränkt werden, also auf die Anerkennung als Asylberechtigter nach Art. 16a GG verzichtet und stattdessen ausschließlich Flüchtlingsschutz oder subsidiären Schutz begehrt werden.

Wie bisher ist der Asylantrag bei nicht vorhandenen Einreisepapieren bei der Grenzbehörde zu stellen. Ist eine Einreise ohne Grenzkontrolle erfolgt, muss sich die Person unverzüglich bei einer Erstaufnahmeeinrichtung melden oder den Asylantrag persönlich bei der Ausländerbehörde oder Polizei stellen.

Gesetzesbegründung zu § 13 AsylG (BT-Drs. 21/1848)

Die Änderung des § 13 dient der Anpassung an Artikel 4 Absatz 2 und Artikel 26 der Verordnung (EU) 2024/1348.

Änderungen im AsylG

§ 13a AsylG

NEU ab 12.06.2026
§ 13a Registrierung eines Asylantrags
Zuständig für die Registrierung des Asylantrags nach Artikel 27 der Verordnung (EU) 2024/1348 ist die Aufnahmeeinrichtung, mit der der Ausländer zuerst in Kontakt tritt. In den Fällen des § 14 Absatz 2 und 5 sowie § 71 Absatz 2 Satz 2 ist das Bundesamt für die Registrierung zuständig, soweit eine Registrierung noch nicht erfolgt ist.

Redaktionelle Hinweise zu den Neuerungen

Das bisherige deutsche Recht kannte zwar verschiedene Verfahrensschritte zwischen Asylgesuch und förmlicher Antragstellung. Eine eigenständige gesetzliche Regelung über die Registrierung des Antrags existierte jedoch nicht in dieser Form. Mit der Asylverfahrensverordnung wird die Registrierung nun zu einem eigenständigen unionsrechtlichen Verfahrensschritt. Art. 27 VO (EU) 2024/1348 verpflichtet die Mitgliedstaaten, einen Antrag auf internationalen Schutz innerhalb bestimmter Fristen zu registrieren. Dadurch entsteht die Notwendigkeit, die zuständige Registrierungsbehörde ausdrücklich festzulegen.

Wie schon bei den Erläuterungen zu § 13 AsylG kurz dargestellt, sind künftig drei Schritte voneinander zu unterscheiden:

1. Schutzgesuch: Der Ausländer bringt zum Ausdruck, dass er Schutz benötigt.

2. Registrierung: Die zuständige Behörde erfasst den Antrag offiziell im System.

3. Einreichung des Antrags: Erst anschließend beginnt das eigentliche Verfahren zur Prüfung internationalen Schutzes.

Gerade die Registrierung erhält damit eine deutlich größere eigenständige Bedeutung als im bisherigen Recht. Dabei wird die erste Aufnahmeeinrichtung zur Regelfallbehörde. Hintergrund ist, dass die Registrierung grundsätzlich innerhalb von höchstens 5 Tagen erfolgen muss (Art. 27 Abs. 1 Satz 1 VO (EU) 2024/1348); bei erhöhten Antragsaufkommen ist Verlängerung auf bis zu 15 Tagen möglich. Um diese Frist zuverlässig einhalten zu können, soll die Registrierung unmittelbar dort stattfinden, wo der erste Behördenkontakt erfolgt. Bei der Registrierung wird zugleich der Ankunftsnachweis ausgestellt. Deshalb musste die Zuständigkeitsregelung so ausgestaltet werden, dass sie mit § 63a AsylG (Ankunftsnachweis) harmoniert. Aufnahmeeinrichtung bei Registrierung des Antrags zu Rechten und Pflichten hinweisen (siehe § 47 Abs. 4 AsylG)

Der zweite Satz des § 13a enthält eine wichtige Ausnahme. Ist noch keine Registrierung erfolgt, so ist danach ist das BAMF zuständig in den Fällen des § 14 Abs. 2 AsylG, § 14 Abs. 5 AsylG und § 71 Abs. 2 Satz 2 AsylG. Das BAMF registriert also selbst, wenn noch keine Registrierung vorliegt und der Antragsteller sich in Haft, Gewahrsam, Krankenhaus, Pflegeeinrichtung oder Jugendhilfeeinrichtung befindet, einen längerfristigen Aufenthaltstitel besitzt, als Minderjähriger unter § 14 Abs. 2 Nr. 3 AslyG fällt, die Person unter die Sonderfälle des § 14 Abs. 5 fällt, oder einen Folgeantrag nach § 71 Abs. 2 Satz 2 AsylG gestellt wird.

Gesetzesbegründung zu § 13a AsylG (BT-Drs. 21/1848)

Eingefügt wurde zudem ein neuer § 13a, welcher die Zuständigkeit für die Registrierung des Asylantrags regelt. Die Einfügung dient der Anpassung an Artikel 27 der Verordnung (EU) 2024/1348. Aufgrund der kurzen Frist von maximal fünf Tagen von der Antragstellung bis zur Registrierung ist die Registrierung durch die Aufnahmeeinrichtung durchzuführen, mit der der Ausländer als erstes in Kontakt tritt. Da bei der Registrierung der Ankunftsnachweis auszustellen ist, bedarf es einer Regelung, die den Gleichlauf mit § 63a sicherstellt. In den Fällen, in denen der Ausländer den Asylantrag schriftlich einreichen kann, ist das Bundesamt für die Registrierung zu ständig, wenn eine solche nicht bereits stattgefunden hat. In einer Krisensituation oder einer Situation höherer Gewalt können sich Abweichungen bei der Registrierung von Asylanträgen nach Artikel 10 der Verordnung (EU) 2024/1359 ergeben.

Änderungen im AsylG

§ 14 AsylG

bis 11.06.2026	ab 12.06.2026
§ 14 *Antragstellung*	**§ 14 Einreichung eines Asylantrags**
(1) Der Asylantrag ist bei der Außenstelle des Bundesamtes *zu stellen*, die der für die Aufnahme des Ausländers zuständigen Aufnahmeeinrichtung zugeordnet ist. Das Bundesamt kann den Ausländer in Abstimmung mit der von der obersten Landesbehörde bestimmten Stelle verpflichten, seinen Asylantrag bei einer anderen Außenstelle *zu stellen*. Der Ausländer ist vor der *Antragstellung* schriftlich und gegen Empfangsbestätigung darauf hinzuweisen, dass nach Rücknahme oder unanfechtbarer Ablehnung seines Asylantrags die Erteilung eines Aufenthaltstitels gemäß § 10 *Abs.* 3 des Aufenthaltsgesetzes Beschränkungen unterliegt. In Fällen des Absatzes 2 Satz 1 Nr. 2 ist der Hinweis unverzüglich nachzuholen.	(1) Der Asylantrag ist **persönlich** bei der Außenstelle des Bundesamtes **einzureichen**, die der für die Aufnahme des Ausländers zuständigen Aufnahmeeinrichtung zugeordnet ist. Das Bundesamt kann den Ausländer in Abstimmung mit der von der obersten Landesbehörde bestimmten Stelle verpflichten, seinen Asylantrag bei einer anderen Außenstelle **einzureichen**. Der Ausländer ist vor der **Einreichung** schriftlich und gegen Empfangsbestätigung darauf hinzuweisen, dass nach Rücknahme oder unanfechtbarer Ablehnung seines Asylantrags die Erteilung eines Aufenthaltstitels gemäß § 10 **Absatz** 3 des Aufenthaltsgesetzes Beschränkungen unterliegt. In Fällen des Absatzes 2 Satz 1 Nr. 2 ist der Hinweis unverzüglich nachzuholen.
(2) *Der Asylantrag ist beim Bundesamt zu stellen,* wenn der Ausländer	(2) **Der Ausländer hat die beabsichtigte Stellung und Einreichung des Asylantrags dem Bundesamt unter Verwendung eines Formblatts anzuzeigen,** wenn der Ausländer
1. einen Aufenthaltstitel mit einer Gesamtgeltungsdauer von mehr als sechs Monaten besitzt,	1. einen Aufenthaltstitel mit einer Gesamtgeltungsdauer von mehr als sechs Monaten besitzt,
2. sich in Haft oder sonstigem öffentlichem Gewahrsam, in einem Krankenhaus, einer Heil- oder Pflegeanstalt oder in einer Jugendhilfeeinrichtung befindet, oder	2. sich in Haft oder sonstigem öffentlichem Gewahrsam, in einem Krankenhaus, einer Heil- oder Pflegeanstalt oder in einer Jugendhilfeeinrichtung befindet oder
3. minderjährig ist und sein gesetzlicher Vertreter nicht verpflichtet ist, in einer Aufnahmeeinrichtung zu wohnen.	3. minderjährig ist und sein gesetzlicher Vertreter nicht verpflichtet ist, in einer Aufnahmeeinrichtung zu wohnen.
Die Ausländerbehörde leitet einen bei ihr eingereichten schriftlichen Antrag unverzüglich dem Bundesamt zu. Das Bundesamt bestimmt die für die Bearbeitung des Asylantrags zuständige Außenstelle.	**Das Bundesamt entscheidet im jeweiligen Einzelfall, ob der Asylantrag persönlich bei einer Außenstelle gestellt und eingereicht werden muss oder, insbesondere in den in Satz 1 Nummer 2 genannten Fällen, das Bundesamt die Antragstellung und Antragseinreichung an dem Ort ermöglicht, an dem sich der Ausländer aufhält. Das Bundesamt teilt dies dem Ausländer mit. Die nach Artikel 4 Absatz 2 der Verordnung (EU) 2024/1348 für die Antragsentgegennahme zuständigen Behörden leiten eine bei ihr eingegangene Anzeige nach Satz 1** unverzüglich dem Bundesamt zu. Das Bundesamt bestimmt die für die Bearbeitung des Asylantrags zuständige Außenstelle **Soweit für die Begründung von Rechten des Ausländers der Zeitpunkt der Antragstellung maßgeblich ist, gilt in den Fällen des Satzes 1 der Eingang der Anzeige als Antragstellung.**

bis 11.06.2026	ab 12.06.2026
§ 14 *Antragstellung*	**§ 14 Einreichung eines Asylantrags**
	(3) Das Bundesamt informiert den Ausländer spätestens bei der Einreichung des Antrags nach Absatz 1 in einer Sprache, deren Kenntnis vernünftigerweise vorausgesetzt werden kann, über freiwillige Rückkehrmöglichkeiten. Wird ein Antrag nach Absatz 2 eingereicht, erfolgt die Information spätestens im Rahmen der erstmaligen Anhörung im Asylverfahren.
(3) Befindet sich der Ausländer in Haft oder sonstigem öffentlichem Gewahrsam oder lagen zum Zeitpunkt der Stellung des Asylantrags die Voraussetzungen der Abschiebungshaft vor, so steht die Stellung des Asylantrags der Anordnung oder Aufrechterhaltung von Abschiebungshaft nicht entgegen. Dem Ausländer ist unverzüglich Gelegenheit zu geben, mit einem Rechtsbeistand seiner Wahl Verbindung aufzunehmen, es sei denn, er hat sich selbst vorher anwaltlichen Beistands versichert. Die Abschiebungshaft endet mit der Zustellung der Entscheidung des Bundesamtes, spätestens jedoch vier Wochen nach *Eingang* des Asylantrags beim Bundesamt, es sei denn, es wurde auf Grund von Rechtsvorschriften *der Europäischen Gemeinschaft* oder eines völkerrechtlichen Vertrages über die Zuständigkeit für die Durchführung von Asylverfahren *ein Auf- oder Wiederaufnahmeersuchen* an einen anderen Staat gerichtet oder der Asylantrag wurde abgelehnt.	**(4)** Befindet sich der Ausländer in Haft oder sonstigem öffentlichem Gewahrsam oder lagen zum Zeitpunkt der Stellung des Asylantrags die Voraussetzungen der Abschiebungshaft vor, so steht die Stellung des Asylantrags der Anordnung oder Aufrechterhaltung von Abschiebungshaft nicht entgegen. Dem Ausländer ist unverzüglich Gelegenheit zu geben, mit einem Rechtsbeistand seiner Wahl Verbindung aufzunehmen, es sei denn, er hat sich selbst vorher anwaltlichen Beistands versichert. Die Abschiebungshaft endet mit der Zustellung der Entscheidung des Bundesamtes, spätestens jedoch vier Wochen nach **Einreichung** des Asylantrags beim Bundesamt, es sei denn, es wurde auf Grund von Rechtsvorschriften **der Europäischen Union** oder eines völkerrechtlichen Vertrages über die Zuständigkeit für die Durchführung von Asylverfahren **ein Aufnahmegesuch oder eine Wiederaufnahmemitteilung** an einen anderen Staat gerichtet oder der Asylantrag wurde abgelehnt.
	(5) Reist ein minderjähriges lediges Kind des Ausländers nach dessen Asylantragstellung ins Bundesgebiet ein oder wird es hier geboren, so ist dies dem Bundesamt unverzüglich anzuzeigen, wenn ein Elternteil eine Aufenthaltsgestattung besitzt oder sich nach Abschluss seines Asylverfahrens ohne Aufenthaltstitel oder mit einer Aufenthaltserlaubnis nach § 25 Absatz 5 des Aufenthaltsgesetzes im Bundesgebiet aufhält. Die Anzeigepflicht obliegt neben dem gesetzlichen Vertreter des Kindes auch der Ausländerbehörde. Mit Zugang der Anzeige beim Bundesamt gilt ein Asylantrag für das Kind als eingereicht.

Redaktionelle Hinweise zu den Neuerungen

§ 14 AsylG in der ab dem 12. Juni 2026 geltenden Fassung regelt nicht mehr – wie bisher – die Antragstellung im weiteren Sinne, sondern nur noch die Einreichung des Asylantrags. Hintergrund ist die Anpassung an das neue europäische Recht, das das Asylverfahren in drei Schritte aufteilt: Antragstellung, Registrierung und Einreichung. § 14 betrifft damit ausschließlich den letzten dieser Schritte, also den Zeitpunkt, zu dem der Asylantrag tatsächlich in das inhaltliche Prüfverfahren übergeht.

Nach Absatz 1 ist der Asylantrag grundsätzlich persönlich bei der zuständigen Außenstelle des BAMF einzureichen. Das ist eine wichtige Änderung gegenüber der bisherigen Praxis. Ziel ist vor allem, die Identität zuverlässig festzustellen und das Verfahren geordnet zu starten. Gleichzeitig kann das BAMF festlegen, dass eine andere Außenstelle zuständig ist, etwa aus organisatorischen Gründen. Unverändert bleibt die Pflicht, den Ausländer vor der Einreichung schriftlich darüber zu informieren, dass nach einer späteren Ablehnung bestimmte Aufenthaltstitel nur eingeschränkt erteilt werden können.

Der Antrag ist zu einem bestimmten Zeitpunkt und an einem bestimmten Ort und - sofern mitgeteilt - zu einer bestimmten Uhrzeit einzureichen. Das BAMF teilt dem Antragsteller diesen Zeitpunkt und Ort mit (Art. 28 Abs. 3 VO (EU) 2024/1348). Für die Registrierung gibt Art. 28 Abs. 1 VO (EU) 2024/1348 als Frist vor: „so schnell wie möglich, spätestens jedoch 21 Tage nach Registrierung des Antrags", bei erhöhtem Arbeitsaufkommen innerhalb von 2 Monaten (Art. 28 Abs. 5 VO (EU) 2024/1348).

Eine größere Umstellung bringt Absatz 2. Bestimmte Personen – etwa solche in Haft, im Krankenhaus oder mit längerem Aufenthaltstitel – können ihren Asylantrag nicht mehr direkt (zum Beispiel schriftlich) stellen. Stattdessen müssen sie zunächst anzeigen, dass sie einen Asylantrag stellen wollen. Diese Anzeige erfolgt auf einem Formblatt. Danach entscheidet das BAMF, wie es weitergeht. Es legt fest, ob die Person persönlich zu einer Außenstelle kommen muss oder ob der Antrag ausnahmsweise am Aufenthaltsort aufgenommen wird, etwa in der Haftanstalt oder im Krankenhaus

In diesen Fällen zählt bereits der Eingang der Anzeige als maßgeblicher Zeitpunkt der Antragstellung, wenn es um Rechte des Ausländers geht (zum Beispiel für Fristen oder den Aufenthaltsstatus). Damit soll verhindert werden, dass Nachteile entstehen, nur weil die eigentliche Einreichung erst später stattfinden kann.

Neu ist Absatz 3. Danach muss das Bundesamt den Ausländer über Möglichkeiten der freiwilligen Rückkehr informieren. Das geschieht in der Regel bei der Einreichung des Antrags oder – wenn es ein Anzeigeverfahren gibt – spätestens bei der ersten Anhörung. Diese Regelung ist im deutschen Recht geblieben, weil sie im europäischen Recht nicht ausdrücklich vorgesehen ist.

Absatz 4 betrifft weiterhin Fälle, in denen sich jemand in Haft befindet. Hier bleibt es dabei, dass ein Asylantrag die Abschiebungshaft grundsätzlich nicht verhindert. Der Betroffene muss aber die Möglichkeit haben, einen Anwalt zu kontaktieren. Außerdem wird geregelt, wie lange die Haft dauern darf, wobei nun an die Einreichung des Asylantrags angeknüpft wird. Die Vorschrift wurde vor allem sprachlich an das neue europäische Recht angepasst.

Absatz 5 übernimmt schließlich eine Regelung für minderjährige Kinder, die nach der Asylantragstellung eines Elternteils nach Deutschland einreisen oder hier geboren werden. In diesen Fällen muss dies dem BAMF angezeigt werden. Mit Eingang dieser Anzeige gilt automatisch auch für das Kind ein Asylantrag als eingereicht. Dadurch wird sichergestellt, dass Kinder ohne eigenen Antrag in das Verfahren einbezogen werden.

Gesetzesbegründung zu § 14 AsylG (BT-Drs. 21/1848)

Zur Überschrift

Die Änderung dient der Anpassung an die Terminologie von Artikel 28 der Verordnung (EU) 2024/1348. Die Verordnung (EU) 2024/1348 unterscheidet zwischen der Antragstellung in Artikel 26 und der Antragseinreichung in Artikel 28. Das bisherige Asylgesuch entspricht dabei der Antragstellung aus Artikel 26 und die bisherige Antragstellung entspricht der Antragseinreichung aus Artikel 28. Dementsprechend sind die Begrifflichkeiten in § 14 und in allen weiteren Regelungen entsprechend anzupassen.

Zu Absatz 1 Satz 1 „persönlich"

Die Änderung dient der Anpassung an die Anforderung des persönlichen Einreichens aus Artikel 28 Absatz 3 der Verordnung (EU) 2024/1348.

Bei der Einreichung des Asylantrags unbegleiteter Minderjähriger ist nach Artikel 33 Absatz 2 der Verordnung (EU) 2024/1348 das Wohl des Kindes zu berücksichtigen.

Zu Absatz 1 Satz 1 und 2 „einzureichen"

Die Änderung dient der Anpassung an die Terminologie von Artikel 28 der Verordnung (EU) 2024/1348.

Zu Absatz 1 Satz 3

Die Änderung dient der Anpassung an die Terminologie von Artikel 28 der Verordnung (EU) 2024/1348.

Zu Absatz 2

Die Änderung dient der Anpassung an die Terminologie von Artikel 28 der Verordnung (EU) 2024/1348 sowie der Umsetzung von Artikel 28 Absatz 7 der Verordnung (EU) 2024/1348. In den bisherigen Fällen der schriftlichen Antragstellung erfolgt bisher keine vorherige Äußerung eines Asylgesuchs oder eine erkennungsdienstliche Behandlung. Nach Artikeln 26, 27 und 28 der Verordnung (EU) 2024/1348 ist jedoch stets ein dreistufiges Ver fahren von persönlicher Antragstellung, Registrierung und persönlicher Antragseinreichung vorgesehen. Arti kel 28 Absatz 4 der Verordnung (EU) 2024/1348 ermöglicht zwar die schriftliche Antragseinreichung. Für die Antragstellung und Registrierung sind jedoch keine Ausnahmen vorgesehen. Außerdem sind jeweils kurze Fristen zwischen Antragstellung, Registrierung und Antragseinreichung vorgesehen, die bei einer Beibehaltung der bisherigen schriftlichen Antragstellung in der Praxis nur mit hohem Aufwand einzuhalten wären.

In den in § 14 Absatz 2 geregelten Fallkonstellationen soll der Ausländer daher beim Bundesamt anzeigen, dass in seinem Fall eine der genannten Fallkonstellationen vorliegt. Das Bundesamt prüft und entscheidet dann im Einzelfall, ob die Voraussetzungen für gleichzeitige Antragstellung, Registrierung und Antragseinreichung nach Artikel 28 Absatz 7 der Verordnung (EU) 2024/1348 vorliegen und teilt dem Ausländer mit, ob die Antragstellung und -einreichung persönlich bei einer Außenstelle zu erfolgen hat oder an dem Ort ermöglicht wird, an dem sich der Ausländer aufhält (zum Beispiel im Krankenhaus oder in der Hafteinrichtung). Bei der Entscheidung sind die jeweiligen Umstände des Einzelfalls angemessen zu berücksichtigen. Dabei ist insbesondere zu berücksichtigen, ob die persönliche Antragstellung und -einreichung bei einer Außenstelle für den Ausländer zumutbar und tatsächlich möglich ist. Insbesondere in Fällen des Absatzes 2 Satz 1 Nummer 2 dürfte eine persönliche Antragstellung und -einreichung in der Außenstelle regelmäßig ausscheiden (z. B. in Fällen, in denen sich der Ausländer in Haft befindet oder stationär in einem Krankenhaus behandelt wird). Geht die Anzeige nicht beim Bundesamt, sondern bei einer anderen für die Antragsentgegennahme zuständigen Behörde ein, leitet diese Behörde die Anzeige dem Bundesamt unmittelbar zu. In Fällen, in denen hinsichtlich der Begründung von Rechten und Pflichten des Ausländers auf den Zeitpunkt der Antragstellung abgestellt wird, gilt der Eingang der Anzeige bei einer der zuständigen Behörden als Antragstellung.

Änderungen im AsylG

Zum neuen Absatz 3

Es handelt sich um eine Folgeänderung zur Aufhebung von § 24 in Artikel 2 Nummer 27. Die Informationspflicht über die freiwillige Rückkehr ergibt sich nicht aus der Verordnung (EU) 2024/1348 und muss daher weiterhin im Asylgesetz geregelt werden. Da Antragstellung und Registrierung überwiegend bei anderen Behörden als dem Bundesamt erfolgen, kann das Bundesamt in der Regel erst zum Zeitpunkt der Einreichung oder bei der Anhörung über die freiwillige Rückkehr informieren.

Zum neuen Absatz 4

Es handelt sich um eine redaktionelle Anpassung an die geänderte europäische Rechtslage. Die Änderung dient zum einen der Anpassung an die Terminologie von Artikel 28 der Verordnung (EU) 2024/1348. Zum anderen tritt das in Artikel 41 der Verordnung (EU) 2024/1351 geregelte Verfahren für Wiederaufnahmemitteilungen an Stelle des bisherigen Wiederaufnahmeverfahrens nach den Artikeln 23 bis 26 der Verordnung (EU) Nr. 604/2013.

Zum Absatz 5

Bei Absatz 5 handelt es sich um eine Folgeänderung zur Aufhebung von § 12 Absatz 3 in Artikel 2 Nummer 12 Buchstabe b und § 14a in Artikel 2 Nummer 16. Da in § 14a nur der bisherige Absatz 2 verbleiben würde, wird dieser in § 14 überführt und dient der Anpassung an die Regelung in Artikel 32 Absatz 1 Satz 2 der Verordnung (EU) 2024/1348.

§ 14a AsylG

bis 11.06.2026	ab 12.06.2026
§ 14a *Familieneinheit*	**§ 14a (weggefallen)**
(1) Mit der Asylantragstellung nach § 14 gilt ein Asylantrag auch für jedes minderjährige ledige Kind des Ausländers als gestellt, das sich zu diesem Zeitpunkt im Bundesgebiet aufhält, ohne freizügigkeitsberechtigt oder im Besitz eines Aufenthaltstitels zu sein, wenn es zuvor noch keinen Asylantrag gestellt hatte.	
(2) Reist ein minderjähriges lediges Kind des Ausländers nach dessen Asylantragstellung ins Bundesgebiet ein oder wird es hier geboren, so ist dies dem Bundesamt unverzüglich anzuzeigen, wenn ein Elternteil eine Aufenthaltsgestattung besitzt oder sich nach Abschluss seines Asylverfahrens ohne Aufenthaltstitel oder mit einer Aufenthaltserlaubnis nach § 25 Abs. 5 des Aufenthaltsgesetzes im Bundesgebiet aufhält. Die Anzeigepflicht obliegt neben dem Vertreter des Kindes im Sinne von § 12 Abs. 3 auch der Ausländerbehörde. Mit Zugang der Anzeige beim Bundesamt gilt ein Asylantrag für das Kind als gestellt.	
(3) Der Vertreter des Kindes im Sinne von § 12 Abs. 3 kann bis zur Zustellung der Entscheidung des Bundesamtes auf die Durchführung eines Asylverfahrens für das Kind verzichten, indem er erklärt, dass dem Kind keine Verfolgung im Sinne des § 3 Absatz 1 und kein ernsthafter Schaden im Sinne des § 4 Absatz 1 drohen. § 13 Absatz 2 Satz 2 gilt entsprechend.	
(4) Die Absätze 1 bis 3 sind auch anzuwenden, wenn der Asylantrag vor dem 1. Januar 2005 gestellt worden ist und das Kind sich zu diesem Zeitpunkt im Bundesgebiet aufgehalten hat, später eingereist ist oder hier geboren wurde.	

Redaktionelle Hinweise zum Wegfall von § 14a

Mit dem Wegfall des § 14a AsylG zum 12. Juni 2026 wird die bislang im nationalen Recht geregelte Einbeziehung minderjähriger Kinder in das Asylverfahren ihrer Eltern nicht abgeschafft, sondern in das unmittelbar geltende Unionsrecht, insbesondere in Art. 32 und 33 der Verordnung (EU) 2024/1348, verlagert. Der bisherige § 14a hatte vor allem die sogenannte Antragsfiktion für minderjährige Kinder im Familienverband geregelt. Diese Funktion übernimmt nun Art. 32 Abs. 2 der Verordnung, sodass sich an der grundsätzlichen Einbeziehung von Kindern in das Verfahren inhaltlich wenig ändert, wohl aber an der rechtlichen Grundlage.

Art. 32 der Verordnung (EU) 2024/1348 unterscheidet zunächst danach, ob ein begleiteter Minderjähriger nach nationalem Recht rechts- und geschäftsfähig ist. Ist dies der Fall, kann er selbst einen Asylantrag stellen. Ist er es nicht, wird der Antrag durch einen Elternteil oder eine andere verantwortliche erwachsene Person gestellt. Für die Praxis bedeutet das, dass weiterhin regelmäßig die Eltern für ihre Kinder handeln; die Verordnung stellt dies nun aber ausdrücklich in einen unionsrechtlichen Rahmen und knüpft an das jeweilige nationale Recht zur Geschäftsfähigkeit an. Eine wichtige Klarstellung enthält Art. 32 Abs. 2 der Verordnung: Wird der Antrag durch einen Elternteil gestellt und befindet sich das Kind im selben Mitgliedstaat, gilt dieser Antrag automatisch auch als Antrag des Kindes. Damit wird die bisherige deutsche Antragsfiktion im Kern fortgeführt, allerdings nun unionsweit einheitlich geregelt.

Neu und für den Vollzug bedeutsam ist, dass die Verordnung stärker auf die tatsächliche Beteiligung des Kindes abstellt. Nach Art. 32 Abs. 3 der Verordnun soll der Minderjährige bei der Einreichung des Antrags grundsätzlich anwesend sein. Ausnahmen sind nur möglich, wenn berechtigte Gründe entgegenstehen oder wenn das nationale Recht ein vereinfachtes Verfahren über ein Formblatt vorsieht. Dies unterstreicht, dass das Verfahren stärker als bisher auf die individuelle Situation des Kindes ausgerichtet wird und nicht nur formal über die Eltern abgewickelt werden soll.

Art. 33 der Verordnung (EU) 2024/1348 enthält entsprechende Regelungen für unbegleitete Minderjährige und führt diese Systematik fort. Auch hier gilt zunächst, dass ein unbegleiteter Minderjähriger einen Antrag selbst stellen kann, wenn er nach nationalem Recht dazu befugt ist. Andernfalls handelt ein Vertreter für ihn. Für die Praxis ist wichtig, dass die Rolle des Vertreters und die Verfahrensrechte des Minderjährigen ausdrücklich hervorgehoben werden, etwa durch den Verweis auf das Recht auf Beratung und Vertretung. Zugleich wird klargestellt, dass der Antrag unter Berücksichtigung des Kindeswohls innerhalb bestimmter Fristen einzureichen ist. Damit wird das Kindeswohl als verbindlicher Maßstab für das Verfahren ausdrücklich verankert.

Eine besonders wichtige Änderung im Vergleich zum bisherigen § 14a AsylG betrifft den Wegfall der Möglichkeit, auf die Durchführung eines Asylverfahrens für ein Kind zu verzichten. Nach altem Recht konnten Eltern erklären, dass dem Kind keine Verfolgung droht, und damit das Verfahren beenden. Diese Möglichkeit gibt es künftig nicht mehr. Stattdessen richtet sich die Beendigung eines Asylverfahrens nun einheitlich nach den unionsrechtlichen Vorschriften über die Rücknahme eines Antrags. Dies führt zu einer stärkeren Vereinheitlichung innerhalb der EU und zugleich zu einem höheren Schutzstandard für Minderjährige, da ein Verfahren nicht mehr allein durch eine Erklärung der Eltern beendet werden kann.

Für die Praxis der Ausländerbehörden und des Bundesamtes bedeutet die Neuregelung vor allem eine Umstellung in der rechtlichen Herleitung, weniger in den Abläufen selbst. Minderjährige Kinder werden weiterhin grundsätzlich gemeinsam mit ihren Eltern im Asylverfahren erfasst. Maßgeblich ist jedoch nicht mehr § 14a AsylG, sondern unmittelbar das Unionsrecht. Wichtig ist dabei insbesondere, dass der Zeitpunkt und die Form der Antragseinbeziehung sowie die Beteiligung des Kindes sich nun nach den Vorgaben der Verordnung richten.

Gesetzesbegründung zu § 14a AsylG (BT-Drs. 21/1848)

Die Aufhebung von Absatz 1 dient der Anpassung an die Regelung in Artikel 32 Absatz 2 Unterabsatz 1 der Verordnung (EU) 2024/1348, die die Fiktion der Asylantragstellung für minderjährige Kinder enthält. Die Aufhebung von Absatz 3 dient der Anpassung an die Regelungen in den Artikeln 32 und 33 der Verordnung (EU) 2024/1348. Ein Verzicht auf die Durchführung ist dort nicht vorgesehen. Die Rücknahme des Asylantrags richtet sich nach Artikel 40 der Verordnung (EU) 2024/1348. Die Aufhebung von Absatz 4 ist eine redaktionelle Anpassung, da die von dieser Regelung erfassten Minderjährigen nunmehr volljährig sind und die Regelung aufgrund des Zeitablaufs leerläuft.

§ 15 AsylG

bis 11.06.2026	ab 12.06.2026
§ 15 Allgemeine Mitwirkungspflichten	**§ 15 Allgemeine Mitwirkungspflichten**
(1) Der Ausländer ist persönlich verpflichtet, bei der Aufklärung des Sachverhalts mitzuwirken. Dies gilt auch, wenn er sich durch einen Bevollmächtigten vertreten lässt.	(1) [unverändert]
(2) Er ist insbesondere verpflichtet,	(2) Er ist **unbeschadet von Artikel 9 Absatz 2 der Verordnung (EU) 2024/1348 und Artikel 17 Absatz 3 der Verordnung (EU) 2024/1351** insbesondere verpflichtet,
1. den mit der Ausführung dieses Gesetzes betrauten Behörden die erforderlichen Angaben wahrheitsgemäß und nach bestem Wissen und Gewissen mündlich und nach Aufforderung auch schriftlich zu machen;	1. [unverändert]
2. das Bundesamt unverzüglich zu unterrichten, wenn ihm ein Aufenthaltstitel erteilt worden ist;	2. [unverändert]
3. den gesetzlichen und behördlichen Anordnungen, sich bei bestimmten Behörden oder Einrichtungen zu melden oder dort persönlich zu erscheinen, Folge zu leisten;	3. [unverändert]
4. seinen Pass oder Passersatz den mit der Ausführung dieses Gesetzes betrauten Behörden vorzulegen, auszuhändigen und zu überlassen;	4. [unverändert]
5. alle erforderlichen Urkunden und sonstigen Unterlagen, die in seinem Besitz sind, den mit der Ausführung dieses Gesetzes betrauten Behörden vorzulegen, auszuhändigen und zu überlassen;	5. [unverändert]
6. im Falle des Nichtbesitzes eines gültigen Passes oder Passersatzes an der Beschaffung eines Identitätspapiers mitzuwirken und auf Verlangen alle Datenträger, die für die Feststellung seiner Identität und Staatsangehörigkeit von Bedeutung sein können und in deren Besitz er ist, den mit der Ausführung dieses Gesetzes betrauten Behörden vorzulegen, auszuhändigen und zu überlassen;	6. [unverändert]
7. die vorgeschriebenen erkennungsdienstlichen Maßnahmen zu dulden.	7. [unverändert]
(3) Erforderliche Urkunden und sonstige Unterlagen nach Absatz 2 Nr. 5 sind insbesondere	(3) [unverändert]
1. alle Urkunden und Unterlagen, die neben dem Pass oder Passersatz für die Feststellung der Identität und Staatsangehörigkeit von Bedeutung sein können,	1. [unverändert]
2. von anderen Staaten erteilte Visa, Aufenthaltstitel und sonstige Grenzübertrittspapiere,	2. [unverändert]
3. Flugscheine und sonstige Fahrausweise,	3. [unverändert]

bis 11.06.2026	ab 12.06.2026
§ 15 Allgemeine Mitwirkungspflichten	**§ 15 Allgemeine Mitwirkungspflichten**
4. Unterlagen über den Reiseweg vom Herkunftsland in das Bundesgebiet, die benutzten Beförderungsmittel und über den Aufenthalt in anderen Staaten nach der Ausreise aus dem Herkunftsland und vor der Einreise in das Bundesgebiet sowie	4. [unverändert]
5. alle sonstigen Urkunden und Unterlagen, auf die der Ausländer sich beruft oder die für die zu treffenden asyl- und ausländerrechtlichen Entscheidungen und Maßnahmen einschließlich der Feststellung und Geltendmachung einer Rückführungsmöglichkeit in einen anderen Staat von Bedeutung sind.	5. [unverändert]
(4) Die mit der Ausführung dieses Gesetzes betrauten Behörden sowie die für die Aufnahmeeinrichtungen nach § 44 Absatz 1 zuständigen Behörden der Länder können den Ausländer und Sachen, die von ihm mitgeführt werden, durchsuchen, wenn der Ausländer seinen Verpflichtungen nach Absatz 2 Nummer 4 und 5 nicht nachkommt sowie nicht gemäß Absatz 2 Nummer 6 auf Verlangen die Datenträger vorlegt, aushändigt oder überlässt und Anhaltspunkte bestehen, dass er im Besitz solcher Unterlagen oder Datenträger ist. Der Ausländer darf nur von einer Person gleichen Geschlechts durchsucht werden.	(4) [unverändert]
(5) Durch die Rücknahme des Asylantrags werden die Mitwirkungspflichten des Ausländers nicht beendet.	(5) [unverändert]

Redaktionelle Hinweise zu den Neuerungen

Die Änderung des § 15 AsylG hat vor allem klarstellenden Charakter. Die bisherigen allgemeinen Mitwirkungspflichten bleiben nahezu unverändert bestehen. Neu ist jedoch die ausdrückliche Einbettung dieser Pflichten in das europäische Mitwirkungssystem der Asylverfahrensverordnung (VO (EU) 2024/1348) und der Asyl- und Migrationsmanagement-Verordnung (VO (EU) 2024/1351).

Gesetzesbegründung zu § 15 AsylG (BT-Drs. 21/1848)

Aus klarstellenden Gründen erfolgt ein Verweis auf die neben § 15 Absatz 2 geltenden europäischen Verordnungsregelungen.

§ 16 AsylG

bis 11.06.2026	ab 12.06.2026
§ 16 Sicherung, Feststellung und Überprüfung der Identität	**§ 16 Sicherung, Feststellung und Überprüfung der Identität**
(1) Die Identität eines Ausländers, der *um Asyl nachsucht*, ist durch erkennungsdienstliche Maßnahmen zu sichern. Nach Satz 1 dürfen nur Lichtbilder und Abdrucke aller zehn Finger aufgenommen werden; soweit ein Ausländer noch nicht das sechste Lebensjahr vollendet hat, dürfen nach Satz 1 nur Lichtbilder aufgenommen werden. Zur Bestimmung des Herkunftsstaates oder der Herkunftsregion des Ausländers kann das gesprochene Wort außerhalb der förmlichen Anhörung des Ausländers auf Ton- oder Datenträger aufgezeichnet werden. Diese Erhebung darf nur erfolgen, wenn der Ausländer vorher darüber in Kenntnis gesetzt wurde. Die Sprachaufzeichnungen werden beim Bundesamt gespeichert.	(1) Die Identität eines Ausländers, der **einen Asylantrag stellt**, ist durch erkennungsdienstliche Maßnahmen zu sichern. Nach Satz 1 dürfen nur Lichtbilder und Abdrucke aller zehn Finger aufgenommen werden; soweit ein Ausländer noch nicht das sechste Lebensjahr vollendet hat, dürfen nach Satz 1 nur Lichtbilder aufgenommen werden. Zur Bestimmung des Herkunftsstaates oder der Herkunftsregion des Ausländers kann das gesprochene Wort außerhalb der förmlichen Anhörung des Ausländers auf Ton- oder Datenträger aufgezeichnet werden. Diese Erhebung darf nur erfolgen, wenn der Ausländer vorher darüber in Kenntnis gesetzt wurde. Die Sprachaufzeichnungen werden beim Bundesamt gespeichert.
(1a) Zur Prüfung der Echtheit des Dokumentes oder der Identität des Ausländers dürfen die auf dem elektronischen Speichermedium eines Passes, anerkannten Passersatzes oder sonstigen Identitätspapiers gespeicherten biometrischen und sonstigen Daten ausgelesen, die benötigten biometrischen Daten erhoben und die biometrischen Daten miteinander verglichen werden. Biometrische Daten nach Satz 1 sind nur die Fingerabdrücke, das Lichtbild und die Irisbilder.	(1a) [unverändert]
(2) Zuständig für die Maßnahmen nach den Absätzen 1 und 1a sind das Bundesamt und, sofern der Ausländer dort *um Asyl nachsucht*, auch die in den §§ 18 und 19 bezeichneten Behörden sowie die Aufnahmeeinrichtung, bei der sich der Ausländer meldet.	(2) Zuständig für die Maßnahmen nach den Absätzen 1 und 1a sind das Bundesamt und, sofern der Ausländer dort **einen Asylantrag stellt**, auch die in den §§ 18 und 19 bezeichneten Behörden sowie die Aufnahmeeinrichtung, bei der sich der Ausländer meldet.
(3) Das Bundeskriminalamt leistet Amtshilfe bei der Auswertung der nach Absatz 1 Satz 1 erhobenen Daten zum Zwecke der Identitätsfeststellung. Es darf hierfür auch von ihm zur Erfüllung seiner Aufgaben gespeicherte erkennungsdienstliche Daten verarbeiten. Das Bundeskriminalamt darf den in Absatz 2 bezeichneten Behörden den Grund der Speicherung dieser Daten nicht mitteilen, soweit dies nicht nach anderen Rechtsvorschriften zulässig ist.	(3) [unverändert]

bis 11.06.2026	ab 12.06.2026
§ 16 Sicherung, Feststellung und Überprüfung der Identität	**§ 16 Sicherung, Feststellung und Überprüfung der Identität**
(3a) Im Rahmen seiner Amtshilfe nach Absatz 3 Satz 1 darf das Bundeskriminalamt die nach Absatz 1 Satz 1 erhobenen Daten auch an die für die Überprüfung der Identität von Personen zuständigen öffentlichen Stellen von Drittstaaten mit Ausnahme des Herkunftsstaates der betroffenen Person sowie von Drittstaaten, in denen die betroffene Person eine Verfolgung oder einen ernsthaften Schaden zu befürchten hat, übermitteln. Die Verantwortung für die Zulässigkeit der Übermittlung trägt das Bundeskriminalamt. Das Bundeskriminalamt hat die Übermittlung und ihren Anlass aufzuzeichnen. Die empfangende Stelle personenbezogener Daten ist darauf hinzuweisen, dass sie nur zu dem Zweck verarbeitet werden dürfen, zu dem sie übermittelt worden sind. Ferner ist ihr der beim Bundeskriminalamt vorgesehene Löschungszeitpunkt mitzuteilen. Die Übermittlung unterbleibt, wenn tatsächliche Anhaltspunkte dafür vorliegen, dass	(3a) [unverändert]
1. unter Berücksichtigung der Art der Daten und ihrer Erhebung die schutzwürdigen Interessen der betroffenen Person, insbesondere ihr Interesse, Schutz vor Verfolgung zu erhalten, das Allgemeininteresse an der Übermittlung überwiegen oder	1. [unverändert]
2. die Übermittlung der Daten zu den Grundrechten, dem Abkommen vom 28. Juli 1951 über die Rechtsstellung der Flüchtlinge sowie der Konvention zum Schutz der Menschenrechte und Grundfreiheiten in Widerspruch stünde, insbesondere dadurch, dass durch die Verarbeitung der übermittelten Daten im Empfängerstaat Verletzungen von elementaren rechtsstaatlichen Grundsätzen oder Menschenrechtsverletzungen drohen.	2. [unverändert]
(4) Die nach Absatz 1 Satz 1 erhobenen Daten werden vom Bundeskriminalamt getrennt von anderen erkennungsdienstlichen Daten gespeichert.	(4) [unverändert]
(5) Die Verarbeitung der nach Absatz 1 erhobenen Daten ist auch zulässig zur Feststellung der Identität oder Zuordnung von Beweismitteln für Zwecke des Strafverfahrens oder zur Gefahrenabwehr. Die Daten dürfen ferner für die Identifizierung unbekannter oder vermisster Personen verarbeitet werden.	(5) [unverändert]
(6) Die nach Absatz 1 erhobenen Daten sind zehn Jahre nach unanfechtbarem Abschluss des Asylverfahrens, die nach Absatz 1a erhobenen Daten unverzüglich nach Beendigung der Prüfung der Echtheit des Dokumentes oder der Identität des Ausländers zu löschen.	(6) [unverändert]

Gesetzesbegründung zu § 16 AsylG (BT-Drs. 21/1848)

Zu Absatz 1 Satz 1

Die Änderung dient der Anpassung an die Terminologie von Artikel 26 der Verordnung (EU) 2024/1348.

Zu Absatz 2

Satz 1 wird an die Terminologie von Artikel 26 der Verordnung (EU) 2024/1348 angepasst.

Änderungen im AsylG

§ 17 AsylG

bis 11.06.2026	ab 12.06.2026
§ 17 Sprachmittler	**§ 17 Sprachmittler**
(1) Ist der Ausländer der deutschen Sprache nicht hinreichend kundig, so ist von Amts wegen bei der Anhörung ein Dolmetscher, Übersetzer oder sonstiger Sprachmittler hinzuzuziehen, der in die Muttersprache des Ausländers oder in eine andere Sprache zu übersetzen hat, deren Kenntnis vernünftigerweise vorausgesetzt werden kann und in der er sich verständigen kann.	
(2) Der Ausländer ist berechtigt, auf seine Kosten auch einen geeigneten Sprachmittler seiner Wahl hinzuzuziehen.	Der Ausländer ist berechtigt, auf seine Kosten auch einen geeigneten Sprachmittler seiner Wahl hinzuzuziehen.
(3) Die Hinzuziehung des Sprachmittlers kann in geeigneten Fällen ausnahmsweise im Wege der Bild- und Tonübertragung erfolgen.	

Redaktionelle Hinweise zu den Neuerungen

Der neue § 17 AsylG schrumpft von drei Absätzen auf einen einzigen Satz zusammen. Diese Kürzung bedeutet jedoch keineswegs, dass Sprachmittlung künftig weniger wichtig wäre. Das Gegenteil ist der Fall: Die wesentlichen Anforderungen ergeben sich nunmehr unmittelbar aus der Verordnung (EU) 2024/1348.

Nach bisherigem Recht war in § 17 Abs. 1 ausdrücklich geregelt, dass die Behörde bei fehlenden Sprachkenntnissen des Ausländers von Amts wegen einen Dolmetscher oder sonstigen Sprachmittler hinzuziehen musste. Diese Pflicht wird vollständig aus dem Asylgesetz gestrichen, besteht aber inhaltlich fort. Sie ergibt sich jetzt unmittelbar aus Art. 8 Abs. 3 der Verordnung (EU) 2024/1348. Danach ist dem Antragsteller ein Dolmetscher zur Verfügung zu stellen, wenn eine Verständigung sonst nicht ausreichend möglich ist, und zwar insbesondere für die Registrierung, die Einreichung des Asylantrags und gegebenenfalls die persönliche Anhörung. Gleichzeitig wird klargestellt, dass die Kosten hierfür von der öffentlichen Hand zu tragen sind. Für die Praxis ändert sich damit weniger am „Ob" der Sprachmittlung, sondern vor allem an der rechtlichen Grundlage, auf die sich die Pflicht stützt.

Auch für die persönliche Anhörung enthält das Unionsrecht nun detaillierte Vorgaben. Art. 13 Abs. 5 der Verordnung (EU) 2024/1348 verlangt, dass ein Dolmetscher hinzugezogen wird, der eine angemessene Verständigung zwischen dem Antragsteller und der anhörenden Person gewährleistet. Darüber hinaus kann ein sogenannter Kulturmittler beteiligt werden, der bei kulturellen Verständigungsproblemen unterstützen soll. Die Vorschrift legt außerdem Wert darauf, dass Dolmetscher möglichst geschult sind und mit den zentralen Begriffen des Asylverfahrens vertraut gemacht werden. Für die Behördenpraxis ist insbesondere wichtig, dass die Verständigung in der vom Antragsteller bevorzugten Sprache erfolgen soll, sofern nicht eine andere Sprache tatsächlich besser geeignet ist. Damit wird die Qualität der Kommunikation stärker in den Mittelpunkt gerückt als bisher.

Die frühere nationale Regelung zur Durchführung der Sprachmittlung per Video (§ 17 Abs. 3 a. F.) entfällt ebenfalls. Auch insoweit erfolgt eine Verlagerung in das Unionsrecht. Die Verordnung enthält eigene Vorgaben zu Fernanhörungen und damit zusammenhängend auch zur Einbindung von Dolmetschern. Maßgeblich ist dabei insbesondere der Gedanke, dass persönliche Anhörungen grundsätzlich Vorrang haben sollen und digitale Formate die Ausnahme bleiben. Der Erwägungsgrund 15 der Verordnung (EU) 2024/1348 stellt klar, dass Videotechnik zwar zulässig ist, aber nur unter bestimmten Voraussetzungen eingesetzt werden soll, etwa wenn gesundheitliche Gründe vorliegen oder sich der Antragsteller in Haft befindet. Gleichzeitig müssen auch bei einer solchen Durchführung alle Verfahrensgarantien gewahrt bleiben, insbesondere Vertraulichkeit, Datenschutz und eine störungsfreie Verständigung.

Gesetzesbegründung zu § 17 AsylG (BT-Drs. 21/1848)

Zur Streichung von Absatz 1 und 3

Die Streichung von Absatz 1 dient der Anpassung an Artikel 8 Absatz 3 und Artikel 13 Absatz 5 Unterabsatz 1 und 4 Satz 1 der Verordnung (EU) 2024/1348. Die Streichung von Absatz 3 dient der Anpassung an Artikel 13 Absatz 10 der Verordnung (EU) 2024/1348. Im Zusammenhang mit dem Erwägungsgrund 15 der Verordnung (EU) 2024/1348 ergibt sich, dass für die Hinzuziehung von Sprachmittlern per Video die Anforderungen für die Hinzuziehung von Ausländern per Video gelten.

Änderungen im AsylG

§ 18 AsylG

bis 11.06.2026	ab 12.06.2026
§ 18 Aufgaben der Grenzbehörde	**§ 18 Aufgaben der Grenzbehörde**
(1) Ein Ausländer, der bei einer mit der polizeilichen Kontrolle des grenzüberschreitenden Verkehrs beauftragten Behörde (Grenzbehörde) *um Asyl nachsucht*, ist unverzüglich an die zuständige oder, sofern diese nicht bekannt ist, an die nächstgelegene Aufnahmeeinrichtung zur Meldung weiterzuleiten.	(1) Ein Ausländer, der bei einer mit der polizeilichen Kontrolle des grenzüberschreitenden Verkehrs beauftragten Behörde (Grenzbehörde) **einen Asylantrag stellt**, ist unverzüglich **nach der Antragstellung oder nach Abschluss der Überprüfung im Sinne der Verordnung (EU) 2024/1356, soweit eine solche erforderlich ist**, an die zuständige oder, sofern diese nicht bekannt ist, an die nächstgelegene Aufnahmeeinrichtung zur Meldung weiterzuleiten.
(2) Dem Ausländer ist die Einreise zu verweigern, wenn	(2) [unverändert]
1. er aus einem sicheren Drittstaat (§ 26a) einreist	1. er aus einem sicheren Drittstaat **nach** § 26a einreist,
2. Anhaltspunkte dafür vorliegen, dass ein anderer Staat auf Grund von Rechtsvorschriften der *Europäischen Gemeinschaft* oder eines völkerrechtlichen Vertrages für die Durchführung des Asylverfahrens zuständig ist und ein *Auf- oder Wiederaufnahmeverfahren* eingeleitet wird, oder	2. Anhaltspunkte dafür vorliegen, dass ein anderer Staat auf Grund von Rechtsvorschriften der **Europäischen Union** oder eines völkerrechtlichen Vertrages für die Durchführung des Asylverfahrens zuständig ist und ein **Aufnahmeverfahren oder ein Verfahren für Wiederaufnahmemitteilungen** eingeleitet wird, oder
3. er eine Gefahr für die Allgemeinheit bedeutet, weil er in der Bundesrepublik Deutschland wegen einer besonders schweren Straftat zu einer Freiheitsstrafe von mindestens drei Jahren rechtskräftig verurteilt worden ist, und seine Ausreise nicht länger als drei Jahre zurückliegt.	3. [unverändert]
(3) Der Ausländer ist zurückzuschieben, wenn er von der Grenzbehörde im grenznahen Raum in unmittelbarem zeitlichem Zusammenhang mit einer unerlaubten Einreise angetroffen wird und die Voraussetzungen des Absatzes 2 vorliegen.	(3) [unverändert]
(4) Von der Einreiseverweigerung oder Zurückschiebung ist im Falle der Einreise aus einem sicheren Drittstaat (§ 26a) abzusehen, soweit	(4) Von der Einreiseverweigerung oder Zurückschiebung ist im Falle der Einreise aus einem sicheren Drittstaat **nach** § 26a abzusehen, soweit
1. die Bundesrepublik Deutschland auf Grund von Rechtsvorschriften der *Europäischen Gemeinschaft* oder eines völkerrechtlichen Vertrages mit dem sicheren Drittstaat für die Durchführung eines Asylverfahrens zuständig ist oder	1. die Bundesrepublik Deutschland auf Grund von Rechtsvorschriften der **Europäischen Union** oder eines völkerrechtlichen Vertrages mit dem sicheren Drittstaat für die Durchführung eines Asylverfahrens zuständig ist oder
2. das Bundesministerium des Innern, *für Bau und Heimat* es aus völkerrechtlichen oder humanitären Gründen oder zur Wahrung politischer Interessen der Bundesrepublik Deutschland angeordnet hat.	2. [unverändert]
(5) Die Grenzbehörde hat den Ausländer erkennungsdienstlich zu behandeln.	(5) [unverändert]

Redaktionelle Hinweise zu den Neuerungen

§ 18 AsylG in der ab dem 12. Juni 2026 geltenden Fassung regelt weiterhin die Aufgaben der Grenzbehörden gegenüber Schutzsuchenden, wird jedoch in einem wesentlichen Punkt neu ausgerichtet. Hintergrund ist die Einbindung der Screening-Verordnung (EU) 2024/1356 in den Ablauf an der Grenze.

Nach Absatz 1 bleibt es dabei, dass ein Ausländer, der bei der Grenzbehörde einen Asylantrag stellt, grundsätzlich an eine Aufnahmeeinrichtung weitergeleitet wird. Neu ist allerdings, dass diese Weiterleitung nicht mehr zwingend sofort erfolgt. Vielmehr kann zuvor eine Überprüfung nach der Screening-Verordnung durchgeführt werden. Die Norm stellt klar, dass die Weiterleitung entweder nach der Antragstellung oder – soweit erforderlich – erst nach Abschluss dieser Überprüfung erfolgt. Damit wird das Screening als eigenständige Verfahrensstufe zwischen Grenzkontakt und Aufnahmeverfahren eingeschoben.

Das Screening selbst ist im Unionsrecht geregelt und betrifft eine Vielzahl von Fällen. Nach Art. 5 der Verordnung (EU) 2024/1356 sind grundsätzlich alle Drittstaatsangehörigen zu überprüfen, die die Einreisevoraussetzungen nicht erfüllen und an der Außengrenze aufgegriffen werden oder nach einem Such- und Rettungseinsatz in einen Mitgliedstaat gebracht werden. Dabei ist unerheblich, ob bereits ein Asylantrag gestellt wurde oder nicht. Auch Personen, die an Grenzübergangsstellen einen Asylantrag stellen, werden erfasst, wenn sie die Einreisevoraussetzungen nicht erfüllen. Damit erhält das Screening eine sehr weite Anwendung im Bereich der Außengrenzen.

Art. 7 der Screening-Verordnung erweitert diese Pflicht unter bestimmten Voraussetzungen auf Fälle innerhalb des Hoheitsgebiets. Danach können auch Drittstaatsangehörige überprüft werden, die sich unerlaubt im Inland aufhalten, wenn sie zuvor unerlaubt eine Außengrenze überschritten haben und noch kein Screening in einem anderen Mitgliedstaat durchgeführt wurde. Für die Praxis bedeutet dies, dass das Screening nicht nur ein Grenzinstrument ist, sondern auch nachträglich im Inland stattfinden kann, wenn entsprechende Anhaltspunkte vorliegen. Voraussetzung ist allerdings, dass der Betroffene während der Überprüfung verfügbar bleibt, um ein Untertauchen zu verhindern.

Durch diese unionsrechtlichen Vorgaben verändert sich der Ablauf an der Grenze deutlich. Während bisher auf das Schutzgesuch regelmäßig unmittelbar die Weiterleitung an das Asylverfahren folgte, kann nun ein Zwischenschritt stattfinden, in dem grundlegende Informationen erhoben und geprüft werden. Das Screening dient insbesondere der Identitätsfeststellung, der Sicherheitsüberprüfung, der gesundheitlichen Erstbewertung und der Vorbereitung des weiteren Verfahrens, etwa im Hinblick auf Zuständigkeitsfragen oder eine mögliche Rückführung.

Für § 18 AsylG bedeutet dies, dass die Vorschrift nun die Schnittstelle zwischen zwei unterschiedlichen Regelungskomplexen bildet. Einerseits bleibt sie Teil des nationalen Asylverfahrensrechts und regelt das Verhalten der Grenzbehörde. Andererseits verweist sie funktional auf ein eigenständiges unionsrechtliches Verfahren, das vor dem eigentlichen Asylverfahren stattfindet. Die Grenzbehörde wird dadurch nicht nur zur ersten Anlaufstelle für Schutzsuchende, sondern auch zur Stelle, an der entschieden wird, ob und in welchem Umfang ein Screening durchzuführen ist.

Die weiteren Absätze der Vorschrift bleiben im Kern unverändert. Insbesondere gelten weiterhin die Regelungen zur Einreiseverweigerung, zur Zurückschiebung und zu Ausnahmen hiervon. Diese wurden lediglich sprachlich an das Unionsrecht angepasst, etwa durch die Verwendung der Begriffe „Europäische Union" und die Anpassung an die neuen Zuständigkeitsverfahren. Auch die Pflicht zur erkennungsdienstlichen Behandlung bleibt bestehen.

Änderungen im AsylG

Gesetzesbegründung zu § 18 AsylG (BT-Drs. 21/1848)

Zu Absatz 1

Es handelt sich um die Anpassung der Begrifflichkeiten an die neue Rechtslage sowie die Regelung, dass in dem Fall der Verpflichtung zur Durchführung der Überprüfung nach Verordnung (EU) 2024/1356 vor einer Weiterleitung an die Aufnahmeeinrichtung die Überprüfung durchzuführen ist.

Wann eine solche Überprüfung durchzuführen ist, richtet sich nach Artikeln 5 und 7 der Verordnung (EU) 2024/1356. Nach Artikel 5 der Verordnung (EU) 2024/1356 erfolgt die Überprüfung an der Außengrenze, unabhängig von einem Schutzersuchen, grundsätzlich gegenüber allen Drittstaatsangehörigen, die die Einreisevoraussetzungen gemäß Artikel 6 der Verordnung (EU) 2016/399 nicht erfüllen oder die nach einem Such- und Rettungseinsatz ausgeschifft wurden. Nach Artikel 7 Absatz 1 der Verordnung (EU) 2024/1356 sind Drittstaatsangehörige zu überprüfen, die sich erstens unrechtmäßig im Bundesgebiet aufhalten und die zweitens unerlaubt eine Außengrenze überschritten haben und bei denen es drittens keine Anhaltspunkte dafür gibt, dass sie an den Außengrenzen bzw. in einem anderen Mitgliedstaat bereits überprüft wurden. Anhaltspunkte für eine bereits erfolgte Überprüfung des Drittstaatsangehörigen durch einen anderen Mitgliedstaat können sich aus verschiedenen Aspekten ergeben, zum Beispiel aus der Vorlage des Überprüfungsformulars nach Artikel 17 der Verordnung (EU) 2024/1356 oder einem Eintrag in EURODAC. Die Durchführung der Überprüfung einer Person durch deutsche Stellen ist im Ausländerzentralregister (AZR) ersichtlich.

Zu Absatz 2 Nummer 1

Durch die Aufhebung der Legaldefinition in § 26a und die Neufassung des § 27 ist diese Änderung zur Klarstellung erforderlich, welche sicheren Drittstaaten von der Regelung in § 18 Absatz 2 erfasst sind.

Zu Absatz 2 Nummer 2

Es handelt sich um eine redaktionelle Anpassung an die geänderte europäische Rechtslage. Das in Artikel 41 der Verordnung (EU) 2024/1351 geregelte Verfahren für Wiederaufnahmemitteilungen tritt an Stelle des bisherigen Wiederaufnahmeverfahrens nach den Artikeln 23 bis 26 der Verordnung (EU) Nr. 604/2013.

Zu Absatz 4 Nummer 1 „nach § 26a"

Durch die Aufhebung der Legaldefinition in § 26a und die Neufassung des § 27 ist diese Änderung zur Klarstellung erforderlich, welche sicheren Drittstaaten von der Regelung in § 18 Absatz 2 erfasst sind.

Zu Absatz 4 Nummer 1 „Europäischen Union"

Es handelt sich um eine redaktionelle Änderung.

Zu Absatz 4 Nummer 2

Es handelt sich um eine redaktionelle Änderung.

§ 18a AsylG

bis 11.06.2026	ab 12.06.2026
§ 18a *Verfahren bei der Einreise auf dem Luftwege*	**§ 18a Asylverfahren und Rückkehrverfahren an der Grenze**
(1) *Bei Ausländern aus einem sicheren Herkunftsstaat (§ 29a oder § 29b), die über einen Flughafen einreisen wollen und bei der Grenzbehörde um Asyl nachsuchen, ist das Asylverfahren vor der Entscheidung über die Einreise durchzuführen, soweit die Unterbringung auf dem Flughafengelände während des Verfahrens möglich oder lediglich wegen einer erforderlichen stationären Krankenhausbehandlung nicht möglich ist. Das Gleiche gilt für Ausländer, die bei der Grenzbehörde auf einem Flughafen um Asyl nachsuchen und sich dabei nicht mit einem gültigen Pass oder Passersatz ausweisen. Dem Ausländer ist unverzüglich Gelegenheit zur Stellung des Asylantrags bei der Außenstelle des Bundesamtes zu geben, die der Grenzkontrollstelle zugeordnet ist. Die persönliche Anhörung des Ausländers durch das Bundesamt soll unverzüglich stattfinden. Dem Ausländer ist danach unverzüglich Gelegenheit zu geben, mit einem Rechtsbeistand seiner Wahl Verbindung aufzunehmen, es sei denn, er hat sich selbst vorher anwaltlichen Beistands versichert.*	(1) **Wird ein Asylantrag nach den Artikeln 43 bis 54 der Verordnung (EU) 2024/1348 im Rahmen eines Asylverfahrens an der Grenze (Asylgrenzverfahren) geprüft, entscheidet das Bundesamt im Einklang mit Artikel 51 Absatz 2 Unterabsatz 2 der Verordnung (EU) 2024/1348 innerhalb von acht Wochen nach Registrierung des Antrags. Das Bundesamt kann die Frist auf zwölf Wochen verlängern, wenn die Voraussetzungen des Artikels 51 Absatz 2 Unterabsatz 3 der Verordnung (EU) 2024/1348 vorliegen. Abweichend von § 13a Satz 1 kann auch das Bundesamt den Asylantrag registrieren, wenn dieser im Asylgrenzverfahren geprüft wird.**
§ 18 Abs. 2 bleibt unberührt.	§ 18 Absatz 2 bleibt unberührt.
(2) Lehnt das Bundesamt den Asylantrag *als offensichtlich unbegründet ab,* droht es dem Ausländer nach Maßgabe der §§ 34 und 36 Abs. 1 vorsorglich für den Fall der Einreise die Abschiebung an.	(2) **Wird der Asylantrag abgelehnt, ist dem Ausländer die Einreise durch die Grenzbehörde zu verweigern.** Lehnt das Bundesamt den Asylantrag **nach Artikel 44 Absatz 1 der Verordnung (EU) 2024/1348 ab,** droht es dem Ausländer nach Maßgabe der §§ 34 und 36 vorsorglich für den Fall der Einreise die Abschiebung an **und setzt ihm nach Maßgabe des § 38 Absatz 1 vorsorglich eine Frist zur freiwilligen Ausreise.**
(3) *Wird der Asylantrag als offensichtlich unbegründet abgelehnt, ist dem Ausländer die Einreise zu verweigern.* Die Entscheidungen des Bundesamtes sind zusammen mit der Einreiseverweigerung von der Grenzbehörde zuzustellen. *Diese übermittelt unverzüglich dem zuständigen Verwaltungsgericht eine Kopie ihrer Entscheidung und den Verwaltungsvorgang des Bundesamtes.*	(3) Die Entscheidungen des Bundesamtes sind zusammen mit der Einreiseverweigerung der Grenzbehörde **durch eine in dem Standort nach Artikel 54 der Verordnung (EU) 2024/1348 präsente Behörde** zuzustellen. **Dem zuständigen Verwaltungsgericht ist eine Kopie der Entscheidung der Grenzbehörde sowie der Entscheidung und des Verwaltungsvorgangs des Bundesamtes unverzüglich zu übermitteln.**

bis 11.06.2026	ab 12.06.2026
§ 18a *Verfahren bei der Einreise auf dem Luftwege*	**§ 18a Asylverfahren und Rückkehrverfahren an der Grenze**
(4) Ein Antrag auf Gewährung vorläufigen Rechtsschutzes nach der Verwaltungsgerichtsordnung ist innerhalb *von drei Tagen* nach Zustellung der Entscheidungen des Bundesamtes und der Grenzbehörde zu stellen. Der Antrag kann bei der *Grenzbehörde* gestellt werden. Der Ausländer ist hierauf hinzuweisen. § 58 der Verwaltungsgerichtsordnung ist entsprechend anzuwenden. Die Entscheidung soll im schriftlichen Verfahren ergehen. *§ 36 Abs. 4* ist anzuwenden. Im Falle der rechtzeitigen Antragstellung darf die Einreiseverweigerung nicht vor der gerichtlichen Entscheidung (*§ 36 Abs. 3 Satz 9*) vollzogen werden.	(4) Ein Antrag auf Gewährung vorläufigen Rechtsschutzes nach der Verwaltungsgerichtsordnung ist innerhalb **einer Woche** nach Zustellung der Entscheidungen des Bundesamtes und der Grenzbehörde zu stellen **und zu begründen**. Der Antrag kann bei der **in dem Standort nach Artikel 54 der Verordnung (EU) 2024/1348 präsenten Behörde** gestellt werden. Der Ausländer ist hierauf hinzuweisen. § 58 der Verwaltungsgerichtsordnung ist **mit der Maßgabe, dass die Frist nach § 58 Absatz 2 der Verwaltungsgerichtsordnung einen Monat beträgt,** entsprechend anzuwenden. Die Entscheidung soll im schriftlichen Verfahren ergehen. **Abweichend von § 36 Absatz 2 Satz 5 soll das Gericht innerhalb von zwei Wochen ab Eingang des Antrags entscheiden. § 36 Absatz 3** ist anzuwenden. Im Falle der rechtzeitigen Antragstellung darf die Einreiseverweigerung nicht vor der gerichtlichen Entscheidung **(§ 36 Absatz 2 Satz 9)** vollzogen werden.
(5) Jeder Antrag nach Absatz 4 richtet sich auf Gewährung der Einreise und für den Fall der Einreise gegen die Abschiebungsandrohung. Die Anordnung des Gerichts, dem Ausländer die Einreise zu gestatten, gilt zugleich als Aussetzung der Abschiebung.	(5) Jeder Antrag nach Absatz 4 richtet sich auf Gewährung der Einreise und für den Fall der Einreise gegen die Abschiebungsandrohung **oder Abschiebungsanordnung**. Die Anordnung des Gerichts, dem Ausländer die Einreise zu gestatten, gilt zugleich als Aussetzung der Abschiebung.
(6) *Dem Ausländer ist die Einreise zu gestatten, wenn*	(6) **Wird der Asylantrag eines Ausländers im Asylgrenzverfahren geprüft, ordnet das Bundesamt an, dass sich der Ausländer nur an einem bestimmten Standort im Sinne des Artikels 54 Absatz 1 der Verordnung (EU) 2024/1348, der in der Anordnung genau zu bezeichnen ist, aufhalten darf. Die Anordnung muss verhältnismäßig sein und trägt der individuellen Situation des Ausländers, einschließlich seiner besonderen Bedürfnisse bei der Aufnahme, Rechnung. Familien mit minderjährigen Kindern werden in Unterbringungseinrichtungen untergebracht, die den Anforderungen des Artikels 54 Absatz 2 der Verordnung (EU) 2024/1348 entsprechen. Die Beschränkung der Bewegungsfreiheit ist auf die Dauer der Prüfung des Asylantrags im Asylgrenzverfahren einschließlich des Rechtsbehelfsverfahrens beschränkt. Die Höchstdauer der Anordnung der Beschränkung der Bewegungsfreiheit beträgt zwölf Wochen; in den Fällen des Artikels 67 Absatz 11 der Verordnung (EU) 2024/1351 kann sie bis zu 16 Wochen betragen. Die Anordnung ist schriftlich zu erlassen, zu begründen und mit einer Rechtsbehelfsbelehrung zu versehen.**
1. *das Bundesamt der Grenzbehörde mitteilt, dass es nicht kurzfristig entscheiden kann,*	
2. *das Bundesamt nicht innerhalb von zwei Tagen nach Stellung des Asylantrags über diesen entschieden hat,*	

bis 11.06.2026	ab 12.06.2026
§ 18a *Verfahren bei der Einreise auf dem Luftwege*	**§ 18a Asylverfahren und Rückkehrverfahren an der Grenze**
3. *das Gericht nicht innerhalb von vierzehn Tagen über einen Antrag nach Absatz 4 entschieden hat oder*	
4. *die Grenzbehörde keinen nach § 15 Abs. 6 des Aufenthaltsgesetzes erforderlichen Haftantrag stellt oder der Richter die Anordnung oder die Verlängerung der Haft ablehnt.*	
	(6a) Der Ausländer ist für die Dauer des Rückkehrverfahrens an der Grenze (Rückkehrgrenzverfahren) von bis zu zwölf Wochen an einen Standort nach Artikel 4 Absatz 2 der Verordnung (EU) 2024/1349 zu verbringen. Er muss sich für die Dauer des Rückkehrgrenzverfahrens an dem Standort aufhalten. Dem Ausländer ist der Fristbeginn der Pflicht zum Aufenthalt an dem Standort nach Artikel 4 Absatz 2 Satz 3 der Verordnung (EU) 2024/1349 mit der Ablehnung des Asylantrags schriftlich mitzuteilen.
	(6b) Während der Unterbringung an einem Standort, an dem das Asylgrenzverfahren nach Artikel 54 der Verordnung (EU) 2024/1348 oder das Rückkehrgrenzverfahren nach Artikel 4 Absatz 2 der Verordnung (EU) 2024/1349 durchgeführt wird, darf der Ausländer an einer Abreise aus dem Bundesgebiet nicht gehindert werden. Es ist zu gewährleisten, dass er auf Verlangen zu der Grenzübergangsstelle, an der er die Grenze passiert hat, oder, soweit ihm dort kein Verkehrsmittel zur Abreise zur Verfügung steht, an eine andere Grenzübergangsstelle, an der ihm ein Verkehrsmittel zur Abreise zur Verfügung steht, verbracht wird. Der Grenzbehörde muss die Kontrolle seines Aufenthalts möglich bleiben.
	(7) Wird der Asylantrag von unbegleiteten Minderjährigen nach Artikel 53 Absatz 1 in Verbindung mit Artikel 42 Absatz 3 Unterabsatz 1 Buchstabe b der Verordnung (EU) 2024/1348 im Rahmen des Asylgrenzverfahrens geprüft, entscheidet das Bundesamt abweichend von Absatz 1 Satz 1 im Einklang mit Artikel 51 Absatz 2 Unterabsatz 2 der Verordnung (EU) 2024/1348 innerhalb von sechs Wochen nach Registrierung des Antrags. Wird der Asylantrag abgelehnt, ist die Klage abweichend von § 74 Absatz 2 Satz 1 innerhalb von zehn Tagen zu begründen. Das Gericht soll abweichend von § 77 Absatz 6 in vier Wochen entscheiden.
	(8) In den Fällen, in denen der Asylantrag nach Artikel 38 Absatz 1 Buchstabe b oder c der Verordnung (EU) 2024/1348 abgelehnt wird, gilt Absatz 7 mit der Maßgabe, dass die Klage innerhalb von zwei Wochen zu begründen ist.

Änderungen im AsylG

Redaktionelle Hinweise zu den Neuerungen

§ 18a AsylG wird durch das GEAS-Anpassungsgesetz grundlegend neu gefasst. Die Vorschrift überführt das bisherige nationale Flughafenverfahren in ein unionsrechtlich determiniertes Asylgrenzverfahren und ergänzt dieses um ein eigenständiges Rückkehrgrenzverfahren. Sie stellt damit eine zentrale Schnittstellenregelung zwischen Asyl- und Rückkehrrecht dar.

Systemwechsel: Vom Flughafenverfahren zum Asylgrenzverfahren

Das bisherige, auf den Luftverkehr beschränkte Flughafenverfahren wird aufgehoben.

An seine Stelle tritt ein verallgemeinertes Grenzverfahren, das unionsrechtlich in Art. 43 ff. VO (EU) 2024/1348 ausgestaltet ist.

Der räumliche Anwendungsbereich wird erheblich erweitert (Grenzübergangsstellen, Transitzonen, sonstige geeignete Standorte).

§ 18a bildet damit die zentrale nationale Ausführungsnorm für das verpflichtende und fakultative Asylgrenzverfahren des GEAS.

Verfahrensstruktur und Fristen (Abs. 1)

Absatz 1 setzt die unionsrechtlichen Fristenvorgaben um:

- Entscheidung des Bundesamts innerhalb von 8 Wochen,
- Verlängerung auf 12 Wochen bei Vorliegen der unionsrechtlichen Voraussetzungen.

Die Fristen sind Teil eines auf Beschleunigung angelegten Gesamtverfahrens, das sämtliche Verfahrensschritte – einschließlich gerichtlichen Rechtsschutzes – grundsätzlich innerhalb eines eng begrenzten Zeitrahmens abschließen soll.

Neu ist zudem, dass im Grenzverfahren auch das Bundesamt selbst die Registrierung des Asylantrags vornehmen kann.

Rechtsfolgen bei Ablehnung (Abs. 2 und 3)

Bei Ablehnung wird die Einreise verweigert; zuständig ist die Grenzbehörde.

Gleichzeitig erlässt das Bundesamt eine Abschiebungsandrohung und setzt eine Frist zur freiwilligen Ausreise.

Die Zustellung erfolgt gebündelt über eine am Standort präsente Behörde; zugleich wird das Verwaltungsgericht unverzüglich beteiligt.

Verdichteter Rechtsschutz (Abs. 4 und 5)

Das Rechtsschutzsystem wird deutlich gestrafft:

- Frist für den Eilantrag: eine Woche, verbunden mit einer Begründungspflicht,
- gerichtliche Entscheidungsfrist: regelmäßig zwei Wochen.

Die Regelung dient der Einhaltung der unionsrechtlichen Gesamtverfahrensdauer und modifiziert insoweit zentrale Grundsätze des verwaltungsgerichtlichen Rechtsschutzes, insbesondere hinsichtlich Fristen und deren Berechnung.

Der Rechtsbehelf richtet sich einheitlich auf:

- die Gestattung der Einreise sowie
- die Aussetzung der aufenthaltsbeendenden Maßnahmen.

Aufenthaltsbeschränkung im Grenzverfahren (Abs. 6)

Absatz 6 normiert die Verpflichtung, sich während des Asylgrenzverfahrens an einem bestimmten Standort aufzuhalten.

Die Regelung zeichnet sich durch folgende Elemente aus:

- behördliche Anordnung durch das BAMF
- Pflicht zur Verhältnismäßigkeitsprüfung
- Berücksichtigung individueller Bedarfe, insbesondere bei vulnerablen Personen
- ausdrückliche Begrenzung der Maßnahme auf die Dauer des Verfahrens (regelmäßig max. 12 Wochen, in besonderen Fällen 16 Wochen)

Rechtlich eingeordnet wird die Maßnahme – in Anlehnung an die Rechtsprechung zum Flughafenverfahren – als Freiheitsbeschränkung, nicht als Freiheitsentziehung, da eine jederzeitige Ausreisemöglichkeit besteht.

Rückkehrgrenzverfahren (Abs. 6a)

Mit Absatz 6a wird erstmals ein eigenständiges Rückkehrverfahren an der Grenze geregelt.

Kernpunkte sind:

- verpflichtende Aufenthaltspflicht an einem bestimmten Standort für bis zu 12 Wochen
- Beginn der Frist mit Wegfall des Aufenthaltsrechts nach Ablehnung des Asylantrags
- räumliche Anknüpfung an Grenz- oder Transitzonen gemäß VO (EU) 2024/1349

Das Rückkehrgrenzverfahren dient der unmittelbaren Vorbereitung und Sicherstellung der Rückführung nach negativem Abschluss des Asylverfahrens.

Sicherung der Ausreisemöglichkeit (Abs. 6b)

Von zentraler grundrechtlicher Bedeutung ist die Klarstellung:

- Der Betroffene darf nicht an der Ausreise aus dem Bundesgebiet gehindert werden.
- Auf Verlangen ist ein Transport zur Grenzübergangsstelle sicherzustellen.

Änderungen im AsylG

Diese Vorgabe ist maßgeblich für die rechtliche Einordnung der Maßnahme als bloße Freiheitsbeschränkung und nicht als Haft.

Zugleich bleibt die Kontrollmöglichkeit der Grenzbehörde gewahrt.

Sonderregelungen für unbegleitete Minderjährige (Abs. 7 und 8)

Für unbegleitete Minderjährige gelten modifizierte Verfahrensvorgaben:

- verkürzte Entscheidungsfristen (insbesondere 6 Wochen auf Behördenebene),
- angepasste Fristen für Klagebegründung und gerichtliche Entscheidung.

Die Vorschriften tragen den unionsrechtlichen Schutzanforderungen Rechnung, insbesondere im Hinblick auf das Kindeswohl und beschleunigte Verfahren.

Gesetzesbegründung zu § 18a AsylG (BT-Drs. 21/1848 und Beschlussempfehlung Drs. 21/4321)

Artikel 43 Absatz 4 der Verordnung (EU) 2024/1348 sieht im Rahmen des verpflichtenden Asylverfahrens an der Grenze (Asylgrenzverfahren) die Einrichtung eines Mechanismus zur Überwachung der Einhaltung der Grund rechte im Zusammenhang mit dem Asylgrenzverfahren vor, der den Kriterien gemäß Artikel 10 der Verordnung (EU) 2024/1356 entspricht. Dieser überwacht die Einhaltung des Unionsrechts und des Völkerrechts, einschließlich der EU-Grundrechtecharta, insbesondere in Bezug auf den Zugang zum Asylverfahren, den Grundsatz der Nichtzurückweisung, das Wohl des Kindes und die entsprechenden Vorschriften über die Inhaftnahme, ein schließlich der entsprechenden Bestimmungen über die Inhaftnahme im nationalen Recht und stellt sicher, dass fundierte Anschuldigungen von Grundrechtsverstößen im Zusammenhang mit dem Asylgrenzverfahren wirksam und unverzüglich untersucht werden, erforderlichenfalls Ermittlungen zu solchen Anschuldigungen ausgelöst werden und der Fortgang solcher Ermittlungen überwacht wird. Er erfasst alle Tätigkeiten der Mitgliedstaaten zur Durchführung der Verordnung (EU) 2024/1348.

Die Einrichtung eines solchen unabhängigen Überwachungsmechanismus ist der Bundesregierung ein sehr wichtiges Anliegen. Der Mechanismus soll unionsweit Gewähr dafür bieten, dass die genannten Rechte auch in der Praxis zu voller Geltung gelangen. Die Anforderungen an den Mechanismus, einschließlich des Erfordernisses der Unabhängigkeit, ergeben sich unmittelbar aus Artikel 43 Absatz 4 der Verordnung (EU) 2024/1348 i. V. m. Artikel 10 der Verordnung (EU) 2024/1356, ebenso wie die Verpflichtung der Mitgliedstaaten, dem Überwachungsmechanismus Zugang zu allen einschlägigen Orten und zu jeder Zeit zu gewähren. Artikel 43 Absatz 4 der Verordnung (EU) 2024/1348 i. V. m. Artikel 10 Absatz 2 Unterabsatz 4 Satz 2 der Verordnung (EU) 2024/1356 sieht außerdem vor, dass die nationalen Bürgerbeauftragten und die nationalen Menschenrechtsinstitutionen, einschließlich der im Rahmen des OPCAT eingerichteten nationalen Mechanismen zur Verhütung von Folter, sich an der Anwendung des unabhängigen Überwachungsmechanismus beteiligen und dazu bestellt werden können, die Aufgaben des unabhängigen Überwachungsmechanismus ganz oder teilweise auszuüben.

In Umsetzung dieser Vorgaben und unter Berücksichtigung der allgemeinen Leitlinien der EU-Grundrechteagentur hierzu wird die Bundesregierung ein Verfahren zur Überwachung der Durchführung des Asylgrenzverfahrens nach der Verordnung (EU) 2024/1348 etablieren, das den Anforderungen aus Artikel 10 der Verordnung (EU) 2024/1356 entspricht. Alle erforderlichen Garantien zur Gewährleistung der Unabhängigkeit des Mechanismus in Deutschland werden durch entsprechende Erlasse, Weisungen sowie Vereinbarungen durch Bund und Länder sichergestellt. Dabei wird garantiert, dass der unabhängige Überwachungsmechanismus alle sich aus Artikel 10 der Verordnung (EU) 2024/1356 ergebenden Kompetenzen und Befugnisse zur Überwachung der Einhaltung der Grundrechte während des gesamten Überprüfungsverfahrens in voller Unabhängigkeit und umfassend ausüben kann.

Die Berücksichtigung der besonderen Bedarfe vulnerabler Personen im Asylgrenzverfahren werden entsprechend der Empfehlungen aus den allgemeinen Leitlinien der EU-Grundrechteagentur ebenfalls Überwachungsgegen stand sein.

Zur Überschrift

Redaktionelle Anpassung zur Klarstellung, dass die Vorschrift auch das Rückkehrverfahren an der Grenze regelt.

Zu Absatz 1

Die Änderung dient der Umsetzung von Artikel 51 Absatz 2 der Verordnung (EU) 2024/1348. Die Festlegung der Fristen dient der Umsetzung von Artikel 51 Absatz 2 der Verordnung (EU) 2024/1348. Es werden Fristen für das Asylgrenzverfahren nach den Artikeln 43 bis 54 der Verordnung (EU) 2024/1348 festgelegt. Dies betrifft mithin sowohl die Fälle, in denen das Asylgrenzverfahren durch die Mitgliedstaaten verpflichtend durchzuführen ist, als auch die Fälle, in denen die Mitgliedstaaten das Asylgrenzverfahren zwar durchführen können, hierzu aber nicht verpflichtet sind.

Für das Asylgrenzverfahren stehen insgesamt zwölf Wochen zur Verfügung. Vor diesem Hintergrund erscheinen acht Wochen für die Entscheidung des Bundesamts angemessen. Die Frist kann auf zwölf Wochen verlängert werden, wenn ein Fall von Artikel 51 Absatz 2 Unterabsatz 3 der Verordnung (EU) 2024/1348 vorliegt. Eine weitere Woche ist für die Einlegung und Begründung des Rechtsbehelfs und weitere zwei Wochen für die Entscheidung des Gerichts vorzusehen (siehe Absatz 4).

Die Unterbringung während des Asylgrenzverfahrens liegt gemäß verfassungsrechtlichen Grundsätzen wie im bisherigen Flughafenverfahren in der Zuständigkeit der Länder.

Die Anforderungen an die Standorte für die Durchführung des Asylgrenzverfahrens ergeben sich aus Artikel 51 der Verordnung (EU) 2024/1348. In Umsetzung dieser Vorgaben sollte die Unterbringung der betroffenen Antragsteller grundsätzlich in der Weise erfolgen, dass der betroffene Antragsteller in den Transitbereich eines Flughafens bzw. Hafens mit Grenzübergangsstelle, eine Einrichtung auf dem Gelände oder im Umfeld eines solchen Flughafens bzw. Hafens oder in eine andere geeignete Unterbringung im Bundesgebiet verbracht wird, wo er unter der Kontrolle der Grenzbehörde bleibt, aber an einer Wiederabreise aus dem Bundesgebiet nicht gehindert wird. Erforderlich ist ein tatsächliches Verbringen unter Beachtung des § 13 Absatz 2 des Aufenthaltsgesetzes. Die in Rede stehenden Bereiche und Einrichtungen sind also, wie auch die schon bestehenden Einrichtungen für das Flughafenverfahren, mit infrastrukturellen Maßnahmen vom Bundesgebiet abzugrenzen, sodass der betroffene Ausländer physisch an einer Einreise in das Bundesgebiet gehindert wird. Zugleich darf der betroffene Ausländer aber an der Abreise nicht gehindert werden. Es ist – entsprechend der bisherigen Praxis im Flughafenverfahren – zu gewährleisten, dass auch in Fällen, in denen für den Ausländer die Grenzübergangsstelle, an der er die Grenze überschritten hat, von der in Rede stehenden Einrichtung aus nicht frei zugänglich ist, weil er dafür nicht abgegrenztes Bundesgebiet durchqueren muss, eine Abreise möglich ist. Daher ist der Ausländer jederzeit unverzüglich auf Verlangen zu der Grenzübergangsstelle, an der er die Grenze überschritten hat, und von der er mit einem Verkehrsmittel abreisen kann, zu verbringen. Sollte ihm an der Grenzübergangsstelle, an der er die Grenze überschritten hat, kein Verkehrsmittel zur Abreise zur

Verfügung stehen, kann er verlangen, an eine andere Grenzübergangsstelle, gebracht zu werden. Die Verbringung an eine andere Grenzübergangsstelle setzt wiederum voraus, dass an dieser ein Verkehrsmittel zur Abreise zur Verfügung steht. Eine Regelung zur Gewährleistung dieser Vorgaben und zur Verpflichtung der zuständigen Behörden wird in Absatz 6 getroffen.

Stimmt der Ausländer dem Aufenthalt an den genannten Standorten zu, liegt schon aus diesem Grund keine Freiheitsentziehung im Sinne des Artikels 104 Absatz 2 des Grundgesetzes vor. Doch auch ohne Zustimmung des Ausländers stellt der Aufenthalt an den genannten Standorten keine Freiheitsentziehung im Sinne des Artikels 104 Absatz 2 des Grundgesetzes dar. Gleiches gilt für eine Verbringung des betroffenen Antragstellers zu einer zuständigen Behörde oder einem erstinstanzlichen Gericht oder zum Zwecke einer medizinischen Behandlung nach Artikel 54 Absatz 5 der Verordnung (EU) 2024/1348. Auch in dieser Situation ist dem Antragsteller eine Abreise aus dem Bundesgebiet nach den dargestellten Grundsätzen möglich.

Der Betroffene wird zwar an einer Einreise durch infrastrukturelle Maßnahmen und Bewachungspersonal physisch gehindert. Die Wiederabreise wird ihm aber nicht verwehrt (s. o.). Die Maßnahme ist daher gemäß der Rechtsprechung des BverfG zum Flughafenverfahren nicht als Freiheitsentziehung einzuordnen (vgl. BverfGE 94, 166, 198 f.). Dass die Bewegungsfreiheit von Asylbewerbern im Transitbereich de facto ausgeschlossen sein kann, weil ihnen eine Abreise praktisch nicht möglich ist, wenn ihnen im Herkunftsland Verfolgung droht und sie nicht die Einreisevoraussetzungen für einen Drittstaat erfüllen, ist dem deutschen Staat nicht zurechenbar (BverfG, a. a. O., 199).

Auch aus dem Unionsrecht ergibt sich insofern nichts anderes. Dieses geht ebenfalls davon aus, dass die Unterbringung in einem Grenz- oder Transitbereich nicht mit einer Inhaftierung gleichzusetzen ist. So trennt zum Beispiel Artikel 30 Absatz 1 der Verordnung (EU) 2024/1348 die beiden Maßnahmen deutlich voneinander und nennt sie jeweils gesondert. Die Maßnahmen sind ebenso wenig als Freiheitsentziehung i. S. d. Artikels 5 EMRK einzuordnen (vgl. EGMR, Urt. V. 25.06.1996, 19776/92 (Amuur/Frankreich), Rn. 43). Zu berücksichtigende Faktoren sind die Dauer der Festsetzung vor dem Hintergrund des Zwecks der Maßnahme, prozessuale Absicherungen und der Umfang tat sächlicher Freiheitsbeschränkungen (EGMR, Urt. V. 21.11.2019, 61411/15, 61420/15, 61427/15, 3028/16 (Z. A./ Russland), Rn. 138). Bei den dargestellten Maßnahmen ist vor diesem Hintergrund in die Bewertung insbesondere einzubeziehen, dass für das Asylgrenzverfahren und damit auch für die hier in Rede stehende Maßnahme eine maximale Dauer durch die Verordnung (EU) 2024/1348 gesetzlich vorgegeben ist (vgl. EGMR, Urt. V. 21.11.2019, 42787/15 (Ilias & Ahmed/Ungarn), Rn. 227, 233). Des Weiteren zielt die hier in Rede stehende Maßnahme nach ihrer gesetzlichen Ausgestaltung durch die Verordnung (EU) 2024/1348 nicht darauf ab, den Betroffenen ihre Freiheit zu entziehen. Sie soll den Betroffenen eine ggf. gewünschte Abreise aus dem Bundesgebiet nicht erschweren, sondern der zuständigen Behörde lediglich ermöglichen, vor der Gestattung der Einreise prüfen zu können, ob die Einreisevoraussetzungen vorliegen, und im Fall der Ablehnung des Asylantrages die Rückführung zu erleichtern (vgl. EGMR Urt. V. 21.11.2019, 42787/15 (Ilias & Ahmed/Ungarn), Rn. 224 f.).

Rechtsschutz gegen die Verweigerung der Einreise ist nach § 18a Absatz 4 und 5 gegeben. Der Umfang der Freiheitsbeschränkung ist aufgrund der jederzeitigen Abreisemöglichkeit, die in Absatz 6 geregelt wird, begrenzt (s. o.).

Bei Durchführung des Asylgrenzverfahrens nach Absatz 1 sind Artikel 44 Absätze 2 und 3 der Verordnung (EU) 2024/1348 anzuwenden. Artikel 44 Absatz 2 der Verordnung (EU) 2024/1348 regelt, welche Personengruppen bei der Anwendung des verpflichtenden Asylgrenzverfahrens im Falle einer Kapazitätserschöpfung vorrangig zu berücksichtigen sind. Hieraus folgt unmittelbar, dass zum Beispiel Minderjährige und deren Familienangehörige in diesen Fällen nachrangig in das verpflichtende Asylgrenzverfahren zu nehmen sind. Zugleich wird durch Artikel 44 Absatz 3 der Verordnung (EU) 2024/1348 sichergestellt, dass Anträge von Minderjährigen und ihren Familienangehörigen vorrangig zu prüfen sind, wenn das Asylgrenzverfahren trotz der nachrangigen Anwendung auf sie angewendet wird. Beides gilt gleichermaßen im Rahmen des freiwilligen Asylgrenzverfahrens.

Während des gesamten Asylgrenzverfahrens ist Artikel 53 der Verordnung (EU) 2024/1348 zu beachten. Dieser regelt in Bezug auf die Anwendung des Asylgrenzverfahrens auf unbegleitete minderjährige Antragsteller, dass diese nur unter den in Artikel 42 Absatz 3 Buchstabe b der Verordnung (EU) 2024/1348 normierten Fällen ins Asylgrenzverfahren genommen werden dürfen. In diesen Fällen ist das Asylgrenzverfahren auch für unbegleitete minderjährige Antragsteller gemäß Artikel 42 Absatz 1 Buchstabe f der Verordnung (EU) 2024/1348 verpflichtend.

Zuständig für die Einleitung des Verfahrens zur Altersbestimmung nach Artikel 53 Absatz 1 Satz 2 i. V. m. Artikel 25 der Verordnung (EU) 2024/1348 ist das Bundesamt als Asylbehörde. Bei der Altersbestimmung bezieht das Bundesamt die Feststellungen des für das behördliche Verfahren zur Altersfeststellung zuständigen Trägers der öffentlichen Jugendhilfe nach §§ 42f. SGB VIII ein.

Darüber hinaus regelt Artikel 53 der Verordnung (EU) 2024/1348 unmittelbar, in welchen Fällen das Asylgrenzverfahren nicht durchgeführt oder vorzeitig beendet wird. Dies ist unter anderem der Fall, wenn Personen mit besonderen Aufnahmebedarfen im Sinne der Richtlinie (EU) 2024/1346 oder Verfahrensgarantien im Sinne der Verordnung (EU) 2024/1348, einschließlich Minderjährigen, nicht die erforderliche Unterstützung bereitgestellt werden kann.

Zu Absatz 2 (Beschlussempfehlung 21/4321)

In der aktuellen Fassung von § 18a ist in Absatz 3 Satz 1 geregelt, dass dem Ausländer bei Ablehnung des Asylantrags die Einreise zu verweigern ist. Diese Regelung in Verbindung mit der Zuständigkeit der Grenzbehörde für die Einreiseverweigerung soll auch zukünftig klarstellend enthalten sein. Wird der Asylantrag abgelehnt, ist dem Ausländer zur Vollstreckung der Rückkehrentscheidung die Einreise zu verweigern.

Zu Absatz 4 Satz 1

Die Ersetzung dient der Anpassung an Artikel 68 Absatz 5 Buchstabe a der Verordnung (EU) 2024/1348. Um einen Gleichlauf mit anderen Fristen im Eilrechtsschutz herzustellen, wird auch hier eine Woche als Frist für die Einlegung des Rechtsbehelfs festgelegt. In dieser Frist ist der Rechtsbehelf zugleich zu begründen; es besteht dafür keine zusätzliche Frist.

Zu Absatz 4 Satz 2

Sowohl BAMF als auch BPOL werden in den Außengrenzeinrichtungen nicht dauerhaft vor Ort sein. Die jetzige Regelung ist daher unpraktikabel und führt somit zu Verzögerungen für den Antragsteller. Daher soll die Entgegennahme des Rechtsschutzbegehrens auf eine Behörde vor Ort übertragen werden.

Zu Absatz 4 Satz 4

Es handelt sich um eine Folgeänderung zur Änderung in § 74 Absatz 1 in Artikel 2 Nummer 82 Buchstabe a. Der Beginn der Rechtsbehelfsfrist ist nach Artikel 67 Absatz 8 Satz 1 der Verordnung (EU) 2024/1348 an die Mitteilung der Entscheidung geknüpft. Anders als nach § 58 Absatz 1 der Verwaltungsgerichtsordnung kommt es nicht darauf an, dass der Entscheidung eine Rechtsbehelfsbelehrung angefügt ist. Allerdings kann eine unrichtige Rechtsbehelfsbelehrung zu einem Irrtum führen, wodurch die Rechtsbehelfsfrist versäumt werden kann. Daher dürfte implizit aus dem Recht auf einen wirksamen Rechtsbehelf nach Artikel 67 Absatz 1 der Verordnung (EU) 2024/1348 und Artikel 47 EU-Grundrechtecharta folgen, dass dieses Recht nur dann effektiv ausgeübt werden kann, wenn der Betroffene nach Artikel 36 Absatz 3 Satz 1 der Verordnung (EU) 2024/1348 darüber informiert worden ist, wie er die ihn belastende Entscheidung anfechten kann, und diese Information korrekt ist.

Daher wird dem falsch informierten Antragsteller eine über die Zeiträume von Artikel 67 Absatz 7 der Verordnung (EU) 2024/1348 hinausgehende Frist für die Einlegung seines Rechtsbehelfs zugestanden. Bei der Festlegung der Frist und Abweichung von der Jahresfrist des § 58 Absatz 2 VwGO bleibt indes zu berücksichtigen, dass den in Rede stehenden Fällen in der Sphäre der Behörde liegende Verfahrensfehler zugrunde liegen. Die sich daraus ergebenden Rechte des Antragstellers sind in die Abwägung einzubeziehen. Insofern und um dem Zweck des § 58 Absatz 2 VwGO Rechnung zu tragen, ist es erforderlich, über die Frist aus Artikel 67 Absatz 7 der Verordnung EU 2024/1348 hinauszugehen. Die von § 58 Absatz 2 der Verwaltungsgerichtsordnung vorgesehene Jahresfrist tritt jedoch mit den Zielen und Vorgaben der Asylverfahrensverordnung in Konflikt. Letztere zielt darauf ab, die Verfahrensvorschriften zu straffen, um das Verwaltungs- und Gerichtsverfahren beschleunigt abschließen zu können. Artikel 51 Absatz 2 Unterabsatz 2 der Verordnung (EU) 2024/1348 sieht vor, dass die Mitgliedstaaten für das Asylgrenzverfahren Fristen festlegen, die sicherstellen, dass alle Verfahrensschritte inklusive eines etwaigen Verfahrens auf vorläufigen Rechtsschutz innerhalb von zwölf Wochen nach Registrierung des Antrags abgeschlossen werden. Daher ist es erforderlich, die von Artikel 67 Absatz 7 der Verordnung (EU) 2024/1348 vorgesehenen Fristen nicht deutlich zu überschreiten und die für das Asylgrenzverfahren vorgesehene Höchstdauer zu ermöglichen. Die für das reguläre Asylverfahren durch Artikel 2 Nummer 81 Buchstabe a in § 74 Absatz 1 eingeführte Frist von drei Monaten wird dem nicht gerecht, weswegen eine kürzere Frist festzulegen ist.

Vor diesem Hintergrund wird § 58 Absatz 2 Satz 1 der Verwaltungsgerichtsordnung im vorliegenden asylrechtlichen Zusammenhang angemessen eingeschränkt, indem eine Verkürzung der Frist auf einen Monat im Asylgrenzverfahren vorgesehen wird.

Zu Absatz 4 Satz 5

Die Einfügung dient der Regelung, dass die Entscheidungsfrist abweichend von § 36 Absatz 2 im Verfahren an der Grenze zwei Wochen betragen soll. Die Mitgliedstaaten haben gemäß Artikel 51 Absatz 2 Unterabsatz 2 Satz 2 der Verordnung (EU) 2024/1348 sicherzustellen, dass alle Verfahrensschritte innerhalb der vorgegebenen zwölf Wochen ab Antragsregistrierung abgeschlossen werden.

Wird die zwölf- bzw. sechzehnwöchige Frist für das Asylgrenzverfahren überschritten, ist dem Antragsteller gemäß Artikel 51 Absatz 2 Unterabsatz 1 Satz 3 der Verordnung (EU) 2024/1348 die Einreise zu gestatten.

Zu Absatz 6 (Beschlussempfehlung 21/4321)

Nach Artikel 54 Absatz 1 Satz 1 der Verordnung (EU) 2024/1348 (Asylverfahrens-VO) schreiben die Mitgliedstaaten Ausländern, deren Antrag auf internationalen Schutz im Asylgrenzverfahren geprüft wird, vor, an welchem Standort im Sinne des Artikels 54 Absatz 1 Satz 1 der Asylverfahrens-VO sie sich aufhalten müssen und beschränken damit ihre Bewegungsfreiheit. Im neu eingefügten Absatz 6 wird geregelt, dass es für die Beschränkung der Bewegungsfreiheit während des Asylgrenzverfahrens einer behördlichen Anordnung bedarf, welche Behörde diese Anordnung erlässt, was bei Erlass zu prüfen ist und welche Form und welchen Inhalt die erlassene Anordnung haben muss. Die Anordnung muss verhältnismäßig sein und den individuellen Bedürfnissen des Ausländers bei der Aufnahme, einschließlich seiner besonderen Bedürfnisse bei der Aufnahme Rechnung tragen. Bei minderjährigen Ausländern ist im Rahmen der Verhältnismäßigkeitsprüfung vorrangig das Kindeswohl zu berücksichtigen. Die Anordnung ist gemäß § 80 Absatz 3 Satz 1 Nummer 3 der Verwaltungsgerichtsordnung in Verbindung mit § 75 des Asylgesetzes sofort vollziehbar.

Die Länder errichten und betreiben die Einrichtungen für das Grenzverfahren. Der Bund erstattet den Ländern die erforderlichen Kosten, die den Ländern, in denen Grenzverfahren durchgeführt werden, als Sonderbelastung durch die Errichtung oder Herrichtung von Einrichtungen für das Grenzverfahren nach Artikel 45 Verordnung (EU) 2024/1348 und Artikel 4 Verordnung (EU) 2014/1349 und den fortlaufenden Betrieb dieser Einrichtungen entstehen.

Zu Absatz 6a (Beschlussempfehlung 21/4321)

Der neu eingefügte Absatz 6a regelt demgegenüber die Beschränkung der Bewegungsfreiheit für das Rückkehrgrenzverfahren.

Redaktioneller Hinweis: *Im Laufe des Gesetzgebungsverfahrens wurde aus dem ursprünglichen Absatz 3 der Satz 1 bei Absatz 6a eingefügt und ergänzend klargestellt, dass der Aufenthalt des Ausländers für die Dauer des Rückkehrgrenzverfahrens auf den konkreten Standort des Rückkehrgrenzverfahrens beschränkt ist. Im Folgenden drucken wir die Gesetzesbegründung (Drs. 21/1848) des ursprünglichen Absatz 3 ab (kursiv kenntlich gemacht):*

„Die Änderung dient der Anpassung an die Vorgaben von Artikel 44 der Verordnung (EU) 2024/1348 und von Verordnung (EU) 2024/1349. Artikel 4 Absatz 1 der Verordnung (EU) 2024/1349 regelt, dass Drittstaatsangehörigen, deren Antrag im Rahmen des Asylverfahrens an der Grenze abgelehnt wurde, die Einreise in das Bundesgebiet während der Dauer des Rückkehrgrenzverfahrens nicht gestattet werden darf. Wird der Asylantrag abgelehnt, ist dem Ausländer zur Vollstreckung der Rückkehrentscheidung die Einreise zu verweigern. Abweichend vom Wortlaut des Artikels 4 Absatz 1 der Verordnung (EU) 2024/1349 wird in der Regelung entsprechend der Begrifflichkeit der Verordnung (EU) 2016/399 der Begriff der Einreiseverweigerung verwendet. In Abgrenzung zum Begriff der Nichtgestattung der Einreise wird damit zum Ausdruck gebracht, dass eine (abschließende) Entscheidung über die Einreise getroffen wurde.

Zuständig für die Einreiseverweigerung und deren Vollstreckung unter Beachtung der Vorgaben der Verordnung (EU) 2024/1349 ist gemäß § 71 Absatz 3 Nummer 1 des Aufenthaltsgesetzes die Grenzbehörde. Der Ausländer ist an den Standort zu verbringen, an dem er sich für die Zeit der Durchführung des Rückkehrgrenzverfahrens von bis zu zwölf Wochen aufhalten muss, Artikel 4 Absatz 2 der Verordnung (EU) 2024/1349.

Die Anforderungen an die Standorte ergeben sich unmittelbar aus Artikel 4 Absatz 2 der Verordnung (EU) 2024/1349. Demnach ist die Person an einen Standort an der Außengrenze, in der Nähe der Außengrenze oder in Transitzonen zu verbringen. Kann eine Unterbringung nicht an einem dieser Standorte erfolgen, kann die Person an einen Standort im Hoheitsgebiet verbracht werden. Die Anforderungen an den Standort gemäß Artikel 4 Absatz 2 Satz 5 der Verordnung (EU) 2024/1349 sind einzuhalten. Bei der Auswahl des Standortes sind die geographische Lage der Grenzübergangsstellen, räumliche Gegebenheiten und Beschränkungen auf den Flughafen- und Hafengeländen sowie die Anzahl der Grenzübertritte an den jeweiligen Grenzübergangsstellen zu berücksichtigen. Der Ausländer kann daher nicht immer direkt an der Grenzübergangsstelle, an der er die Grenze übertreten wollte, untergebracht werden. Ein Transfer zu einem anderen Standort, der auch nicht notwendigerweise der nächstgelegene Standort ist, ist daher möglich. Das Verbringen an einen anderen Standort ist nach Artikel 2 Absatz 2 Satz 3 der Verordnung (EU) 2024/1349 keine Einreise in das Bundesgebiet. Der Ausländer bleibt unter der Kontrolle der Grenzbehörde, kann jedoch jederzeit aus dem Bundesgebiet abreisen, wie in Absatz 6 geregelt wird.

Die in Rede stehenden Bereiche und Einrichtungen sind also, wie auch die schon bestehenden Einrichtungen für das Flughafenverfahren, mit infrastrukturellen Maßnahmen vom Bundesgebiet abzugrenzen, sodass der betroffene Ausländer physisch an einer Einreise in das Bundesgebiet ge-

hindert wird. Zugleich darf der betroffene Ausländer aber an der Abreise nicht gehindert werden. Es ist – entsprechend der bisherigen Praxis im Flughafenverfahren – zu gewährleisten, dass auch in Fällen, in denen für den Ausländer die Grenzübergangsstelle, an der er die Grenze überschritten hat, von der in Rede stehenden Einrichtung aus nicht frei zugänglich ist, weil er dafür nicht abgegrenztes Bundesgebiet durchqueren muss, eine Abreise möglich ist. Daher ist der Ausländer jederzeit unverzüglich auf Verlangen zu der Grenzübergangsstelle, an der er die Grenze überschritten hat, und von der er mit einem Verkehrsmittel abreisen kann, zu verbringen. Sollte ihm an der Grenzübergangsstelle, an der er die Grenze überschritten hat, kein Verkehrsmittel zur Abreise zur Verfügung stehen, kann er verlangen, an eine andere Grenzübergangsstelle gebracht zu werden. Die Verbringung an eine andere Grenzübergangsstelle setzt wiederum voraus, dass an dieser ein Verkehrsmittel zur Abreise zur Verfügung steht. Eine Regelung zur Gewährleistung dieser Vorgaben wird in Absatz 6 getroffen.

Stimmt der Ausländer dem Aufenthalt an den genannten Standorten zu, liegt schon aus diesem Grund keine Freiheitsentziehung im Sinne des Artikels 104 Absatz 2 des Grundgesetzes vor. Doch auch ohne Zustimmung des Ausländers stellt der Aufenthalt an den genannten Standorten keine Freiheitsentziehung im Sinne des Artikels 104 Absatz 2 des Grundgesetzes dar. Gleiches gilt für eine Verbringung des betroffenen Ausländers zu einer zuständigen Behörde oder einem erstinstanzlichen Gericht oder zum Zwecke einer medizinischen Behandlung.

Der Betroffene wird zwar an einer Einreise durch infrastrukturelle Maßnahmen und Bewachungspersonal physisch gehindert. Die Wiederabreise wird ihm aber nicht verwehrt. Die Maßnahme ist daher gemäß der Rechtsprechung des BverfG zum Flughafenverfahren nicht als Freiheitsentziehung einzuordnen (vgl. BverfGE 94, 166, 198 f.).

Auch aus dem Unionsrecht ergibt sich insofern nichts anderes. Dieses geht ebenfalls davon aus, dass die Unterbringung in einem Grenz- oder Transitbereich nicht mit einer Inhaftierung gleichzusetzen ist. So trennt zum Bei spiel Artikel 30 Absatz 1 der Verordnung (EU) 2024/1348 die beiden Maßnahmen deutlich voneinander und nennt sie jeweils gesondert.

Die Maßnahmen sind ebenso wenig als Freiheitsentziehung i. S. d. Artikels 5 EMRK einzuordnen (vgl. EGMR, Urt. V. 25.06.1996, 19776/92 (Amuur/Frankreich), Rn. 43). Zu berücksichtigende Faktoren sind die Dauer der Festsetzung vor dem Hintergrund des Zwecks der Maßnahme, prozessuale Absicherungen und der Umfang tat sächlicher Freiheitsbeschränkungen (EGMR, Urt. V. 21.11.2019, 61411/15, 61420/15, 61427/15, 3028/16 (Z. A./Russland), Rn. 138). Bei den dargestellten Maßnahmen ist vor diesem Hintergrund in die Bewertung insbesondere einzubeziehen, dass für das Rückkehrgrenzverfahren und damit auch für die hier in Rede stehende Maßnahme eine maximale Dauer durch die Verordnung (EU) 2024/1349 gesetzlich vorgegeben ist (vgl. EGMR, Urt. V. 21.11.2019, 42787/15 (Ilias & Ahmed/Ungarn), Rn. 227, 233). Des Weiteren zielt die hier in Rede stehende Maßnahme nach ihrer gesetzlichen Ausgestaltung durch die Verordnung (EU) 2024/1349 nicht darauf ab, den Betroffenen ihre Freiheit zu entziehen. Sie soll den Betroffenen eine ggf. gewünschte Abreise aus dem Bundesgebiet nicht erschweren, sondern durch die Nichtgestattung der Einreise bis zum Abschluss des Verfahrens die Rückführung sicherstellen. Rechtsschutz gegen die Verweigerung der Einreise ist gegeben. Der Umfang der Freiheitsbeschränkung ist aufgrund der jederzeitigen Abreisemöglichkeit, die in Absatz 6 geregelt wird, begrenzt.

Die Unterbringung während des Rückkehrgrenzverfahrens liegt gemäß verfassungsrechtlichen Grundsätzen wie im bisherigen Flughafenverfahren in der Zuständigkeit der Länder.

In einer Krisensituation oder einer Situation höherer Gewalt können sich Abweichungen bei der Durchführung des Asylverfahrens an der Grenze nach Artikel 6 der Verordnung (EU) 2024/1349 ergeben."

Einer individualisierten Anordnung wie beim Asylgrenzverfahren bedarf es für das Rückkehrgrenzverfahren nicht. Dem Ausländer soll jedoch zur Rechtsklarheit der individuelle Beginn der Frist der Aufenthaltspflicht mit der Ablehnung des Asylantrags schriftlich mitgeteilt werden. Nach Artikel 4 Absatz 2 Satz 3 der Verordnung (EU) 2024/1349 beginnt die zwölfwöchige Frist zum Aufenthalt in einem Standort des Rückkehrgrenzverfahrens mit dem Tag, an dem der Antragsteller, Drittstaatsangehörige oder Staatenlose kein Recht auf Verbleib mehr hat und ihm der Verbleib nicht länger gestattet ist.

Im Einklang mit Artikel 4 Absatz 3 der Verordnung (EU) 2024/1349 in Verbindung mit Artikel 5 und Artikel 14 Absatz 1 der Richtlinie 2008/115/EG sind im Rahmen des Rückkehrverfahrens an der Grenze die individuellen Bedürfnisse des Ausländers, einschließlich seiner besonderen Bedürfnisse, zu berücksichtigen. Bei minderjährigen Ausländern ist im Rahmen der Verhältnismäßigkeitsprüfung vorrangig das Kindeswohl zu berücksichtigen.

Zu Absatz 6b

Es handelt sich um eine ergänzende Regelung zu Absatz 1 Satz 1 und Absatz 3 Satz 1. Die Verbringung und Unterbringung an einen Standort nach Artikel 54 der Verordnung (EU) 2024/1348 ist aufgrund der jederzeit bestehenden Abreisemöglichkeit als Freiheitsbeschränkung einzuordnen. Absatz 6[b] stellt klar, dass der Ausländer nicht an einer Abreise aus dem Bundesgebiet gehindert werden darf. Die Standorte zur Durchführung des Grenzasylverfahrens und des Rückkehrgrenzverfahrens bzw. zur Unterbringung der Betroffenen können nach Artikel 54 der Verordnung (EU) 2024/1348 bzw. Artikel 4 Absatz 2 Satz 1 und 2 der Verordnung (EU) 2024/1349 im Bundesgebiet auch von der Grenzübergangsstelle entfernt liegen. Die zuständigen Behörden sind – entsprechend der bisherigen Praxis im Flughafenverfahren – verpflichtet, den Betroffenen jederzeit unverzüglich auf Verlangen zu der Grenzübergangsstelle zu bringen.

Grundsätzlich ist der Ausländer an die Grenzübergangsstelle zu bringen, an der er die Grenze überschritten hat. Dabei ist zu berücksichtigen, ob und zu welcher Zeit ihm an diesem Grenzübergang ein Verkehrsmittel zur Abreise zur Verfügung steht. Hat der Betroffene ein Verkehrsmittel ausgewählt, mit dem ihm eine Abreise möglich ist, so ist er ohne schuldhaften Verzug der zuständigen Behörde rechtzeitig zur Abfahrt dieses Verkehrsmittels an die Grenzübergangstelle zu verbringen. Steht dem Betroffenen an dem Grenzübergang, an dem er die Grenze überschritten hat, kein Verkehrsmittel oder ein solches erst zu einem deutlich späteren Zeitpunkt zur Verfügung, so ist er auf sein Verlangen an eine andere Grenzübergangsstelle zu bringen, sofern ihm an dieser ein Verkehrsmittel zur Abreise zur Verfügung steht.

Darüber hinaus stellt die Regelung klar, dass der Grenzbehörde zur Wahrung der Fiktion der Nichteinreise die Kontrolle des Aufenthalts des Ausländers jederzeit möglich bleiben muss.

Zu Absatz 7 und 8

Asylanträge von unbegleiteten Minderjährigen sind nach Artikel 53 Absatz 1 in Verbindung mit Artikel 42 Absatz 3 Buchstabe b der Verordnung (EU) 2024/1348 verpflichtend im Rahmen des Asylgrenzverfahrens zu prüfen. Die Klage gegen eine ablehnende Entscheidung hat nach Artikel 68 Absatz 3 Buchstabe a Doppelbuchstabe ii und Buchstabe b der Verordnung (EU) 2024/1348 aufschiebende Wirkung, da weiterhin ein Recht auf Verbleib besteht. In diesen Fällen ist daher kein Antrag nach § 80 Absatz 5 VwGO erforderlich. Nach Artikel 51 Absatz 2 Unterabsatz 2 der Verordnung (EU) 2024/1348 ist in diesen Fällen das Rechtsbehelfsverfahren innerhalb von zwölf Wochen abzuschließen. Es bedarf daher Regelungen, die festlegen, in welchem Zeitraum das Bundesamt zu entscheiden hat und innerhalb welcher Frist die gerichtliche Entscheidung ergehen soll. Für die Begründung der Klage gilt die Maximalfrist des Artikel 67 Absatz 7 Buchstabe a der Verordnung (EU) 2024/1348, um sowohl den Zielen und Vorgaben der Asylverfahrensverordnung zum Asylgrenzverfahren als auch den Bedürfnissen unbegleiteter Minderjähriger gerecht werden zu können. Die Geltung der Monatsfrist (§ 74 Absatz 2 Satz 1 Asylgesetz) würde dem hingegen nicht gerecht. Artikel 51 Absatz 2 Unterabsatz 2 der Verordnung (EU) 2024/1348 sieht vor, dass die Mitgliedstaaten für das Asylgrenzverfahren Fristen festlegen, die sicherstellen, dass alle Verfahrensschritte innerhalb von zwölf Wochen nach Registrierung des Antrags abgeschlossen werden.

Die Klage gegen eine ablehnende Entscheidung nach Artikel 38 Absatz 1 Buchstabe b oder c der Verordnung (EU) 2024/1348 hat nach Artikel 68 Absatz 1 der Verordnung (EU) 2024/1348 aufschiebende Wirkung, da weiterhin ein Recht auf Verbleib besteht. In diesen Fällen ist daher kein Antrag nach § 80 Absatz 5 VwGO erforderlich. Nach Artikel 51 Absatz 2 Unterabsatz 2 der Verordnung (EU) 2024/1348 sind alle Verfahrensschritte innerhalb von zwölf Wochen abzuschließen. Es bedarf daher Regelungen, die festlegen, in welchem Zeitraum das Bundesamt zu entscheiden hat und innerhalb welcher Frist die gerichtliche Entscheidung ergehen soll. Für die Begründung der Klage wird in Übereinstimmung mit dem durch Artikel 67 Absatz 7 Buchstabe b der Verordnung (EU) 2024/1348 vorgegebenen Rahmen eine Frist von zwei Wochen vorgesehen.

§ 19 AsylG

bis 11.06.2026	ab 12.06.2026
§ 19 Aufgaben der Ausländerbehörde und der Polizei	**§ 19 Aufgaben der Ausländerbehörde und der Polizei**
(1) Ein Ausländer, der bei einer Ausländerbehörde, bei der Bundespolizei oder bei der Polizei eines Landes *um Asyl nachsucht*, ist in den Fällen des § 14 *Abs.* 1 unverzüglich an die zuständige oder, soweit diese nicht bekannt ist, an die nächstgelegene Aufnahmeeinrichtung zur Meldung weiterzuleiten.	(1) Ein Ausländer, der bei einer Ausländerbehörde, bei der Bundespolizei oder bei der Polizei eines Landes **einen Asylantrag stellt**, ist in den Fällen des § 14 **Absatz** 1 unverzüglich **nach der Antragstellung** an die zuständige oder, soweit diese nicht bekannt ist, an die nächstgelegene Aufnahmeeinrichtung zur Meldung weiterzuleiten. **Sofern eine Überprüfung im Sinne der Verordnung (EU) 2024/1356 erforderlich ist und der Asylantrag nicht bei einer für die Durchführung der Überprüfung zuständigen Behörde gestellt wird, ist zunächst die Überprüfung von der nach § 71 Absatz 3 Nummer 9 und Absatz 4a des Aufenthaltsgesetzes zuständigen Behörde durchzuführen und der Ausländer erst nach deren Abschluss durch diese an die Aufnahmeeinrichtung nach Satz 1 weiterzuleiten.**
(2) In den Fällen des Absatzes 1 hat die Behörde, bei der ein Ausländer *um Asyl nachsucht*, diesen vor der Weiterleitung an die Aufnahmeeinrichtung erkennungsdienstlich zu behandeln (§ 16 Absatz 1).	(2) In den Fällen des Absatzes 1 hat die Behörde, bei der ein Ausländer **einen Asylantrag stellt**, diesen vor der Weiterleitung an die Aufnahmeeinrichtung erkennungsdienstlich zu behandeln (§ 16 Absatz 1).
(3) Ein Ausländer, der aus einem sicheren Drittstaat (§ 26a) unerlaubt eingereist ist, kann ohne vorherige Weiterleitung an eine Aufnahmeeinrichtung nach Maßgabe des § 57 *Abs.* 1 und 2 des Aufenthaltsgesetzes dorthin zurückgeschoben werden. In diesem Falle ordnet die Ausländerbehörde die Zurückschiebung an, sobald feststeht, dass sie durchgeführt werden kann.	(3) Ein Ausländer, der aus einem sicheren Drittstaat **nach** § 26a unerlaubt eingereist ist, kann ohne vorherige Weiterleitung an eine Aufnahmeeinrichtung nach Maßgabe des § 57 **Absatz** 1 und 2 des Aufenthaltsgesetzes dorthin zurückgeschoben werden. In diesem Falle ordnet die Ausländerbehörde die Zurückschiebung an, sobald feststeht, dass sie durchgeführt werden kann.
(4) Vorschriften über die Festnahme oder Inhaftnahme bleiben unberührt.	(4) [unverändert]

Redaktionelle Hinweise zu den Neuerungen

Die Änderungen des § 19 AsylG dienen vor allem der Einbindung des neuen europäischen Screening-Verfahrens in die deutschen Erstkontaktstrukturen. Ausländerbehörden, Bundespolizei und Landespolizei bleiben zwar weiterhin für die erste Bearbeitung von Schutzgesuchen zuständig. Künftig erfolgt die Weiterleitung an die Aufnahmeeinrichtung jedoch gegebenenfalls erst nach Abschluss eines unionsrechtlich vorgeschriebenen Screenings. § 19 wird damit zur organisatorischen Scharniernorm zwischen dem nationalen Erstkontakt und dem europäischen Vorprüfungsverfahren des GEAS.

Änderungen im AsylG

Gesetzesbegründung zu § 19 AsylG (BT-Drs. 21/1848)

Zu Absatz 1

Die Änderung dient der Anpassung an die Terminologie von Artikel 28 der Verordnung (EU) 2024/1348. Es wird geregelt, dass eine Weiterleitung im Fall der Verpflichtung zur Durchführung einer Überprüfung nach der Verordnung (EU) 2024/1356 abweichend von Satz 1 durch die zuständige Überprüfungsbehörde erfolgt, wenn das Überprüfungsverfahren nach der Verordnung (EU) 2024/1356 abgeschlossen ist. Die Behörde nach Satz 1, bei der der Ausländer den Asylantrag stellt, führt die Überprüfung selbst durch, sofern sie Überprüfungsbehörde ist. Andernfalls erfolgt eine Mitteilung an die zuständige Überprüfungsbehörde gemäß § 15b Absatz 6 des Aufenthaltsgesetzes. Die zuständige Überprüfungsbehörde verbringt den Ausländer an den Ort der Überprüfung gemäß § 15b Absatz 1 des Aufenthaltsgesetzes.

Zu Absatz 2

Die Änderung dient der Anpassung an die Terminologie von Artikel 28 der Verordnung (EU) 2024/1348.

Zu Absatz 3

Redaktionelle Änderung.

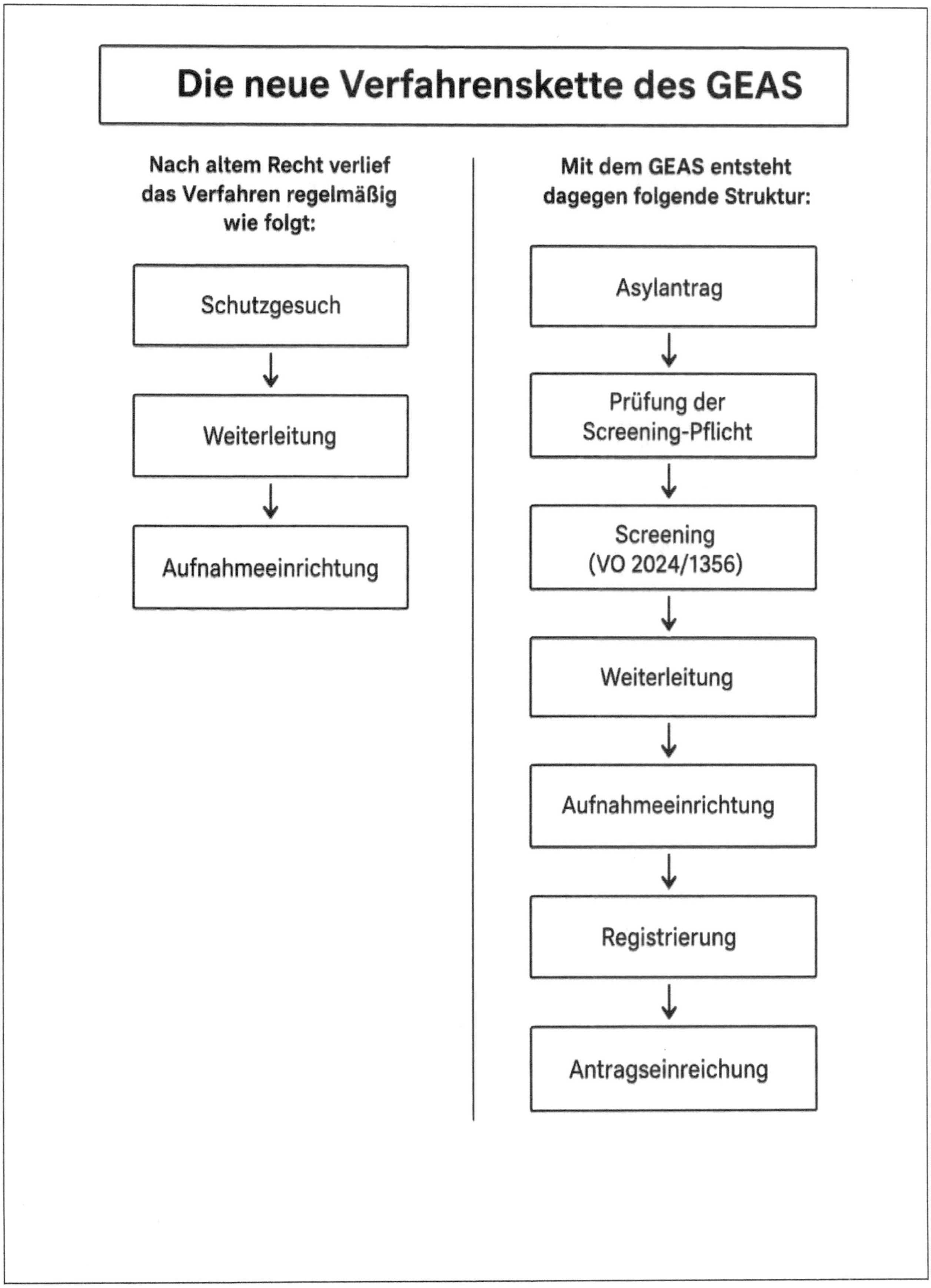
Die neue Verfahrenskette des GEAS
Nach altem Recht verlief das Verfahren regelmäßig wie folgt:
Schutzgesuch
Weiterleitung
Aufnahmeeinrichtung
Mit dem GEAS entsteht dagegen folgende Struktur:
Asylantrag
Prüfung der Screening-Pflicht
Screening (VO 2024/1356)
Weiterleitung
Aufnahmeeinrichtung
Registrierung
Antragseinreichung

Änderungen im AsylG

§ 20 AsylG

bis 11.06.2026	ab 12.06.2026
§ 20 Weiterleitung an eine Aufnahmeeinrichtung	**§ 20 Weiterleitung an eine Aufnahmeeinrichtung**
(1) Der Ausländer ist verpflichtet, der Weiterleitung nach § 18 *Abs.* 1 oder § 19 Abs. 1 unverzüglich oder bis zu einem ihm von der Behörde genannten Zeitpunkt zu folgen. Kommt der Ausländer der Verpflichtung nach Satz 1 nicht nach, *so findet § 33 Absatz 1, 5 und 6 entsprechend Anwendung. Dies gilt nicht, wenn der Ausländer unverzüglich nachweist, dass das Versäumnis auf Umstände zurückzuführen war, auf die er keinen Einfluss hatte. Auf die Verpflichtung nach Satz 1 sowie die Rechtsfolgen einer Verletzung dieser Verpflichtung ist der Ausländer von der Behörde, bei der er um Asyl nachsucht, schriftlich und gegen Empfangsbestätigung hinzuweisen. Kann der Hinweis nach Satz 4 nicht erfolgen, ist der Ausländer zu der Aufnahmeeinrichtung zu begleiten.*	(1) Der Ausländer ist verpflichtet, der Weiterleitung nach § 18 **Absatz** 1 oder § 19 **Absatz** 1 unverzüglich oder bis zu einem ihm von der Behörde genannten Zeitpunkt zu folgen. Kommt der Ausländer der Verpflichtung nach Satz 1 nicht nach, **gilt der Asylantrag nach Ablauf von fünf Tagen als nicht gestellt.**
(2) Die Behörde, die den Ausländer an eine Aufnahmeeinrichtung weiterleitet, teilt dieser unverzüglich die Weiterleitung, die Stellung des *Asylgesuchs und den erfolgten Hinweis nach Absatz 1 Satz 4* schriftlich mit. Die Aufnahmeeinrichtung unterrichtet unverzüglich, spätestens nach Ablauf einer Woche nach Eingang der Mitteilung nach Satz 1, die ihr zugeordnete Außenstelle des Bundesamtes darüber, ob der Ausländer in der Aufnahmeeinrichtung aufgenommen worden ist, und leitet ihr die Mitteilung nach Satz 1 zu.	(2) Die Behörde, die den Ausländer an eine Aufnahmeeinrichtung weiterleitet, teilt dieser unverzüglich die Weiterleitung **und** die Stellung des **Asylantrags** schriftlich mit. Die Aufnahmeeinrichtung unterrichtet unverzüglich, spätestens nach Ablauf einer Woche nach Eingang der Mitteilung nach Satz 1, die ihr zugeordnete Außenstelle des Bundesamtes darüber, ob der Ausländer in der Aufnahmeeinrichtung aufgenommen worden ist, und leitet ihr die Mitteilung nach Satz 1 zu.

Redaktionelle Hinweise zu den Neuerungen

§ 20 regelt weiterhin die Weiterleitung des Antragstellers an die zuständige Aufnahmeeinrichtung. Neu ist jedoch, dass das Gesetz nun eine unmittelbare Konsequenz an die Nichtbefolgung dieser Weiterleitung knüpft: Wer der Weiterleitung zur zuständigen Registrierungsstelle nicht folgt, dessen Asylantrag gilt nach fünf Tagen als nicht gestellt. Damit schließt § 20 eine Verfahrenslücke, die erst durch die neue unionsrechtliche Dreiteilung von Antragstellung, Registrierung und Antragseinreichung entstanden ist.

Zentrale Neuerung ist die in Absatz 1 Satz 2 vorgesehene Rechtsfolge, dass der Asylantrag nach Ablauf von fünf Tagen als nicht gestellt gilt, wenn der Ausländer der Weiterleitung nicht nachkommt. Diese Regelung ersetzt den bisherigen Verweis auf die Verfahrenseinstellung nach § 33 AsylG und schafft eine eigenständige dogmatische Lösung für Fälle, in denen der Antrag zwar bereits gestellt, aber noch nicht registriert worden ist. Die Frist von fünf Tagen entspricht dabei der unionsrechtlichen Höchstfrist für die Registrierung eines Asylantrags nach Art. 27 Abs. 1 der Verordnung (EU) 2024/1348.

Die Vorschrift trägt damit einem strukturellen Unterschied des neuen Verfahrensrechts Rechnung. Zwischen der ersten Erklärung des Schutzbegehrens und der formalen Registrierung entsteht eine eigenständige Verfahrensphase, die das bisherige Recht nicht kannte. Erscheint der Antragsteller in dieser Phase nicht bei der zuständigen Stelle, fehlt es an der notwendigen Grundlage für die Einleitung des eigentlichen Asylverfahrens. Die Rechtsfolge des § 20 Abs. 1 Satz 2 setzt genau hier an und behandelt den Antrag so, als sei er nie gestellt worden. Eine Anwendung der unionsrechtlichen Regelung über die stillschweigende Rücknahme kommt demgegenüber nicht in Betracht, da diese ein bereits laufendes Verfahren voraussetzt.

Die Fiktion, dass der Antrag als nicht gestellt gilt, hat unmittelbare aufenthaltsrechtliche Konsequenzen. Insbesondere entfällt die an die Stellung eines Asylantrags anknüpfende Aufenthaltsgestattung, sodass sich der Betroffene ohne weiteren rechtlichen Status im Bundesgebiet aufhält. Zugleich stellt die Vorschrift klar, dass ein später erneut gestellter Asylantrag nicht als Folgeantrag zu behandeln ist. Da der ursprüngliche Antrag rechtlich als nicht existent gilt, fehlt es an einem abgeschlossenen Erstverfahren, an das ein Folgeantrag anknüpfen könnte.

Im Vergleich zur bisherigen Rechtslage ist ferner hervorzuheben, dass verschiedene verfahrenssichernde Elemente entfallen sind. Insbesondere sieht § 20 n. F. keine ausdrücklichen Belehrungs- und Hinweispflichten sowie keine besondere Berücksichtigung unverschuldeter Versäumnisse mehr vor. Auch organisatorische Sicherungen wie eine verpflichtende Begleitung zur Aufnahmeeinrichtung sind nicht mehr geregelt. Dieser Rückbau nationaler Detailregelungen erklärt sich daraus, dass die Verordnung (EU) 2024/1348 selbst umfassende Informations- und Mitwirkungspflichten des Antragstellers normiert und insoweit eine eigenständige unionsrechtliche Regelungssystematik vorgibt.

Gesetzesbegründung zu § 20 AsylG (BT-Drs. 21/1848)

Zu Absatz 1

In den Fällen des § 18 Absatz 1 oder § 19 Absatz 1 muss der Ausländer an die für die Registrierung des Antrags zuständige Stelle weitergeleitet werden. Da gemäß Artikel 27 Absatz 1 der Verordnung (EU) 2024/1348 die Frist zur Registrierung eines Antrags behördenseits maximal fünf Tage beträgt, stellt dies die Maximalfrist dar, die ihm zur Meldung bei der zuständigen Stelle eingeräumt werden kann. Erscheint der Ausländer nicht, ist davon auszugehen, dass er das Asylverfahren nicht betreiben will. Da Artikel 41 der Verordnung (EU) 2024/1348 nicht zur Anwendung kommt, weil der Antrag nicht registriert ist und der Ausländer nicht nur die Angabe einzelner Daten verweigert, sondern gar nicht erst erscheint, ist eine Regelung für diese Fälle zu treffen. Da noch keine Registrierung stattgefunden hat und das Verfahren bei der Asylbehörde also noch nicht begonnen wurde, ist es sachgerecht, den Antrag als nicht gestellt zu behandeln. Die Aufenthaltsgestattung endet in diesen Fällen und der Ausländer hält sich unerlaubt in Deutschland auf. Der Asylantrag kann erneut gestellt werden. Es handelt sich dann nicht um einen Folgeantrag, da der erste Antrag als nicht gestellt gilt.

Zu Absatz 2

Die Änderung dient zum einen der Anpassung der Begrifflichkeiten an die neue Terminologie der Verordnung (EU) 2024/1348.

Änderungen im AsylG

§ 21 AsylG

bis 11.06.2026	ab 12.06.2026
§ 21 Verwahrung und Weitergabe von Unterlagen	**§ 21 Verwahrung und Weitergabe von Unterlagen**
(1) Die Behörden, die den Ausländer an eine Aufnahmeeinrichtung weiterleiten, nehmen die in § 15 *Abs.* 2 *Nr.* 4 und 5 bezeichneten Unterlagen in Verwahrung und leiten sie unverzüglich der Aufnahmeeinrichtung zu.	(1) Die Behörden, die den Ausländer an eine Aufnahmeeinrichtung weiterleiten, nehmen die in § 15 **Absatz** 2 **Nummer** 4 und 5 bezeichneten Unterlagen in Verwahrung und leiten sie unverzüglich der Aufnahmeeinrichtung zu.
(2) Meldet sich der Ausländer unmittelbar bei der für seine Aufnahme zuständigen Aufnahmeeinrichtung, nimmt diese die Unterlagen in Verwahrung.	(2) [unverändert]
(3) Die für die Aufnahme des Ausländers zuständige Aufnahmeeinrichtung leitet die Unterlagen unverzüglich der ihr zugeordneten Außenstelle des Bundesamtes zu.	(3) [unverändert]
(4) *Dem Ausländer sind auf Verlangen Abschriften der in Verwahrung genommenen Unterlagen auszuhändigen*	
(5) Die Unterlagen sind dem Ausländer wieder auszuhändigen, wenn sie für die weitere Durchführung des Asylverfahrens oder für aufenthaltsbeendende Maßnahmen nicht mehr benötigt werden.	**(4)** Die Unterlagen sind dem Ausländer wieder auszuhändigen, wenn sie für die weitere Durchführung des Asylverfahrens oder für aufenthaltsbeendende Maßnahmen nicht mehr benötigt werden.

Redaktionelle Hinweise zu den Neuerungen

Die Verwahrung und Weitergabe von Dokumenten bleibt unverändert geregelt. Lediglich das bisherige Recht des Antragstellers auf Abschriften der eingezogenen Unterlagen wird aus dem nationalen Recht entfernt, weil diese Verfahrensgarantie nun unmittelbar durch Art. 9 Abs. 2 Unterabs. 2 der Verordnung (EU) 2024/1348 (= Asylverfahrensverordnung) geregelt wird: „Beschließen die zuständigen Behörden, Dokumente gemäß Unterabsatz 1 Buchstabe f einzubehalten, so stellen sie sicher, dass der Antragsteller unverzüglich Kopien der Originale erhält. Im Falle einer Überstellung gemäß Artikel 46 der Verordnung (EU) 2024/1351 händigen die zuständigen Behörden dem Antragsteller diese Dokumente zum Zeitpunkt der Überstellung wieder aus."

Gesetzesbegründung zu § 21 AsylG (BT-Drs. 21/1848)

Zu Absatz 1

Redaktionelle Änderung.

Zur Streichung von Absatz 4

Die Streichung dient der Anpassung an Artikel 9 Absatz 2 Unterabsatz 2 der Verordnung (EU) 2024/1348.

Zur Verschiebung von Absatz 5 wird zu Absatz 4

Folgeänderung wegen Streichung von Absatz 4.

§ 22 AsylG

bis 11.06.2026	ab 12.06.2026
§ 22 Meldepflicht	**§ 22 Meldepflicht**
(1) Ein Ausländer, der den Asylantrag bei einer Außenstelle des Bundesamtes *zu stellen hat* (§ 14 *Abs.* 1), hat sich in einer Aufnahmeeinrichtung persönlich zu melden. Diese nimmt ihn auf oder leitet ihn an die für seine Aufnahme zuständige Aufnahmeeinrichtung weiter; im Falle der Weiterleitung ist der Ausländer, soweit möglich, erkennungsdienstlich zu behandeln.	(1) Ein Ausländer, der den Asylantrag bei einer Außenstelle des Bundesamtes **einzureichen** hat (§ 14 **Absatz** 1), hat sich in einer Aufnahmeeinrichtung persönlich zu melden. Diese nimmt ihn auf oder leitet ihn an die für seine Aufnahme zuständige Aufnahmeeinrichtung weiter; im Falle der Weiterleitung ist der Ausländer, soweit möglich, erkennungsdienstlich zu behandeln.
(2) Die Landesregierung oder die von ihr bestimmte Stelle kann bestimmen, dass	(2) [unverändert]
1. die Meldung nach Absatz 1 bei einer bestimmten Aufnahmeeinrichtung erfolgen muss,	1. [unverändert]
2. ein von einer Aufnahmeeinrichtung eines anderen Landes weitergeleiteter Ausländer zunächst eine bestimmte Aufnahmeeinrichtung aufsuchen muss.	2. [unverändert]
Der Ausländer ist während seines Aufenthaltes in der nach Satz 1 bestimmten Aufnahmeeinrichtung erkennungsdienstlich zu behandeln. In den Fällen des § 18 *Abs.* 1 und des § 19 *Abs.* 1 ist der Ausländer an diese Aufnahmeeinrichtung weiterzuleiten.	Der Ausländer ist während seines Aufenthaltes in der nach Satz 1 bestimmten Aufnahmeeinrichtung erkennungsdienstlich zu behandeln. In den Fällen des § 18 **Absatz** 1 und des § 19 **Absatz 1** ist der Ausländer an diese Aufnahmeeinrichtung weiterzuleiten.
(3) Der Ausländer ist verpflichtet, der Weiterleitung an die für ihn zuständige Aufnahmeeinrichtung nach Absatz 1 Satz 2 oder Absatz 2 unverzüglich oder bis zu einem ihm von der Aufnahmeeinrichtung genannten Zeitpunkt zu folgen. Kommt der Ausländer der Verpflichtung nach Satz 1 nicht nach, *so findet § 33 Absatz 1, 5 und 6 entsprechend Anwendung. Dies gilt nicht, wenn der Ausländer unverzüglich nachweist, dass das Versäumnis auf Umstände zurückzuführen war, auf die er keinen Einfluss hatte.* § 20 *Absatz 1 Satz 4 und* Absatz 2 findet entsprechend Anwendung.	(3) Der Ausländer ist verpflichtet, der Weiterleitung an die für ihn zuständige Aufnahmeeinrichtung nach Absatz 1 Satz 2 oder Absatz 2 unverzüglich oder bis zu einem ihm von der Aufnahmeeinrichtung genannten Zeitpunkt zu folgen. Kommt der Ausländer der Verpflichtung nach Satz 1 nicht nach, **gilt § 32**. § 20 Absatz 2 findet entsprechend Anwendung.

Gesetzesbegründung zu § 22 AsylG (BT-Drs. 21/1848)

Zu Absatz 1

Die Änderung dient der Anpassung an die Terminologie von Artikel 28 der Verordnung (EU) 2024/1348.

Zu Absatz 2

Es handelt sich um eine redaktionelle Änderung.

Zu Absatz 3

Es handelt sich um eine Folgeänderung zur Aufhebung von § 33 und § 20 Absatz 1 Satz 4.

Änderungen im AsylG

§ 22a AsylG

bis 11.06.2026	**ab 12.06.2026**
§ 22a Übernahme *zur Durchführung eines Asylverfahrens*	**§ 22a Übernahme eines Antragstellers oder einer Person, der internationaler Schutz zuerkannt wurde**
Ein Ausländer, der auf Grund von Rechtsvorschriften der *Europäischen Gemeinschaft* oder eines völkerrechtlichen Vertrages zur Durchführung eines Asylverfahrens übernommen ist, steht einem Ausländer gleich, der *um Asyl nachsucht.*	Ein Ausländer, der auf Grund von Rechtsvorschriften der **Europäischen Union** oder eines völkerrechtlichen Vertrages zur Durchführung eines Asylverfahrens übernommen ist, steht einem Ausländer gleich, der **einen Asylantrag stellt. Wurde eine Person, der im begünstigten Mitgliedstaat internationaler Schutz zuerkannt wurde, übernommen, so erkennt das Bundesamt den jeweiligen internationalen Schutz zu.**
Der Ausländer ist verpflichtet, sich bei oder unverzüglich nach der Einreise zu der Stelle zu begeben, die vom Bundesministerium des Innern, *für Bau und Heimat* oder der von ihm bestimmten Stelle bezeichnet ist.	Der Ausländer ist verpflichtet, sich bei oder unverzüglich nach der Einreise zu der Stelle zu begeben, die vom Bundesministerium des Innern oder der von ihm bestimmten Stelle bezeichnet ist.

Redaktionelle Hinweise zu den Neuerungen

Während § 22a bislang lediglich die Übernahme eines Asylbewerbers zur Durchführung eines Asylverfahrens regelte, erfasst die Vorschrift künftig zusätzlich Personen, denen bereits in einem anderen Mitgliedstaat internationaler Schutz zuerkannt wurde.

Damit wird § 22a zur nationalen Umsetzungsnorm eines völlig neuen Instruments des GEAS: der Solidaritätsübernahme zwischen Mitgliedstaaten.

Die Gesetzesbegründung verweist ausdrücklich auf Art. 56 Abs. 2 Buchst. a der Verordnung (EU) 2024/1351 (Asyl- und Migrationsmanagement-Verordnung). Dieser Artikel gehört zum neuen europäischen Solidaritätsmechanismus.. Er ermöglicht es Mitgliedstaaten, andere Mitgliedstaaten durch die Übernahme von Personen zu entlasten.

Dabei gibt es zwei Arten der Solidaritätsübernahme:

- Personen, deren Asylverfahren noch nicht abgeschlossen ist (Antragsteller

- Personen, denen bereits internationaler Schutz gewährt wurde (Schutzberechtigte)

Bei diesen Personen prüft Deutschland den Schutzstatus nicht erneut, sondern das Bundesamt erkennt den bereits gewährten internationalen Schutz an. Damit entfällt ein weiteres materielles Asylverfahren. Dies entspricht den Vorgaben von Art. 68 Abs. 4 der Verordnung (EU) 2024/1351, wonach der übernehmende Mitgliedstaat den vom begünstigten Mitgliedstaat gewährten Schutzstatus automatisch anerkennen muss.

Gesetzesbegründung zu § 22a AsylG (BT-Drs. 21/1848)

Zur Überschrift

Redaktionelle Änderung.

Zu Satz 1

Redaktionelle Änderung.

Zum neuen Satz 2

Nach dem neuen Solidaritätsmechanismus gemäß Artikel 56 Absatz 2 Buchstabe a der Verordnung (EU) 2024/1351 (Asyl- und Migrationsmanagement-Verordnung) können beitragende Mitgliedstaaten Personen, die internationalen Schutz beantragt haben (Antragsteller), sowie Personen, die internationale Schutz genießen (Personen, denen internationaler Schutz zuerkannt wurde), übernehmen. In Umsetzung des Artikels 68 Absatz 4 der Verordnung (EU) 2024/1351 erkennt der Übernahmemitgliedstaat automatisch den internationalen Schutzstatus zu, der vom begünstigten Mitgliedstaat zuerkannt wurde.

Zu Satz 3

Redaktionelle Änderung.

Änderungen im AsylG

§ 23 AsylG

bis 11.06.2026	ab 12.06.2026
§ 23 *Antragstellung bei der Außenstelle*	**§ 23 Entscheidung über das Verbot der Abschiebung**
(1) Der Ausländer, der in der Aufnahmeeinrichtung aufgenommen ist, ist verpflichtet, unverzüglich oder zu dem von der Aufnahmeeinrichtung genannten Termin bei der Außenstelle des Bundesamtes zur Stellung des Asylantrags persönlich zu erscheinen.	**Nach Stellung eines Asylantrags obliegt dem Bundesamt die Feststellung, ob die Voraussetzungen des § 60 Absatz 5 oder 7 des Aufenthaltsgesetzes vorliegen. Dies gilt auch nach dem rechtskräftigen Abschluss des Asylverfahrens.**
(2) Kommt der Ausländer der Verpflichtung nach Absatz 1 nicht nach, so findet § 33 Absatz 1, 5 und 6 entsprechend Anwendung. Dies gilt nicht, wenn der Ausländer unverzüglich nachweist, dass das Versäumnis auf Umstände zurückzuführen war, auf die er keinen Einfluss hatte. Auf diese Rechtsfolgen ist der Ausländer von der Aufnahmeeinrichtung schriftlich und gegen Empfangsbestätigung hinzuweisen. Die Aufnahmeeinrichtung unterrichtet unverzüglich die ihr zugeordnete Außenstelle des Bundesamtes über die Aufnahme des Ausländers in der Aufnahmeeinrichtung und den erfolgten Hinweis nach Satz 3.	

Redaktionelle Hinweise zu den Neuerungen

Die bisherige Regelung über die persönliche Antragstellung bei der Außenstelle des BAMF entfällt vollständig, weil nun Antragstellung, Antragseinreichung und die Folgen des Nichterscheinens nun unmittelbar durch die Asylverfahrensverordnung (EU) 2024/1348 geregelt werden.

Dafür erhält § 23 einen neuen Inhalt: Bislang enthielt § 24 Abs. 2 AsylG die Regelung über die Zuständigkeit des BAMF für Abschiebungsverbote nach § 60 Abs. 5 und 7 AufenthG. Diese Regelung wird nun in den neuen § 23 verschoben.

Anders als Flüchtlingsschutz und subsidiärer Schutz werden Abschiebungsverbote nach § 60 Abs. 5 und 7 AufenthG nicht durch die Qualifikationsverordnung (EU) 2024/1347 geregelt. Sie beruhen weiterhin auf nationalem Recht. Deshalb braucht es auch weiterhin eine nationale Zuständigkeitsregelung. Das BAMF bleibt die zuständige Behörde für die Prüfung nationaler Abschiebungsverbote. Dies gilt auch für Fälle nach Abschluss des eigentlichen Asylverfahrens.

Gesetzesbegründung zu § 23 AsylG (BT-Drs. 21/1848 und Beschlussempfehlung Drs. 21/4321)

Die Streichung der Regelung in § 23 dient der Anpassung an die Artikel 26, 28 und 41 der Verordnung (EU) 2024/1348; ergänzender Regelungen in § 23 bedarf es dazu nicht.

§ 24 Absatz 2 regelt bisher die Zuständigkeit des Bundesamts für Migration und Flüchtlinge für die Feststellung des Vorliegens der Voraussetzungen des § 60 Absatz 5 oder 7 des Aufenthaltsgesetzes. Dieser Regelung bedarf es weiterhin. Lediglich zur Klarstellung wird ergänzt, dass dies auch nach rechtskräftigem Abschluss des Asylverfahrens gilt.

§ 24 AsylG

bis 11.06.2026	ab 12.06.2026
§ 24 *Pflichten des Bundesamtes*	**§ 24 (weggefallen)**
(1) Das Bundesamt klärt den Sachverhalt und erhebt die erforderlichen Beweise. Das Bundesamt unterrichtet den Ausländer frühzeitig in einer Sprache, deren Kenntnis vernünftigerweise vorausgesetzt werden kann, über den Ablauf des Verfahrens, über seine Rechte und Pflichten im Verfahren, insbesondere über Fristen und die Folgen einer Fristversäumung, sowie über freiwillige Rückkehrmöglichkeiten. Der Ausländer ist persönlich anzuhören. Von einer Anhörung kann abgesehen werden, wenn das Bundesamt	
1. *dem Asylantrag vollständig stattgeben will oder*	
2. *der Auffassung ist, dass der Ausländer aufgrund dauerhafter Umstände, die sich seinem Einfluss entziehen, nicht zu einer Anhörung in der Lage ist. Im Zweifelsfall ist für die Feststellung der Dauerhaftigkeit der Umstände eine ärztliche Bestätigung erforderlich. Wird von einer Anhörung abgesehen, unternimmt das Bundesamt angemessene Bemühungen, damit der Ausländer weitere Informationen unterbreiten kann.*	
Von der Anhörung ist abzusehen, wenn der Asylantrag für ein im Bundesgebiet geborenes Kind unter sechs Jahren gestellt und der Sachverhalt auf Grund des Inhalts der Verfahrensakten der Eltern oder eines Elternteils ausreichend geklärt ist. Die Tatsache, dass keine Anhörung stattgefunden hat, darf die Entscheidung nicht negativ beeinflussen. Die Entscheidung nach den Sätzen 4 und 7 ergeht nach Aktenlage.	
(1a) Sucht eine große Zahl von Ausländern gleichzeitig um Asyl nach und wird es dem Bundesamt dadurch unmöglich, die Anhörung in zeitlichem Zusammenhang mit der Antragstellung durchzuführen, so kann das Bundesamt die Anhörung vorübergehend von einer anderen Behörde, die Aufgaben nach diesem Gesetz oder dem Aufenthaltsgesetz wahrnimmt, durchführen lassen. Die Anhörung darf nur von einem dafür geschulten Bediensteten durchgeführt werden. Die Bediensteten dürfen bei der Anhörung keine Uniform tragen. § 5 Absatz 4 gilt entsprechend.	
(2) Nach Stellung eines Asylantrags obliegt dem Bundesamt auch die Entscheidung, ob ein Abschiebungsverbot nach § 60 Absatz 5 oder 7 des Aufenthaltsgesetzes vorliegt.	
(3) Das Bundesamt unterrichtet die Ausländerbehörde unverzüglich über	

Änderungen im AsylG

bis 11.06.2026	**ab 12.06.2026**
§ 24 *Pflichten des Bundesamtes*	**§ 24 (weggefallen)**
1. *die getroffene Entscheidung und*	
2. *von dem Ausländer vorgetragene oder sonst erkennbare Gründe* 2.	
a) *für eine Aussetzung der Abschiebung, insbesondere über die Notwendigkeit, die für eine Rückführung erforderlichen Dokumente zu beschaffen, oder*	
b) *die nach § 25 Abs. 3 Satz 2 Nummer 1 bis 4 des Aufenthaltsgesetzes der Erteilung einer Aufenthaltserlaubnis entgegenstehen könnten.*	
(4) Eine Entscheidung über den Asylantrag ergeht innerhalb von sechs Monaten. Das Bundesamt kann die Frist auf höchstens 15 Monate verlängern, wenn	
1. *sich in tatsächlicher oder rechtlicher Hinsicht komplexe Fragen ergeben,*	
2. *eine große Zahl von Ausländern gleichzeitig Anträge stellt, weshalb es in der Praxis besonders schwierig ist, das Verfahren innerhalb der Frist nach Satz 1 abzuschließen oder*	
3. *die Verzögerung eindeutig darauf zurückzuführen ist, dass der Ausländer seinen Pflichten nach § 15 nicht nachgekommen ist.*	
Das Bundesamt kann die Frist von 15 Monaten ausnahmsweise um höchstens weitere drei Monate verlängern, wenn dies erforderlich ist, um eine angemessene und vollständige Prüfung des Antrags zu gewährleisten.	
(5) Besteht aller Voraussicht nach im Herkunftsstaat eine vorübergehend ungewisse Lage, sodass eine Entscheidung vernünftigerweise nicht erwartet werden kann, kann die Entscheidung abweichend von den in Absatz 4 genannten Fristen aufgeschoben werden. In diesen Fällen überprüft das Bundesamt mindestens alle sechs Monate die Lage in dem Herkunftsstaat. Das Bundesamt unterrichtet innerhalb einer angemessenen Frist die betroffenen Ausländer über die Gründe des Aufschubs der Entscheidung sowie die Europäische Kommission über den Aufschub der Entscheidungen.	

bis 11.06.2026	**ab 12.06.2026**
§ 24 *Pflichten des Bundesamtes*	**§ 24 (weggefallen)**
(6) Die Frist nach Absatz 4 Satz 1 beginnt mit der Stellung des Asylantrags nach § 14 Absatz 1 und 2. Ist ein Antrag gemäß dem Verfahren nach Maßgabe der Verordnung (EU) Nr. 604/2013 des Europäischen Parlaments und des Rates vom 26. Juni 2013 zur Festlegung der Kriterien und Verfahren zur Bestimmung des Mitgliedstaats, der für die Prüfung eines von einem Drittstaatsangehörigen oder Staatenlosen in einem Mitgliedstaat gestellten Antrags auf internationalen Schutz zuständig ist (ABl. L 180 vom 29. 6 2013, S. 31) zu behandeln, so beginnt die Frist nach Absatz 4 Satz 1, wenn die Bundesrepublik Deutschland als für die Prüfung zuständiger Mitgliedstaat bestimmt ist. Hält sich der Ausländer zu diesem Zeitpunkt nicht im Bundesgebiet auf, so beginnt die Frist mit seiner Überstellung in das Bundesgebiet.	
(7) Das Bundesamt entscheidet spätestens 21 Monate nach der Antragstellung nach § 14 Absatz 1 und 2.	
(8) Das Bundesamt informiert den Ausländer für den Fall, dass innerhalb von sechs Monaten keine Entscheidung ergehen kann, über die Verzögerung und unterrichtet ihn auf sein Verlangen über die Gründe für die Verzögerung und den zeitlichen Rahmen, innerhalb dessen mit einer Entscheidung zu rechnen ist.	

Redaktionelle Hinweise zu den Neuerungen

§ 24 war bislang die zentrale Vorschrift über die Pflichten des Bundesamtes im Asylverfahren. Mit Wirkung zum 12. Juni 2026 entfällt die Vorschrift vollständig.

Die bisherigen Pflichten des Bundesamtes – von der Sachaufklärung über die Anhörung bis hin zu den Verfahrensfristen – werden nicht abgeschafft, sondern unmittelbar durch die Qualifikationsverordnung (EU) 2024/1347 und vor allem durch die Asylverfahrensverordnung (EU) 2024/1348 geregelt.

Gesetzesbegründung zu § 24 AsylG (BT-Drs. 21/1848)

Die Streichung der Regelung in § 24 dient der Anpassung an Artikel 4 Absatz 1 und 3 der Verordnung (EU) 2024/1347 sowie an Artikel 8 Absatz 2, an die Artikel 11 bis 13, 22 Absatz 3 Unterabsatz 1 und an Artikel 35 der Verordnung (EU) 2024/1348; ergänzender Regelungen in § 24 bedarf es dazu nicht.

Die Regelung in Absatz 1 zur Information zur freiwilligen Rückkehr wurde in § 14 verschoben, da die Regelung dort sachnäher ist.

Absatz 3 wurde verschoben in § 31, da die Regelung dort sachnäher ist.

Artikel 22 Absatz 3 Unterabsatz 1 der Verordnung (EU) 2024/1348 sieht vor, dass die Asylbehörde Minderjährigen Gelegenheit zu einer persönlichen Anhörung gibt, sofern das Kindeswohl nicht entgegensteht. Dazu steht § 24 Absatz 1 Satz 5, wonach in bestimmten Fällen bei im Bundesgebiet geborenen Kindern unter sechs Jahren von der Anhörung abzusehen ist, im Widerspruch

Änderungen im AsylG

§ 25 AsylG

bis 11.06.2026	ab 12.06.2026
§ 25 Anhörung	**§ 25 Anhörung im Asylverfahren**
(1) Der Ausländer muss selbst die Tatsachen vortragen, die seine Furcht vor Verfolgung oder die Gefahr eines ihm drohenden ernsthaften Schadens begründen, und die erforderlichen Angaben machen. Zu den erforderlichen Angaben gehören auch solche über Wohnsitze, Reisewege, Aufenthalte in anderen Staaten und darüber, ob bereits in anderen Staaten oder im Bundesgebiet ein Verfahren mit dem Ziel der Anerkennung als ausländischer Flüchtling, auf Zuerkennung internationalen Schutzes im Sinne des § 1 Absatz 1 Nummer 2 oder ein Asylverfahren eingeleitet oder durchgeführt ist.	
(2) Der Ausländer hat alle **sonstigen** Tatsachen und Umstände anzugeben, die einer Abschiebung oder einer Abschiebung in einen bestimmten Staat entgegenstehen.	**(1)** Der Ausländer hat alle Tatsachen und Umstände anzugeben, die einer Abschiebung oder einer Abschiebung in einen bestimmten Staat entgegenstehen.
(3) Ein späteres Vorbringen des Ausländers kann unberücksichtigt bleiben, wenn andernfalls die Entscheidung des Bundesamtes verzögert würde. Der Ausländer ist hierauf und auf § 36 Absatz *4* Satz 3 hinzuweisen.	**(2)** Ein späteres Vorbringen des Ausländers kann unberücksichtigt bleiben, wenn andernfalls die Entscheidung des Bundesamtes verzögert würde. **Artikel 28 Absatz 6 der Verordnung (EU) 2024/1348 bleibt unberührt.** Der Ausländer ist hierauf und auf § 36 Absatz **3** Satz 3 hinzuweisen.
(4) Bei einem Ausländer, der verpflichtet ist, in einer Aufnahmeeinrichtung zu wohnen, soll die Anhörung in zeitlichem Zusammenhang mit der Asylantragstellung erfolgen. Einer besonderen Ladung des Ausländers und seines Bevollmächtigten bedarf es nicht. Entsprechendes gilt, wenn dem Ausländer bei oder innerhalb einer Woche nach der *Antragstellung* der Termin für die Anhörung mitgeteilt wird. Kann die Anhörung nicht an demselben Tag stattfinden, sind der Ausländer und sein Bevollmächtigter von dem Anhörungstermin unverzüglich zu verständigen.	**(3) Die Anhörung soll möglichst bald nach der Asylantragseinreichung erfolgen.** Einer besonderen Ladung des Ausländers und seines Bevollmächtigten bedarf es nicht. Entsprechendes gilt, wenn dem Ausländer bei oder innerhalb einer Woche nach der **Antragseinreichung** der Termin für die Anhörung mitgeteilt wird. Kann die Anhörung nicht an demselben Tag stattfinden, sind der Ausländer und sein Bevollmächtigter von dem Anhörungstermin unverzüglich zu verständigen.
(5) Bei einem Ausländer, der nicht verpflichtet ist, in einer Aufnahmeeinrichtung zu wohnen, kann von der persönlichen Anhörung abgesehen werden, wenn der Ausländer einer Ladung zur Anhörung ohne genügende Entschuldigung nicht folgt. In diesem Falle ist dem Ausländer Gelegenheit zur schriftlichen Stellungnahme innerhalb eines Monats zu geben.	

bis 11.06.2026	ab 12.06.2026
§ 25 Anhörung	**§ 25 Anhörung im Asylverfahren**
(6) Die Anhörung ist nicht öffentlich. *An ihr können Personen, die sich als Vertreter des Bundes, eines Landes oder des Hohen Flüchtlingskommissars der Vereinten Nationen ausweisen, teilnehmen.* Der Ausländer kann sich bei der Anhörung von einem Bevollmächtigten oder Beistand im Sinne des § 14 des Verwaltungsverfahrensgesetzes begleiten lassen. Das Bundesamt kann die Anhörung auch dann durchführen, wenn der Bevollmächtigte oder Beistand trotz einer mit angemessener Frist erfolgten Ladung nicht an ihr teilnimmt. Satz 4 gilt nicht, wenn der Bevollmächtigte oder Beistand seine Nichtteilnahme vor Beginn der Anhörung genügend entschuldigt. Anderen Personen kann der *Leiter* des Bundesamtes oder die von ihm beauftragte Person die Anwesenheit gestatten.	**(4)** Die Anhörung ist nicht öffentlich.Der Ausländer kann sich bei der Anhörung von einem Bevollmächtigten oder Beistand im Sinne des § 14 des Verwaltungsverfahrensgesetzes begleiten lassen. **Das Bundesamt kann bestimmen, dass der Bevollmächtigte oder Beistand erst am Ende der Anhörung eingreifen darf, wenn andernfalls eine störungsfreie Anhörung nicht durchgeführt werden kann.** Das Bundesamt kann die Anhörung auch dann durchführen, wenn der Bevollmächtigte oder Beistand trotz einer mit angemessener Frist erfolgten Ladung nicht an ihr teilnimmt. **Die Sätze 3 und 4 gelten nicht, wenn es sich um einen Minderjährigen handelt.** Satz 4 gilt nicht, wenn der Bevollmächtigte oder Beistand seine Nichtteilnahme vor Beginn der Anhörung genügend entschuldigt. Anderen Personen kann der **Präsident** des Bundesamtes oder die von ihm beauftragte Person **im Einklang mit den Artikeln 7 und 13 Absatz 3 der Verordnung (EU) 2024/1348** die Anwesenheit gestatten **; dies gilt insbesondere für Vertreter des Bundes, eines Landes oder des Hohen Flüchtlingskommissars der Vereinten Nationen.**
(7) Die Anhörung kann in geeigneten Fällen ausnahmsweise im Wege der Bild- und Tonübertragung erfolgen.	**(5) Die Tonaufzeichnung einer Anhörung beim Bundesamt oder Ausschnitte hieraus dürfen weder**
(8) Über die Anhörung ist eine Niederschrift aufzunehmen, die die wesentlichen Angaben des Ausländers enthält. Dem Ausländer ist eine Kopie der Niederschrift auszuhändigen oder mit der Entscheidung des Bundesamtes zuzustellen.	1. **vom Personal des Bundesamtes**
	2. **noch von anderen Personen**
	veröffentlicht oder anderen Personen außerhalb des Bundesamtes als den nach § 29 Absatz 1 Satz 1 oder 3 des Verwaltungsverfahrensgesetzes oder § 100 Absatz 1 Satz 1 der Verwaltungsgerichtsordnung Berechtigten zugänglich gemacht werden. § 99 der Verwaltungsgerichtsordnung bleibt unberührt.

Redaktionelle Hinweise zu den Neuerungen

§ 25 AsylG in der ab dem 12. Juni 2026 geltenden Fassung ist Ausdruck der weitgehenden Europäisierung des Anhörungsverfahrens im Asylrecht. Während die Vorschrift bislang zentrale Elemente der persönlichen Anhörung selbst regelte, beschränkt sie sich nun auf ergänzende nationale Bestimmungen. Die maßgeblichen Verfahrensgarantien ergeben sich überwiegend unmittelbar aus der Verordnung (EU) 2024/1348 sowie weiteren unionsrechtlichen Regelwerken.

Der bisherige Absatz 1 entfällt vollständig. Die darin enthaltenen Pflichten des Antragstellers, seine Verfolgungsgründe vorzutragen und umfassende Angaben zu seiner Person und seinem bisherigen Aufenthalt zu machen, sind nicht ersatzlos entfallen, sondern werden nun unmittelbar durch unionsrechtliche Vorschriften geregelt. Insbesondere die Mitwirkungs- und Darlegungspflichten ergeben sich aus den einschlägigen Bestimmungen der Asylverfahrensverordnung und der Qualifikationsverordnung. § 25 verzichtet daher auf eine eigenständige nationale Wiederholung dieser Grundpflichten und übernimmt insoweit nur noch eine ergänzende Funktion

Erhalten geblieben ist die Verpflichtung des Antragstellers, alle Tatsachen und Umstände vorzutragen, die einer Abschiebung oder einer Abschiebung in einen bestimmten Staat entgegenstehen. Diese Regelung wird nun in Absatz 1 fortgeführt. Sie behält ihre praktische Bedeutung vor allem mit Blick auf nationale Abschiebungsverbote, die weiterhin eigenständig zu prüfen sind und nicht vollständig im unionsrechtlichen Schutzsystem aufgehen.

Die Vorschrift zur Behandlung verspäteten Vorbringens wird im Kern beibehalten. Nach Absatz 2 kann späteres Vorbringen weiterhin unberücksichtigt bleiben, wenn andernfalls die Entscheidung verzögert würde. Neu ist jedoch der ausdrückliche Vorbehalt zugunsten von Art. 28 Abs. 6 der Verordnung (EU) 2024/1348. Damit wird klargestellt, dass nationale Präklusionsregelungen nicht dazu führen dürfen, dass unionsrechtlich garantierte Verfahrensrechte eingeschränkt werden. Besonders bedeutsam ist dies für Fälle, in denen das späte Vorbringen auf besondere Schutzbedürftigkeit oder auf Umstände hinweist, die besondere Verfahrensgarantien erforderlich machen. In solchen Konstellationen ist das Vorbringen trotz Verspätung zu berücksichtigen.

Eine weitere Anpassung betrifft den Zeitpunkt der Anhörung. Während bisher auf die Asylantragstellung abgestellt wurde, knüpft die neue Regelung in Absatz 3 an die Asylantragseinreichung an. Damit wird die Terminologie an die unionsrechtliche Dreiteilung des Verfahrens in Antragstellung, Registrierung und Antragseinreichung angepasst. Die Anhörung soll möglichst bald nach dieser Verfahrensstufe stattfinden. Praktisch bedeutet dies, dass die Anhörung enger an den förmlichen Beginn des eigentlichen Asylverfahrens heranrückt.

Die Vorschriften zur Durchführung der Anhörung werden in Absatz 4 neu gefasst und teilweise konkretisiert. Grundsatz bleibt, dass die Anhörung nicht öffentlich ist und der Antragsteller sich durch einen Bevollmächtigten oder Beistand begleiten lassen kann. Neu ist jedoch die ausdrückliche Möglichkeit des Bundesamts, die Mitwirkung des Bevollmächtigten während der Anhörung zu steuern, indem vorgesehen wird, dass dieser erst am Ende der Anhörung eingreifen darf, wenn andernfalls eine störungsfreie Durchführung gefährdet wäre. Diese Regelung dient der Verfahrensökonomie und soll insbesondere verhindern, dass die Anhörung durch laufende Interventionen unterbrochen wird. Gleichzeitig wird klargestellt, dass solche Einschränkungen bei Minderjährigen nicht zulässig sind. Damit wird dem unionsrechtlich besonders betonten Kindeswohl Rechnung getragen und sichergestellt, dass minderjährige Antragsteller während der Anhörung umfassend unterstützt werden können.

Die Vorschrift bestätigt zudem, dass das Bundesamt die Anhörung grundsätzlich auch dann durchführen kann, wenn ein Bevollmächtigter trotz ordnungsgemäßer Ladung nicht erscheint. Eine Ausnahme gilt lediglich dann, wenn die Nichtteilnahme ausreichend entschuldigt wird. Auch diese Regelung dient der Verfahrensbeschleunigung und verhindert Verzögerungen durch kurzfristige Ausfälle.

Absatz 5 führt Regelung zur Tonaufzeichnung der Anhörung ein. Hintergrund ist die unionsrechtliche Verpflichtung, Anhörungen künftig umfassend akustisch zu dokumentieren. Damit entsteht eine neue Form der Verfahrensdokumentation, die über die bisherige schriftliche Niederschrift hinausgeht. Die nationale Vorschrift reagiert darauf mit einem strikten Verbot, diese Aufzeichnungen unbefugt zu veröffentlichen oder Dritten zugänglich zu machen. Geschützt werden damit die Persönlichkeitsrechte aller an der Anhörung Beteiligten, insbesondere des Antragstellers, der Sprachmittelnden und der Mitarbeiter des Bundesamts. Die Verwendung der Aufzeichnungen bleibt auf den gesetzlich vorgesehenen Kreis Berechtigter beschränkt, etwa im Rahmen der Akteneinsicht oder des gerichtlichen Verfahrens.

Gesetzesbegründung zu § 25 AsylG (BT-Drs. 21/1848)

Die Neufassung dient der Anpassung an die Artikel 7, 11, 12, 13 Absatz 10, 11 und 13, an Artikel 14 der Verordnung (EU) 2024/1348, an Artikel 4 Absatz 1 und 2 der Verordnung (EU) 2024/1347 und an Artikel 22 der Verordnung (EU) 2024/1351.

Beruht das spätere Vorbringen des Ausländers in § 25 Absatz 2 Satz 1 auf Gründen, die die Stellung als Antragsteller mit besonderen Verfahrensgarantien nach Artikel 20 der Verordnung (EU) 2024/1348 in Verbindung mit Artikel 24 Richtlinie (EU) 2024/1346 nahelegen oder begründen, ist dieses zu berücksichtigen.

Hinsichtlich § 25 Absatz 4 Satz 5 sind bei Anhörungen Minderjähriger Artikel 22 Absatz 4 und Artikel 23 Absatz 8 Satz 2 der Verordnung (EU) 2024/1348 zu berücksichtigen.

Durch die in Artikel 14 der Verordnung (EU) 2024/1348 und Artikel 22 der Verordnung (EU) 2024/1351 vorgeschriebene Tonaufzeichnung aller Anhörungen im Asylverfahren und im Zuständigkeitsbestimmungsverfahren erfolgt ein weitgehender Eingriff in die Persönlichkeitsrechte des Antragstellers, des Sprachmittelnden und des Mitarbeitenden des Bundesamts, der die Anhörung durchführt. Zum Schutz der an der Anhörung Beteiligten regelt Absatz 5 daher das Verbot, die Tonaufzeichnung einer Anhörung oder Ausschnitte daraus an Unberechtigte.

Änderungen im AsylG

§ 26 AsylG

bis 11.06.2026	ab 12.06.2026
§ 26 *Familienasyl und internationaler Schutz für Familienangehörige*	**§ 26 Asylanträge von Familienangehörigen**
(1) Der Ehegatte oder der Lebenspartner eines Asylberechtigten wird auf Antrag als Asylberechtigter anerkannt, wenn	**(1) Asylanträge von Familienangehörigen im Sinne des Artikels 3 Nummer 9 der Verordnung (EU) 2024/1347 werden individuell geprüft und entschieden. Reisen Familienverbände gemeinsam ein, sollen die Personen des Familienverbands bei der Antragseinreichung durch das Bundesamt darauf hingewiesen werden, dass sie den Asylantrag in zeitlichem Zusammenhang einzureichen haben, um die Familieneinheit gewährleisten zu können.**
1. *die Anerkennung des Asylberechtigten unanfechtbar ist,*	**(2) Wird der Asylantrag eines Familienangehörigen im Sinne des Artikels 3 Nummer 9 der Verordnung (EU) 2024/1347 abgelehnt, stellt das Bundesamt in den Fällen des Artikels 23 Absatz 1 der Verordnung (EU) 2024/1347 zeitgleich mit der Entscheidung fest, ob die Voraussetzungen des Artikels 23 Absatz 1 der Verordnung (EU) 2024/1347 vorliegen. Abweichend von § 34 Absatz 1 Satz 1 ist in diesen Fällen keine Abschiebungsandrohung zu erlassen.**
2. *die Ehe oder Lebenspartnerschaft mit dem Asylberechtigten schon in dem Staat bestanden hat, in dem der Asylberechtigte politisch verfolgt wird,*	**(3) Die Absätze 1 und 2 gelten auch für minderjährige ledige Geschwister des Asylberechtigten oder der Person, der internationaler Schutz zuerkannt wurde, wenn die Familie vor dessen Ankunft im Bundesgebiet bereits bestand oder die minderjährigen ledigen Geschwister im Bundesgebiet geboren worden sind. Die Absätze 1 und 2 gelten auch, wenn die Ehe nach deutschem Recht wegen Minderjährigkeit im Zeitpunkt der Eheschließung unwirksam oder aufgehoben worden ist; dies gilt nicht zugunsten des im Zeitpunkt der Eheschließung volljährigen Ehegatten.**
3. *der Ehegatte oder der Lebenspartner vor der Anerkennung des Ausländers als Asylberechtigter eingereist ist oder er den Asylantrag unverzüglich nach der Einreise gestellt hat und*	
4. *die Anerkennung des Asylberechtigten nicht zu widerrufen oder zurückzunehmen ist.*	
Für die Anerkennung als Asylberechtigter nach Satz 1 ist es unbeachtlich, wenn die Ehe nach deutschem Recht wegen Minderjährigkeit im Zeitpunkt der Eheschließung unwirksam oder aufgehoben worden ist; dies gilt nicht zugunsten des im Zeitpunkt der Eheschließung volljährigen Ehegatten.	
(2) Ein zum Zeitpunkt seiner Asylantragstellung minderjähriges lediges Kind eines Asylberechtigten wird auf Antrag als asylberechtigt anerkannt, wenn die Anerkennung des Ausländers als Asylberechtigter unanfechtbar ist und diese Anerkennung nicht zu widerrufen oder zurückzunehmen ist.	

bis 11.06.2026	ab 12.06.2026
§ 26 *Familienasyl und internationaler Schutz für Familienangehörige*	**§ 26 Asylanträge von Familienangehörigen**
(3) Die Eltern eines minderjährigen ledigen Asylberechtigten oder ein anderer Erwachsener im Sinne des Artikels 2 Buchstabe j der Richtlinie 2011/95/EU werden auf Antrag als Asylberechtigte anerkannt, wenn	
1. *die Anerkennung des Asylberechtigten unanfechtbar ist,*	
2. *die Familie im Sinne des Artikels 2 Buchstabe j der Richtlinie 2011/95/EU schon in dem Staat bestanden hat, in dem der Asylberechtigte politisch verfolgt wird,*	
3. *sie vor der Anerkennung des Asylberechtigten eingereist sind oder sie den Asylantrag unverzüglich nach der Einreise gestellt haben,*	
4. *die Anerkennung des Asylberechtigten nicht zu widerrufen oder zurückzunehmen ist und*	
5. *sie die Personensorge für den Asylberechtigten innehaben.*	
Für zum Zeitpunkt ihrer Antragstellung minderjährige ledige Geschwister des minderjährigen Asylberechtigten gilt Satz 1 Nummer 1 bis 4 entsprechend.	
(4) Die Absätze 1 bis 3 gelten nicht für Familienangehörige im Sinne dieser Absätze, die die Voraussetzungen des § 60 Absatz 8 Nummer 2 oder 3 des Aufenthaltsgesetzes oder des § 3 Absatz 2 erfüllen oder bei denen das Bundesamt nach § 60 Absatz 8a oder 8b des Aufenthaltsgesetzes von der Anwendung des § 60 Absatz 1 des Aufenthaltsgesetzes abgesehen hat. Die Absätze 2 und 3 gelten nicht für Kinder eines Ausländers, der selbst nach Absatz 2 oder Absatz 3 als Asylberechtigter anerkannt worden ist.	
(5) Auf Familienangehörige im Sinne der Absätze 1 bis 3 von international Schutzberechtigten sind die Absätze 1 bis 4 entsprechend anzuwenden. An die Stelle der Asylberechtigung tritt die Flüchtlingseigenschaft oder der subsidiäre Schutz. Der subsidiäre Schutz als Familienangehöriger wird nicht gewährt, wenn ein Ausschlussgrund nach § 4 Absatz 2 vorliegt.	
(6) Die Absätze 1 bis 5 sind nicht anzuwenden, wenn dem Ausländer durch den Familienangehörigen im Sinne dieser Absätze eine Verfolgung im Sinne des § 3 Absatz 1 oder ein ernsthafter Schaden im Sinne des § 4 Absatz 1 droht oder er bereits einer solchen Verfolgung ausgesetzt war oder einen solchen ernsthaften Schaden erlitten hat.	

Änderungen im AsylG

Redaktionelle Hinweise zu den Neuerungen

Systemwechsel Familienasyl

§ 26 AsylG in der ab dem 12. Juni 2026 geltenden Fassung markiert einen grundlegenden Systemwechsel im deutschen Asylrecht. Während bislang die Familie – insbesondere Ehegatten, minderjährige ledige Kinder sowie unter den gesetzlichen Voraussetzungen auch Eltern und minderjährige ledige Geschwister – im Ergebnis häufig einen einheitlichen Schutzstatus erhielt, wird nun zwischen individueller Schutzgewährung und familienbezogenem Aufenthaltsrecht strikt unterschieden. Die Einheit der Familie bleibt geschützt, jedoch nicht mehr über die automatische Zuerkennung eines Schutzstatus, sondern über ein eigenständiges, nachgelagertes Aufenthaltsrecht. Die Vorschrift löst also das bisherige Institut des Familienasyls und des abgeleiteten internationalen Schutzes vollständig ab und ersetzt es durch ein unionsrechtlich vorgegebenes System der individuellen Schutzprüfung für jedes einzelne Familienmitglied. Maßgeblicher Bezugspunkt ist dabei die Verordnung (EU) 2024/1347 (= Annerkennungsverordnung, auch Qualifikationsverordnung genannt), die eine eigenständige Prüfung jedes Schutzgesuchs verlangt.

Nach der Neuregelung werden Asylanträge von Familienangehörigen nicht mehr aufgrund der familiären Verbindung zu einer bereits anerkannten schutzberechtigten Person entschieden, sondern ausschließlich auf der Grundlage der individuellen Schutzbedürftigkeit. Absatz 1 stellt diesen Grundsatz dar. Die Schutzgewährung folgt also nicht mehr automatisch aus dem Status eines anderen Familienmitglieds. Vielmehr ist für jede Person gesondert zu prüfen, ob die Voraussetzungen für die Zuerkennung von Flüchtlingsschutz, subsidiärem Schutz oder Asyl vorliegen. Damit entfällt die bisherige Möglichkeit, Schutz allein „kraft Familienzugehörigkeit" zu erhalten.

Die Vorschrift trägt jedoch zugleich dem unionsrechtlichen Grundsatz der Wahrung der Familieneinheit Rechnung. Sie verlagert die Sicherung der Familie von der Ebene des Schutzstatus auf die Ebene des Aufenthaltsrechts. Dementsprechend sieht Absatz 2 vor, dass das Bundesamt bei Ablehnung eines Asylantrags eines Familienangehörigen zugleich prüfen muss, ob die Voraussetzungen für ein Aufenthaltsrecht nach Artikel 23 der Verordnung (EU) 2024/1347 vorliegen. Diese Prüfung erfolgt unmittelbar im Zusammenhang mit der Sachentscheidung über den Asylantrag

Von besonderer praktischer Bedeutung ist in diesem Zusammenhang, dass bei Vorliegen der Voraussetzungen des Artikel 23 der Verordnung (EU) 2024/1347 trotz Ablehnung des Asylantrags keine Abschiebungsandrohung erlassen wird. Hintergrund ist, dass in diesen Fällen ein Anspruch auf Erteilung einer Aufenthaltserlaubnis bestehen kann, sodass eine aufenthaltsbeendende Maßnahme systemwidrig wäre. Die Entscheidung über das Asylbegehren und die Feststellung zu den Voraussetzungen eines familienbezogenen Aufenthaltsrechts sind daher miteinander zu verzahnen

Die Prüfung erfolgt dabei in zwei aufeinander folgenden Schritten.

- Zunächst ist zu klären, ob der Familienangehörige selbst schutzberechtigt ist. Dies wird regelmäßig nicht von vornherein ausgeschlossen sein, da Familienangehörige nach der unionsrechtlichen Wertung häufig ebenfalls einer Gefährdung ausgesetzt sind.

- Erst wenn eine eigene Schutzberechtigung nicht festgestellt werden kann, ist in einem zweiten Schritt zu prüfen, ob zur Wahrung der Familieneinheit ein Aufenthaltstitel zu gewähren ist. § 26 AsylG n. F. steuert damit den Übergang von der asylrechtlichen zur aufenthaltsrechtlichen Betrachtung.

Zunächst ist zu klären, ob der Familienangehörige selbst schutzberechtigt ist. Dies wird regelmäßig nicht von vornherein ausgeschlossen sein, da Familienangehörige nach der unionsrechtlichen

Wertung häufig ebenfalls einer Gefährdung ausgesetzt sind. Erst wenn eine eigene Schutzberechtigung nicht festgestellt werden kann, ist in einem zweiten Schritt zu prüfen, ob zur Wahrung der Familieneinheit ein Aufenthaltstitel zu gewähren ist. § 26 AsylG n. F. steuert damit den Übergang von der asylrechtlichen zur aufenthaltsrechtlichen Betrachtung.

Bis 11.06.2026	**Ab 12.06.2026**
Familienasyl möglich	Familienasyl entfällt
Schutzstatus kann vom Stammberechtigten abgeleitet werden (Status wurde „vererbt")	Jeder Antrag wird individuell geprüft
Anerkennung oft ohne eigene Verfolgungsgründe	Eigene Schutzgründe müssen geprüft werden
Familienschutz erfolgt über Schutzstatus	Familienschutz erfolgt über Aufenthaltstitel nach Art. 23 VO 2024/1347
Abschiebungsandrohung nach Ablehnung grundsätzlich möglich	Keine Abschiebungsandrohung, wenn Anspruch auf Familienaufenthalt festgestellt wird

Definition Familienangehöriger

Die Definition des Begriffs des Familienangehörigen selbst ergibt sich nicht mehr aus dem nationalen Recht, sondern unmittelbar aus Artikel 3 Nummer 9 der Verordnung (EU) 2024/1347:

„Für die Zwecke dieser Verordnung bezeichnet der Ausdruck […]

„Familienangehörige" die folgenden Mitglieder der Familie der Person, der internationaler Schutz gewährt wurde, die sich im Zusammenhang mit dem Antrag auf internationalen Schutz im Hoheitsgebiet desselben Mitgliedstaats aufhalten, sofern die Familie bereits vor der Ankunft des Antragstellers im Hoheitsgebiet der Mitgliedstaaten bestanden hat:

a) den Ehegatten der Person, der internationaler Schutz gewährt wurde, oder ihren nicht verheirateten Partner, der mit ihr eine dauerhafte Beziehung führt, soweit nach dem Recht oder den Gepflogenheiten des betreffenden Mitgliedstaats nicht verheiratete Paare verheirateten Paaren gleichgestellt sind;

b) die minderjährigen oder volljährigen abhängigen Kinder des unter Buchstabe a genannten Paares oder der Person, der internationaler Schutz gewährt wurde, sofern sie nicht verheiratet sind, gleichgültig, ob es sich gemäß nationalem Recht um eheliche oder außerehelich geborene oder adoptierte Kinder handelt; Minderjährige gelten – auf der Grundlage einer Einzelfallprüfung – als unverheiratet, sofern ihre Ehe insbesondere hinsichtlich der Ehemündigkeit nicht im Einklang mit dem einschlägigen nationalen Recht stünde, wäre sie in dem betreffenden Mitgliedstaat geschlossen worden;

c) den Vater, die Mutter oder einen anderen Erwachsenen, der nach dem Recht oder den Gepflogenheiten des betreffenden Mitgliedstaats für die Person, der internationaler Schutz gewährt wurde, verantwortlich ist, wenn diese Person minderjährig und nicht verheiratet ist; dies schließt erwachsene Geschwister ein; Minderjährige gelten – auf der Grundlage einer Einzelfallprüfung – als unverheiratet, sofern ihre Ehe insbesondere hinsichtlich der Ehemündigkeit nicht im Einklang mit dem einschlägigen nationalen Recht stünde, wäre sie in dem betreffenden Mitgliedstaat geschlossen worden;"

Änderungen im AsylG

Der nationale Gesetzgeber ergänzt diese unionsrechtliche Definition lediglich punktuell. So stellt Absatz 3 klar, dass die Regelungen auch für minderjährige ledige Geschwister gelten, sofern die familiäre Lebensgemeinschaft bereits vor der Einreise bestand oder die Geschwister erst im Bundesgebiet geboren wurden. Damit wird eine unionsrechtliche Erweiterung des Familienbegriffs umgesetzt.

Zudem wird die bisherige Sonderregelung zu sogenannten Minderjährigenehen fortgeführt. Auch künftig ist es für die Anwendung der Vorschrift unerheblich, wenn eine Ehe nach deutschem Recht wegen Minderjährigkeit unwirksam oder aufgehoben worden ist, sofern dies nicht zugunsten des bei Eheschluss volljährigen Partners wirkt. Diese Regelung wahrt Kontinuität zur bisherigen Rechtslage und trägt zugleich den Vorgaben des Unionsrechts Rechnung.

Gesetzesbegründung zu § 26 AsylG (BT-Drs. 21/1848)

Schon bisher erhielten Familienangehörige internationalen Schutz, wenn sie in ihrem Asylverfahren eigene Verfolgungsgründe geltend machen. An dieser Rechtslage ändert sich nichts. Auch ist weiterhin entsprechend des Erwägungsgrunds 58 der Verordnung (EU) 2024/1347 davon auszugehen, dass Familienangehörige nach Artikel 3 Nummer 9 der Verordnung (EU) 2024/1347 von international Schutzberechtigten in der Regel selbst Gefahr laufen, in einer Art und Weise verfolgt zu werden oder ernsthaften Schaden zu erleiden, die einen Grund für die Gewährung von internationalem Schutz darstellen könnte.

Führt die umfassende individuelle Prüfung des Asylantrags jedoch nicht zu einer Schutzzuerkennung für den Familienangehörigen, ist die Erteilung einer Aufenthaltserlaubnis nach Artikel 23 der Verordnung (EU) 2024/1347 zu prüfen.

Die Verordnung (EU) 2024/1347 sieht in Artikel 23 Absatz 1 vor, dass zur Wahrung der Einheit der Familie den Familienangehörigen nach den nationalen Verfahren auf Antrag ein Aufenthaltstitel zu erteilen ist, wenn die Familienangehörigen nicht selbst die Voraussetzungen für die Gewährung des internationalen Schutzes erfüllen. Bei den Familienangehörigen ist zunächst unter Berücksichtigung der Ausführungen in Erwägungsgrund 58 der Verordnung (EU) 2024/1347 gesondert zu prüfen, ob ihr Schutzbegehren begründet ist und sie einen eigenen Anspruch auf Erteilung eines Aufenthaltstitels unabhängig von ihren jeweiligen Familienangehörigen besitzen. Ist dies nicht der Fall, ist den Familienangehörigen nach der Maßgabe des Artikels 23 der Verordnung (EU) 2024/1347 ein Aufenthaltstitel zu erteilen.

Das Bundesamt für Migration und Flüchtlinge prüft dann, ob die Voraussetzungen des Artikels 23 Absatz 1 oder 3 bis 5 der Verordnung (EU) 2024/1347 erfüllt sind. Stellt das Bundesamt für Migration und Flüchtlinge fest, dass die Voraussetzungen des Absatzes 1 vorliegen und die Ausschlussgründe für die Erteilung eines Aufenthaltstitels nach den Absätzen 3 bis 5 nicht greifen, besteht nach § 25 Absatz 1 oder 2 AufenthG ein Anspruch auf Erteilung einer Aufenthaltserlaubnis. Eine Abschiebungsandrohung ist daher trotz Ablehnung des Asylantrags nicht zu erlassen. Die Feststellung, dass die Voraussetzungen für die Erteilung eines Aufenthaltstitels vorliegen, muss nicht in dem ablehnenden Bescheid des Bundesamts für Migration und Flüchtlinge enthalten sein, sondern kann in einem gesonderten Dokument zeitgleich erfolgen. In dem ablehnenden Bescheid ist darauf hinzuweisen, dass eine separate Feststellung über das Vorliegen der Voraussetzungen für die Erteilung eines Aufenthaltstitels nach Artikel 23 Verordnung (EU) 2024/1347 ergeht Der ablehnende

Bescheid und die Feststellung, dass die Voraussetzungen für die Erteilung des Aufenthaltstitels nach Artikel 23 Verordnung (EU) 2024/1347 vorliegen, werden dem Antragssteller gemeinsam zugestellt.

Wer Familienangehöriger im Sinne der Regelung ist, ergibt sich aus Artikel 3 Nummer 9 der Verordnung (EU) 2024/1347. In Umsetzung des Artikels 23 Absatz 7 der Verordnung (EU) 2024/1347 erhalten auch minderjährige ledige Geschwister des Schutzberechtigten einen entsprechenden Aufenthaltstitel, wenn die Familie vor Ankunft des Schutzberechtigten im Bundesgebiet bereits bestand oder die minderjährigen ledigen Geschwister erst im Bundesgebiet in die Flüchtlingsfamilie hineingeboren worden sind. Für Ehegatten gilt § 26 wie nach bisheriger Rechtslage auch, wenn die Ehe nach deutschem Recht wegen Minderjährigkeit im Zeitpunkt der Eheschließung unwirksam oder aufgehoben worden ist. Dies gilt nicht zugunsten des im Zeitpunkt der Eheschließung volljährigen Ehegatten

Änderungen im AsylG

§ 26a AsylG

bis 11.06.2026	ab 12.06.2026
§ 26a Sichere Drittstaaten	**§ 26a Sichere Drittstaaten im Sinne des Artikels 16a Absatz 2 des Grundgesetzes**
(1) Ein Ausländer, der aus einem Drittstaat im Sinne des Artikels 16a *Abs.* 2 Satz 1 des Grundgesetzes *(sicherer Drittstaat)* eingereist ist, kann sich nicht auf Artikel 16a *Abs.* 1 des Grundgesetzes berufen. Er wird nicht als Asylberechtigter anerkannt. Satz 1 gilt nicht, wenn	(1) Ein Ausländer, der aus einem Drittstaat im Sinne des Artikels 16a **Absatz** 2 Satz 1 des Grundgesetzes eingereist ist, kann sich nicht auf Artikel 16a **Absatz** 1 des Grundgesetzes berufen. Er wird nicht als Asylberechtigter anerkannt. Satz 1 gilt nicht, wenn
1. der Ausländer im Zeitpunkt seiner Einreise in den sicheren Drittstaat im Besitz eines Aufenthaltstitels für die Bundesrepublik Deutschland war,	1. [unverändert]
2. die Bundesrepublik Deutschland auf Grund von Rechtsvorschriften der *Europäischen Gemeinschaft* oder eines völkerrechtlichen Vertrages mit dem sicheren Drittstaat für die Durchführung des Asylverfahrens zuständig ist oder	2. die Bundesrepublik Deutschland auf Grund von Rechtsvorschriften der **Europäischen Union** oder eines völkerrechtlichen Vertrages mit dem sicheren Drittstaat für die Durchführung des Asylverfahrens zuständig ist oder
3. der Ausländer auf Grund einer Anordnung nach § 18 Abs. 4 Nr. 2 nicht zurückgewiesen oder zurückgeschoben worden ist.	3. [unverändert]
(2) Sichere Drittstaaten sind außer den Mitgliedstaaten der Europäischen Union die in Anlage I* bezeichneten Staaten.	(2) Sichere Drittstaaten **im Sinne des Artikels 16a Absatz 2 des Grundgesetzes** sind außer den Mitgliedstaaten der Europäischen Union die in Anlage I* bezeichneten Staaten.
(3) Die Bundesregierung bestimmt durch Rechtsverordnung ohne Zustimmung des Bundesrates, dass ein in Anlage I* bezeichneter Staat nicht mehr als sicherer Drittstaat gilt, wenn Veränderungen in den rechtlichen oder politischen Verhältnissen dieses Staates die Annahme begründen, dass die in Artikel 16a Abs. 2 Satz 1 des Grundgesetzes bezeichneten Voraussetzungen entfallen sind. Die Verordnung tritt spätestens sechs Monate nach ihrem Inkrafttreten außer Kraft.	(3) [unverändert]

* Anlage I: Norwegen, Schweiz

Redaktionelle Hinweise zu den Neuerungen

§ 26a AsylG ist weiterhin maßgeblich dafür, unter welchen Voraussetzungen ein Asylantrag in Deutschland bereits als unzulässig behandelt werden kann, weil die Einreise über einen sicheren Drittstaat erfolgt ist; unverändert beruht § 26a AsylG auf Art. 16a Abs. 2 GG und betrifft ausschließlich die Asylberechtigung im verfassungsrechtlichen Sinne (davon abzugrenzen ist § 27 AsylG n. F., der den internationalen Schutz im Sinne des europäischen Asylsystems betrifft).

Inhaltlich bleibt der tragende Gedanke bestehen, dass ein Ausländer, der aus einem sicheren Drittstaat einreist, sich grundsätzlich nicht auf das Asylrecht in Deutschland berufen kann. Diese Drittstaatenregelung ist weiterhin eng mit dem unionsrechtlichen Zuständigkeitssystem verzahnt und dient dazu, Mehrfachprüfungen zu vermeiden und die Zuständigkeit innerhalb der EU klar zuzuordnen. Neu ist jedoch, dass die Anwendung des Drittstaatenkonzepts stärker als bisher im Kontext der unionsrechtlichen Regelungen zum Zuständigkeitsverfahren nach der Verordnung (EU) 2024/1351 (= Asyl- und Migrationsmanagement-Verordnung) zu sehen ist. § 26a nicht mehr isoliert geprüft werden kann, sondern im Zusammenspiel mit den unionsrechtlichen Bestimmungen zur Bestimmung des zuständigen Mitgliedstaates. Die Prüfung verlagert sich damit stärker auf die Frage, welcher Mitgliedstaat für die Durchführung des Verfahrens zuständig ist, anstatt allein darauf abzustellen, ob ein sicherer Drittstaat durchquert wurde.

Zugleich bleibt die Schutzfunktion der Vorschrift erhalten. Die Einstufung eines Staates als sicherer Drittstaat setzt weiterhin voraus, dass dort insbesondere die Einhaltung der Genfer Flüchtlingskonvention und der Europäischen Menschenrechtskonvention gewährleistet ist. Auch unter dem neuen GEAS-Regime ist daher sicherzustellen, dass dem Betroffenen im Drittstaat tatsächlich effektiver Schutz zur Verfügung steht und ihm keine Weiterverweisung in einen unsicheren Staat droht.

Gesetzesbegründung zu § 26a AsylG (BT-Drs. 21/1848)

Zur Überschrift

Die Änderung dient der Klarstellung zur Abgrenzung zum neuen § 27.

Zu Absatz 1 Satz 1

Es handelt sich um redaktionelle Änderungen.

Zu Absatz 1 Satz 3

Es handelt sich um redaktionelle Änderungen.

Zu Absatz 2

Es handelt sich um eine redaktionelle Änderung.

Änderungen im AsylG

§ 27 AsylG

bis 11.06.2026	ab 12.06.2026
§ 27 *Anderweitige Sicherheit vor Verfolgung*	**§ 27 Sichere Drittstaaten im Sinne der Verordnung (EU) 2024/1348**
(1) Ein Ausländer, der bereits in einem sonstigen Drittstaat vor politischer Verfolgung sicher war, wird nicht als Asylberechtigter anerkannt.	**(1) Die Bundesregierung bestimmt durch Rechtsverordnung ohne Zustimmung des Bundesrates sichere Drittstaaten im Sinne des Artikels 64 der Verordnung (EU) 2024/1348.**
(2) Ist der Ausländer im Besitz eines von einem sicheren Drittstaat (§ 26a) oder einem sonstigen Drittstaat ausgestellten Reiseausweises nach dem Abkommen über die Rechtsstellung der Flüchtlinge, so wird vermutet, dass er bereits in diesem Staat vor politischer Verfolgung sicher war.	**(2) Die Bundesregierung legt dem Deutschen Bundestag alle zwei Jahre, erstmals zum 12. Juni 2027, einen Bericht darüber vor, ob die Voraussetzungen für die Bestimmung weiterhin vorliegen, soweit die sicheren Drittstaaten nicht nach Artikel 61 Absatz 1 der Verordnung (EU) 2024/1348 auf Unionsebene bestimmt wurden.**
(3) Hat sich ein Ausländer im sonstigen Drittstaat, in dem ihm keine politische Verfolgung droht, vor der Einreise in das Bundesgebiet länger als drei Monate aufgehalten, so wird vermutet, dass er dort vor politischer Verfolgung sicher war. Das gilt nicht, wenn der Ausländer glaubhaft macht, dass eine Abschiebung in einen anderen Staat, in dem ihm politische Verfolgung droht, nicht mit hinreichender Sicherheit auszuschließen war.	

Redaktionelle Hinweise zu den Neuerungen

Der bisherige Regelungsgehalt von § 27 AsylG („Anderweitige Sicherheit vor Verfolgung") entfällt vollständig. An seine Stelle tritt eine neue Regelung über die Bestimmung sicherer Drittstaaten im Sinne der Asylverfahrensverordnung (EU) 2024/1348. Diese Aufgabe wird der Bundesregierung übertragen, die solche Staaten durch Rechtsverordnung bestimmen kann.

Die Neuregelung ist im Kontext der umfassenden Europäisierung des Asylrechts zu verstehen. Die maßgeblichen Kriterien dafür, ob ein Staat als sicherer Drittstaat gilt und unter welchen Voraussetzungen ein Asylantrag unter Hinweis auf einen solchen Staat behandelt werden kann, ergeben sich nicht mehr aus dem nationalen Recht, sondern aus den Vorschriften der Asylverfahrensverordnung, insbesondere aus deren Artikeln zum Drittstaatenkonzept (Art. 59 ff. VO (EU) 2024/1348). § 27 AsylG n. F. übernimmt insoweit lediglich die Funktion, die notwendige nationale Verfahrensbasis für die Bestimmung solcher Staaten zu schaffen, denn Art. 64 VO (EU) 2024/1348 erlaubt es den EU-Mitgliedstaaten, ergänzend zu den EU-weit harmonisierten Staaten auch national zusätzliche sichere Länder zu definieren (Öffnungsklausel). Ausschlusskriterium: ist dabei allerdings: Ein Staat darf von einem Mitgliedstaat nicht mehr als sicheres Drittland oder Herkunftsland benannt werden, wenn seine Einstufung auf Unionsebene zuvor offiziell gestrichen wurde.

Von besonderer Bedeutung ist eine klare Abgrenzung zu dem weiterhin bestehenden sicheren Drittstaatenkonzept des § 26a AsylG. Während § 26a auf Art. 16a Abs. 2 GG beruht und ausschließlich die Asylberechtigung im verfassungsrechtlichen Sinne betrifft, ist § 27 unionsrechtlich geprägt und betrifft den internationalen Schutz im Sinne des europäischen Asylsystems. Beide Vorschriften bestehen künftig nebeneinander und verfolgen unterschiedliche Zielrichtungen.

§ 26a AsylG	§ 27 AsylG
für Asylberechtigung (Asylgrundrecht, Art. 16a GG)	für internationalen Schutz
Einreise aus sicherem Drittstaat	sichere Drittstaaten
Gesetzesvorbehalt: Festlegung der sicheren Staaten durch Gesetz	Verordnungsermächtigung aufgrund der Öffnungsklausel in Art. 64 VO (EU) 2024/1348
Zustimmung des Bundesrats notwendig	Keine Zustimmung des Bundesrats notwendig

Neben der Verordnungsermächtigung enthält § 27 in Absatz 2 eine Berichtspflicht der Bundesregierung gegenüber dem Deutschen Bundestag (diese wurde im Laufe des Gesetzgebungsverfahrens eingefügt und war im ursprünglichen Gesetzentwurf nicht enthalten). Danach ist in regelmäßigen Abständen zu überprüfen, ob die Voraussetzungen für die Einstufung der jeweils bestimmten Staaten weiterhin vorliegen. Diese Pflicht trägt dem Umstand Rechnung, dass sich die politischen und rechtlichen Verhältnisse in Drittstaaten verändern können und die Annahme der Sicherheit daher nicht dauerhaft unverändert fortgelten kann. Die regelmäßige Berichterstattung dient der Nachsteuerung und der parlamentarischen Kontrolle.

Gesetzesbegründung zu § 27 AsylG (BT-Drs. 21/1848 und Beschlussempfehlung BT-Drs. 21/4321)

Zu Absatz 1

Die Einfügung dient der Anpassung an Artikel 64 der Verordnung (EU) 2024/1348. Vorgesehen ist die Bestimmung von sicheren Drittstaaten durch eine Rechtsverordnung der Bunderegierung.

Die Bestimmung von sicheren Drittstaaten im Sinne des Artikels 64 der Verordnung (EU) 2024/1348 ist von der Bestimmung von sicheren Drittstaaten nach Artikel 16a Absatz 2 des Grundgesetzes für die Asylberechtigung zu unterscheiden. Daher ist hier eine eigenständige Regelung erforderlich. Eine Bestimmung von sicheren Drittstaaten im Sinne des Artikels 64 der Verordnung (EU) 2024/1348 durch Rechtsverordnung mit Blick auf die Zuerkennung des internationalen Schutzes berührt nicht die Asylberechtigung nach Artikel 16a Absatz 2 des Grundgesetzes. Maßgeblich für die Bestimmung von sicheren Drittstaaten im Sinne von Artikel 64 der Verordnung (EU) 2024/1348 ist Artikel 59 der Verordnung (EU) 2024/1348. Diese Regelung betrifft Staaten hinsichtlich derer individuell zu prüfen ist, ob der konkrete sichere Drittstaat für den Asylantragsteller als sicher betrachtet werden kann. Der Asylantragsteller kann Gründe vortragen, warum dies bei ihm nicht der Fall ist, Artikel 59 Absatz 5 Buchstabe a der Verordnung (EU) 2024/1348. Sichere Staaten nach der Verordnung (EU) 2024/1348 sind damit inhaltlich nicht mit sicheren Staaten nach Artikel 16a Absatz 2 des Grundgesetzes vergleichbar. Die Anforderung aus Artikel 16a Absatz 2 Grundgesetz (zustimmungsbedürftiges Bundesgesetz) gilt damit für die Bestimmung von sicheren Drittstaaten nach Artikel 59 der Verordnung (EU) 2024/1348 nicht.

Zu Absatz 2 (Beschlussempfehlung BT-Drs. 21/4321)

[Es wird] eine Berichtspflicht der Bundesregierung gegenüber dem Deutschen Bundestag zu der Bestimmung sicherer Drittstaaten im Sinne der Verordnung (EU) 2024/1348 [eingeführt]. Die Berichtspflicht gilt nur für sichere Drittstaaten, die zusätzlich zu den auf Unionsebene bestimmten sicheren Drittstaaten auf nationaler Ebene bestimmt wurden (Artikel 64 Absatz 1 der Verordnung (EU) 2024/1348). Die Bestimmung von auf Unionsebene bestimmten sicheren Drittstaaten ist auf nationaler Ebene aufgrund des unionsrechtlichen Normwiederholungsverbots aufzuheben. Für einen Übergangszeitraum kann es aber zu einer parallelen Bestimmung auf nationaler und Unionsebene kommen. In diesem Zeitraum besteht keine Berichtspflicht.

Änderungen im AsylG

§ 28 AsylG

bis 11.06.2026	ab 12.06.2026
§ 28 Nachfluchttatbestände	**§ 28 Nachfluchttatbestände**
(1) Ein Ausländer wird in der Regel nicht als Asylberechtigter anerkannt, wenn die Gefahr politischer Verfolgung auf Umständen beruht, die er nach Verlassen seines Herkunftslandes aus eigenem Entschluss geschaffen hat, es sei denn, dieser Entschluss entspricht einer festen, bereits im Herkunftsland erkennbar betätigten Überzeugung. Satz 1 findet insbesondere keine Anwendung, wenn der Ausländer sich auf Grund seines Alters und Entwicklungsstandes im Herkunftsland noch keine feste Überzeugung bilden konnte.	Ein Ausländer wird in der Regel nicht als Asylberechtigter anerkannt, wenn die Gefahr politischer Verfolgung auf Umständen beruht, die er nach Verlassen seines Herkunftslandes aus eigenem Entschluss geschaffen hat, es sei denn, dieser Entschluss entspricht einer festen, bereits im Herkunftsland erkennbar betätigten Überzeugung. Satz 1 findet insbesondere keine Anwendung, wenn der Ausländer sich auf Grund seines Alters und Entwicklungsstandes im Herkunftsland noch keine feste Überzeugung bilden konnte.
(1a) Die begründete Furcht vor Verfolgung im Sinne des § 3 Absatz 1 oder die tatsächliche Gefahr, einen ernsthaften Schaden im Sinne des § 4 Absatz 1 zu erleiden, kann auf Ereignissen beruhen, die eingetreten sind, nachdem der Ausländer das Herkunftsland verlassen hat, insbesondere auch auf einem Verhalten des Ausländers, das Ausdruck und Fortsetzung einer bereits im Herkunftsland bestehenden Überzeugung oder Ausrichtung ist.	
(2) Stellt der Ausländer nach Rücknahme oder unanfechtbarer Ablehnung eines Asylantrags erneut einen Asylantrag und stützt diesen auf Umstände, die er nach Rücknahme oder unanfechtbarer Ablehnung seines früheren Antrags selbst geschaffen hat, kann in einem Folgeverfahren in der Regel die Flüchtlingseigenschaft nicht zuerkannt werden.	

Redaktionelle Hinweise zu den Neuerungen

§ 28 AsylG in der ab dem 12. Juni 2026 geltenden Fassung wird gegenüber der bisherigen Rechtslage erheblich reduziert und in seiner Funktion neu bestimmt. Die Vorschrift regelt künftig ausschließlich noch die sogenannten Nachfluchttatbestände im Zusammenhang mit dem verfassungsrechtlichen Asylgrundrecht nach Art. 16a GG, während die entsprechenden Regelungen für den Flüchtlingsschutz und den subsidiären Schutz vollständig aus dem nationalen Recht entfallen und unmittelbar durch Art. 5 der Verordnung (EU) 2024/1347 (= Anerkennungsverordnung, auch teilweise Qualifikationsverordnung genannt) bestimmt werden.

„Artikel 5 Aus Nachfluchtgründen entstehender Bedarf an internationalem Schutz

(1) Die begründete Furcht vor Verfolgung oder die tatsächliche Gefahr, einen ernsthaften Schaden zu erleiden, kann auf Folgendem beruhen:

a) Ereignissen, die eingetreten sind, nachdem der Antragsteller das Herkunftsland verlassen hat, oder

b) Aktivitäten des Antragstellers nach Verlassen des Herkunftslandes, insbesondere wenn die Aktivitäten, auf die der Antragsteller sich stützt, nachweislich Ausdruck und Fortsetzung einer bereits im Herkunftsland bestehenden Überzeugung, Weltanschauung oder Ausrichtung sind.

(2) Beruht die Gefahr einer Verfolgung oder eines ernsthaften Schadens auf Umständen, die der Antragsteller nach Verlassen des Herkunftslandes zu dem alleinigen oder hauptsächlichen Zweck herbeigeführt hat, die notwendigen Voraussetzungen für die Beantragung der Gewährung des internationalen Schutzes zu schaffen, so kann die Asylbehörde die Gewährung des internationalen Schutzes ablehnen, sofern jede getroffene Entscheidung über den Antrag auf internationalen Schutz mit dem Genfer Abkommen über die Rechtsstellung der Flüchtlinge vom 28. Juli 1951 in der durch das New Yorker Protokoll vom 31. Januar 1967 ergänzten Fassung (im Folgenden „Genfer Flüchtlingskonvention"), der EMRK und der Charta vereinbar ist."

Gesetzesbegründung zu § 28 AsylG (BT-Drs. 21/1848)

Die Streichung [Absatz 1a und Absatz 2] dient der Anpassung an Artikel 5 der Verordnung (EU) 2024/1347.

Änderungen im AsylG

§ 29 AsylG

bis 11.06.2026	ab 12.06.2026
§ 29 Unzulässige Anträge	**§ 29 Unzulässige Anträge**
(1) Ein Asylantrag ist unzulässig, wenn	**Das Bundesamt lehnt den Asylantrag als unzulässig ab, wenn**
1. *ein anderer Staat* 1.	1. **ein Fall des Artikels 38 Absatz 1 Buchstabe d oder e der Verordnung (EU) 2024/1348 vorliegt,**
a) *nach Maßgabe der Verordnung (EU) Nr. 604/2013 oder*	
b) *auf Grund von anderen Rechtsvorschriften der Europäischen Union oder eines völkerrechtlichen Vertrages*	
für die Durchführung des Asylverfahrens zuständig ist,	
2. ein anderer Mitgliedstaat der Europäischen Union dem Ausländer bereits internationalen Schutz im Sinne des § 1 Absatz 1 Nummer 2 gewährt hat, 2.	2. ein anderer Mitgliedstaat der Europäischen Union dem Ausländer bereits internationalen Schutz im Sinne des § 1 Absatz 1 Nummer 2 gewährt hat,
3. ein Staat, der bereit ist, den Ausländer wieder aufzunehmen, als für den Ausländer sicherer Drittstaat gemäß § 26a betrachtet wird, 3.	3. ein Staat, **der kein Mitgliedstaat der Europäischen Union ist und** der bereit ist, den Ausländer wieder aufzunehmen, als für den Ausländer sicherer Drittstaat gemäß § 26a betrachtet wird,
4. ein Staat, der kein Mitgliedstaat der Europäischen Union *und bereit ist, den Ausländer wieder aufzunehmen, als sonstiger Drittstaat gemäß § 27 betrachtet wird oder*	4. ein Staat, der kein Mitgliedstaat der Europäischen Union **ist, für den Ausländer als sicherer Drittstaat nach Artikel 59 der Verordnung (EU) 2024/1348 betrachtet wird, es sei denn, es ist eindeutig, dass der Ausländer von diesem Drittstaat nicht übernommen oder rückübernommen wird,**
	5. **ein Staat, der kein Mitgliedstaat der Europäischen Union ist, als erster Asylstaat nach Artikel 58 der Verordnung (EU) 2024/1348 betrachtet wird, es sei denn, es ist eindeutig, dass der Ausländer von diesem Drittstaat nicht übernommen oder rückübernommen wird, oder**
5. im Falle eines Folgeantrags nach § 71 *oder eines Zweitantrags nach § 71a* ein weiteres Asylverfahren nicht durchzuführen ist.	6. im Falle eines Folgeantrags nach § 71 ein weiteres Asylverfahren nicht durchzuführen ist.
(2) Das Bundesamt hört den Ausländer zu den Gründen nach Absatz 1 Nummer 1 Buchstabe b bis Nummer 4 persönlich an, bevor es über die Zulässigkeit eines Asylantrags entscheidet. Zu den Gründen nach Absatz 1 Nummer 5 gibt es dem Ausländer Gelegenheit zur Stellungnahme nach § 71 Absatz 3.	

bis 11.06.2026	ab 12.06.2026
§ 29 Unzulässige Anträge	**§ 29 Unzulässige Anträge**
(3) Erscheint der Ausländer nicht zur Anhörung über die Zulässigkeit, entscheidet das Bundesamt nach Aktenlage. Dies gilt nicht, wenn der Ausländer unverzüglich nachweist, dass das in Satz 1 genannte Versäumnis auf Umstände zurückzuführen war, auf die er keinen Einfluss hatte. Führt der Ausländer diesen Nachweis, ist das Verfahren fortzuführen.	
(4) Die Anhörung zur Zulässigkeit des Asylantrags kann gemäß § 24 Absatz 1a dafür geschulten Bediensteten anderer Behörden übertragen werden.	

Redaktionelle Hinweise zu den Neuerungen

§ 29 AsylG regelt weiterhin die Fälle, in denen das BAMF einen Asylantrag nicht inhaltlich prüft, sondern bereits als unzulässig ablehnt. Der Maßstab für diese Unzulässigkeitsentscheidung verschiebt sich jedoch weitgehend vom nationalen Recht in die Asylverfahrensverordnung (EU) 2024/1348 .

Inhaltlich neu ist Nummer 1, der die Einbeziehung der Unzulässigkeitsgründe nach Art. 38 Abs. 1 Buchstabe d und e der Asylverfahrensverordnung regelt. Ein Asylantrag kann danach unter anderem als unzulässig abgelehnt werden, wenn eine Überstellung aufgrund einer Entscheidung eines internationalen Strafgerichts vorgesehen ist oder wenn bereits eine Rückkehrentscheidung vorliegt und der Antrag nicht innerhalb der vorgesehenen Frist (mehr als 7 Tage nach Zustellung einer Rückkehrentscheidung) gestellt wurde.

Der bisherige Unzulässigkeitsgrund in Nummer 2 bleibt nahezu unverändert. Ein Antrag bleibt unzulässig, wenn bereits ein anderer EU-Mitgliedstaat internationalen Schutz gewährt hat.

Auch die bisherige Regelung zur Wiederaufnahme eines sicheren Drittstaates im Sinne von § 26a AsylG in Nummer 3 bleibt erhalten. Wer über einen sicheren Drittstaat im Sinne des Art. 16a Abs. 2 GG und § 26a AsylG eingereist ist, kann weiterhin eine Unzulässigkeitsentscheidung erhalten. Damit bleibt das verfassungsrechtlich geprägte Drittstaatenkonzept weiterhin Bestandteil des deutschen Asylrechts (vgl. dazu auch die Ausführungen in § 26a AsylG). Gleichzeitig wird dieses durch das unionsrechtliche Drittstaatenkonzept ergänzt, das nun ausdrücklich als eigenständiger Unzulässigkeitsgrund in Nummer 4 geregelt ist. Maßgeblich sind insoweit die Kriterien des Art. 59 der Verordnung (EU) 2024/1348, die eine individuelle Prüfung erfordern und dem Antragsteller die Möglichkeit geben, Einwände gegen die Annahme der Sicherheit vorzubringen.

Eine weitere wesentliche Neuerung ist die Einführung des Unzulässigkeitsgrundes der Wiederaufnahme des sogenannten ersten Asylstaates in Nummer 5. Ein Antrag kann danach abgelehnt werden, wenn der Antragsteller bereits in einem anderen Staat Schutz erhalten hat oder dort tatsächlich Schutz erlangen kann. Diese Konstellation entspricht inhaltlich weitgehend der früheren Regelung im bisherigen § 27 AsylG über die anderweitige Sicherheit vor Verfolgung, die aus dem nationalen Recht herausgenommen und in das unionsrechtliche System überführt wurde.

Die neue Nummer 6 übernimmt die bisherige Regelung zu Folgeanträgen (§ 71 AsylG). Neu ist allerdings die unionsrechtliche Verankerung:

Von besonderer praktischer Bedeutung ist der Wegfall des bisherigen Unzulässigkeitsgrundes bei Zuständigkeit eines anderen Mitgliedstaates nach der Dublin-III-Verordnung (bisher in Absatz 1

Nummer 1 geregelt). Diese Prüfung erfolgt künftig nicht mehr im Rahmen von § 29 AsylG, sondern unmittelbar auf Grundlage der Asyl- und Migrationsmanagement-Verordnung (EU) 2024/1351.

Gesetzesbegründung zu § 29 AsylG (BT-Drs. 21/1848)

Die Neufassung des bisherigen Absatz 1 dient der Anpassung an Artikel 38 der Verordnung (EU) 2024/1348. Die Streichung der Absätze 2 bis 4 dient der Anpassung an Artikel 11, 14 und 55 der Verordnung (EU) 2024/1348.

Der Asylantrag ist als unzulässig abzulehnen, wenn ein Fall des Artikel 38 Buchstabe d oder e der Verordnung (EU) 2024/1348 vorliegt (Nummer 1). Nach Artikel 38 Absatz 1 Buchstabe d kann der Asylantrag als unzulässig abgelehnt werden, wenn ein internationales Strafgericht eine sichere Überstellung des Antragstellers in einen Mitgliedstaat oder einen Drittstaat angeordnet hat oder eindeutige Maßnahmen in diesem Sinne ergreift. Eine Ablehnung des Asylantrags als unzulässig scheidet in diesen Fällen jedoch aus, wenn neue relevante und von dem Gericht nicht berücksichtigte Umstände eingetreten sind oder es nicht möglich war, in Bezug auf international anerkannte Menschenrechtsnormen relevante Umstände vor diesem Gericht geltend zu machen (Artikel 38 Absatz 1 Buchstabe d zweiter Halbsatz). Nach Artikel 38 Absatz 1 Buchstabe e der Verordnung (EU) 2024/1348 kann ein Asylantrag zudem als unzulässig abgelehnt werden, wenn gegen den Antragsteller eine Rückkehrentscheidung gemäß Artikel 6 der Richtlinie 2008/115/EG ergangen ist und der Antragsteller den Asylantrag nicht innerhalb von sieben Arbeitstagen ab Erhalt der Rückkehrentscheidung gestellt hat und seit Ablauf dieser Frist keine neuen relevanten Umstände eingetreten sind.

Der Asylantrag ist auch als unzulässig abzulehnen, wenn ein anderer Mitgliedstaat der Europäischen Union dem Ausländer bereits internationalen Schutz gewährt hat (Nummer 2).

Der Asylantrag ist wie nach bisheriger Rechtslage als unzulässig abzulehnen, wenn der Ausländer über einen sicheren Drittstaat nach § 26a eingereist ist (Nummer 3).

Der Asylantrag ist darüber hinaus als unzulässig abzulehnen, wenn die Voraussetzungen des Artikel 59 der Verordnung (EU) 2024/1348 vorliegen (Nummer 4). Das kann einerseits nach Artikel 59 Absatz 4 Buchstabe a der Verordnung (EU) 2024/1348 der Fall sein, wenn ein Drittstaat entweder nach Artikel 60 der Verordnung 2024/1348 auf EU-Ebene oder nach Artikel 64 der Verordnung (EU) 2024/1348 in Verbindung mit § 27 auf nationaler Ebene als sicher bestimmt wurde. Andererseits kann der Drittstaat im konkreten Einzelfall als für den Ausländer sicher nach Artikel 59 Absatz 4 Buchstabe b der Verordnung (EU) 2024/1348 betrachtet werden. Voraussetzung ist jeweils gemäß Artikel 59 Absatz 5 der Verordnung (EU) 2024/1348, dass der Antragsteller im Rahmen einer Einzelfallprüfung keine Umstände vorbringen kann, die begründen, warum das Konzept des sicheren Drittstaats auf ihn nicht anwendbar ist, und eine Verbindung zwischen dem Antragsteller und dem betreffen den Drittstaat besteht, aufgrund deren es sinnvoll wäre, dass er sich in diesen Staat begibt.

Der Asylantrag ist als unzulässig abzulehnen, wenn der Antragsteller bereits in einem Staat war, der nach Artikel 58 der Verordnung (EU) 2024/1348 als erster Asylstaat betrachtet wird (Nummer 5). Dies entspricht hinsichtlich der Asylberechtigung dem bisherigen § 27 AsylG.

Der Asylantrag ist schließlich auch dann als unzulässig abzulehnen, wenn im Falle eines Folgeantrags nach § 71 AsylG ein weiteres Asylverfahren nicht durchzuführen ist (Nummer 6). Die Regelung dient der Umsetzung des Artikel 38 Absatz 2 der Verordnung (EU) 2024/1348, wonach ein Folgeantrag als unzulässig abzulehnen ist, wenn hinsichtlich der Frage, ob dem Antragsteller internationaler Schutz zuzuerkennen ist, oder hinsichtlich des Grun des, aus dem der frühere Asylantrag als unzulässig abgelehnt worden ist, keine neuen Umstände nach Artikel 55 Absatz 3 bis 5 der Verordnung (EU) 2024/1348 vorliegen.

§ 29a AsylG

bis 11.06.2026	ab 12.06.2026
§ 29a Sichere Herkunftsstaaten im Sinne des Artikels 16a Absatz 3 des Grundgesetzes; Bericht; Verordnungsermächtigung	**§ 29a Sichere Herkunftsstaaten im Sinne des Artikels 16a Absatz 3 des Grundgesetzes; Bericht; Verordnungsermächtigung**
(1) Der Asylantrag eines Ausländers aus einem Staat im Sinne des Artikels 16a *Abs.* 3 Satz 1 des Grundgesetzes ist als offensichtlich unbegründet abzulehnen, es sei denn, die von dem Ausländer angegebenen Tatsachen oder Beweismittel begründen die Annahme, dass ihm abweichend von der allgemeinen Lage im Herkunftsstaat Verfolgung *im Sinne des § 3 Absatz 1 oder ein ernsthafter Schaden im Sinne des § 4 Absatz 1 droht.*	(1) Der Asylantrag eines Ausländers aus einem Staat im Sinne des Artikels 16a **Absatz** 3 Satz 1 des Grundgesetzes ist als offensichtlich unbegründet abzulehnen, es sei denn, die von dem Ausländer angegebenen Tatsachen oder Beweismittel begründen die Annahme, dass ihm abweichend von der allgemeinen Lage im Herkunftsstaat Verfolgung **oder unmenschliche oder erniedrigende Bestrafung oder Behandlung droht. Eine Verfolgung ist anzunehmen, wenn die Voraussetzungen des Artikels 9 der Verordnung (EU) 2024/1347 erfüllt sind.**
(2) Sichere Herkunftsstaaten sind *die Mitgliedstaaten der Europäischen Union und* die in Anlage II* bezeichneten Staaten.	(2) Sichere Herkunftsstaaten **im Sinne des Artikels 16a Absatz 3 Satz 1 des Grundgesetzes** sind die in Anlage II* bezeichneten Staaten.
(2a) Die Bundesregierung legt dem Deutschen Bundestag alle zwei Jahre, erstmals zum 23. Oktober 2017 einen Bericht darüber vor, ob die Voraussetzungen für die Einstufung der in Anlage II* bezeichneten Staaten als sichere Herkunftsstaaten weiterhin vorliegen.	(2a) [unverändert]
(3) Die Bundesregierung bestimmt durch Rechtsverordnung ohne Zustimmung des Bundesrates, dass ein in Anlage II* bezeichneter Staat nicht mehr als sicherer Herkunftsstaat gilt, wenn Veränderungen in den rechtlichen oder politischen Verhältnissen dieses Staates die Annahme begründen, dass die in Artikel 16a *Abs.* 3 Satz 1 des Grundgesetzes bezeichneten Voraussetzungen entfallen sind. Die Verordnung tritt spätestens sechs Monate nach ihrem Inkrafttreten außer Kraft.	(3) Die Bundesregierung bestimmt durch Rechtsverordnung ohne Zustimmung des Bundesrates, dass ein in Anlage II* bezeichneter Staat nicht mehr als sicherer Herkunftsstaat gilt, wenn Veränderungen in den rechtlichen oder politischen Verhältnissen dieses Staates die Annahme begründen, dass die in Artikel 16a **Absatz** 3 Satz 1 des Grundgesetzes bezeichneten Voraussetzungen entfallen sind. Die Verordnung tritt spätestens sechs Monate nach ihrem Inkrafttreten außer Kraft.

* Anlage II: Albanien, Bosnien, Georgien, Ghana, Kosovo, Moldau, Montenegro, Nordmazedonien, Senegal, Serbien

Redaktionelle Hinweise zu den Neuerungen

§ 29a AsylG in der ab dem 12. Juni 2026 geltenden Fassung bleibt als Vorschrift zu sicheren Herkunftsstaaten im Kern bestehen und behält seinen verfassungsrechtlichen Charakter, da er weiterhin auf Art. 16a Abs. 3 GG beruht. Die Änderungen dienen vor allem der Anpassung an das unionsrechtliche Umfeld und der klareren Abgrenzung gegenüber den neuen europäischen Regelungen.

In Absatz 1 wird die bisherige Bezugnahme auf die nationalen Vorschriften zu Flüchtlingsschutz und subsidiärem Schutz durch eine Anknüpfung an unionsrechtliche Begriffe ersetzt. Der Asylantrag eines Ausländers aus einem sicheren Herkunftsstaat ist weiterhin als offensichtlich unbegründet abzulehnen, sofern nicht im Einzelfall Verfolgung oder unmenschliche oder erniedrigende Behandlung droht. Neu ist dabei die ausdrückliche Verweisung auf Art. 9 der Verordnung (EU) 2024/1347 zur Bestimmung von Verfolgung. Dadurch wird der Prüfungsmaßstab an das unionsrechtliche Begriffsverständnis angepasst, ohne den materiellen Gehalt des verfassungsrechtlichen Asylgrundrechts zu verändern. Nach Art. 9 Abs. 1 der Verordnung (EU) 2024/1347 wird eine Handlung als Verfolgung im Sinne des Artikels 1 Abschnitt A der Genfer Flüchtlingskonvention angesehen, wenn sie

a) aufgrund ihrer Art oder Wiederholung so gravierend ist, dass sie eine schwerwiegende Verletzung der grundlegenden Menschenrechte darstellt, insbesondere der Rechte, von denen nach Artikel 15 Absatz 2 EMRK keine Abweichung zulässig ist, oder

b) in einer Kumulierung unterschiedlicher Maßnahmen, einschließlich einer Verletzung der Menschenrechte, besteht, die so gravierend ist, dass eine Person davon in ähnlicher Weise wie bei einer Handlung nach Buchstabe a betroffen ist.

Art. 9 Abs. 2 der Verordnung (EU) 2024/1347 führt aus, welche Handlungen inbesondere als Verfolgung gelten können (nicht abschließend!):

a) Anwendung physischer oder psychischer Gewalt, einschließlich sexueller Gewalt;

b) gesetzliche, administrative, polizeiliche oder justizielle Maßnahmen, die als solche diskriminierend sind oder in diskriminierender Weise angewandt werden;

c) unverhältnismäßige oder diskriminierende Strafverfolgung oder Bestrafung;

d) Verweigerung gerichtlichen Rechtsschutzes mit dem Ergebnis einer unverhältnismäßigen oder diskriminierenden Bestrafung;

e) Strafverfolgung oder Bestrafung wegen Verweigerung des Militärdienstes in einem Konflikt, wenn der Militärdienst Verbrechen oder Handlungen umfassen würde, die in den Anwendungsbereich der Ausschlussgründe des Artikels 12 Absatz 2 fallen;

   Aussschlussgründe nach Art. 12 Abs. 2 der Verordnung (EU) 2024/1347 sind:

   - ein Verbrechen gegen den Frieden, ein Kriegsverbrechen oder ein Verbrechen gegen die Menschlichkeit im Sinne der internationalen Vertragswerke begangen hat, die ausgearbeitet worden sind, um Bestimmungen bezüglich dieser Verbrechen festzulegen;

   - eine schwere nichtpolitische Straftat außerhalb des Aufnahmelandes begangen hat, bevor dieser Drittstaatsangehörige oder Staatenlose als Flüchtling aufgenommen wurde, das heißt vor der Zuerkennung der Flüchtlingseigenschaft; besonders grausame Taten können als schwere nichtpolitische Straftaten eingestuft werden, auch wenn mit ihnen vorgeblich ein politisches Ziel verfolgt wird;

   - sich Handlungen hat zuschulden kommen lassen, die den Zielen und Grundsätzen der Vereinten Nationen, wie sie in der Präambel und den Artikeln 1 und 2 der Charta der Vereinten Nationen verankert sind, zuwiderlaufen.

f) Handlungen, die an das Geschlecht anknüpfen oder gegen Kinder gerichtet sind.

In Absatz 2 wird die bisherige Erwähnung der Mitgliedstaaten der Europäischen Union gestrichen. Materiell ändert sich dadurch nichts, da EU-Staaten bereits aufgrund anderer Regelungen als sichere Herkunftsstaaten gelten. Die Vorschrift beschränkt sich nun auf die in Anlage II aufgeführten Staaten.

Unverändert bleiben die Berichtspflicht der Bundesregierung sowie die Möglichkeit, die Einstufung eines Staates vorübergehend aufzuheben, wenn sich die Verhältnisse ändern.

Gesetzesbegründung zu § 29a AsylG (BT-Drs. 21/1848)

Die Änderung dient der Klarstellung zur Abgrenzung zum neuen § 29b.

Zu Absatz 1

Die Änderung ist eine Folgeänderung zur Änderung von § 3 und zur Aufhebung von § 4. Eine Änderung des materiellen Schutzgehaltes von Artikel 16a des Grundgesetzes geht damit nicht einher. Ob Verfolgung oder ein ernsthafter Schaden in diesem Sinne drohen, ist im Einklang mit Artikel 16a Absatz 3 Grundgesetz zu bestimmen.

Zu Absatz 2

Es handelt sich um eine redaktionelle Anpassung sowie um eine Folgeänderung zur Anpassung von § 1. Asylanträge von Staatsangehörigen der Mitgliedstaaten der Europäischen Union können nur nach Maßgabe von § 1 Absatz 3 Berücksichtigung finden. Die Mitgliedstaaten der Europäischen Union gelten nach dem dort genannten Protokoll (Nr. 24) gegenseitig als sichere Herkunftsländer und es wird von der Vermutung ausgegangen, dass ein Asylantrag als offensichtlich unbegründet abzulehnen ist. Der Bezug auf die Mitgliedstaaten der Europäischen Union kann daher an dieser Stelle gestrichen werden.

Zu Absatz 3

Es handelt sich um eine redaktionelle Anpassung.

Änderungen im AsylG

§ 29b AsylG

bis 11.06.2026	ab 12.06.2026
§ 29b Sichere Herkunftsstaaten im Sinne *der Richtlinie 2013/32/EU; Verordnungsermächtigung*	**§ 29b Sichere Herkunftsstaaten im Sinne der Verordnung (EU) 2024/1348**
(1) Die Bundesregierung *kann* durch Rechtsverordnung ohne Zustimmung des Bundesrates sichere Herkunftsstaaten im Sinne *der Richtlinie 2013/32/EU für den internationalen Schutz bestimmen, sofern sich anhand der dortigen Rechtslage, der Anwendung der Rechtsvorschriften in einem demokratischen System und der allgemeinen politischen Lage nachweisen lässt, dass dort weder eine Verfolgung noch Folter oder unmenschliche oder erniedrigende Behandlung oder Strafe noch Bedrohung infolge willkürlicher Gewalt im Rahmen eines internationalen oder innerstaatlichen bewaffneten Konflikts zu befürchten sind.*	(1) Der Asylantrag eines Ausländers aus einem Staat im Sinne des Artikels 16a **Absatz** 3 Satz 1 des Grundgesetzes ist als offensichtlich unbegründet abzulehnen, es sei denn, die von dem Ausländer angegebenen Tatsachen oder Beweismittel begründen die Annahme, dass ihm abweichend von der allgemeinen Lage im Herkunftsstaat Verfolgung **oder unmenschliche oder erniedrigende Bestrafung oder Behandlung droht. Eine Verfolgung ist anzunehmen, wenn die Voraussetzungen des Artikels 9 der Verordnung (EU) 2024/1347 erfüllt sind.**
(2) Die Bundesregierung berücksichtigt bei der Bestimmung nach Absatz 1, inwieweit Schutz vor Verfolgung und Misshandlung geboten wird, insbesondere die einschlägigen Rechts- und Verwaltungsvorschriften des Staates und die Art und Weise ihrer Anwendung, die Wahrung der Menschenrechte, insbesondere die Einhaltung des Grundsatzes der Nicht-Zurückweisung nach dem Abkommen vom 28. Juli 1951 über die Rechtsstellung der Flüchtlinge (BGBl. 1953 II S. 559, 560) und die Möglichkeit eines wirksamen Rechtsbehelfs bei Verletzung dieser Rechte.	*[Red. Anmerkung:Regelungsgehalt des bisherigen Absatz 6]* **(2)** Die Bundesregierung soll in der Rechtsverordnung die Anwendung des § 61 Absatz 2 Satz 4 und des § 60a Absatz 6 Satz 1 Nummer 3 des Aufenthaltsgesetzes auf Ausländer aus einem sicheren Herkunftsstaat nach Absatz 1 ausschließen, die bis zum Zeitpunkt der Aufnahme des Herkunftsstaates in die Rechtsverordnung einen Asylantrag gestellt haben **, sofern die Begründetheitsprüfung des Asylantrags nicht im Einklang mit Artikel 42 Absatz 1 Buchstabe a bis f der Verordnung (EU) 2024/1348 beschleunigt wird,** oder die sich bis zum Zeitpunkt der Aufnahme dieses Herkunftsstaates in die Rechtsverordnung geduldet in Deutschland aufgehalten haben, ohne einen Asylantrag gestellt zu haben.
(3) In Bezug auf den internationalen Schutz im Sinne des § 1 Absatz 1 Nummer 2 ist der Asylantrag eines Ausländers aus einem Staat im Sinne des Absatzes 1 als offensichtlich unbegründet abzulehnen, es sei denn, die von dem Ausländer angegebenen Tatsachen oder Beweismittel begründen die Annahme, dass ihm abweichend von der allgemeinen Lage im Herkunftsstaat Verfolgung im Sinne des § 3 Absatz 1 oder ein ernsthafter Schaden im Sinne des § 4 Absatz 1 droht.	
(4) Die Bundesregierung teilt der Europäischen Kommission die Aufnahme eines Staates in die Rechtsverordnung nach Absatz 1 oder dessen Streichung mit.	

bis 11.06.2026	ab 12.06.2026
§ 29b Sichere Herkunftsstaaten im Sinne *der Richtlinie 2013/32/EU; Verordnungsermächtigung*	**§ 29b Sichere Herkunftsstaaten im Sinne der Verordnung (EU) 2024/1348**
(5) Die Bundesregierung legt dem Deutschen Bundestag alle zwei Jahre erstmals zum 12. Juni 2027 einen Bericht darüber vor, ob die Voraussetzungen für die Bestimmung weiterhin vorliegen, soweit die sicheren Herkunftsstaaten nicht *auch* nach Artikel 62 Absatz 1 der Verordnung (EU) 2024/1348 bestimmt wurden.	**(3)** Die Bundesregierung legt dem Deutschen Bundestag alle zwei Jahre, erstmals zum 12. Juni 2027, einen Bericht darüber vor, ob die Voraussetzungen für die Bestimmung weiterhin vorliegen, soweit die sicheren Herkunftsstaaten nicht nach Artikel 62 Absatz 1 der Verordnung (EU) 2024/1348 **auf Unionsebene** bestimmt wurden.
(6) Die Bundesregierung soll in der Rechtsverordnung die Anwendung des § 61 Absatz 2 Satz 4 und des § 60a Absatz 6 Satz 1 Nummer 3 des Aufenthaltsgesetzes auf Ausländer aus einem sicheren Herkunftsstaat nach Absatz 1 ausschließen, die bis zum Zeitpunkt der Aufnahme des Herkunftsstaates in die Rechtsverordnung einen Asylantrag gestellt haben oder die sich bis zum Zeitpunkt der Aufnahme dieses Herkunftsstaates in die Rechtsverordnung geduldet in Deutschland aufgehalten haben, ohne einen Asylantrag gestellt zu haben.	*[Red. Anmerkung: siehe jetzt Absatz 2]*

Redaktionelle Hinweise zu den Neuerungen

§ 29b AsylG in der ab dem 12. Juni 2026 geltenden Fassung wird vollständig neu ausgerichtet und bildet nun die zentrale nationale Anknüpfungsnorm für das unionsrechtliche Konzept sicherer Herkunftsstaaten. Während die bisherige Vorschrift noch detaillierte materielle Kriterien und Rechtsfolgen enthielt, beschränkt sie sich nun im Kern darauf, die unionsrechtlichen Vorgaben der Verordnung (EU) 2024/1348 (= Asylverfahrensverordnung) umzusetzen.

Der wesentliche Inhalt der Norm liegt darin, dass die Bundesregierung durch Rechtsverordnung sichere Herkunftsstaaten im Sinne des Art. 64 der Verordnung (EU) 2024/1348 bestimmen kann. Damit wird eine eigenständige nationale Entscheidungskompetenz eröffnet, neben unionsweit festgelegten Staaten weitere Herkunftsländer als sicher einzustufen. § 29b AsylG dient damit nicht mehr der eigenständigen inhaltlichen Prüfung, sondern stellt die formelle Grundlage für diese Festlegung dar. Die materiellen Kriterien, nach denen ein Staat als sicher angesehen werden kann, ergeben sich künftig unmittelbar aus dem Unionsrecht, insbesondere aus den einschlägigen Vorschriften der Asylverfahrensverordnung

Im Vergleich zur bisherigen Rechtslage ist besonders hervorzuheben, dass die früher im Gesetz enthaltenen inhaltlichen Anforderungen und die unmittelbare Rechtsfolge der offensichtlichen Unbegründetheit eines Asylantrags entfallen sind. Die Folgen der Einstufung eines Herkunftsstaates als sicher ergeben sich nun unmittelbar aus dem unionsrechtlichen Verfahrensrecht, insbesondere im Zusammenhang mit beschleunigten Verfahren. § 29b AsylG verweist insoweit funktional auf das europäische System, ohne die dortigen Vorgaben noch einmal im nationalen Recht zu wiederholen.

Von besonderer Bedeutung ist die klare Abgrenzung zu § 29a AsylG (siehe auch dort). Während § 29a weiterhin das verfassungsrechtliche Konzept sicherer Herkunftsstaaten nach Art. 16a GG regelt und vor allem für die Prüfung der Asylberechtigung maßgeblich ist, betrifft § 29b AsylG ausschließlich den internationalen Schutz im unionsrechtlichen Sinne. Beide Systeme bestehen nebeneinander und müssen in der Praxis strikt auseinandergehalten werden.

Neu geregelt wird auch eine spezielle Übergangs- und Schutzwirkung für bestimmte Personengruppen. Nach Absatz 2 soll die spätere Einstufung eines Herkunftsstaates als sicher grundsätzlich keine belastenden Rückwirkungen auf Ausländer haben, die sich bereits im Verfahren befinden oder sich geduldet im Bundesgebiet aufhalten. Ziel ist es, bereits bestehende Lebensverhältnisse, insbesondere Erwerbstätigkeiten, nicht nachträglich zu entwerten. Eine Ausnahme gilt nur dann, wenn unionsrechtliche Vorgaben, insbesondere im Rahmen beschleunigter Verfahren, etwas anderes erfordern.

Schließlich enthält die Vorschrift eine Berichtspflicht der Bundesregierung gegenüber dem Deutschen Bundestag. In regelmäßigen Abständen ist zu überprüfen, ob die Voraussetzungen für die Einstufung weiterhin vorliegen. Diese Berichtspflicht gilt allerdings nur für solche Staaten, die Deutschland selbst auf nationaler Ebene bestimmt hat, nicht für unionsweit festgelegte sichere Herkunftsstaaten.

Gesetzesbegründung zu § 29b AsylG (BT-Drs. 21/1848)

Zu Absatz 1 und 2

Die Einfügung dient der Anpassung an Artikel 64 der Verordnung (EU) 2024/1348. Vorgesehen ist die Bestimmung von sicheren Herkunftsstaaten durch eine Rechtsverordnung der Bunderegierung. Die Bestimmung von sicheren Herkunftsstaaten für den internationalen Schutz im Sinne des Artikels 64 der Verordnung (EU) 2024/1348 ist von der Bestimmung von sicheren Herkunftsstaaten nach Artikel 16a Absatz 3 des Grundgesetzes für die Asylberechtigung zu unterscheiden. Daher ist hier eine eigenständige Regelung erforderlich. Eine Bestimmung von sicheren Herkunftsstaaten im Sinne des Artikels 64 der Verordnung (EU) 2024/1348 durch Rechtsverordnung mit Blick auf die Zuerkennung des internationalen Schutzes berührt nicht die Asylberechtigung nach Artikel 16a Absatz 3 des Grundgesetzes. Maßgeblich für die Bestimmung von sicheren Herkunftsstaaten im Sinne von Artikel 64 der Verordnung (EU) 2024/1348 ist Artikel 61 der Verordnung (EU) 2024/1348.

Die Rechtsverordnung ist mit einer Begründung zu versehen, aus der die wesentlichen Erwägungen für die Bestimmung von Drittstaaten als sichere Herkunftsstaaten für den internationalen Schutz hervorgehen (vgl. EuGH, Urteil vom 01. August 2025, Rs. C-758/24, Rn. 87).

§ 29b Absatz 2 AsylG zielt insbesondere darauf ab, dass – wie auch in den Übergangsvorschriften zu § 29a AsylG geregelt – die Bestimmung als sicherer Herkunftsstaat für beschäftigte Ausländer grundsätzlich keine Rückwirkung entfaltet, sodass beschäftigte Ausländer der Beschäftigung weiter nachgehen können. Etwas anderes gilt nur, wenn eine Rückwirkung aufgrund der Anwendung des beschleunigten Verfahrens nach Artikel 42 Absatz 1 Buchstaben a bis f der Verordnung (EU) 2024/1348 unionsrechtlich durch Artikel 17 Absatz 1 Unterabsatz 2 der Richtlinie (EU) 2024/1346 zwingend vorgegeben ist.

Zu Absatz 3 (Beschlussempfehlung BT-Drs. 21/4321)

[Es] wird eine Berichtspflicht der Bundesregierung gegenüber dem Deutschen Bundestag zu der Bestimmung sicherer Herkunftsstaaten im Sinne der Verordnung (EU) 2024/1348 geregelt. Die Berichtspflicht gilt nur für sichere Herkunftsstaaten, die zusätzlich zu den auf Unionsebene bestimmten sicheren Herkunftsstaaten auf nationaler Ebene bestimmt wurden (Artikel 64 Absatz 1 der Verordnung (EU) 2024/1348). Die Bestimmung von auf Unionsebene bestimmten sicheren Herkunftsstaaten ist auf nationaler Ebene aufgrund des unionsrechtlichen Normwiederholungsverbots aufzuheben. Für einen Übergangszeitraum kann es aber zu einer parallelen Bestimmung auf nationaler und Unionsebene kommen. In diesem Zeitraum besteht keine Berichtspflicht.

§ 30 AsylG

bis 11.06.2026	ab 12.06.2026
§ 30 Offensichtlich unbegründete Asylanträge	**§ 30 Offensichtlich unbegründete Asylanträge**
(1) Ein unbegründeter Asylantrag ist als offensichtlich unbegründet abzulehnen, wenn der Ausländer	**Ein nach Artikel 39 Absatz 3 der Verordnung (EU) 2024/1348 unbegründeter Asylantrag ist im Einklang mit Artikel 39 Absatz 4 der Verordnung (EU) 2024/1348 als offensichtlich unbegründet abzulehnen, wenn zum Zeitpunkt des Abschlusses der Prüfung einer der in Artikel 42 Absatz 1 der Verordnung (EU) 2024/1348 aufgeführten Umstände vorliegt. Bei unbegleiteten Minderjährigen ist ein nach Artikel 39 Absatz 3 der Verordnung (EU) 2024/1348 unbegründeter Asylantrag im Einklang mit Artikel 39 Absatz 4 der Verordnung (EU) 2024/1348 als offensichtlich unbegründet abzulehnen, wenn zum Zeitpunkt des Abschlusses der Prüfung einer der in Artikel 42 Absatz 3 Buchstabe a, b oder c der Verordnung (EU) 2024/1348 aufgeführten Umstände vorliegt.**
1. *im Asylverfahren nur Umstände vorgebracht hat, die für die Prüfung des Asylantrags nicht von Belang sind,*	
2. *eindeutig unstimmige und widersprüchliche, eindeutig falsche oder offensichtlich unwahrscheinliche Angaben gemacht hat, die im Widerspruch zu hinreichend gesicherten Herkunftslandinformationen stehen, sodass die Begründung für seinen Asylantrag offensichtlich nicht überzeugend ist,*	
3. *die Behörden durch falsche Angaben oder Dokumente oder durch Verschweigen wichtiger Informationen oder durch Zurückhalten von Dokumenten über seine Identität oder Staatsangehörigkeit offensichtlich getäuscht hat,*	
4. *ein Identitäts- oder ein Reisedokument, das die Feststellung seiner Identität oder Staatsangehörigkeit ermöglicht hätte, mutwillig vernichtet oder beseitigt hat oder die Umstände offensichtlich diese Annahme rechtfertigen,*	

Änderungen im AsylG

bis 11.06.2026	ab 12.06.2026
§ 30 Offensichtlich unbegründete Asylanträge	**§ 30 Offensichtlich unbegründete Asylanträge**
5. *sich weigert, der Verpflichtung zur Abnahme seiner Fingerabdrücke gemäß der Verordnung (EU) Nr. 603/2013 des Europäischen Parlaments und des Rates vom 26. Juni 2013 über die Einrichtung von Eurodac für den Abgleich von Fingerabdruckdaten zum Zwecke der effektiven Anwendung der Verordnung (EU) Nr. 604/2013 zur Festlegung der Kriterien und Verfahren zur Bestimmung des Mitgliedstaats, der für die Prüfung eines von einem Drittstaatsangehörigen oder Staatenlosen in einem Mitgliedstaat gestellten Antrags auf internationalen Schutz zuständig ist und über der Gefahrenabwehr und Strafverfolgung dienende Anträge der Gefahrenabwehr- und Strafverfolgungsbehörden der Mitgliedstaaten und Europols auf den Abgleich mit Eurodac-Daten sowie zur Änderung der Verordnung (EU) Nr. 1077/2011 zur Errichtung einer Europäischen Agentur für das Betriebsmanagement von IT-Großsystemen im Raum der Freiheit, der Sicherheit und des Rechts (ABl. L 180 vom 29. 6 2013, S. 1) nachzukommen,*	
6. *den Asylantrag nur zur Verzögerung oder Behinderung der Vollstreckung einer bereits getroffenen oder unmittelbar bevorstehenden Entscheidung, die zu seiner Abschiebung führen würde, gestellt hat,*	
7. *aus schwerwiegenden Gründen der öffentlichen Sicherheit oder öffentlichen Ordnung ausgewiesen wurde oder es schwerwiegende Gründe für die Annahme gibt, dass er eine Gefahr für die nationale Sicherheit oder die öffentliche Ordnung darstellt,*	
8. *einen Folgeantrag (§ 71 Absatz 1) oder einen Zweitantrag (§ 71a Absatz 1) gestellt hat und ein weiteres Asylverfahren durchgeführt wurde oder*	
9. *entgegen einem Einreise- und Aufenthaltsverbot in das Bundesgebiet eingereist ist.*	
(2) Auf unbegleitete Minderjährige findet Absatz 1 Nummer 1 bis 6 keine Anwendung.	

Redaktionelle Hinweise zu den Neuerungen

§ 30 AsylG in der ab dem 12. Juni 2026 geltenden Fassung wird grundlegend neu strukturiert und vollständig an die Vorgaben der Verordnung (EU) 2024/1348 angepasst. Die Vorschrift regelt weiterhin die Ablehnung offensichtlich unbegründeter Asylanträge, verliert aber ihre bisherige eigenständige Ausgestaltung und wird zu einer reinen Verweisungsnorm auf das Unionsrecht.

Während § 30 bislang einen ausführlichen nationalen Katalog von Fallgruppen enthielt, in denen ein Asylantrag als offensichtlich unbegründet einzustufen war, entfällt diese Aufzählung vollständig. Die maßgeblichen Kriterien ergeben sich nun unmittelbar aus dem Unionsrecht. Ein Asylantrag ist danach als offensichtlich unbegründet abzulehnen, wenn er zunächst als unbegründet bewertet wird und zusätzlich ein Fall der beschleunigten Prüfung vorliegt. Die Vorschrift übernimmt damit die unionsrechtliche Systematik, die zwischen der inhaltlichen Bewertung des Antrags und der Frage der offensichtlichen Unbegründetheit unterscheidet.

Für die Praxis bedeutet dies eine zweistufige Prüfung:

1. Prüfung: Ist der Antrag unbegründet nach Art. 39 Abs. 3 VO (EU) 2024/1348 unbegründet?

wenn ja, dann

2. Prüfung: Liegt ein Fall des des Art. 42 Abs. 1 VO (EU) 2024/134 vor?

wenn ja, dann

Ablehnung als offensichtlich unbegründet (§ 30 AsylG)

Inhaltlich bleiben die maßgeblichen Fallkonstellationen weitgehend vergleichbar mit der bisherigen Rechtslage. Die unionsrechtlichen Beschleunigungsgründe erfassen insbesondere Fälle, in denen der Antragsteller falsche oder widersprüchliche Angaben macht, die Behörden täuscht, relevante Informationen zurückhält oder den Antrag offensichtlich zur Verzögerung aufenthaltsbeendender Maßnahmen stellt. Art. 42 Abs. 1 der Verordnung (EU) 2024/1348 führt folgende Tatbestände auf:

- Vorbringen von Tatsachen und Umständen, die für die Prüfung nicht von Belang sind
- Vorbringen von widersprüchlichen, falschen oder offensichtlich unwahrscheinlichen Angaben
- Vorlage falscher Dokumente, Zurückhaltung oder Vernichtung von Dokumenten, falsche Angaben oder Verschweigen von Angaben zu Identität und Staatsangehörigkeit
- Antragstellung, nur um sich Abschiebung zu entziehen
- Sicheres Herkunftsland
- Gefahr für die nationale Sicherheit oder öffentliche Ordnung oder Ausweisung aus schwerwiegenden Gründen der nationalen Sicherheit
- Nicht unzulässiger Folgeantrag
- Illegale Einreise und illegaler Aufenthalt, ohne unverzüglich einen Asylantrag zu stellen
- Staatsangehörigkeit eines EU-sicheren Herkunftslandes

Unbegleitete Minderjährige

Für unbegleitete Minderjährige gilt weiterhin ein eingeschränkter Anwendungsbereich bzw. eine besondere Schutzregelung. Ein Asylantrag darf nur dann als offensichtlich unbegründet abgelehnt werden, wenn einer der Umstände vorliegt, die in Art. 42 Abs. 3 Buchst. a, b oder c der Verordnung (EU) 2024/1348 niedergelegt sind:

a) der Antragsteller aus einem Drittstaat kommt, der als sicheres Herkunftsland im Sinne dieser Verordnung angesehen werden kann;

b) es triftige Gründe für die Annahme gibt, dass der Antragsteller eine Gefahr für die nationale Sicherheit oder die öffentliche Ordnung des Mitgliedstaats darstellt, oder der Antragsteller aus schwerwiegenden Gründen der nationalen Sicherheit oder öffentlichen Ordnung nach nationalem Recht zwangsweise ausgewiesen wurde;

c) es sich um einen Folgeantrag handelt, der nicht unzulässig ist;

Gesetzesbegründung zu § 30 AsylG (BT-Drs. 21/1848)

Die Neufassung dient der Anpassung an Artikel 39 Absatz 4 der Verordnung (EU) 2024/1348. Wie nach bisheriger Rechtslage soll das Bundesamt einen Asylantrag in bestimmten Fallkonstellationen als offensichtlich unbegründet ablehnen können.

Eine Ablehnung des Asylantrags als offensichtlich unbegründet erfolgt in den Fällen, in denen nach Artikel 42 Absatz 1 oder Absatz 3 Buchstabe a, b oder c der Verordnung (EU) 2024/1348 ein beschleunigtes Verfahren durchzuführen ist.

Hinsichtlich unbegleiteter Minderjähriger wird diese Möglichkeit wie nach bisheriger Rechtslage auf Folgeanträge und in Fallkonstellationen mit Sicherheitsbelangen beschränkt. Eine Ablehnung als offensichtlich unbegründet ist bei unbegleiteten Minderjährigen zudem auch nach bisheriger Rechtslage bei sicheren Herkunftsländern gemäß § 29a Absatz 1 zulässig. Auch diese Rechtslage wird durch die Inbezugnahme auf Artikel 42 Absatz 3 Buchstabe a der Verordnung (EU) 2024/1348 beibehalten.

Bei einer Ablehnung als offensichtlich unbegründet in den Fällen des Artikel 42 Absatz 1 Buchstabe a und Absatz 3 Buchstabe a der Verordnung (EU) 2024/1348, ist Artikel 61 Absatz 5 Buchstabe c der Verordnung (EU) 2024/1348 zu beachten.

§ 30a AsylG

bis 11.06.2026	ab 12.06.2026
§ 30a Beschleunigtes Verfahren	**§ 30 (weggefallen)**
(1) Das Bundesamt kann das Asylverfahren in einer Außenstelle, die einer besonderen Aufnahmeeinrichtung (§ 5 Absatz 5) zugeordnet ist, beschleunigt durchführen, wenn der Ausländer	
1. *Staatsangehöriger eines sicheren Herkunftsstaates (§ 29a oder § 29b) ist,*	
2. *die Behörden durch falsche Angaben oder Dokumente oder durch Verschweigen wichtiger Informationen oder durch Zurückhalten von Dokumenten über seine Identität oder Staatsangehörigkeit offensichtlich getäuscht hat,*	
3. *ein Identitäts- oder ein Reisedokument, das die Feststellung seiner Identität oder Staatsangehörigkeit ermöglicht hätte, mutwillig vernichtet oder beseitigt hat, oder die Umstände offensichtlich diese Annahme rechtfertigen,*	
4. *einen Folgeantrag gestellt hat,*	
5. *den Antrag nur zur Verzögerung oder Behinderung der Vollstreckung einer bereits getroffenen oder unmittelbar bevorstehenden Entscheidung, die zu seiner Abschiebung führen würde, gestellt hat,*	
6. *sich weigert, der Verpflichtung zur Abnahme seiner Fingerabdrücke gemäß der Verordnung (EU) Nr. 603/2013 des Europäischen Parlaments und des Rates vom 26. Juni 2013 über die Einrichtung von Eurodac für den Abgleich von Fingerabdruckdaten zum Zwecke der effektiven Anwendung der Verordnung (EU) Nr. 604/2013 zur Festlegung der Kriterien und Verfahren zur Bestimmung des Mitgliedstaats, der für die Prüfung eines von einem Drittstaatsangehörigen oder Staatenlosen in einem Mitgliedstaat gestellten Antrags auf internationalen Schutz zuständig ist und über der Gefahrenabwehr und Strafverfolgung dienende Anträge der Gefahrenabwehr- und Strafverfolgungsbehörden der Mitgliedstaaten und Europols auf den Abgleich mit Eurodac-Daten sowie zur Änderung der Verordnung (EU) Nr. 1077/2011 zur Errichtung einer Europäischen Agentur für das Betriebsmanagement von IT-Großsystemen im Raum der Freiheit, der Sicherheit und des Rechts (ABl. L 180 vom 29. 6 2013, S. 1) nachzukommen,*	
7. *aus schwerwiegenden Gründen der öffentlichen Sicherheit oder öffentlichen Ordnung ausgewiesen wurde oder es schwerwiegende Gründe für die Annahme gibt, dass er eine Gefahr für die nationale Sicherheit oder die öffentliche Ordnung darstellt, oder*	

Änderungen im AsylG

bis 11.06.2026	ab 12.06.2026
§ 30a Beschleunigtes Verfahren	**§ 30 (weggefallen)**
8. *entgegen einem Einreise- und Aufenthaltsverbot in das Bundesgebiet eingereist ist.*	
(2) Macht das Bundesamt von Absatz 1 Gebrauch, so entscheidet es innerhalb einer Woche ab Stellung des Asylantrags. Kann es nicht innerhalb dieser Frist entscheiden, dann führt es das Verfahren als nicht beschleunigtes Verfahren fort.	
(3) Ausländer, deren Asylanträge im beschleunigten Verfahren nach dieser Vorschrift bearbeitet werden, sind verpflichtet, bis zur Entscheidung des Bundesamtes über den Asylantrag in der für ihre Aufnahme zuständigen besonderen Aufnahmeeinrichtung zu wohnen. Die Verpflichtung nach Satz 1 gilt darüber hinaus bis zur Ausreise oder bis zum Vollzug der Abschiebungsandrohung oder -anordnung bei	
1. *einer Einstellung des Verfahrens oder*	
2. *einer Ablehnung des Asylantrags*	
a) *nach § 29 Absatz 1 Nummer 4 als unzulässig,*	
b) *nach den §§ 29a, 29b oder 30 als offensichtlich unbegründet oder*	
c) *im Fall des § 71 Absatz 4.*	
Die §§ 48 bis 50 bleiben unberührt.	

Redaktionelle Hinweise zu den Neuerungen

Nach der bisherigen Rechtslage konnte das Bundesamt in bestimmten Fallkonstellationen ein beschleunigtes Verfahren durchführen, insbesondere bei Herkunft aus sicheren Herkunftsstaaten, bei Täuschung über Identität, bei missbräuchlichen Anträgen oder bei sicherheitsrelevanten Umständen. Diese Verfahren waren an besondere Aufnahmeeinrichtungen gebunden und mussten grundsätzlich innerhalb einer Woche abgeschlossen werden. Zudem bestanden eigenständige Pflichten für die Antragsteller, etwa eine verpflichtende Unterbringung in diesen Einrichtungen während der Verfahrensdauer.

Mit dem Wegfall von § 30a AsylG wird dieses nationale Modell aufgegeben. Die Beschleunigung von Asylverfahren richtet sich nun ausschließlich nach den unionsrechtlichen Regelungen, insbesondere nach Art. 42 der Verordnung (EU) 2024/1348 (= Asylverfahrensverordnung). Diese enthält eigenständige Vorgaben dazu, in welchen Fällen ein Verfahren beschleunigt durchzuführen ist und welche verfahrensrechtlichen Konsequenzen sich daraus ergeben.

Ein wesentlicher praktischer Unterschied besteht darin, dass die bisherige feste Wochenfrist für Entscheidungen im beschleunigten Verfahren entfällt. Die Verfahrensdauer ergibt sich nun grundsätzlich aus Art. 35 Abs. 3 der Verordnung (EU) 2024/1348 („Die Asylbehörde schließt das beschleunigte Prüfungsverfahren so schnell wie möglich, spätestens jedoch innerhalb von drei Monaten nach dem Tag der Einreichung des Antrags ab.“). Ebenso entfällt die unmittelbare Verknüpfung des beschleunigten Verfahrens mit bestimmten Aufnahmeeinrichtungen sowie die daran anknüpfenden besonderen Wohnpflichten

Die Aufhebung steht in engem Zusammenhang mit der Neufassung des § 30 AsylG. Während früher das beschleunigte Verfahren nach § 30a häufig der Ausgangspunkt für die Einstufung eines Asylantrags als offensichtlich unbegründet war, wird diese Verbindung nun unmittelbar über das Unionsrecht hergestellt. Die Frage, ob ein Verfahren beschleunigt durchgeführt wird, richtet sich nach Art. 42 der Verordnung (EU) 2024/1348, und die daraus folgende Einordnung als offensichtlich unbegründet erfolgt über § 30 AsylG (vgl. auch die Ausführungen dort).

Gesetzesbegründung zu § 30a AsylG (BT-Drs. 21/1848)

Die Streichung dient der Anpassung an Artikel 42 der Verordnung (EU) 2024/1348.

§ 31 AsylG

bis 11.06.2026	ab 12.06.2026
§ 31 Entscheidung des Bundesamtes über Asylanträge	**§ 31 Entscheidung des Bundesamtes über Asylanträge**
(1) *Die Entscheidung des Bundesamtes ergeht schriftlich. Sie ist schriftlich zu begründen.* Entscheidungen, die der Anfechtung unterliegen, *sind* den Beteiligten unverzüglich zuzustellen. *Wurde kein Bevollmächtigter für das Verfahren bestellt, ist eine Übersetzung der Entscheidungsformel und der Rechtsbehelfsbelehrung in einer Sprache beizufügen, deren Kenntnis vernünftigerweise vorausgesetzt werden kann. Das Bundesamt informiert mit der Entscheidung über die Rechte und Pflichten, die sich aus ihr ergeben.*	(1) **Im Einklang mit Artikel 36 Absatz 1 der Verordnung (EU) 2024/1348 sind** Entscheidungen, die der Anfechtung unterliegen, den Beteiligten unverzüglich zuzustellen.
(2) In Entscheidungen über zulässige Asylanträge ist ausdrücklich festzustellen, ob dem Ausländer die Flüchtlingseigenschaft oder der *subsidiäre Schutz* zuerkannt wird und ob er als Asylberechtigter anerkannt wird. In den Fällen des § 13 Absatz *2* Satz *2* ist nur über den beschränkten Antrag zu entscheiden.	(2) In Entscheidungen über zulässige Asylanträge ist ausdrücklich festzustellen, ob dem Ausländer die Flüchtlingseigenschaft oder der **Status subsidiären Schutzes** zuerkannt wird und ob er als Asylberechtigter anerkannt wird. In den Fällen des § 13 Absatz **1** Satz **1** ist nur über den beschränkten Antrag zu entscheiden.
(3) In den Fällen des Absatzes 2 und in Entscheidungen über unzulässige Asylanträge ist festzustellen, ob die Voraussetzungen des § 60 Absatz 5 oder 7 des Aufenthaltsgesetzes vorliegen. Davon kann abgesehen werden, wenn der Ausländer als Asylberechtigter anerkannt wird oder ihm internationaler Schutz im Sinne des § 1 Absatz 1 Nummer 2 zuerkannt wird. Von der Feststellung nach Satz 1 kann auch abgesehen werden, wenn das Bundesamt in einem früheren Verfahren über das Vorliegen der Voraussetzungen des § 60 Absatz 5 und 7 des Aufenthaltsgesetzes entschieden hat und die Voraussetzungen des § 51 Absatz 1 bis 3 des Verwaltungsverfahrensgesetzes nicht vorliegen.	(3) In den Fällen des Absatzes 2 und in Entscheidungen über unzulässige Asylanträge ist festzustellen, ob die Voraussetzungen des § 60 Absatz 5 oder 7 des Aufenthaltsgesetzes vorliegen. Davon kann abgesehen werden, wenn der Ausländer als Asylberechtigter anerkannt wird oder ihm internationaler Schutz im Sinne des § 1 Absatz 1 Nummer 2 zuerkannt wird. Von der Feststellung nach Satz 1 kann auch abgesehen werden, wenn das Bundesamt in einem früheren Verfahren über das Vorliegen der Voraussetzungen des § 60 Absatz 5 und 7 des Aufenthaltsgesetzes entschieden hat und die Voraussetzungen des § 51 Absatz 1 bis 3 des Verwaltungsverfahrensgesetzes nicht vorliegen.
(4) Wird der Asylantrag nur nach § 26a als unzulässig abgelehnt, bleibt § 26 Absatz 5 in den Fällen des § 26 Absatz 1 bis 4 unberührt.	
(5) Wird ein Ausländer nach § 26 Absatz 1 bis 3 als Asylberechtigter anerkannt oder wird ihm nach § 26 Absatz 5 internationaler Schutz im Sinne des § 1 Absatz 1 Nummer 2 zuerkannt, soll von der Feststellung der Voraussetzungen des § 60 Absatz 5 und 7 des Aufenthaltsgesetzes abgesehen werden.	
(6) Wird der Asylantrag nach § 29 Absatz 1 Nummer 1 als unzulässig abgelehnt, wird dem Ausländer in der Entscheidung mitgeteilt, welcher andere Staat für die Durchführung des Asylverfahrens zuständig ist.	

bis 11.06.2026	**ab 12.06.2026**
§ 31 Entscheidung des Bundesamtes über Asylanträge	**§ 31 Entscheidung des Bundesamtes über Asylanträge**
(7) In der Entscheidung des Bundesamtes ist die AZR-Nummer nach § 3 Absatz 1 Nummer 2 des Gesetzes über das Ausländerzentralregister zu nennen.	**(3)** In der Entscheidung des Bundesamtes ist die AZR-Nummer nach § 3 Absatz 1 Nummer 2 des Gesetzes über das Ausländerzentralregister zu nennen.
	(4) Das Bundesamt unterrichtet die Ausländerbehörde unverzüglich über
	1. **die getroffene Entscheidung und**
	2. **von dem Ausländer vorgetragene oder sonst erkennbare Gründe,**
	a) **die für eine Aussetzung der Abschiebung sprechen, insbesondere über die Notwendigkeit, die für eine Rückführung erforderlichen Dokumente zu beschaffen, oder**
	b) **die nach § 25 Absatz 3 Satz 2 Nummer 1 bis 4 des Aufenthaltsgesetzes der Erteilung einer Aufenthaltserlaubnis entgegenstehen könnten.**

Redaktionelle Hinweise zu den Neuerungen

§ 31 AsylG in der ab dem 12. Juni 2026 geltenden Fassung bleibt die zentrale Vorschrift für die Entscheidung des Bundesamtes über Asylanträge, erfährt jedoch eine deutliche inhaltliche Straffung und Anpassung an das unionsrechtliche Verfahrenssystem. Die Norm verliert einen Großteil ihrer bisherigen Detailregelungen, weil diese nun unmittelbar durch die Verordnung (EU) 2024/1348 (= Asylverfahrensverordnung) vorgegeben werden.

Besonders deutlich wird dies beim bisherigen Absatz 1, der bislang umfassende Anforderungen an Form, Begründung, Übersetzung und inhaltliche Ausgestaltung der Entscheidungen enthielt. Diese Regelungen entfallen weitgehend, da Inhalt und Begründung von Entscheidungen künftig unionsrechtlich bestimmt werden. Neu gefasst bleibt lediglich die Verpflichtung, anfechtbare Entscheidungen unverzüglich zuzustellen. Damit wird ein organisatorischer Kernbereich weiterhin national geregelt, während die inhaltlichen Vorgaben aus dem Unionsrecht folgen.

Die Pflicht, in der Entscheidung ausdrücklich festzustellen, ob Flüchtlingsschutz, subsidiärer Schutz oder eine Asylberechtigung vorliegt, bleibt erhalten. Die Vorschrift wird allerdings terminologisch an das unionsrechtliche Begriffsverständnis angepasst. Für die Praxis ändert sich hier inhaltlich wenig, da das Bundesamt weiterhin alle Schutzformen eigenständig zu prüfen und im Bescheid auszuweisen hat.

Unverändert bleibt auch die Verpflichtung, über nationale Abschiebungsverbote nach § 60 Abs. 5 und 7 AufenthG zu entscheiden. Diese nationale Schutzprüfung bleibt ein eigenständiger Bestandteil der Entscheidung, auch wenn die übrigen Schutzformen zunehmend unionsrechtlich geprägt sind. Die Regelung verdeutlicht, dass bestimmte aufenthaltsrechtliche Schutzmechanismen weiterhin im nationalen Verantwortungsbereich verbleiben.

Weggefallen sind dagegen mehrere bisherige Sonderregelungen, insbesondere solche im Zusammenhang mit dem früheren Familienasyl sowie zur Zuständigkeitsmitteilung bei Dublin-Verfahren. Diese Änderungen stehen im Zusammenhang mit den grundlegenden Reformen anderer Vorschriften, insbesondere der Abschaffung des Familienasyls und der Überführung der Zuständigkeitsprüfung in rein unionsrechtliche Verfahren.

Neu eingeführt wird eine ausdrückliche Pflicht zur Unterrichtung der Ausländerbehörde. Das Bundesamt muss die Behörde nicht nur über die getroffene Entscheidung informieren, sondern auch über Umstände, die für den weiteren Aufenthalt des Betroffenen relevant sein können. Dazu gehören insbesondere Hinweise auf mögliche Abschiebungshindernisse oder auf Umstände, die einer Aufenthaltserlaubnis entgegenstehen könnten. Diese Regelung stärkt die Verzahnung zwischen Asylverfahren und aufenthaltsrechtlicher Folgebearbeitung und sorgt dafür, dass entscheidungsrelevante Informationen nicht verloren gehen.

Gesetzesbegründung zu § 31 AsylG (BT-Drs. 21/1848 und BT-Drs. 21/4321)

Zu Absatz 1

Die [fast vollständige] Aufhebung dient der Anpassung an die Artikel 36 und 39 der Verordnung (EU) 2024/1348

(Beschlussempfehlung BT-Drs. 21/4321): § 31 Absatz 1 Satz 3 regelt bisher, dass anfechtbare Entscheidungen unverzüglich zugestellt werden müssen. Da Artikel 36 Absatz 1 der Verordnung (EU) 2024/1348 nicht regelt, wie Entscheidungen mitgeteilt werden, bedarf es der Regelung weiterhin

Zu Absatz 2

Es handelt sich um eine Folgeänderung zur [fast vollständigen] Aufhebung des bisherigen Absatz 1 und eine Anpassung an die Terminologie von Artikel 3 Nummer 2 der Verordnung (EU) 2024/1347.

Zu Absatz 3

Es handelt sich um eine Folgeänderung zur [fast vollständigen]Aufhebung des bisherigen Absatz 1.

Zur Streichung von Absatz 4 bis 6

Es handelt sich um eine Folgeänderung zur [fast vollständigen] Aufhebung des bisherigen Absatz 1.

Zur Verschiebung von Absatz 7 zu Absatz 3

Es handelt sich um eine Folgeänderung zur [fast vollständigen] Aufhebung des bisherigen Absatz 1.

Zum neuen Absatz 4

Die Einfügung ist eine Verschiebung aus dem gestrichenen § 24 Absatz 3, da die Regelung im sachlichen Zusammenhang mit der Entscheidung steht.

§ 32 AsylG

bis 11.06.2026	ab 12.06.2026
§ 32 Entscheidung bei Antragsrücknahme *oder Verzicht*	**§ 32 Entscheidung bei ausdrücklicher oder stillschweigender Antragsrücknahme**
Im Falle *der Antragsrücknahme oder des Verzichts gemäß § 14a Abs. 3* stellt das Bundesamt in seiner Entscheidung fest, *dass das Asylverfahren eingestellt ist und* ob ein Abschiebungsverbot nach § 60 Absatz 5 oder 7 des Aufenthaltsgesetzes vorliegt.	Im Falle **der Erklärung der ausdrücklichen Antragsrücknahme nach Artikel 40 der Verordnung (EU) 2024/1348 oder der stillschweigenden Antragsrücknahme nach Artikel 41 der Verordnung (EU) 2024/1348** stellt das Bundesamt in seiner Entscheidung fest, ob ein Abschiebungsverbot nach § 60 Absatz 5 oder 7 des Aufenthaltsgesetzes vorliegt.

Redaktionelle Hinweise zu den Neuerungen

Der bisherige § 32 AsylG regelte die Entscheidung des Bundesamtes bei Antragsrücknahme oder Verzicht. Die ab 12. Juni 2026 geltende neue Fassung von § 32 spricht die Vorschrift von der ausdrücklichen oder stillschweigenden Antragsrücknahme und verweist unmittelbar auf die Asylverfahrensverordnung (EU) 2024/1348 (= Asylverfahrensverordnung). Maßgeblich sind insoweit nun die Art. 40 und 41 2024/1348 Asylverfahrensverordnung. § 32 übernimmt damit keine eigenständige materielle Regelung mehr, sondern knüpft an die unionsrechtlich bestimmte Beendigung des Verfahrens an.

Die ausdrückliche Rücknahme liegt vor, wenn der Antragsteller aktiv erklärt, dass er seinen Antrag nicht weiterverfolgen möchte.

Neu ist die Einbeziehung der stillschweigenden Rücknahme. Diese erfasst Fallgestaltungen, in denen sich aus dem Verhalten des Antragstellers ergibt, dass er das Verfahren nicht betreiben will, z. B.

- keine Einreichung des Asylantrags oder Weiterreise nach Einreichung in einen anderen Mitgliedstaat
- unentschuldigtes Fernbleiben zur oder keine Mitwirkung während der Anhörung
- fehlende Mitwirkung, insbesondere bei der Identitätsüberprüfung
- Verstöße gegen Meldepflichten oder Residenzpflicht

Gleichzeitig entfällt die bisherige ausdrückliche Feststellung, dass das Asylverfahren eingestellt ist. Dies ist kein inhaltlicher Wegfall, sondern Folge der neuen Systematik. Die Verfahrensbeendigung ergibt sich nun unmittelbar aus dem Unionsrecht, sodass es keiner gesonderten nationalen Feststellung mehr bedarf. § 32 AsylG beschränkt sich deshalb auf die noch erforderlichen Folgewirkungen im nationalen Verfahren.

Unverändert bleibt die Pflicht des Bundesamtes, auch in diesen Fällen zu prüfen, ob ein Abschiebungsverbot nach § 60 Abs. 5 oder 7 AufenthG vorliegt. Diese Prüfung erfolgt unabhängig davon, dass der Asylantrag nicht weiterverfolgt wird, und stellt sicher, dass ein Mindestschutz nach menschenrechtlichen Maßstäben gewährleistet bleibt.

Gesetzesbegründung zu § 32 AsylG (BT-Drs. 21/1848)

Die Neufassung dient der Anpassung an die Artikel 40 und 41 der Verordnung (EU) 2024/1348. Die ausdrückliche und stillschweigende Rücknahme können gemeinsam geregelt werden. Abschiebungsverbote müssen wegen Artikel 37 der Verordnung (EU) 2024/1348 festgestellt werden.

§ 32a AsylG

bis 11.06.2026	ab 12.06.2026
§ 32a Ruhen des Verfahrens	**§ 32a Ruhen des Verfahrens**
(1) Das Asylverfahren eines Ausländers ruht, solange ihm vorübergehender Schutz nach § 24 des Aufenthaltsgesetzes gewährt wird. Solange das Verfahren ruht, bestimmt sich die Rechtsstellung des Ausländers nicht nach diesem Gesetz.	(1) [unverändert]
(2) Der Asylantrag gilt als zurückgenommen, wenn der Ausländer nicht innerhalb eines Monats nach Ablauf der Geltungsdauer seiner Aufenthaltserlaubnis dem Bundesamt anzeigt, dass er das Asylverfahren fortführen will.	(2) Der Asylantrag gilt als zurückgenommen, wenn der Ausländer nicht innerhalb eines Monats nach Ablauf der Geltungsdauer seiner Aufenthaltserlaubnis dem Bundesamt anzeigt, dass er das Asylverfahren fortführen will. **§ 32 gilt mit den Voraussetzungen aus Artikel 41 Absatz 2 bis 5 der Verordnung (EU) 2024/1348 entsprechend.**

Redaktionelle Hinweise zu den Neuerungen

Der Grundgedanke von § 32a AsylG bleibt auch nach dem 12.06.2026 erhalten: Wer vorübergehenden Schutz genießt, soll nicht gleichzeitig ein reguläres Asylverfahren betreiben müssen. Neu ist jedoch die Anbindung an die unionsrechtlichen Regeln über die stillschweigende Antragsrücknahme in § 32 AsylG n. F.

Bereits nach bisherigem Recht galt, dass der Asylantrag als zurückgenommen gilt, wenn der Betroffene nach Ende des vorübergehenden Schutzes nicht innerhalb eines Monats erklärt, das Verfahren fortführen zu wollen (§ 33 AsylG a. F.). An diesem Grundmechanismus wird festgehalten. Allerdings kann diese Rücknahmefiktion künftig nicht mehr allein auf das nationale Recht gestützt werden.

Durch die Ergänzung, dass § 32 AsylG unter Beachtung der Voraussetzungen des Art. 41 Abs. 2 bis 5 der Verordnung (EU) 2024/1348 (= Asylverfahrensverordnung) entsprechend gilt, wird klargestellt, dass die unionsrechtlichen Vorgaben zur stillschweigenden Antragsrücknahme einzuhalten sind. Das bedeutet, dass eine Rücknahme nicht mehr automatisch allein aufgrund fehlender Mitwirkung angenommen werden darf, sondern nur dann, wenn die unionsrechtlich vorgesehenen Verfahrensgarantien beachtet wurden. Dazu gehört insbesondere, dass der Betroffene über die Folgen seines Verhaltens informiert wird und Gelegenheit erhält, das Verfahren fortzuführen.

Gesetzesbegründung zu § 32a AsylG (BT-Drs. 21/1848)

Es handelt sich um eine Folgeänderung zur Neufassung von § 32 sowie zu der Aufhebung von § 33.

Änderungen im AsylG

§ 33 AsylG

bis 11.06.2026	ab 12.06.2026
§ 33 *Nichtbetreiben des Verfahrens*	**§ 33 (weggefallen)**
(1) Das Bundesamt stellt das Verfahren ein oder lehnt den Asylantrag nach angemessener inhaltlicher Prüfung ab, wenn der Ausländer das Verfahren nicht betreibt. Sofern das Bundesamt das Verfahren einstellt, entscheidet es nach Aktenlage, ob ein Abschiebungsverbot nach § 60 Absatz 5 oder 7 des Aufenthaltsgesetzes vorliegt.	
(2) Es wird vermutet, dass der Ausländer das Verfahren nicht betreibt, wenn er	
1. einer Aufforderung zur Vorlage von für den Antrag wesentlichen Informationen gemäß § 15 oder einer Aufforderung zur Anhörung gemäß § 25 nicht nachgekommen ist	
2. untergetaucht ist oder	
3. gegen die räumliche Beschränkung seiner Aufenthaltsgestattung gemäß § 56 verstoßen hat, der er wegen einer Wohnverpflichtung nach § 30a Absatz 3 unterliegt.	
Die Vermutung nach Satz 1 gilt nicht, wenn der Ausländer innerhalb eines Monats nach Zustellung der Entscheidung nach Absatz 1 nachweist, dass das in Satz 1 Nummer 1 genannte Versäumnis oder die in Satz 1 Nummer 2 und 3 genannte Handlung auf Umstände zurückzuführen war, auf die er keinen Einfluss hatte. Führt der Ausländer diesen Nachweis, ist das Verfahren fortzuführen. Wurde das Verfahren als beschleunigtes Verfahren nach § 30a durchgeführt, beginnt die Frist nach § 30a Absatz 2 Satz 1 neu zu laufen	
(3) Als Nichtbetreiben des Verfahrens gilt ferner, wenn der Ausländer während des Asylverfahrens in seinen Herkunftsstaat gereist ist.	
(4) Der Ausländer ist auf die nach den Absätzen 1 und 3 eintretenden Rechtsfolgen schriftlich und gegen Empfangsbestätigung hinzuweisen.	
(5) Ein Ausländer, dessen Asylverfahren gemäß Absatz 1 eingestellt worden ist, kann die Wiederaufnahme des Verfahrens beantragen. Der Antrag ist persönlich bei der Außenstelle des Bundesamtes zu stellen, die der Aufnahmeeinrichtung zugeordnet ist, in welcher der Ausländer vor der Einstellung des Verfahrens zu wohnen verpflichtet war. Stellt der Ausländer einen neuen Asylantrag, so gilt dieser als Antrag im Sinne des Satzes 1. Das Bundesamt nimmt die Prüfung in dem Verfahrensabschnitt wieder auf, in dem sie eingestellt wurde. Abweichend von Satz 4 ist das Asylverfahren nicht wieder aufzunehmen und ein Antrag nach Satz 1 oder Satz 3 ist als Folgeantrag (§ 71) zu behandeln, wenn	

bis 11.06.2026	ab 12.06.2026
§ 33 *Nichtbetreiben des Verfahrens*	**§ 33 (weggefallen)**
1. *die Einstellung des Asylverfahrens zum Zeitpunkt der Antragstellung mindestens neun Monate zurückliegt oder*	
2. *das Asylverfahren bereits nach dieser Vorschrift wieder aufgenommen worden war.*	
Wird ein Verfahren nach dieser Vorschrift wieder aufgenommen, das vor der Einstellung als beschleunigtes Verfahren nach § 30a durchgeführt wurde, beginnt die Frist nach § 30a Absatz 2 Satz 1 neu zu laufen.	
(6) Für Rechtsbehelfe gegen eine Entscheidung nach Absatz 5 Satz 5 gilt § 36 Absatz 3 entsprechend.	

Redaktionelle Hinweise zu den Neuerungen

Nach bisherigem Recht ermöglichte § 33 dem Bundesamt, ein Asylverfahren einzustellen oder nach Aktenlage zu entscheiden, wenn der Antragsteller das Verfahren nicht aktiv betrieb. Typische Fälle waren etwa das Nichterscheinen zu Terminen, fehlende Mitwirkung, unbekannter Aufenthalt oder auch eine Rückkehr in den Herkunftsstaat. Die Vorschrift enthielt hierzu ein eigenständiges System mit Vermutungsregelungen, Belehrungspflichten und Möglichkeiten zur Wiederaufnahme des Verfahrens.

Diese nationale Konstruktion wird durch das GEAS vollständig aufgegeben. An ihre Stelle tritt das unionsrechtliche Konzept der stillschweigenden Antragsrücknahme nach Art. 41 der Verordnung (EU) 2024/1348 (= Asylverfahrensverordnung). Maßgeblich ist nun nicht mehr, ob ein Verfahren „nicht betrieben" wird, sondern ob aus dem Verhalten des Antragstellers darauf geschlossen werden kann, dass er sein Schutzbegehren nicht weiterverfolgen möchte. Die rechtliche Einordnung verschiebt sich damit von einer Pflichtverletzung im Verfahren hin zu einer wertenden Betrachtung des Gesamtverhaltens.

Die Aufhebung des § 33 steht in engem Zusammenhang mit der Neufassung des § 32 AsylG. Während früher zwischen ausdrücklicher Rücknahme und Einstellung wegen Nichtbetreibens unterschieden wurde, führt das neue Recht beide Konstellationen in einem einheitlichen System zusammen (vgl. auch die Ausführungen bei § 32).

Gesetzesbegründung zu § 33 AsylG (BT-Drs. 21/1848)

Der bisherige § 33 („Nichtbetreiben des Verfahrens") ist künftig aufgrund der Neuregelung des § 32 sowie der Regelungen in den Artikeln 40 und 41 der Verordnung (EU) 2024/1348 obsolet.

Prüfung von Hindernissen wie Kindeswohl, familiären Bindungen oder gesundheitlichen Gründen bleibt bestehen.

Eine relevante Anpassung betrifft die Terminologie. Die bislang getrennte Benennung von Flüchtlingsschutz und subsidiärem Schutz wird durch den einheitlichen Begriff des „internationalen Schutzes" ersetzt. Diese Änderung ist vor allem systematischer Natur und spiegelt die Terminologie des Unionsrechts wider. Materielle Änderungen ergeben sich daraus nicht; die Prüfung bleibt inhaltlich gleich, wird aber begrifflich vereinheitlicht

Gesetzesbegründung zu § 34 AsylG (BT-Drs. 21/1848)

Zu Absatz 1 Satz 1 Nummer 1

Die Einfügung dient der Anpassung an Artikel 37 der Verordnung (EU) 2024/1348.

Zu Absatz 1 Satz 1 Nummer 2

Es handelt sich um eine redaktionelle Änderung.

Zu Absatz 1 Satz 1 Nummer 2a

Es handelt sich um eine redaktionelle Änderung.

Änderungen im AsylG

§ 34a AsylG

bis 11.06.2026	ab 12.06.2026
§ 34a Abschiebungsanordnung	**§ 34a Abschiebungsanordnung**
(1) Soll der Ausländer *in einen sicheren Drittstaat (§ 26a) oder* in einen für die Durchführung des Asylverfahrens zuständigen Staat *(§ 29 Absatz 1 Nummer 1) abgeschoben werden*, ordnet das Bundesamt die Abschiebung in diesen Staat an, sobald feststeht, dass sie durchgeführt werden kann. *Dies gilt auch, wenn der Ausländer den Asylantrag in einem anderen auf Grund von Rechtsvorschriften der Europäischen Union oder eines völkerrechtlichen Vertrages für die Durchführung des Asylverfahrens zuständigen Staat gestellt oder vor der Entscheidung des Bundesamtes zurückgenommen hat.* Einer vorherigen Androhung und Fristsetzung bedarf es nicht. Kann eine Abschiebungsanordnung nach Satz 1 *oder 2* nicht ergehen, *droht das Bundesamt die Abschiebung in den jeweiligen Staat an.*	(1) Soll der Ausländer in einen für die Durchführung des Asylverfahrens zuständigen Staat **infolge einer Überstellungsentscheidung nach Artikel 42 Absatz 1 oder Artikel 67 Absatz 10 der Verordnung (EU) 2024/1351 überstellt werden**, ordnet das Bundesamt die Abschiebung in diesen Staat an, sobald feststeht, dass sie durchgeführt werden kann. Einer vorherigen Androhung und Fristsetzung bedarf es nicht. Kann eine Abschiebungsanordnung nach Satz 1 nicht ergehen, **erlässt das Bundesamt eine Abschiebungsandrohung für den jeweiligen Staat.**
	(2) In den Fällen des Absatzes 1 stellt das Bundesamt fest, ob die Voraussetzungen des § 60 Absatz 5 oder 7 des Aufenthaltsgesetzes vorliegen. Von der Feststellung nach Satz 1 kann abgesehen werden, wenn das Bundesamt in einem früheren Verfahren über das Vorliegen der Voraussetzungen des § 60 Absatz 5 und 7 des Aufenthaltsgesetzes entschieden hat und die Voraussetzungen des § 51 Absatz 1 bis 3 des Verwaltungsverfahrensgesetzes nicht vorliegen.
(2) Anträge nach § 80 Absatz 5 der Verwaltungsgerichtsordnung gegen die Abschiebungsanordnung sind innerhalb einer Woche nach Bekanntgabe zu stellen. Die Abschiebung ist bei rechtzeitiger Antragstellung vor der gerichtlichen Entscheidung nicht zulässig. Anträge auf Gewährung vorläufigen Rechtsschutzes gegen die Befristung des Einreise- und Aufenthaltsverbots durch das Bundesamt nach § 11 Absatz 2 des Aufenthaltsgesetzes sind innerhalb einer Woche nach Bekanntgabe zu stellen. Die Vollziehbarkeit der Abschiebungsanordnung bleibt hiervon unberührt.	**(3)** Anträge nach § 80 Absatz 5 der Verwaltungsgerichtsordnung gegen die Abschiebungsanordnung sind innerhalb einer Woche nach Bekanntgabe zu stellen. Die Abschiebung ist bei rechtzeitiger Antragstellung vor der gerichtlichen Entscheidung nicht zulässig. Anträge auf Gewährung vorläufigen Rechtsschutzes gegen die **Anordnung und** Befristung des Einreise- und Aufenthaltsverbots durch das Bundesamt nach § 11 Absatz 2 des Aufenthaltsgesetzes sind innerhalb einer Woche nach Bekanntgabe zu stellen. Die Vollziehbarkeit der Abschiebungsanordnung bleibt hiervon unberührt. **§ 58 der Verwaltungsgerichtsordnung gilt mit der Maßgabe, dass die Frist nach § 58 Absatz 2 der Verwaltungsgerichtsordnung drei Monate beträgt.**

Redaktionelle Hinweise zu den Neuerungen

Bislang konnte das Bundesamt eine Abschiebungsanordnung erlassen, wenn der Ausländer in einen sicheren Drittstaat (§ 26a AsylG) oder in einen nach der Dublin-III-Verordnung zuständigen Mitgliedstaat verbracht werden sollte. Die Besonderheit der Abschiebungsanordnung bestand darin, dass keine Abschiebungsandrohung, keine Ausreisefrist, keine gesonderte Vollstreckungsentscheidung erforderlich waren. Die Überstellung konnte unmittelbar vorbereitet und durchgeführt werden.

Ab dem 12. Juni 2026 wird § 34 AsylG in seinem Anwendungsbereich grundlegend neu ausgerichtet, ohne dass das Instrument der Abschiebungsanordnung als solches entfällt. Die Vorschrift dient künftig ausschließlich dem Vollzug von Überstellungen in einen anderen Mitgliedstaat auf Grundlage der Asyl- und Migrationsmanagement-Verordnung (EU) 2024/1351 und verliert ihre bisherige Funktion im Zusammenhang mit sicheren Drittstaaten.

Eine wesentliche inhaltliche Änderung liegt im Wegfall der bisherigen Anwendung auf sichere Drittstaaten. Während früher auch Abschiebungen in solche Staaten im Wege der Abschiebungsanordnung erfolgen konnten, ist dies künftig nicht mehr zulässig. Hintergrund ist, dass das Unionsrecht in diesen Fällen grundsätzlich eine Rückkehrentscheidung mit Frist zur freiwilligen Ausreise verlangt. Die unmittelbare Vollstreckung ohne vorherige Androhung und Fristsetzung ist daher unionsrechtlich ausgeschlossen. Die Abschiebungsanordnung wird damit auf Fälle beschränkt, in denen eine Überstellung innerhalb des europäischen Zuständigkeitssystems erfolgt.

Geblieben ist der Charakter der Abschiebungsanordnung als besonders effektives Instrument. Auch künftig bedarf es keiner vorherigen Abschiebungsandrohung und keiner Ausreisefrist. Sobald feststeht, dass die Überstellung durchgeführt werden kann, wird die Abschiebung unmittelbar angeordnet. Lediglich für den Fall, dass eine solche Anordnung aus rechtlichen oder tatsächlichen Gründen nicht möglich ist, sieht die Vorschrift nun ausdrücklich vor, dass stattdessen eine Abschiebungsandrohung zu erlassen ist.

Neu eingeführt wird eine ausdrückliche Pflicht zur Prüfung nationaler Abschiebungsverbote nach § 60 Abs. 5 und 7 AufenthG auch in Überstellungsfällen. Diese Prüfung war bislang nicht in dieser Form geregelt. Das Bundesamt muss auch bei einer Überstellung in einen anderen Mitgliedstaat sicherstellen, dass keine zielstaatsbezogenen Abschiebungsverbote entgegenstehen, es sei denn, eine solche Prüfung ist bereits in einem früheren Verfahren erfolgt und es liegen keine neuen Umstände vor.

Der Rechtsschutz gegen Abschiebungsanordnungen bleibt im Grundsatz erhalten. Eilanträge gegen diese Entscheidung müssen innerhalb einer Woche gestellt werden. Eine Abschiebung während des laufenden rechtzeitigen Eilverfahrens ist nicht erlaubt. Klargestellt wurde, dass auch gegen die Anordnung (und nicht nur wie bisher Befristung) eines Einreise- und Aufenthaltsverbots ein vorläufiger Rechtsschutz möglich ist.

Hervorzuheben ist zudem die besondere Regelung für Fälle fehlerhafter Rechtsbehelfsbelehrungen. Während nach allgemeinem Recht eine verlängerte Jahresfrist gilt, wird diese hier auf drei Monate begrenzt. Dies soll wohl ein Balance zwischen effektivem Rechtsschutz und dem unionsrechtlichen Interesse an einer zügigen Durchführung von Überstellungen gewährleisten.

Gesetzesbegründung zu § 34a AsylG (BT-Drs. 21/1848)

Zu Absatz 1

Die Änderung dient der Anpassung an Artikel 42 Absatz 1 und Artikel 67 Absatz 10 der Verordnung (EU) 2024/1351. Die Abschiebungsanordnung nach § 34a stellt dabei die nationale Rechtsgrundlage im Sinne von Artikel 46 der Verordnung (EU) 2024/1351 zum Vollzug der Überstellungsentscheidung nach Artikel 42 Absatz 1 und Artikel 67 Absatz 10 der Verordnung (EU) 2024/1351 dar.

Eine Überstellung unbegleiteter Minderjähriger in den Mitgliedstaat der ersten Registrierung erfolgt nur, wenn diese dem Kindeswohl dient.

Die Änderung hinsichtlich der Streichung in Bezug auf sichere Drittstaaten dient der Anpassung an Artikel 7 der Richtlinie 2008/115/EG. Bei einer Rückkehrentscheidung in Bezug auf einen sicheren Drittstaat ist eine Abschiebungsanordnung nicht zulässig, da eine Frist zur freiwilligen Ausreise einzuräumen ist (EuGH, Urteil vom 19. Juni 2018, Gnandi, C-181/16, EU:C:2018:465, Rn. 45 und 62). Die Fallkonstellation der sicheren Drittstaaten ist daher in § 34a zu streichen.

Zu Absatz 2

Es handelt sich um eine Folgeänderung wegen der Streichung von § 29 Absatz 1 Nummer 1, vgl. Artikel 2 Nummer 33. Infolge der Streichung von § 29 Absatz 1 Nummer 1 findet § 31 Absatz 3 im Rahmen von Entscheidungen über Überstellungen nach Artikel 42 Absatz 1 der Verordnung (EU) 2024/1351 keine Anwendung, so dass es insoweit der Aufnahme einer gesonderten Regelung zur Prüfung zielstaatsbezogener Abschiebungsverbote bedarf.

Zu Absatz 3 Satz 3

Es handelt sich um eine redaktionelle Änderung, da § 11 Absatz 2 des Aufenthaltsgesetzes die Anordnung und Befristung regelt.

Zu Absatz 3 Satz 4

Die Hinzufügung nach Satz 4 dient der Sicherstellung des Rechts auf einen wirksamen Rechtsbehelf. Anders als nach § 58 Absatz 1 Verwaltungsgerichtsordnung kommt es für der Beginn der Rechtsbehelfsfrist nach Artikel 43 Absatz 2 der Verordnung (EU) 2024/1351 nicht darauf an, dass der Entscheidung eine Rechtsbehelfsbelehrung angefügt ist. Allerdings kann eine unrichtige Rechtsbehelfsbelehrung zu einem Irrtum führen, wodurch die Rechtsbehelfsfrist versäumt werden kann. Daher dürfte implizit aus dem Recht auf einen wirksamen Rechtsbehelf nach Artikel 43 Absatz 1 der Verordnung (EU) 2024/1351 und Artikel 47 EU-Grundrechtecharta folgen, dass dieses Recht nur dann effektiv ausgeübt werden kann, wenn der Betroffene nach Artikel 42 Absatz 4 der Verordnung (EU) 2024/1351 darüber informiert worden ist, wie er die ihn belastende Entscheidung anfechten kann, und diese Information korrekt ist.

Daher wird dem falsch informierten Antragsteller eine über die Zeiträume von Artikel 43 Absatz 2 der Verordnung (EU) 2024/1351 hinausgehende Frist für die Einlegung seines Rechtsbehelfs zugestanden. Die von § 58 Absatz 2 Verwaltungsgerichtsordnung vorgesehene Jahresfrist tritt jedoch mit dem Ziel der Verordnung (EU) 2024/1351, eine rasche Bestimmung des zuständigen Mitgliedstaats sicherzustellen, in Konflikt (vgl. Erwägungsgrund Nummer 37 und Nummer 64). Daher wird § 58 Absatz 2 Satz 1 Verwaltungsgerichtsordnung im vorliegenden Zusammenhang eingeschränkt. Bei der Festlegung der Frist und Abweichung von der Jahresfrist des § 58 Absatz 2 VwGO bleibt indes zu berücksichtigen, dass den in Rede stehenden Fällen in der Sphäre der Behörde liegende Verfahrensfehler zugrunde liegen. Die sich daraus ergebenden Rechte des Antragstellers sind in die Abwägung einzubeziehen. Im Hinblick auf die Beschleunigungsziele der Verordnung (EU) 2024/1351 und insoweit vor dem Hintergrund des Effektivitätsgrundsatzes in der Abwägung mit den Rechten des Antragstellers ist eine Verkürzung der Frist auf drei Monate angemessen.

§ 35 AsylG

bis 11.06.2026	ab 12.06.2026
§ 35 Abschiebungsandrohung bei Unzulässigkeit des Asylantrags	**§ 35 (weggefallen)**
In den Fällen des § 29 Absatz 1 Nummer 2 und 4 droht das Bundesamt dem Ausländer die Abschiebung in den Staat an, in dem er vor Verfolgung sicher war.	

Redaktionelle Hinweise zu den Neuerungen

§ 35 hatte bereits bislang keinen eigenständigen Regelungsgehalt mehr, weil die Abschiebungsandrohung in den erfassten Fällen ohnehin aus § 59 Abs. 2 Satz 1 AufenthG folgt. Der Gesetzgeber nutzte die GEAS-Reform deshalb, um eine überflüssige Doppelregelung zu streichen.

Gesetzesbegründung zu § 35 AsylG (BT-Drs. 21/1848)

Es handelt sich um eine redaktionelle Änderung, da die Regelung neben § 59 Absatz 2 Satz 1 des Aufenthaltsgesetzes keinen eigenständigen Regelungsgehalt hat.

Änderungen im AsylG

§ 36 AsylG

bis 11.06.2026	ab 12.06.2026
§ 36 Verfahren *bei Unzulässigkeit nach § 29 Absatz 1 Nummer 2 und 4 und bei offensichtlicher Unbegründetheit*	**§ 36 Verfahren bei Fällen des Artikels 68 Absatz 3 der Verordnung (EU) 2024/1348**
(1) *In den Fällen der Unzulässigkeit nach § 29 Absatz 1 Nummer 2 und 4 und der offensichtlichen Unbegründetheit des Asylantrags beträgt die dem Ausländer zu setzende Ausreisefrist eine Woche.*	
(2) Das Bundesamt übermittelt mit der Zustellung der Entscheidung den Beteiligten eine Kopie des Inhalts der Asylakte. *Der Verwaltungsvorgang ist mit dem Nachweis der Zustellung unverzüglich dem zuständigen Verwaltungsgericht zu übermitteln.*	**(1)** Das Bundesamt übermittelt **in den Fällen des Artikels 68 Absatz 3 der Verordnung (EU) 2024/1348** mit der Zustellung der Entscheidung den Beteiligten eine Kopie des Inhalts der Asylakte.
(3) Anträge nach § 80 *Abs.* 5 der Verwaltungsgerichtsordnung gegen die Abschiebungsandrohung sind innerhalb einer Woche nach Bekanntgabe zu stellen; dem Antrag soll der Bescheid des Bundesamtes beigefügt werden. Der Ausländer ist hierauf hinzuweisen. § 58 der Verwaltungsgerichtsordnung ist entsprechend anzuwenden. Die Entscheidung soll im schriftlichen Verfahren ergehen; eine mündliche Verhandlung, in der zugleich über die Klage verhandelt wird, ist unzulässig. Die Entscheidung soll innerhalb von einer Woche nach Ablauf der Frist des *Absatzes* 1 ergehen. Die Kammer des Verwaltungsgerichts kann die Frist nach Satz 5 um jeweils eine weitere Woche verlängern. Die zweite Verlängerung und weitere Verlängerungen sind nur bei Vorliegen schwerwiegender Gründe zulässig, insbesondere wenn eine außergewöhnliche Belastung des Gerichts eine frühere Entscheidung nicht möglich macht. *Die Abschiebung ist bei rechtzeitiger Antragstellung vor der gerichtlichen Entscheidung nicht zulässig.* Die Entscheidung ist ergangen, wenn die vollständig unterschriebene Entscheidungsformel der Geschäftsstelle der Kammer vorliegt. Anträge auf Gewährung vorläufigen Rechtsschutzes gegen die Befristung des Einreise- und Aufenthaltsverbots durch das Bundesamt nach § 11 Absatz 2 des Aufenthaltsgesetzes und die Anordnung und Befristung nach § 11 Absatz 7 des Aufenthaltsgesetzes sind ebenso innerhalb einer Woche nach Bekanntgabe zu stellen. Die Vollziehbarkeit der Abschiebungsandrohung bleibt hiervon unberührt.	**(2)** Anträge nach § 80 **Absatz** 5 der Verwaltungsgerichtsordnung gegen die Abschiebungsandrohung sind innerhalb einer Woche nach Bekanntgabe zu stellen; dem Antrag soll der Bescheid des Bundesamtes beigefügt werden. Der Ausländer ist hierauf hinzuweisen. § 58 der Verwaltungsgerichtsordnung ist **mit der Maßgabe, dass die Frist nach § 58 Absatz 2 der Verwaltungsgerichtsordnung drei Monate beträgt,** entsprechend anzuwenden. Die Entscheidung soll im schriftlichen Verfahren ergehen; eine mündliche Verhandlung, in der zugleich über die Klage verhandelt wird, ist unzulässig. Die Entscheidung soll innerhalb von einer Woche nach Ablauf der Frist des **Satzes** 1 ergehen. Die Kammer des Verwaltungsgerichts kann die Frist nach Satz 5 um jeweils eine weitere Woche verlängern. Die zweite Verlängerung und weitere Verlängerungen sind nur bei Vorliegen schwerwiegender Gründe zulässig, insbesondere wenn eine außergewöhnliche Belastung des Gerichts eine frühere Entscheidung nicht möglich macht. **Das Gericht teilt dem Bundesamt das Datum der Bekanntgabe der Entscheidung mit.** Die Entscheidung ist ergangen, wenn die vollständig unterschriebene Entscheidungsformel der Geschäftsstelle der Kammer vorliegt. Anträge auf Gewährung vorläufigen Rechtsschutzes gegen die **Anordnung und** Befristung des Einreise- und Aufenthaltsverbots durch das Bundesamt nach § 11 Absatz 2 des Aufenthaltsgesetzes und die Anordnung und Befristung nach § 11 Absatz 7 des Aufenthaltsgesetzes sind ebenso innerhalb einer Woche nach Bekanntgabe zu stellen. Die Vollziehbarkeit der Abschiebungsandrohung bleibt hiervon unberührt.

bis 11.06.2026	ab 12.06.2026
§ 36 Verfahren *bei Unzulässigkeit nach § 29 Absatz 1 Nummer 2 und 4 und bei offensichtlicher Unbegründetheit*	**§ 36 Verfahren bei Fällen des Artikels 68 Absatz 3 der Verordnung (EU) 2024/1348**
(4) Die Aussetzung der Abschiebung darf nur angeordnet werden, wenn ernstliche Zweifel an der Rechtmäßigkeit des angegriffenen Verwaltungsaktes bestehen. Tatsachen und Beweismittel, die von den Beteiligten nicht angegeben worden sind, bleiben unberücksichtigt, es sei denn, sie sind gerichtsbekannt oder offenkundig. Ein Vorbringen, das nach § 25 *Abs. 3* im Verwaltungsverfahren unberücksichtigt geblieben ist, sowie Tatsachen und Umstände im Sinne des § 25 *Abs. 2*, die der Ausländer im Verwaltungsverfahren nicht angegeben hat, kann das Gericht unberücksichtigt lassen, wenn andernfalls die Entscheidung verzögert würde.	**(3)** Die Aussetzung der Abschiebung darf nur angeordnet werden, wenn ernstliche Zweifel an der Rechtmäßigkeit des angegriffenen Verwaltungsaktes bestehen. Tatsachen und Beweismittel, die von den Beteiligten nicht angegeben worden sind, bleiben unberücksichtigt, es sei denn, sie sind gerichtsbekannt oder offenkundig. Ein Vorbringen, das nach § 25 **Absatz 2** im Verwaltungsverfahren unberücksichtigt geblieben ist, sowie Tatsachen und Umstände im Sinne des § 25 **Absatz 1**, die der Ausländer im Verwaltungsverfahren nicht angegeben hat, kann das Gericht unberücksichtigt lassen, wenn andernfalls die Entscheidung verzögert würde.

Redaktionelle Hinweise zu den Neuerungen

§ 36 AsylG in der ab dem 12. Juni 2026 geltenden Fassung wird in seiner Funktion grundlegend umgestaltet. Während die Vorschrift bislang als nationale Sonderregel für bestimmte Unzulässigkeitsentscheidungen und offensichtlich unbegründete Asylanträge diente, knüpft sie nun unmittelbar an die Vorgaben der Verordnung (EU) 2024/1348 (= Asylverfahrensverordnung) an und regelt die verfahrensrechtliche Umsetzung des unionsrechtlichen Eilrechtsschutzes

Dies zeigt sich bereits in der neuen Ausrichtung der Vorschrift. § 36 gilt künftig für die Fälle des Art. 68 Abs. 3 der Asylverfahrensverordnung. Die Vorschrift betrifft Verfahren, in denen die Asylverfahrensverordnung den Mitgliedstaaten erlaubt, den Suspensiveffekt eines Rechtsbehelfs von einer gerichtlichen Entscheidung abhängig zu machen. Praktisch handelt es sich um jene Fälle, in denen der Antragsteller ein gerichtliches Eilverfahren durchführen muss, um sein vorläufiges Bleiberecht zu sichern.

Eine wesentliche Änderung besteht darin, dass die bisherige feste Ausreisefrist von einer Woche entfällt. Diese war bislang ein zentrales Element des beschleunigten Verfahrens. Künftig ergeben sich die maßgeblichen Fristen aus dem Zusammenspiel von Unionsrecht und Aufenthaltsrecht. Das nationale Asylgesetz verzichtet bewusst auf eine eigene Fristenregelung und überlässt diese Steuerung dem europäischen System.

Erhalten bleibt dagegen der Grundgedanke eines besonders schnellen gerichtlichen Eilverfahrens. Anträge auf vorläufigen Rechtsschutz sind weiterhin innerhalb einer Woche zu stellen, und auch die Verwaltungsgerichte sollen grundsätzlich zeitnah entscheiden. Die bekannten Beschleunigungselemente bleiben damit bestehen, werden jedoch nun in einen unionsrechtlich vorgegebenen Rahmen eingebettet.

Eine wichtige praktische Änderung betrifft die Behandlung fehlerhafter Rechtsbehelfsbelehrungen. Statt der sonst im Verwaltungsprozess geltenden Jahresfrist wird diese im Anwendungsbereich des § 36 auf drei Monate begrenzt.

Änderungen im AsylG

Neu ist außerdem eine Pflicht des Gerichts, dem Bundesamt das Datum der Bekanntgabe seiner Entscheidung mitzuteilen. Das Bundesamt ist auf diese Information angewiesen, um den weiteren Vollzug, etwa die Durchführung der Abschiebung, rechtssicher einleiten zu können.

Im Übrigen bleibt die gerichtliche Prüfungsstruktur im Eilverfahren im Kern unverändert. Die Aussetzung der Abschiebung kommt weiterhin nur in Betracht, wenn ernstliche Zweifel an der Rechtmäßigkeit des angegriffenen Bescheides bestehen. Auch die Möglichkeit, verspätetes Vorbringen unberücksichtigt zu lassen, bleibt erhalten, um Verzögerungen des Verfahrens zu vermeiden.

Gesetzesbegründung zu § 36 AsylG (BT-Drs. 21/1848)

Zur Überschrift

Die Änderung dient der Anpassung an Artikel 68 Absatz 3 der Verordnung (EU) 2024/1348.

Zu Absatz 1

Die Änderung dient der Anpassung an Artikel 68 Absatz 3 der Verordnung (EU) 2024/1348. Eine vorsorgliche Übermittlung des Verwaltungsvorgangs an das Verwaltungsgericht vor Einlegung eines Rechtsmittels, die auf Grund der früheren Bearbeitung der Asylverfahrensakten in Papierform ist im Hinblick auf die Dauer der Übersendung der Verwaltungsvorgänge gerade auf postalischem Weg an die Verwaltungsgerichte gerechtfertigt war, ist nicht mehr erforderlich, da die Übersendung mittlerweile auf elektronischem Weg erfolgt. Die Verpflichtung des BAMF zur Übermittlung ergibt sich aus § 99 der Verwaltungsgerichtsordnung.

Zur Streichung von Absatz 2

Der Inhalt des bisherigen § 36 Absatz 2 wurde in Absatz 1 aufgenommen. Die Norm konnte daher gestrichen werden.

Zum neuen Absatz 2 Satz 1

Redaktionelle Änderung.

Zum neuen Absatz 2 Satz 3

Es handelt sich um eine Folgeänderung zur Änderung von Absatz 1 sowie eine Folgeänderung zur Änderung in § 74 Absatz 1 in Artikel 2 Nummer 82 Buchstabe a. Der Beginn der Rechtsbehelfsfrist ist nach Artikel 67 Absatz 8 Satz 1 der Verordnung (EU) 2024/1348 an die Mitteilung der Entscheidung geknüpft. Anders als nach § 58 Absatz 1 Verwaltungsgerichtsordnung kommt es nicht darauf an, dass der Entscheidung eine Rechtsbehelfsbelehrung angefügt ist. Allerdings kann eine unrichtige Rechtsbehelfsbelehrung zu einem Irrtum führen, wodurch die Rechtsbehelfsfrist versäumt werden kann. Daher dürfte implizit aus dem Recht auf einen wirksamen Rechtsbehelf nach Artikel 67 Absatz 1 der Verordnung (EU) 2024/1348 und Artikel 47 der EU-Grundrechtecharta folgen, dass dieses Recht nur dann effektiv ausgeübt werden kann, wenn der Betroffene nach Artikel 36 Absatz 3 Satz 1 der Verordnung (EU) 2024/1348 darüber informiert worden ist, wie er die ihn belastende Entscheidung anfechten kann, und diese Information korrekt ist.

Daher wird dem falsch informierten Antragsteller eine über die Zeiträume von Artikel 67 Absatz 7 der Verordnung (EU) 2024/1348 hinausgehende Frist für die Einlegung seines Rechtsbehelfs zugestanden. Bei der Festlegung der Frist und Abweichung von der Jahresfrist des § 58 Absatz 2 VwGO bleibt indes zu berücksichtigen, dass den in Rede stehenden Fällen in der Sphäre der Behörde liegende Verfahrensfehler zugrunde liegen. Die sich daraus ergebenden Rechte des Antragstellers sind in die Abwägung einzubeziehen. Insofern und um dem Zweck des § 58 Absatz 2 VwGO Rechnung zu tragen, ist es erforderlich, über die Frist aus Artikel 67 Absatz 7 der Verordnung EU 2024/1348 hinauszugehen. Die von § 58 Absatz 2 der Verwaltungsgerichtsordnung vorgesehene Jahresfrist tritt jedoch mit den Zielen der Asylverfahrensverordnung in Konflikt. Letztere zielt darauf ab, die Verfahrensvorschriften zu straffen, um das Verwaltungs- und Gerichtsverfahren beschleunigt abschließen zu können. Artikel 67 Absatz 7 der Verordnung (EU) 2024/1348 benennt eine höchstmögliche Frist von einem Monat. Vor diesem Hintergrund ist es erforderlich, die von Artikel 67 Absatz 7 der Verordnung (EU) 2024/1348 vorgesehenen Fristen nicht deutlich zu überschreiten. Daher wird § 58 Absatz 2 Satz 1 der Verwaltungsgerichtsordnung im vorliegenden asylrechtlichen Zusammenhang angemessen eingeschränkt, indem eine Verkürzung der Frist auf einen Monat vorgesehen wird.

Zum neuen Absatz 2 Satz 5

Es handelt sich um eine redaktionelle Änderung.

Zum neuen Absatz 2 Satz 8

Die Streichung des bisherigen Satz 8 dient der Anpassung an Artikel 68 Absatz 5 Buchstabe d der Verordnung (EU) 2024/1348. Der neue Satz 8 dient der Sicherstellung, dass dem Bundesamt mitgeteilt wird, wann die Entscheidung bekanntgegeben wurde und damit kein Recht auf Verbleib mehr besteht.

Zum neuen Absatz 2 Satz 10

Es handelt sich um eine redaktionelle Änderung, da § 11 Absatz 2 des Aufenthaltsgesetzes die Anordnung und Befristung regelt.

Zum neuen Absatz 3

Es handelt sich um eine Folgeänderung zur Änderung von Absatz 1

Änderungen im AsylG

§ 37 AsylG

bis 11.06.2026	ab 12.06.2026
§ 37 *Weiteres Verfahren bei stattgebender gerichtlicher Entscheidung*	**§ 37 (weggefallen)**
(1) Die Entscheidung des Bundesamtes über die Unzulässigkeit nach § 29 Absatz 1 Nummer 4 des Antrags und die Abschiebungsandrohung werden unwirksam, wenn das Verwaltungsgericht dem Antrag nach § 80 Absatz 5 der Verwaltungsgerichtsordnung entspricht. Das Bundesamt hat das Asylverfahren fortzuführen.	
(2) Entspricht das Verwaltungsgericht im Falle eines als offensichtlich unbegründet abgelehnten Asylantrags dem Antrag nach § 80 Abs. 5 der Verwaltungsgerichtsordnung, endet die Ausreisefrist 30 Tage nach dem unanfechtbaren Abschluss des Asylverfahrens.	
(3) Die Absätze 1 und 2 gelten nicht, wenn auf Grund der Entscheidung des Verwaltungsgerichts die Abschiebung in einen der in der Abschiebungsandrohung bezeichneten Staaten vollziehbar wird.	

Gesetzesbegründung zu § 37 AsylG (BT-Drs. 21/1848)

Die Aufhebung von Absatz 1 dient der Anpassung an Artikel 68 Absatz 3 der Verordnung (EU) 2024/1348. Hinsichtlich der Absätze 2 und 3 handelt es sich um eine Folgeänderung zur Neufassung von § 38.

§ 38 AsylG

bis 11.06.2026	ab 12.06.2026
§ 38 Ausreisefrist *bei sonstiger Ablehnung und bei Rücknahme des Asylantrags*	**§ 38 Ausreisefrist**
(1) *In den sonstigen Fällen, in denen das Bundesamt den Ausländer nicht als Asylberechtigten anerkennt, beträgt die dem Ausländer zu setzende Ausreisefrist 30 Tage. Im Falle der Klageerhebung endet die Ausreisefrist 30 Tage nach dem unanfechtbaren Abschluss des Asylverfahrens.*	(1) **In den Fällen des Artikels 68 Absatz 3 der Verordnung (EU) 2024/1348 soll die dem Ausländer zu setzende Ausreisefrist eine Woche betragen. Die Ausreisefrist beginnt mit Ablauf der Frist nach § 74 Absatz 1. Hat der Ausländer innerhalb dieser Frist einen Antrag nach § 80 Absatz 5 der Verwaltungsgerichtsordnung gestellt, beginnt die Ausreisefrist mit Zustellung des ablehnenden gerichtlichen Beschlusses.**
(2) *Im Falle der Rücknahme des Asylantrags vor der Entscheidung des Bundesamtes oder der Einstellung des Verfahrens beträgt die dem Ausländer zu setzende Ausreisefrist eine Woche.*	(2) **In den nicht von Absatz 1 erfassten Fällen soll die dem Ausländer zu setzende Ausreisefrist 30 Tage betragen. Die Ausreisefrist beginnt mit Ablauf der Frist nach § 74 Absatz 1. Im Falle der Klageerhebung beginnt die Ausreisefrist, wenn der Antragsteller kein Recht auf Verbleib mehr hat.**
(3) Im Falle der Rücknahme des Asylantrags oder der Klage *oder des Verzichts auf die Durchführung des Asylverfahrens nach § 14a Absatz 3 kann dem Ausländer* eine Ausreisefrist bis zu drei Monaten eingeräumt werden, wenn er sich zur freiwilligen Ausreise bereit erklärt.	(3) **Abweichend von den Absätzen 1 und 2 kann dem Ausländer** im Falle der Rücknahme des Asylantrags oder der Klage **oder auf Grund besonderer Umstände des Einzelfalls** eine Ausreisefrist bis zu drei Monaten eingeräumt werden, wenn er sich zur freiwilligen Ausreise bereit erklärt.
	(4) Abweichend von § 59 Absatz 1 Satz 1 des Aufenthaltsgesetzes wird dem Ausländer keine Ausreisefrist gewährt, wenn
	1. **der Ausländer eine Gefahr für die öffentliche Sicherheit oder Ordnung darstellt,**
	2. **der Asylantrag als offensichtlich unbegründet nach Artikel 42 Absatz 1 Unterabsatz 1 Buchstabe d der Verordnung (EU) 2024/1348 abgelehnt wurde oder**
	3. **Fluchtgefahr besteht.**
	(5) Abweichend von Absatz 1 gilt für Entscheidungen im Rahmen des Asylgrenzverfahrens nach Artikel 44 Absatz 1 Buchstabe a der Verordnung (EU) 2024/1348 die Regelung in Artikel 4 Absatz 5 der Verordnung (EU) 2024/1349. Der zur Gewährung einer Frist für die freiwillige Ausreise erforderliche Antrag ist vom Ausländer beim Bundesamt zu stellen. Der Antrag soll vom Ausländer spätestens drei Arbeitstage nach Verstreichen der Frist des § 18a Absatz 4 Satz 1 beziehungsweise für den Fall, dass ein Antrag auf Gewährung vorläufigen Rechtsschutzes gestellt wurde, spätestens drei Arbeitstage nach der Zustellung der Entscheidung des Gerichts nach § 18a Absatz 4 Satz 6 gestellt werden. Handelt es sich bei dem Ausländer um einen unbegleiteten Minderjährigen, soll der Antrag abweichend von Satz 3 spätestens drei Arbeitstage nach Verstreichen der Frist des § 18a Absatz 7

Änderungen im AsylG

§ 34 AsylG

bis 11.06.2026	ab 12.06.2026
§ 34 Abschiebungsandrohung	**§ 34 Abschiebungsandrohung**
(1) Das Bundesamt erlässt nach den §§ 59 und 60 Absatz 10 des Aufenthaltsgesetzes eine schriftliche Abschiebungsandrohung, wenn	(1) Das Bundesamt erlässt **im Einklang mit Artikel 37 der Verordnung (EU) 2024/1348** nach den §§ 59 und 60 Absatz 10 des Aufenthaltsgesetzes eine schriftliche Abschiebungsandrohung, wenn
1. der Ausländer nicht als Asylberechtigter anerkannt wird,	1. [unverändert]
2. dem Ausländer nicht *die Flüchtlingseigenschaft* zuerkannt wird,	2. dem Ausländer nicht **der internationale Schutz** zuerkannt wird,
2a. *dem Ausländer kein subsidiärer Schutz gewährt wird,*	
3. die Voraussetzungen des § 60 Absatz 5 und 7 des Aufenthaltsgesetzes nicht vorliegen oder die Abschiebung ungeachtet des Vorliegens der Voraussetzungen des § 60 Absatz 7 Satz 1 des Aufenthaltsgesetzes ausnahmsweise zulässig ist,	3. [unverändert]
4. der Abschiebung weder das Kindeswohl noch familiäre Bindungen noch der Gesundheitszustand des Ausländers entgegenstehen und	4. [unverändert]
5. der Ausländer keinen Aufenthaltstitel besitzt.	5. [unverändert]
Eine Anhörung des Ausländers vor Erlass der Abschiebungsandrohung ist nicht erforderlich. Im Übrigen bleibt die Ausländerbehörde für Entscheidungen nach § 59 Absatz 1 Satz 4 und Absatz 6 des Aufenthaltsgesetzes zuständig.	[unverändert]
(2) Die Abschiebungsandrohung soll mit der Entscheidung über den Asylantrag verbunden werden. Wurde kein Bevollmächtigter für das Verfahren bestellt, sind die Entscheidungsformel der Abschiebungsandrohung und die Rechtsbehelfsbelehrung dem Ausländer in eine Sprache zu übersetzen, deren Kenntnis vernünftigerweise vorausgesetzt werden kann.	[unverändert]

Redaktionelle Hinweise zu den Neuerungen

Wie bisher regelt § 34 die Frage, wann das Bundesamt zusammen mit seiner Entscheidung über den Asylantrag eine Abschiebungsandrohung erlässt. Die Vorschrift bleibt damit das Bindeglied zwischen der asylrechtlichen Entscheidung und der aufenthaltsrechtlichen Ausreisepflicht.

Neu ist die Einbettung in das in das unionsrechtliche Rückkehrsystem – dass die Abschiebungsandrohung „im Einklang mit Artikel 37 der Verordnung (EU) 2024/1348" zu ergehen hat.

Inhaltlich bleiben die Voraussetzungen für den Erlass einer Abschiebungsandrohung weitgehend unverändert. Nach wie vor setzt sie voraus, dass kein Schutz gewährt wird, keine nationalen Abschiebungsverbote bestehen und der Ausländer keinen Aufenthaltstitel besitzt. Auch die Pflicht zur

Änderungen im AsylG

bis 11.06.2026	ab 12.06.2026
§ 38 Ausreisefrist *bei sonstiger Ablehnung und bei Rücknahme des Asylantrags*	**§ 38 Ausreisefrist**
	Satz 2 beziehungsweise für den Fall, dass Klage erhoben wurde, spätestens drei Arbeitstage nach der Zustellung der Entscheidung des Gerichts nach § 18a Absatz 7 Satz 3 gestellt werden. Nach Ablauf der Frist des Satzes 3 beziehungsweise des Satzes 4 ist ein Antrag auf Gewährung einer Frist zur freiwilligen Ausreise unzulässig. Das Bundesamt hat über den Antrag nach Satz 2 innerhalb von drei Arbeitstagen zu entscheiden. Der Ausländer ist über das Recht zur Stellung eines Antrags zur Gewährung einer Frist zur freiwilligen Ausreise und über die Rechtsfolgen der unterlassenen oder verspäteten Antragstellung spätestens bei der Registrierung seines Asylantrags in einer Sprache, die er versteht oder von der vernünftigerweise vorausgesetzt werden darf, dass er sie versteht, zu belehren. Ist die Belehrung unterblieben oder unrichtig erteilt, findet Satz 5 keine Anwendung. § 59 Absatz 1 Satz 4 des Aufenthaltsgesetzes findet entsprechende Anwendung.

Redaktionelle Hinweise zu den Neuerungen

§ 38 AsylG in der ab dem 12. Juni 2026 geltenden Fassung wird grundlegend neu strukturiert und deutlich stärker an das unionsrechtliche Zusammenspiel von Asylverfahren, Rechtsschutz und Rückkehr angelehnt. Während die Vorschrift bislang im Wesentlichen feste Ausreisefristen für bestimmte Standardfälle enthielt, entwickelt sie sich zu einer zentralen Regelung, die differenziert festlegt, wann und unter welchen Voraussetzungen eine freiwillige Ausreise möglich ist und wann nicht.

Eine zentrale Neuerung besteht darin, dass die Ausreisefristen nun eng an das unionsrechtliche Recht auf Verbleib geknüpft sind. Die Frist beginnt nicht mehr automatisch mit der ablehnenden Entscheidung, sondern grundsätzlich erst dann, wenn der Betroffene kein Recht mehr hat, im Bundesgebiet zu verbleiben. Damit wird die Rechtsprechung des EuGH umgesetzt, wonach eine Ausreisefrist nicht laufen darf, solange ein wirksamer Rechtsbehelf mit aufschiebender Wirkung möglich ist. Für die Praxis bedeutet dies, dass zunächst geprüft werden muss, ob noch ein gerichtliches Verfahren läuft oder ein solches eingeleitet wurde, bevor die Frist überhaupt zu laufen beginnt.

Der neue Wortlaut von § 38 AsylG unterscheidet klar zwischen verschiedenen Fallgruppen. In besonders beschleunigten Verfahren im Sinne der Asylverfahrensverordnung beträgt die Ausreisefrist in der Regel eine Woche, während in den übrigen Fällen weiterhin eine Frist von 30 Tagen gilt. Diese Differenzierung knüpft unmittelbar an das unionsrechtliche System an, ohne die grundlegende Struktur vollständig zu verändern. Materiell bleibt es damit bei bekannten Fristen, systematisch werden sie jedoch anders eingeordnet.

Erhalten bleibt die Möglichkeit, in besonderen Fällen eine längere Frist einzuräumen. Wenn sich der Ausländer zur freiwilligen Ausreise bereit erklärt und besondere Umstände vorliegen, etwa familiäre Bindungen oder eine längere Aufenthaltsdauer, kann die Frist auf bis zu drei Monate verlängert werden. Diese Regelung entspricht unionsrechtlichen Vorgaben und unterstreicht, dass die freiwillige Ausreise weiterhin Vorrang vor zwangsweisen Maßnahmen hat.

Neu ist, dass in bestimmten Fällen überhaupt keine Ausreisefrist mehr gewährt wird. Dies gilt etwa bei Gefahren für die öffentliche Sicherheit oder bei Fluchtgefahr sowie in bestimmten Konstellationen des beschleunigten Verfahrens. In diesen Fällen tritt an die Stelle der freiwilligen Ausreise unmittelbar die zwangsweise Durchsetzung der Ausreisepflicht. Damit wird das bisherige System, das grundsätzlich eine Frist vorsah, deutlich verschärft und stärker an unionsrechtliche Vorgaben angepasst.

Eine weitere Neuerung betrifft das sogenannte Rückkehrgrenzverfahren. Für diese besonderen Fälle gelten eigenständige Regeln. Eine Frist zur freiwilligen Ausreise wird hier nicht automatisch gewährt, sondern muss aktiv beantragt werden, und zwar innerhalb sehr kurzer Fristen. Diese Regelung ist streng ausgestaltet und erfordert eine klare und frühzeitige Information des Betroffenen über seine Rechte.

Gesetzesbegründung zu § 38 AsylG (BT-Drs. 21/1848)

Zu Absatz 1 bis Absatz 3

Die Änderungen in § 38 Absatz 1 bis 3 dienen der Anpassung an Artikel 68 der Verordnung (EU) 2024/1348.

Zu Absatz 4

Der neue Absatz 4 dient der Umsetzung von Artikel 7 Absatz 4 der Richtlinie 2008/115/EG, welcher die Möglichkeit des Absehens von einer Frist zur freiwilligen Ausreise oder alternativ eine Verkürzung der Frist auf unter sieben Tage vorsieht.

Zu Absatz 5

Der neue Absatz 5 stellt klar, dass es sich beim Rückkehrgrenzverfahren um ein gesondertes Verfahren handelt mit einem eigenen, unmittelbar anwendbaren Regelungsinhalt für die freiwillige Ausreise in Artikel 4 Absatz 5 der Verordnung (EU) 2024/1349. Ergänzend werden Regelungen zur Zuständigkeit und zum Antragsverfahren getroffen. Nach Absatz 5 Satz 2 ist das Bundesamt für die Entscheidung über den Antrag auf Gewährung einer Frist für die freiwillige Ausreise zuständig. Der Antrag soll möglichst zeitnah nach der ablehnenden Entscheidung im Asylgrenzverfahren gestellt werden, so dass die Frist des Rückkehrgrenzverfahrens möglichst wenig verstreicht. Absatz 5 Satz 1 nimmt nur als unzulässig abgelehnte Anträge in Bezug, da Artikel 4 Absatz 5 der Verordnung (EU) 2024/1349 für als offensichtlich unbegründet abgelehnte Anträge keine Gewährung einer Frist für die freiwillige Ausreise vorsieht (vgl. § 30 Asylgesetz i. V. m. Artikel 39 Absatz 4 der Verordnung (EU) 2024/1348). Bereits jetzt setzt das BAMF im Falle einer ablehnenden Entscheidung mit dieser eine Frist zur Ausreise. Aufgrund des Sachzusammenhangs ist es daher angezeigt, dass auch ein entsprechender Antrag bei der über ihn zu entscheidender Behörde, hier dem BAMF, gestellt wird. Die Stellung des Antrages erst zu einem beliebigen Zeitpunkt im Rückkehrgrenzverfahren würde zur Erschwerung der Einhaltung der 12-Wochen-Frist führen, insbesondere da der anwendbare Artikel 8 Absatz 2 der Richtlinie 2008/115/EG vorsieht, dass die Abschiebung erst nach Ablauf der Frist zur freiwilligen Ausreise vollstreckt werden kann.

Nach Ablauf der Frist des Absatzes 5 Satz 3 beziehungsweise Satz 4 ist nach Absatz 5 Satz 5ein Antrag auf Gewährung einer Frist zur freiwilligen Ausreise unzulässig. Gemäß Absatz 5 Satz 7 ist der Ausländer über das Recht zur Stellung eines Antrags zur Gewährung einer freiwilligen Ausreise und über die Rechtsfolgen der unterlassenen oder verspäteten Ausreise spätestens bei der Registrierung seines Asylantrags in einer Sprache, die er versteht oder von der vernünftigerweise vorausgesetzt werden darf, dass er sie versteht, zu belehren. Bei einer unterbliebenen oder fehlerhaften Belehrung findet Satz 5 keine Anwendung (siehe Absatz 5 Satz 8).

Änderungen im AsylG

§ 39 AsylG

bis 11.06.2026	ab 12.06.2026
§ 39 *(weggefallen)*	**§ 39 Zuständigkeit der Ausländerbehörden bei Aufenthaltsbeendigung**
	Nach dem unanfechtbaren Abschluss des Asylverfahrens sind die Ausländerbehörden für den Erlass von Entscheidungen und Maßnahmen zur Beendigung des Aufenthalts zuständig. In den Fällen des § 74 Absatz 1 Satz 2 und 3 gilt dies ab erstmaligem Eintritt der Vollziehbarkeit. Dies gilt auch für das Wiederaufgreifen nach § 51 des Verwaltungsverfahrensgesetzes in den Fällen von § 34 Absatz 1 Satz 1 Nummer 4 und 5.

Redaktionelle Hinweise zu den Neuerungen

§ 39 AsylG erhält zum 12. Juni 2026 wieder einen eigenständigen Regelungsgehalt und legt klar fest, dass nach dem unanfechtbaren Abschluss des Asylverfahrens die Zuständigkeit vollständig auf die Ausländerbehörden übergeht.

Damit wird eine bislang teilweise unklare Abgrenzung zwischen Bundesamt und Ausländerbehörden eindeutig festgelegt. Das Bundesamt ist nur für die Durchführung des Asylverfahrens und die dort zu treffenden Schutzentscheidungen zuständig. Sobald dieses Verfahren endgültig abgeschlossen ist, liegt die Verantwortung für den Erlass von Entscheidungen und Maßnahmen zur Beendigung des Aufenthaltes ausschließlich bei der Ausländerbehörde.

Sofern Rechtsmittel keine aufschiebende Wirkung haben, gilt dies bereits ab Eintritt der Vollziehbarkeit.

Gesetzesbegründung zu § 39 AsylG (BT-Drs. 21/1848)

Die Einfügung dient der Klarstellung der Zuständigkeiten nach dem unanfechtbaren Abschluss des Asylverfahrens sowie dem erstmaligen Eintritt der Vollziehbarkeit in den Fällen des § 74 Absatz 1 Satz 2 und Satz 3. Demnach sind die Ausländerbehörden dann für weitere Maßnahmen und Entscheidungen zur Beendigung des Aufenthalts zuständig. Dies gilt auch für die Prüfung, ob inlandsbezogene Abschiebungshindernisse vorliegen. Die Frage der Zuständigkeit für die Prüfung kann dabei Gegenstand von Folgeverfahren, Wiederaufgreifensverfahren zu den nationalen Abschiebungsverboten oder isolierten Wiederaufgreifensanträgen zur Rückkehrentscheidung sein. Die Rechtsprechung des EuGH zu Art. 5 RL 2008/115/EG (Rs. C-484/22) führte hier zu Herausforderungen in der Praxis.

Mit unanfechtbarem Abschluss des Asylverfahrens wird die weitere Zuständigkeit nicht mehr beim Bundesamt gesehen. Dies wurde den Bundesländern bereits mit Länderschreiben vom 10. August 2023 zur Umsetzung der EuGH-Entscheidung in der Rechtssache C-484/22 (61A-7406/410-23) bekanntgegeben. Danach endet die Prüfzuständigkeit des Bundesamtes hinsichtlich der Rückkehrentscheidung mit dem unanfechtbaren Abschluss des Asylverfahrens. Ab diesem Zeitpunkt liegt die Prüfzuständigkeit bei der Ausländerbehörde; diese Prüfung wird dort bereits seit vielen Jahren im Rahmen der Prüfung von sog. Inlandsbezogenen Vollstreckungshindernissen durchgeführt. Diese, nach dem Willen des Gesetzgebers klare, Zuständigkeitsteilung kommt bereits in der Begründung zum Gesetz zur Verbesserung der Rückführung zum Ausdruck (BGBl. 2024 I Nr. 54, Gesetzesbegründung s. BT-Drs. 20/9463, S. 58).

Die weitere Klarstellung zur Zuständigkeitsteilung zwischen Bundesamt und Ausländerbehörden ist zur Schaffung von Rechtsklarheit und damit Rechtssicherheit unbedingt erforderlich. Die vorgesehene Neuregelung in § 39 AsylG soll ausdrücklich klarstellen, dass nach dem unanfechtbaren Abschluss des Asylverfahrens die Ausländerbehörden für den Erlass von Entscheidungen und Maßnahmen zur Beendigung des Aufenthalts zuständig sind und dies auch für das Wiederaufgreifen nach § 51 VwVfG in den Fällen von § 34 Absatz 1 Satz 1 Nummer 4 und 5 AsylG gilt.

Änderungen im AsylG

§ 40 AsylG

bis 11.06.2026	ab 12.06.2026
§ 40 Unterrichtung der Ausländerbehörde	**§ 40 Unterrichtung der Ausländerbehörde**
(1) Das Bundesamt unterrichtet unverzüglich die Ausländerbehörde, in deren Bezirk sich der Ausländer aufzuhalten oder Wohnung zu nehmen hat, über eine vollziehbare Abschiebungsandrohung und leitet ihr unverzüglich alle für die Abschiebung erforderlichen Unterlagen zu. Das Gleiche gilt, wenn das Verwaltungsgericht die aufschiebende Wirkung der Klage wegen des Vorliegens der Voraussetzungen des § 60 Absatz 5 oder 7 des Aufenthaltsgesetzes nur hinsichtlich der Abschiebung in den betreffenden Staat angeordnet hat und das Bundesamt das Asylverfahren nicht fortführt.	(1) [unverändert]
(2) Das Bundesamt unterrichtet unverzüglich die Ausländerbehörde, wenn das Verwaltungsgericht in den Fällen des *§ 38 Absatz 2* die aufschiebende Wirkung der Klage gegen die Abschiebungsandrohung anordnet.	(2) Das Bundesamt unterrichtet unverzüglich die Ausländerbehörde, wenn das Verwaltungsgericht in den Fällen des **Artikels 68 Absatz 3 Buchstabe c der Verordnung (EU) 2024/1348** die aufschiebende Wirkung der Klage gegen die Abschiebungsandrohung anordnet.
(3) Stellt das Bundesamt dem Ausländer die Abschiebungsanordnung (§ 34a) zu, unterrichtet es unverzüglich die für die Abschiebung zuständige Behörde über die Zustellung.	(3) [unverändert]

Redaktionelle Hinweise zu den Neuerungen

§ 40 AsylG in der ab dem 12. Juni 2026 geltenden Fassung bleibt seinem Grundcharakter nach eine reine Verfahrens- und Koordinierungsvorschrift. Er regelt weiterhin, in welchen Fällen das Bundesamt die zuständige Ausländerbehörde über entscheidungsrelevante Vorgänge informieren muss, insbesondere im Zusammenhang mit der Durchsetzung der Ausreisepflicht. Die praktische Funktion der Norm, nämlich den Informationsfluss zwischen den Behörden sicherzustellen, bleibt damit unverändert bestehen.

Gesetzesbegründung zu § 40 AsylG (BT-Drs. 21/1848 und BT-Drs. 21/4321)

Die Regelung des § 40 Absatz 2 muss sich weiterhin auf diejenigen Fälle beziehen, in denen das Verwaltungsgericht in Fällen einer stillschweigenden Rücknahme des Asylantrags die aufschiebende Wirkung der Klage angeordnet hat.

§ 42 AsylG

bis 11.06.2026	ab 12.06.2026
§ 42 Bindungswirkung ausländerrechtlicher Entscheidungen	**§ 42 Bindungswirkung ausländerrechtlicher Entscheidungen**
Die Ausländerbehörde ist an die Entscheidung des Bundesamtes oder des Verwaltungsgerichts über das Vorliegen der Voraussetzungen des § 60 Absatz 5 oder 7 des Aufenthaltsgesetzes gebunden. Über den späteren Eintritt und Wegfall der Voraussetzungen des § 60 *Abs.* 4 des Aufenthaltsgesetzes entscheidet die Ausländerbehörde, ohne dass es einer Aufhebung der Entscheidung des Bundesamtes bedarf.	Die Ausländerbehörde ist an die Entscheidung des Bundesamtes oder des Verwaltungsgerichts über das Vorliegen der Voraussetzungen des § 60 Absatz 5 oder 7 des Aufenthaltsgesetzes gebunden. Über den späteren Eintritt und Wegfall der Voraussetzungen des § 60 **Absatz** 4 des Aufenthaltsgesetzes entscheidet die Ausländerbehörde, ohne dass es einer Aufhebung der Entscheidung des Bundesamtes bedarf.

Gesetzesbegründung zu § 42 AsylG (BT-Drs. 21/1848)

Redaktionelle Änderung.

Änderungen im AsylG

§ 43 AsylG

bis 11.06.2026	ab 12.06.2026
§ 43 Vollziehbarkeit und Aussetzung der Abschiebung	**§ 43 Vollziehbarkeit und Aussetzung der Abschiebung**
(1) War der Ausländer im Besitz eines Aufenthaltstitels, darf eine nach den Vorschriften dieses Gesetzes vollziehbare Abschiebungsandrohung erst vollzogen werden, wenn der Ausländer auch nach § 58 *Abs.* 2 Satz 2 des Aufenthaltsgesetzes vollziehbar ausreisepflichtig ist.	(1) War der Ausländer im Besitz eines Aufenthaltstitels, darf eine nach den Vorschriften dieses Gesetzes vollziehbare Abschiebungsandrohung erst vollzogen werden, wenn der Ausländer auch nach § 58 **Absatz** 2 Satz 2 des Aufenthaltsgesetzes vollziehbar ausreisepflichtig ist.
(2) Hat der Ausländer die Verlängerung eines Aufenthaltstitels mit einer Gesamtgeltungsdauer von mehr als sechs Monaten beantragt, wird die Abschiebungsandrohung erst mit der Ablehnung dieses Antrags vollziehbar. Im Übrigen steht § 81 des Aufenthaltsgesetzes der Abschiebung nicht entgegen.	(2) [unverändert]
(3) Haben Familienangehörige im Sinne des § 26 Absatz 1 bis 3 gleichzeitig oder jeweils unverzüglich nach ihrer Einreise einen Asylantrag gestellt, darf die Ausländerbehörde die Abschiebung vorübergehend aussetzen, um die gemeinsame Ausreise der Familie zu ermöglichen. Sie stellt dem Ausländer eine Bescheinigung über die Aussetzung der Abschiebung aus.	(3) [unverändert]

Gesetzesbegründung zu § 43 AsylG (BT-Drs. 21/1848)

Redaktionelle Änderung.

§ 44 AsylG

bis 11.06.2026	ab 12.06.2026
§ 44 Schaffung und Unterhaltung von Aufnahmeeinrichtungen	**§ 44 Schaffung und Unterhaltung von Aufnahmeeinrichtungen; Aufnahmeeinrichtungen zur Durchführung von Verfahren bei Sekundärmigration**
(1) Die Länder sind verpflichtet, für die Unterbringung *Asylbegehrender* die dazu erforderlichen Aufnahmeeinrichtungen zu schaffen und zu unterhalten sowie entsprechend ihrer Aufnahmequote die im Hinblick auf den monatlichen Zugang *Asylbegehrender* in den Aufnahmeeinrichtungen notwendige Zahl von Unterbringungsplätzen bereitzustellen.	(1) Die Länder sind verpflichtet, für die Unterbringung **von Ausländern** die dazu erforderlichen Aufnahmeeinrichtungen zu schaffen und zu unterhalten sowie entsprechend ihrer Aufnahmequote die im Hinblick auf den monatlichen Zugang **von Ausländern** in den Aufnahmeeinrichtungen notwendige Zahl von Unterbringungsplätzen bereitzustellen.
	(1a) Die Länder können zur Durchführung von Verfahren bei Sekundärmigration Aufnahmeeinrichtungen für die Unterbringung von Ausländern einrichten, die sich nach Artikel 17 Absatz 4 der Verordnung (EU) 2024/1351 in einem anderen Mitgliedstaat aufzuhalten haben oder denen ein anderer Mitgliedstaat bereits internationalen Schutz gewährt hat.
(2) Das Bundesministerium des Innern, für Bau und Heimat oder die von ihm bestimmte Stelle teilt den Ländern monatlich die Zahl der Zugänge von Asylbegehrenden, die voraussichtliche Entwicklung und den voraussichtlichen Bedarf an Unterbringungsplätzen mit.	
(2a) Die Länder sollen geeignete Maßnahmen treffen, um bei der Unterbringung *Asylbegehrender* nach Absatz 1 den Schutz von Frauen und schutzbedürftigen Personen zu gewährleisten.	**(2)** Die Länder sollen geeignete Maßnahmen treffen, um bei der Unterbringung **von Ausländern** nach Absatz 1 **besondere Bedürfnisse der Ausländer bei der Aufnahme zu identifizieren und zu berücksichtigen und** den Schutz von Frauen, **Kindern** und **weiteren** schutzbedürftigen Personen zu gewährleisten. **Schutzbedürftige Personen sind insbesondere Personen mit Behinderungen, ältere Menschen, Schwangere, lesbische, schwule, bisexuelle, trans- und intergeschlechtliche Personen, Alleinerziehende mit minderjährigen Kindern, Opfer von Menschenhandel, Personen mit schweren Erkrankungen, Personen mit psychischen Störungen, einschließlich posttraumatischer Belastungsstörung, Personen, die Folter, Vergewaltigung oder sonstige schwere Formen psychischer, physischer oder sexueller Gewalt erlitten.**

bis 11.06.2026	ab 12.06.2026
§ 44 Schaffung und Unterhaltung von Aufnahmeeinrichtungen	**§ 44 Schaffung und Unterhaltung von Aufnahmeeinrichtungen; Aufnahmeeinrichtungen zur Durchführung von Verfahren bei Sekundärmigration**
(3) § 45 des Achten Buches Sozialgesetzbuch (Artikel 1 des Gesetzes vom 26. Juni 1990, BGBl. I S. 1163) gilt nicht für Aufnahmeeinrichtungen. Träger von Aufnahmeeinrichtungen sollen sich von Personen, die in diesen Einrichtungen mit der Beaufsichtigung, Betreuung, Erziehung oder Ausbildung Minderjähriger oder mit Tätigkeiten, die in vergleichbarer Weise geeignet sind, Kontakt zu Minderjährigen aufzunehmen, betraut sind, zur Prüfung, ob sie für die aufgeführten Tätigkeiten geeignet sind, vor deren Einstellung oder Aufnahme einer dauerhaften ehrenamtlichen Tätigkeit und in regelmäßigen Abständen ein Führungszeugnis nach § 30 Absatz 5 und § 30a Absatz 1 des Bundeszentralregistergesetzes vorlegen lassen. Träger von Aufnahmeeinrichtungen dürfen für die Tätigkeiten nach Satz 2 keine Personen beschäftigen oder mit diesen Tätigkeiten ehrenamtlich betrauen, die rechtskräftig wegen einer Straftat nach den §§ 171, 174 bis 174c, 176 bis 180a, 181a, 182 bis 184g, 184i bis 184l, 225, 232 bis 233a, 234, 235 oder 236 des Strafgesetzbuchs verurteilt worden sind. Nimmt der Träger einer Aufnahmeeinrichtung Einsicht in ein Führungszeugnis nach § 30 Absatz 5 und § 30a Absatz 1 des Bundeszentralregistergesetzes, so speichert er nur den Umstand der Einsichtnahme, das Datum des Führungszeugnisses und die Information, ob die das Führungszeugnis betreffende Person wegen einer in Satz 3 genannten Straftat rechtskräftig verurteilt worden ist. Der Träger einer Aufnahmeeinrichtung darf diese Daten nur verarbeiten, soweit dies zur Prüfung der Eignung einer Person für die in Satz 2 genannten Tätigkeiten erforderlich ist. Die Daten sind vor dem Zugriff Unbefugter zu schützen. Sie sind unverzüglich zu löschen, wenn im Anschluss an die Einsichtnahme keine Tätigkeit nach Satz 2 wahrgenommen wird. Sie sind spätestens sechs Monate nach der letztmaligen Ausübung einer in Satz 2 genannten Tätigkeit zu löschen.	(3) [unverändert]
	(4) Die Länder können Maßnahmen ergreifen, um die Bedarfe ihrer Aufnahmesysteme zu ermitteln und zu adressieren, einschließlich Maßnahmen zur Überprüfung, ob sich ein Ausländer tatsächlich in der ihm zugewiesenen Unterkunft aufhält.

Redaktionelle Hinweise zu den Neuerungen

§ 44 AsylG wird zum 12. Juni 2026 deutlich erweitert und in seiner Funktion grundlegend aufgewertet. Die Vorschrift beschränkt sich nicht mehr auf die organisatorische Pflicht der Länder zur Schaffung und Unterhaltung von Aufnahmeeinrichtungen, sondern wird zu einer zentralen Steuerungsnorm innerhalb des europäischen Asylsystems.

Die Pflicht der Länder, ausreichend Aufnahmeeinrichtungen bereitzustellen, bleibt im Kern bestehen. Allerdings wird der Anwendungsbereich durch eine sprachliche und inhaltliche Erweiterung verändert. Statt wie bisher auf „Asylbegehrende" bezieht sich die Vorschrift nun auf „Ausländer". Damit wird deutlich gemacht, dass Aufnahmeeinrichtungen künftig nicht nur klassische Asylbewerber erfassen, sondern auch Personen, deren Zuständigkeit noch geklärt werden muss oder die sich eigentlich in einem anderen Mitgliedstaat aufhalten müssten.

Eine zentrale Neuerung ist die Einführung besonderer Aufnahmeeinrichtungen für Fälle der sogenannten Sekundärmigration. Die Länder können nun gezielt Einrichtungen schaffen, in denen Personen untergebracht werden, für die ein anderer Mitgliedstaat zuständig ist oder denen dort bereits Schutz gewährt wurde. Diese Einrichtungen dienen nicht mehr allein der Unterbringung, sondern gezielt der Durchführung von Zuständigkeits- und Überstellungsverfahren. Für die Praxis bedeutet dies eine stärkere Bündelung solcher Fälle und eine engere Verzahnung mit dem europäischen Zuständigkeitssystem.

Erheblich erweitert wird auch die Verpflichtung zum Schutz besonders schutzbedürftiger Personen. Während bisher lediglich allgemein von Schutzmaßnahmen die Rede war, enthält die Vorschrift nun eine ausdrückliche Pflicht, besondere Bedürfnisse frühzeitig zu identifizieren und bei der Unterbringung zu berücksichtigen. Zudem wird ein konkreter Katalog besonders schutzbedürftiger Gruppen aufgenommen, der etwa Menschen mit Behinderungen, Schwangere, Opfer von Gewalt oder Personen mit psychischen Erkrankungen erfasst. Für die Praxis bedeutet dies, dass bereits bei der Aufnahme systematisch geprüft werden muss, ob solche Bedarfe vorliegen.

Gleichzeitig wird die Vorschrift um eine neue Steuerungskomponente ergänzt. Die Länder können Maßnahmen ergreifen, um zu überprüfen, ob sich ein Ausländer tatsächlich in der ihm zugewiesenen Unterkunft aufhält. Damit soll sichergestellt werden, dass Verfahren nicht durch Untertauchen oder unkontrolliertes Verlassen der Unterkunft erschwert werden. Die Aufnahmeeinrichtung erhält damit auch eine funktionale Rolle im Verfahrensmanagement.

Der bisherige Bericht der Bundesregierung über Aufnahmezahlen und Kapazitäten entfällt, da diese Funktion künftig auf europäischer Ebene wahrgenommen wird. Dies zeigt, dass die Steuerung der Aufnahmesysteme zunehmend europäisiert wird und nationale Parallelstrukturen reduziert werden.

Änderungen im AsylG

§ 45 AsylG

bis 11.06.2026	ab 12.06.2026
§ 45 Aufnahmequoten	**§ 45 Aufnahmequoten**
(1) Die Länder können durch Vereinbarung einen Schlüssel für die Aufnahme von *Asylbegehrenden* durch die einzelnen Länder (Aufnahmequote) festlegen. Bis zum Zustandekommen dieser Vereinbarung oder bei deren Wegfall richtet sich die Aufnahmequote für das jeweilige Kalenderjahr nach dem von dem Büro der Gemeinsamen Wissenschaftskonferenz im Bundesanzeiger veröffentlichten Schlüssel, der für das vorangegangene Kalenderjahr entsprechend Steuereinnahmen und Bevölkerungszahl der Länder errechnet worden ist (Königsteiner Schlüssel).	(1) Die Länder können durch Vereinbarung einen Schlüssel für die Aufnahme von **Ausländern** durch die einzelnen Länder (Aufnahmequote) festlegen. Bis zum Zustandekommen dieser Vereinbarung oder bei deren Wegfall richtet sich die Aufnahmequote für das jeweilige Kalenderjahr nach dem von dem Büro der Gemeinsamen Wissenschaftskonferenz im Bundesanzeiger veröffentlichten Schlüssel, der für das vorangegangene Kalenderjahr entsprechend Steuereinnahmen und Bevölkerungszahl der Länder errechnet worden ist (Königsteiner Schlüssel).
(2) Zwei oder mehr Länder können vereinbaren, dass *Asylbegehrende*, die von einem Land entsprechend seiner Aufnahmequote aufzunehmen sind, von einem anderen Land aufgenommen werden. Eine Vereinbarung nach Satz 1 sieht mindestens Angaben zum Umfang der von der Vereinbarung betroffenen Personengruppe sowie einen angemessenen Kostenausgleich vor. Die Aufnahmequote nach Absatz 1 wird durch eine solche Vereinbarung nicht berührt.	(2) Zwei oder mehr Länder können vereinbaren, dass **Ausländer**, die von einem Land entsprechend seiner Aufnahmequote aufzunehmen sind, von einem anderen Land aufgenommen werden. Eine Vereinbarung nach Satz 1 sieht mindestens Angaben zum Umfang der von der Vereinbarung betroffenen Personengruppe sowie einen angemessenen Kostenausgleich vor. Die Aufnahmequote nach Absatz 1 wird durch eine solche Vereinbarung nicht berührt.

Redaktionelle Hinweise zu den Neuerungen

§ 45 AsylG bleibt die Verteilungsnorm des deutschen Aufnahmesystems. Der Königsteiner Schlüssel gilt unverändert fort. Neu ist lediglich, dass die Vorschrift künftig alle im Aufnahmesystem erfassten Ausländer und nicht nur Asylbegehrende umfasst.

Gesetzesbegründung zu § 45 AsylG (BT-Drs. 21/1848)

Zu Absatz 1

Anpassung der Begrifflichkeiten an die neue Rechtslage.

Zu Absatz 2

Anpassung der Begrifflichkeiten an die neue Rechtslage.

§ 46 AsylG

bis 11.06.2026	ab 12.06.2026
§ 46 Bestimmung der zuständigen Aufnahmeeinrichtung	**§ 46 Bestimmung der zuständigen Aufnahmeeinrichtung**
(1) Für die Aufnahme eines Ausländers, bei dem die Voraussetzungen des § 30a Absatz 1 vorliegen, ist die besondere Aufnahmeeinrichtung (§ 5 Absatz 5) zuständig, die über einen freien Unterbringungsplatz im Rahmen der Quote nach § 45 verfügt und bei der die ihr zugeordnete Außenstelle des Bundesamtes Asylanträge aus dem Herkunftsland dieses Ausländers bearbeitet. Im Übrigen ist die Aufnahmeeinrichtung zuständig, bei der der Ausländer sich gemeldet hat, wenn sie über einen freien Unterbringungsplatz im Rahmen der Quote nach § 45 verfügt und die ihr zugeordnete Außenstelle des Bundesamtes Asylanträge aus dem Herkunftsland des Ausländers bearbeitet. Liegen die Voraussetzungen der Sätze 1 und 2 nicht vor, ist die nach Absatz 2 bestimmte Aufnahmeeinrichtung für die Aufnahme des Ausländers zuständig. Bei mehreren nach Satz 1 in Betracht kommenden besonderen Aufnahmeeinrichtungen (§ 5 Absatz 5) gilt Absatz 2 für die Bestimmung der zuständigen besonderen Aufnahmeeinrichtung entsprechend.	**(1) Für Ausländer, bei denen die Voraussetzungen des § 44 Absatz 1a vorliegen, ist die Aufnahmeeinrichtung zur Durchführung von Verfahren bei Sekundärmigration zuständig, die über einen freien Unterbringungsplatz im Rahmen der Quote nach § 45 verfügt. Für alle anderen Ausländer, bei denen die Voraussetzungen des Artikels 42 der Verordnung (EU) 2024/1348 vorliegen, ist die besondere Aufnahmeeinrichtung (§ 5 Absatz 5) zuständig, die über einen freien Unterbringungsplatz im Rahmen der Quote nach § 45 verfügt und bei der eine Außenstelle des Bundesamtes eingerichtet oder ihr zugeordnet ist, die Asylanträge aus dem Herkunftsland dieses Ausländers bearbeitet. Bei mehreren in Betracht kommenden Aufnahmeeinrichtungen nach Satz 1 oder 2 gilt Absatz 2 für die Bestimmung der zuständigen Aufnahmeeinrichtung entsprechend.**
	(1a) Liegen die Voraussetzungen nach Absatz 1 nicht vor, ist die Aufnahmeeinrichtung zuständig, bei der der Ausländer sich gemeldet hat, wenn sie über einen freien Unterbringungsplatz im Rahmen der Quote nach § 45 verfügt und die ihr zugeordnete Außenstelle des Bundesamtes Asylanträge aus dem Herkunftsland des Ausländers bearbeitet. Im Übrigen ist die nach Absatz 2 bestimmte Aufnahmeeinrichtung für die Aufnahme des Ausländers zuständig.
(2) Eine vom Bundesministerium des Innern, *für Bau und Heimat* bestimmte zentrale Verteilungsstelle benennt auf Veranlassung einer Aufnahmeeinrichtung dieser die für die Aufnahme des Ausländers zuständige Aufnahmeeinrichtung. Maßgebend dafür sind die Aufnahmequoten nach § 45, in diesem Rahmen die vorhandenen freien Unterbringungsplätze und sodann die Bearbeitungsmöglichkeiten der jeweiligen Außenstelle des Bundesamtes in Bezug auf die Herkunftsländer der Ausländer. Von mehreren danach in Betracht kommenden Aufnahmeeinrichtungen wird die nächstgelegene als zuständig benannt.	(2) Eine vom Bundesministerium des Innern bestimmte zentrale Verteilungsstelle benennt auf Veranlassung einer Aufnahmeeinrichtung dieser die für die Aufnahme des Ausländers zuständige Aufnahmeeinrichtung. Maßgebend dafür sind die Aufnahmequoten nach § 45, in diesem Rahmen die vorhandenen freien Unterbringungsplätze und sodann die Bearbeitungsmöglichkeiten der jeweiligen Außenstelle des Bundesamtes in Bezug auf die Herkunftsländer der Ausländer. **Etwaige besondere Bedürfnisse der Ausländer bei der Aufnahme werden berücksichtigt.** Von mehreren danach in Betracht kommenden Aufnahmeeinrichtungen wird die nächstgelegene als zuständig benannt.

Änderungen im AsylG

bis 11.06.2026	**ab 12.06.2026**
§ 46 Bestimmung der zuständigen Aufnahmeeinrichtung	**§ 46 Bestimmung der zuständigen Aufnahmeeinrichtung**
(2a) Ergibt sich aus einer Vereinbarung nach § 45 Absatz 2 Satz 1 eine von den Absätzen 1 und 2 abweichende Zuständigkeit, so wird die nach der Vereinbarung zur Aufnahme verpflichtete Aufnahmeeinrichtung mit der tatsächlichen Aufnahme des Ausländers zuständig. Soweit nach den Umständen möglich, wird die Vereinbarung bei der Verteilung nach Absatz 2 berücksichtigt.	(2a) [unverändert]
(3) Die veranlassende Aufnahmeeinrichtung teilt der zentralen Verteilungsstelle nur die Zahl der Ausländer unter Angabe der Herkunftsländer mit. Ausländer und ihre Familienangehörigen im Sinne des *§ 26 Absatz 1 bis 3* sind als Gruppe zu melden.	(3) Die veranlassende Aufnahmeeinrichtung teilt der zentralen Verteilungsstelle nur die Zahl der Ausländer unter Angabe der Herkunftsländer **und, soweit bereits identifiziert, besondere Bedürfnisse der Ausländer bei der Aufnahme** mit. Ausländer und ihre Familienangehörigen im Sinne des **Artikels 2 Nummer 3 der Richtlinie (EU) 2024/1346** sind **mit ihrer Zustimmung** als Gruppe zu melden, **sodass bei der Verteilung die Familieneinheit gewahrt wird**.
(4) Die Länder stellen sicher, dass die zentrale Verteilungsstelle jederzeit über die für die Bestimmung der zuständigen Aufnahmeeinrichtung erforderlichen Angaben, insbesondere über Zu- und Abgänge, Belegungsstand und alle freien Unterbringungsplätze jeder Aufnahmeeinrichtung unterrichtet ist.	(4) [unverändert]
(5) Die Landesregierung oder die von ihr bestimmte Stelle benennt der zentralen Verteilungsstelle die zuständige Aufnahmeeinrichtung für den Fall, dass das Land nach der Quotenregelung zur Aufnahme verpflichtet ist und über keinen freien Unterbringungsplatz in den Aufnahmeeinrichtungen verfügt.	(5) [unverändert]

Redaktionelle Hinweise zu den Neuerungen

Während bislang vor allem die Verteilung in besondere Aufnahmeeinrichtungen für beschleunigte Verfahren im Vordergrund stand, wird § 46 AsylG nun zusätzlich zu einem Instrument für die Steuerung von Verfahren bei Sekundärmigration sowie zur Berücksichtigung besonderer Aufnahmebedürfnisse vulnerabler Personen.

Die zentrale Veränderung liegt darin, dass die Verteilung erstmals ausdrücklich nach verschiedenen Fallgruppen differenziert wird, es gibt also drei Verteilfahren:

- für Fälle der Sekundärmigration
- beschleunigte Verfahren
- reguläre Asylverfahren und Verteilung über EASY

Vorrangig sind nun Fälle der sogenannten Sekundärmigration zu berücksichtigen. Personen, für die ein anderer Mitgliedstaat zuständig ist oder die dort bereits Schutz erhalten haben, sollen gezielt in spezielle Aufnahmeeinrichtungen nach § 44 Abs. 1a AsylG verteilt werden. Dadurch wird die Unterbringung unmittelbar mit den unionsrechtlichen Zuständigkeits- und Überstellungsverfahren verknüpft. Für die Praxis bedeutet dies, dass bereits zu Beginn eine Einordnung des Falles in das europäische Zuständigkeitssystem erfolgen muss.

Daneben bleibt die Zuweisung in besondere Aufnahmeeinrichtungen für beschleunigte Verfahren (vgl. dazu die Ausführungen bei § 30 und § 30a) bestehen, allerdings nun mit direktem Bezug auf Art. 42 der Verordnung (EU) 2024/134 (= Asylverfahrensverordnung). Der frühere nationale Anknüpfungspunkt entfällt. Damit wird deutlich, dass die Entscheidung über die Art des Verfahrens – und damit auch über die Art der Unterbringung – nicht mehr im nationalen Recht geregelt wird, sondern auf unionsrechtlichen Vorgaben beruht.

Für alle übrigen Fälle enthält die Vorschrift eine Auffangregelung. Kann eine Zuweisung weder zu den Einrichtungen für Sekundärmigration noch zu besonderen Aufnahmeeinrichtungen erfolgen, ist grundsätzlich die Einrichtung zuständig, bei der sich der Ausländer gemeldet hat, sofern dort Kapazitäten bestehen und die zuständige Außenstelle die Bearbeitung übernehmen kann. Es gelten hier die Regelungen wie bisher zum regulären Asylverfahren und Verteilung über EASY.

Vulnerabilität und Familieneinheit bei der Verteilung beachten

Eine wesentliche inhaltliche Neuerung besteht darin, dass bei der Verteilung die besonderen Bedürfnisse der Betroffenen ausdrücklich zu berücksichtigen sind; jeder Art der Verteilung hat also unter besonderer Beachtung von Vulnerabilität zu erfolgen. Dies betrifft etwa gesundheitliche Einschränkungen, familiäre Konstellationen oder sonstige besondere Schutzbedarfe. Die Verteilung erfolgt damit nicht mehr allein nach Quoten und freien Kapazitäten, sondern auch unter Berücksichtigung individueller Umstände. Für den Sachbearbeiter bedeutet dies, dass entsprechende Informationen frühzeitig erhoben und in die Verteilungsentscheidung einbezogen werden müssen.

Auch der Schutz der Familie und der Familieneinheit wird stärker hervorgehoben. Familienangehörige sollen grundsätzlich gemeinsam verteilt werden, sofern sie dem zustimmen, und auch besondere Konstellationen wie abhängige Erwachsene werden ausdrücklich berücksichtigt. Die bisherige nationale Regelung wird dabei durch unionsrechtliche Vorgaben ergänzt und teilweise erweitert, sodass die Wahrung der Familieneinheit stärker in den Mittelpunkt rückt.

Gesetzesbegründung zu § 46 AsylG (BT-Drs. 21/1848)

Zu Absatz 1

§ 46 Absatz 1 regelt die Verteilung von Asylsuchenden in Aufnahmeeinrichtungen zur Durchführung von Ver fahren bei Sekundärmigration und in besondere Aufnahmeeinrichtungen. Ausländer, bei denen die Voraussetzungen des § 44 Absatz 1a vorliegen, werden nach Satz 1 in die verfügbaren Aufnahmeeinrichtungen nach § 44 Absatz 1a verteilt. Liegen die Voraussetzungen nicht vor, erfolgt, wenn die Voraussetzungen des § 30a Absatz 1 vorliegen, wie bisher die Verteilung in eine besondere Aufnahmeeinrichtungen im Sinne des § 5 Absatz 5.

Zu Absatz 1a

§ 46 Absatz 1a regelt die Verteilung von Ausländern, wenn die Voraussetzungen für eine Verteilung in Aufnahmeeinrichtungen zur Durchführung von Verfahren bei Sekundärmigration und in besondere Aufnahmeeinrichtungen nach Absatz 1 nicht vorliegen.

Zu Absatz 2 Satz 2

Die Regelung dient der Umsetzung von Artikel 7 Absatz 3 der Richtlinie (EU) 2024/1346. Besonderen Bedürfnissen der Ausländer bei der Aufnahme wird nach den Umständen des Einzelfalls Rechnung getragen. Dabei werden auch Informationen nach Artikel 17 Absatz 1 Buchstabe d und e der Verordnung (EU) 2024/1356 berücksichtigt. Bei der Benennung der zuständigen Aufnahmeeinrichtung ist zu beachten, dass nach Artikel 20 Absatz 6 der Richtlinie (EU) 2024/1346 abhängige erwachsene Ausländer mit besonderen Aufnahmebedürfnissen möglichst gemeinsam mit rechtlich für sie verantwortlichen nahen volljährigen Verwandten untergebracht werden, die sich bereits im Bundesgebiet aufhalten. Bei nicht gleichzeitig einreisenden Familienangehörigen wird, soweit es von den Familienangehörigen gewünscht wird, dafür Sorge getragen, dass eine gemeinsame Unterbringung stattfinden kann.

Zu Absatz 3 Satz 1

Die Regelung dient der Umsetzung von Artikel 7 Absatz 3 der Richtlinie (EU) 2024/1346.

Zu Absatz 3 Satz 2

Folgeänderung; die Regelung dient darüber hinaus der Umsetzung von Artikel 7 Absatz 3 und Artikel 14 der Richtlinie (EU) 2024/1346. Zur Berücksichtigung der besonderen Bedürfnisse abhängiger erwachsener Ausländer mit besonderen Aufnahmebedürfnissen werden diese Ausländer und ihre rechtlich für sie verantwortlichen nahen volljährigen Verwandten oder ihre rechtlich für sie verantwortlichen Begleiter der zentralen Verteilstelle als Gruppe gemeldet.

§ 47 AsylG

bis 11.06.2026	ab 12.06.2026
§ 47 Aufenthalt in Aufnahmeeinrichtungen	**§ 47 Aufenthalt in Aufnahmeeinrichtungen**
(1) Ausländer, die den Asylantrag bei einer Außenstelle des Bundesamtes *zu stellen haben (§ 14 Abs. 1)*, sind verpflichtet, bis zur Entscheidung des Bundesamtes über den Asylantrag und im Falle der Ablehnung des Asylantrags bis zur Ausreise oder bis zum Vollzug der Abschiebungsandrohung oder -anordnung, längstens jedoch bis zu 18 Monate, bei minderjährigen Kindern und ihren Eltern oder anderen Sorgeberechtigten sowie ihren volljährigen, ledigen Geschwistern längstens jedoch bis zu sechs Monate, in der für ihre Aufnahme zuständigen Aufnahmeeinrichtung zu wohnen. Das Gleiche gilt in den Fällen des § 14 Absatz 2 Satz 1 Nummer 2, wenn die Voraussetzungen dieser Vorschrift vor der Entscheidung des Bundesamtes entfallen. Abweichend von Satz 1 ist der Ausländer verpflichtet, über 18 Monate hinaus in einer Aufnahmeeinrichtung zu wohnen, wenn er	(1) Ausländer, die **nach § 14 Absatz 1** den Asylantrag bei einer Außenstelle des Bundesamtes **einreichen müssen**, sind verpflichtet, bis zur Entscheidung des Bundesamtes über den Asylantrag und im Falle der Ablehnung des Asylantrags bis zur Ausreise oder bis zum Vollzug der Abschiebungsandrohung oder -anordnung, längstens jedoch bis zu 18 Monate, bei minderjährigen Kindern und ihren Eltern oder anderen Sorgeberechtigten sowie ihren volljährigen, ledigen Geschwistern längstens jedoch bis zu sechs Monate, in der für ihre Aufnahme zuständigen Aufnahmeeinrichtung zu wohnen. Das Gleiche gilt in den Fällen des § 14 Absatz 2 Satz 1 Nummer 2, wenn die Voraussetzungen dieser Vorschrift vor der Entscheidung des Bundesamtes entfallen. Abweichend von Satz 1 ist der Ausländer verpflichtet, über 18 Monate hinaus in einer Aufnahmeeinrichtung zu wohnen, wenn er
1. seine Mitwirkungspflichten nach § 15 Absatz 2 Nummer 4 bis 7 ohne genügende Entschuldigung verletzt oder die unverschuldet unterbliebene Mitwirkungshandlung nicht unverzüglich nachgeholt hat,	1. [unverändert]
2. wiederholt seine Mitwirkungspflicht nach § 15 Absatz 2 Nummer 1 und 3 ohne genügende Entschuldigung verletzt oder die unverschuldet unterbliebene Mitwirkungshandlung nicht unverzüglich nachgeholt hat,	2. [unverändert]
3. vollziehbar ausreisepflichtig ist und gegenüber einer für den Vollzug des Aufenthaltsgesetzes zuständigen Behörde fortgesetzt über seine Identität oder Staatsangehörigkeit täuscht oder fortgesetzt falsche Angaben macht oder	3. [unverändert]
4. vollziehbar ausreisepflichtig ist und fortgesetzt zumutbare Anforderungen an die Mitwirkung bei der Beseitigung von Ausreisehindernissen, insbesondere hinsichtlich der Identifizierung, der Vorlage eines Reisedokuments oder der Passersatzbeschaffung, nicht erfüllt.	4. [unverändert]
Satz 3 findet keine Anwendung bei minderjährigen Kindern und ihren Eltern oder anderen Sorgeberechtigten sowie ihren volljährigen, ledigen Geschwistern. Die §§ 48 bis 50 bleiben unberührt.	[unverändert]

Änderungen im AsylG

bis 11.06.2026	ab 12.06.2026
§ 47 Aufenthalt in Aufnahmeeinrichtungen	**§ 47 Aufenthalt in Aufnahmeeinrichtungen**
(1a) Abweichend von Absatz 1 sind Ausländer aus einem sicheren Herkunftsstaat (§ 29a *oder § 29b*) verpflichtet, bis zur Entscheidung des Bundesamtes über den Asylantrag und im Falle der Ablehnung des Asylantrags *nach § 29a oder § 29b* als offensichtlich unbegründet oder *nach § 29 Absatz 1 Nummer 1 als unzulässig* bis zur Ausreise oder bis zum Vollzug der Abschiebungsandrohung oder -anordnung in der für ihre Aufnahme zuständigen Aufnahmeeinrichtung zu wohnen. Satz 1 gilt nicht bei minderjährigen Kindern und ihren Eltern oder anderen Sorgeberechtigten sowie ihren volljährigen, ledigen Geschwistern. Die §§ 48 bis 50 bleiben unberührt.	(1a) Abweichend von Absatz 1 sind Ausländer aus einem sicheren Herkunftsstaat nach den §§ 29a oder 29b oder nach Artikel 62 Absatz 1 bis 1b der Verordnung (EU) 2024/1348* verpflichtet, bis zur Entscheidung des Bundesamtes über den Asylantrag und im Falle der Ablehnung des Asylantrags als offensichtlich unbegründet oder **im Falle einer Überstellungsentscheidung nach Artikel 42 Absatz 1 der Verordnung (EU) 2024/1351** bis zur Ausreise oder bis zum Vollzug der Abschiebungsandrohung oder -anordnung in der für ihre Aufnahme zuständigen Aufnahmeeinrichtung zu wohnen. Satz 1 gilt nicht bei minderjährigen Kindern und ihren Eltern oder anderen Sorgeberechtigten sowie ihren volljährigen, ledigen Geschwistern. Die §§ 48 bis 50 bleiben unberührt.
	(1b) Abweichend von Absatz 1 sind Ausländer, die in eine Aufnahmeeinrichtung zur Durchführung von Verfahren bei Sekundärmigration nach § 44 Absatz 1a verteilt worden sind, verpflichtet, während des Verfahrens nach der Verordnung (EU) 2024/1351 und in Fällen, in denen ein anderer Mitgliedstaat internationalen Schutz gewährt hat, bis zur Entscheidung des Bundesamtes über die Zulässigkeit des Asylantrags und im Falle der Ablehnung des Asylantrags als unzulässig nach § 29 Nummer 2 bis zur Ausreise oder bis zum Vollzug der Abschiebungsandrohung, längstens jedoch bis zu 24 Monate in der für ihre Aufnahme zuständigen Aufnahmeeinrichtung zu wohnen. Die Verpflichtung nach Satz 1, in der Aufnahmeeinrichtung zu wohnen, endet außer in den in Satz 1 genannten Fällen zudem, wenn das Bundesamt feststellt, dass die Bundesrepublik Deutschland für die Prüfung des Asylantrags zuständig ist. Die Pflicht, in einer Aufnahmeeinrichtung nach Absatz 1 zu wohnen, sowie die §§ 48 bis 50 bleiben unberührt. Der Zeitraum, in dem der Ausländer in der Aufnahmeeinrichtung nach Satz 1 gewohnt hat, wird auf die Dauer der Pflicht, in der Aufnahmeeinrichtung nach Absatz 1 zu wohnen, angerechnet.

* Korrektur von Absatz 1a durch Gesetz zur besseren Verhinderung missbräuchlicher Anerkennungen der Vaterschaft und zur Änderung weiterer Vorschriften vom 21.07.2026 (BGBl. I Nr. 221): In § 47 Absatz 1a wird die Angabe „(§ 29a oder § 29b)" durch die Angabe „nach den §§ 29a oder 29b oder nach Artikel 62 Absatz 1 bis 1b der Verordnung (EU) 2024/1348" ersetzt. Diese Änderung trat am 29.07.2026 in Kraft.

bis 11.06.2026	ab 12.06.2026
§ 47 Aufenthalt in Aufnahmeeinrichtungen	**§ 47 Aufenthalt in Aufnahmeeinrichtungen**
	(1c) Abweichend von Absatz 1 sind minderjährige Kinder und ihre Eltern oder andere Sorgeberechtigte sowie ihre volljährigen, ledigen Geschwister, die in eine Aufnahmeeinrichtung zur Durchführung von Verfahren bei Sekundärmigration nach § 44 Absatz 1a verteilt worden sind, verpflichtet, während des Verfahrens nach der Verordnung (EU) 2024/1351 bis zur Überstellungsentscheidung nach Artikel 42 Absatz 1 der Verordnung (EU) 2024/1351 und in Fällen, in denen ein anderer Mitgliedstaat internationalen Schutz gewährt hat, bis zur Entscheidung des Bundesamtes über die Zulässigkeit des Antrags, längstens jedoch bis zu sechs Monate, in der für ihre Aufnahme zuständigen Aufnahmeeinrichtung zu wohnen. Erlässt das Bundesamt die Überstellungsentscheidung nach Artikel 42 Absatz 1 der Verordnung (EU) 2024/1351 oder lehnt es den Asylantrag als unzulässig nach § 29 Nummer 2 ab, besteht die Pflicht, in der Aufnahmeeinrichtung zu wohnen längstens bis zu sechs weitere Monate. Kann eine Überstellung aus den in Artikel 46 Absatz 2 Satz 2 der Verordnung (EU) 2024/1351 genannten Gründen nicht erfolgen, besteht die Pflicht nach Satz 2, in der Aufnahmeeinrichtung zu wohnen über sechs Monate hinaus. Die Pflicht nach den Sätzen 1 bis 3, in der Aufnahmeeinrichtung zu wohnen, beträgt insgesamt nicht länger als zwölf Monate. Absatz 1b Satz 2 bis 4 gelten entsprechend.
(1b) Die Länder können regeln, dass Ausländer abweichend von Absatz 1 verpflichtet sind, bis zur Entscheidung des Bundesamtes über den Asylantrag und im Falle der Ablehnung des Asylantrags als offensichtlich unbegründet oder als unzulässig bis zur Ausreise oder bis zum Vollzug der Abschiebungsandrohung oder -anordnung in der für ihre Aufnahme zuständigen Aufnahmeeinrichtung, längstens jedoch für 24 Monate, zu wohnen. Die §§ 48 bis 50 bleiben unberührt.	**(1d)** Die Länder können regeln, dass Ausländer abweichend von Absatz 1 verpflichtet sind, bis zur Entscheidung des Bundesamtes über den Asylantrag und im Falle der Ablehnung des Asylantrags als offensichtlich unbegründet oder als unzulässig bis zur Ausreise oder bis zum Vollzug der Abschiebungsandrohung oder -anordnung in der für ihre Aufnahme zuständigen Aufnahmeeinrichtung, längstens jedoch für 24 Monate, zu wohnen. Die §§ 48 bis 50 bleiben unberührt.
(2) Sind Eltern eines minderjährigen ledigen Kindes verpflichtet, in einer Aufnahmeeinrichtung zu wohnen, so kann auch das Kind in der Aufnahmeeinrichtung wohnen, auch wenn es keinen Asylantrag gestellt hat.	(2) [unverändert]
(3) Für die Dauer der Pflicht, in einer Aufnahmeeinrichtung zu wohnen, ist der Ausländer verpflichtet, für die zuständigen Behörden und Gerichte erreichbar zu sein.	(3) [unverändert]

Änderungen im AsylG

bis 11.06.2026	ab 12.06.2026
§ 47 Aufenthalt in Aufnahmeeinrichtungen	**§ 47 Aufenthalt in Aufnahmeeinrichtungen**
(4) Die Aufnahmeeinrichtung weist den Ausländer innerhalb *von 15 Tagen* nach der Asylantragstellung möglichst schriftlich und in einer Sprache, deren Kenntnis vernünftigerweise vorausgesetzt werden kann, auf seine Rechte und Pflichten *nach dem Asylbewerberleitungsgesetz* hin. Die Aufnahmeeinrichtung benennt in dem Hinweis nach Satz 1 auch, wer dem Ausländer *Rechtsbeistand* gewähren kann *und welche Vereinigungen den Ausländer über seine Unterbringung und medizinische* Versorgung beraten können.	(4) Die Aufnahmeeinrichtung weist den Ausländer innerhalb **der Frist für die Registrierung des Asylantrags nach Artikel 27 der Verordnung (EU) 2024/1348** nach der Asylantragstellung möglichst schriftlich **in transparenter, verständlicher und leicht zugänglicher Form, unter Verwendung einer klaren und einfachen Ausdrucksweise** und in einer Sprache, deren Kenntnis vernünftigerweise vorausgesetzt werden kann, auf seine Rechte und Pflichten **bei der Aufnahme** hin. **Erforderlichenfalls werden diese Informationen auch zunächst mündlich oder bildlich bereitgestellt und an die Bedürfnisse des Ausländers angepasst.** Die Aufnahmeeinrichtung benennt in dem Hinweis nach Satz 1 auch, wer dem Ausländer **Rechtsberatung und -vertretung** gewähren kann**, darunter auch Vereinigungen, die eine solche Rechtsberatung und -vertretung unentgeltlich erbringen, und welche Vereinigungen den Ausländer über seine Rechten und Pflichten bei der Aufnahme, einschließlich medizinischer** Versorgung beraten können.

Redaktionelle Hinweise zu den Neuerungen

Die Änderungen des § 47 AsylG gehören zu den zentralen Reformen des Aufnahme- und Unterbringungsrechts im GEAS. Während die Vorschrift bislang vor allem die Dauer der Wohnpflicht in Aufnahmeeinrichtungen regelte, wird sie künftig zu einem wesentlichen Instrument für die Durchführung von

- Zuständigkeitsverfahren nach der Asyl- und Migrationsmanagement-Verordnung (EU) 2024/1351,
- Verfahren bei Sekundärmigration,
- Überstellungen in andere Mitgliedstaaten,
- Rückführungen von bereits Schutzberechtigten
- sowie zur Umsetzung der neuen Aufnahmerichtlinie (EU) 2024/1346.

Unverändert bleibt zunächst der Grundsatz, dass Asylsuchende bis zur Entscheidung über ihren Antrag und im Falle einer Ablehnung bis zur Ausreise grundsätzlich verpflichtet sind, in der zuständigen Aufnahmeeinrichtung zu wohnen. Auch die bekannten Höchstdauern von in der Regel 18 Monaten beziehungsweise sechs Monaten für Familien mit minderjährigen Kindern bleiben bestehen. Insoweit handelt es sich lediglich um sprachliche Anpassungen an die neue Systematik.

Die eigentlichen Neuerungen betreffen zusätzliche Fallgruppen, in denen die Wohnverpflichtung besonders ausgestaltet wird. Eine zentrale Rolle spielen dabei Personen, die einem Verfahren der sogenannten Sekundärmigration unterliegen. Für diese Gruppe wird erstmals ein eigenständiges

Wohnpflichtregime eingeführt. Wer in eine spezielle Aufnahmeeinrichtung nach § 44 Abs. 1a AsylG verteilt wurde, muss dort grundsätzlich für die Dauer des unionsrechtlichen Zuständigkeitsverfahrens verbleiben. Diese Verpflichtung kann bis zu 24 Monate dauern und geht damit deutlich über die bisher üblichen Zeiträume hinaus.

Zugleich wird klargestellt, dass diese verschärfte Wohnpflicht nicht dauerhaft gilt, sondern an den Zweck des Zuständigkeitsverfahrens gebunden ist. Sobald feststeht, dass Deutschland für die Durchführung des Asylverfahrens zuständig ist, endet die Verpflichtung zur Unterbringung in diesen speziellen Einrichtungen. Damit wird verhindert, dass Personen länger als notwendig in einem Verfahren gehalten werden, das eigentlich der Klärung der Zuständigkeit dient.

Für Familien mit minderjährigen Kindern gelten dabei besondere Schutzvorschriften. Ihre Unterbringung in Einrichtungen für Sekundärmigration ist zeitlich stärker begrenzt. Die Wohnpflicht endet grundsätzlich nach sechs Monaten, wenn bis dahin noch keine Entscheidung getroffen wurde. Kommt es anschließend zu einer Überstellungs- oder Unzulässigkeitsentscheidung, kann eine weitere, ebenfalls begrenzte Wohnpflicht folgen, sodass sich insgesamt eine Höchstdauer von regelmäßig zwölf Monaten ergibt. Diese abgestufte Regelung soll sicherstellen, dass Familien nicht über längere Zeiträume ohne klare Verfahrensentscheidung gebunden werden.

Auch die bereits bestehende Wohnpflicht für Personen aus sicheren Herkunftsstaaten wird an das neue europäische Zuständigkeitssystem angepasst. Sie knüpft nun zusätzlich an unionsrechtliche Überstellungsentscheidungen an und wird damit enger mit dem europäischen Verfahrensrecht verzahnt.

Eine weitere wichtige Änderung betrifft die Informationspflichten gegenüber den Betroffenen. Die Aufnahmeeinrichtungen müssen künftig umfassender und früher über Rechte und Pflichten informieren. Die Belehrung muss verständlich, leicht zugänglich und an die individuelle Situation angepasst sein. Zudem ist ausdrücklich darauf hinzuweisen, welche Stellen rechtliche Beratung und Vertretung, auch unentgeltlich, anbieten.

Gesetzesbegründung zu § 47 AsylG (BT-Drs. 21/1848 und BT-Drs. 21/4321)

Zu Absatz 1

Anpassung der Begrifflichkeiten an die neue Rechtslage.

Zu Absatz 1a

Folgeänderung wegen Streichung von § 29 Absatz 1 Nummer 1.

Korrektur durch Gesetz zur besseren Verhinderung missbräuchlicher Anerkennungen der Vaterschaft und zur Änderung weiterer Vorschriften vom 21.07.2026 (BGBl. I Nr. 221): Der Anwendungsbereich der Regelung muss sich neben sicheren Herkunftsstaaten nach §§ 29a und 29b des Asylgesetzes auch auf sichere Herkunftsstaaten im Sinne des Artikels 62 Absatz 1 bis 1b der Verordnung (EU) 2024/1348 erstrecken und wird daher um einen entsprechenden Verweis ergänzt.

Zu Absatz 1b

Absatz 1b regelt die Wohnpflicht in der Aufnahmeeinrichtung nach § 44 Absatz 1a, die bisher in § 47a Absatz 1 geregelt war. Sofern feststeht, aufgrund der Prüfung durch das Bundesamt oder aufgrund einer Gerichtsentscheidung, dass Deutschland für die Durchführung des Asylverfahrens zuständig ist, endet für diese Personen die Wohnpflicht in der Aufnahmeeinrichtung zur Durchführung von Verfahren bei Sekundärmigration. Die Wohnpflicht endet insbesondere auch in denjenigen Fällen, in denen der Ausländer sich nach einer visumsfreien Einreise in einen anderen Mitgliedstaat nach Artikel 17 Absatz 4 Buchstabe a der Verordnung (EU) 2024/1351 in diesem aufzuhalten hat, nach Deutschland weiterreist, wo für ihn ebenfalls keine Visumspflicht besteht und dort erstmals einen Asylantrag, sodass Deutschland nach Artikel 31 Absatz 2 der Verordnung (EU) 2024/1351 der zuständige Mitgliedstaat ist.

Zu Absatz 1c (BT-Drs. 21/4321)

Um zu vermeiden, dass minderjährige Kinder und ihre Eltern oder anderen Sorgeberechtigten sowie ihre volljährigen, ledigen Geschwister länger als sechs Monate dazu verpflichtet sind, in einer Aufnahmeeinrichtung zur Durchführung von Verfahren bei Sekundärmigration zu wohnen, ohne dass eine Überstellungsentscheidung oder Entscheidung über die Zulässigkeit ihres Asylantrags getroffen wurde, wird vorgesehen, dass die Wohnverpflichtung in diesen Fällen nach sechs Monaten endet. Sobald eine Entscheidung des Bundesamtes vorliegt, die eine Überstellung vorsieht oder aufgrund derer der Asylantrag als unzulässig abgelehnt worden ist, entsteht eine neue Wohnverpflichtung von höchstens sechs Monaten, um durch die zentrale Unterbringung die Überstellung oder Rückführung der Personen in den zuständigen bzw. schutzgewährenden Mitgliedsstaat zu vereinfachen. In Fällen, in welchen aus in der zu überstellenden Person liegenden Gründen nach Artikel 46 Absatz 2 Satz 2 der Verordnung (EU) 2024/1351 eine Überstellung innerhalb der sechs Monate nicht durchgeführt werden konnte, besteht die Wohnpflicht bis zu einer Höchstdauer von insgesamt zwölf Monaten fort, sofern diese Höchstdauer nicht bereits durch die Dauer der bisher bereits nach Satz 1 und 2 bestehenden Wohnpflicht in der Aufnahmeeinrichtung erreicht wurde.

Zu Absatz 4

Die Regelung dient der Anpassung des § 47 Absatz 4 AsylG an Änderungen von Artikel 5 der Richtlinie 2024/1346, soweit eine Umsetzung dieser Vorschrift durch Bundesrecht besteht.

§ 49 AsylG

bis 11.06.2026	ab 12.06.2026
§ 49 Entlassung aus der Aufnahmeeinrichtung	**§ 49 Entlassung aus der Aufnahmeeinrichtung**
(1) Die Verpflichtung, in der Aufnahmeeinrichtung zu wohnen, ist zu beenden, wenn eine Abschiebungsandrohung vollziehbar und die Abschiebung nicht in angemessener Zeit möglich ist oder wenn dem Ausländer eine Aufenthaltserlaubnis nach § 24 des Aufenthaltsgesetzes erteilt werden soll.	(1) [unverändert]
(2) Die Verpflichtung kann aus Gründen der öffentlichen Gesundheitsvorsorge sowie aus sonstigen Gründen der öffentlichen Sicherheit oder Ordnung, insbesondere zur Gewährleistung der Unterbringung und Verteilung, *oder aus anderen zwingenden Gründen* beendet werden.	(2) **Eine Entlassung aus der Aufnahmeeinrichtung vor Ablauf der in § 47 Absatz 1 festgelegten Höchstfrist erfolgt in der Regel nicht bevor die Anhörung nach § 25 durchgeführt wurde.** Die Verpflichtung kann aus Gründen der öffentlichen Gesundheitsvorsorge sowie aus sonstigen Gründen der öffentlichen Sicherheit oder Ordnung insbesondere zur Gewährleistung der Unterbringung und Verteilung,beendet werden; **bei Vorliegen anderer zwingender Gründe ist sie unverzüglich zu beenden.**

Redaktionelle Hinweise zu den Neuerungen

§ 49 AsylG regelt weiterhin, unter welchen Voraussetzungen die Verpflichtung zur Unterbringung in einer Aufnahmeeinrichtung endet, erhält aber in Absatz 2 eine neue Leitentscheidung für die Praxis.

Unverändert bleibt zunächst Absatz 1. Die Wohnverpflichtung endet weiterhin, wenn

- eine Abschiebungsandrohung vollziehbar ist und die Abschiebung nicht in angemessener Zeit durchgeführt werden kann oder
- dem Ausländer eine Aufenthaltserlaubnis nach § 24 AufenthG erteilt werden soll

Die wesentliche Neuerung liegt darin, dass die Entlassung aus der Aufnahmeeinrichtung nun grundsätzlich an den Verfahrensfortschritt gebunden wird. Als gesetzlicher Regelfall wird in Absatz 2 festgelegt, dass eine Entlassung vor Ablauf der zulässigen Aufenthaltsdauer in der Regel erst erfolgt, wenn die persönliche Anhörung nach § 25 AsylG durchgeführt wurde. Damit wird die Aufnahmeeinrichtung stärker als bisher als Ort der Verfahrensdurchführung genutzt. Für die Praxis bedeutet dies, dass die Anhörung möglichst noch während der Erstaufnahmephase erfolgen soll, bevor eine Verteilung in die Kommunen stattfindet.

Diese Vorgabe ist jedoch bewusst nicht zwingend ausgestaltet. Der Gesetzgeber spricht ausdrücklich von einem Regelfall, sodass Abweichungen weiterhin möglich sind. Eine vorzeitige Entlassung kommt insbesondere dann in Betracht, wenn sich die Durchführung der Anhörung aus Gründen verzögert, die der Betroffene nicht zu vertreten hat. Damit bleibt Spielraum für Einzelfallentscheidungen und eine flexible Handhabung erhalten.

Gleichzeitig wird die bestehende Möglichkeit, die Wohnverpflichtung aus Gründen der öffentlichen Sicherheit oder Gesundheit zu beenden, fortgeführt und systematisch ergänzt. Neu hervorgehoben wird, dass bei Vorliegen zwingender Gründe die Entlassung unverzüglich erfolgen muss. Damit wird klargestellt, dass in Fällen besonderer persönlicher Härten kein Ermessen besteht, sondern eine schnelle Entscheidung geboten ist. Gemeint sind insbesondere gravierende gesundheitliche, familiäre oder sonstige persönliche Umstände, die dem Betroffenen ein Verbleiben in der Aufnahmeeinrichtung unzumutbar machen würden. Dabei sind ausdrücklich auch die Belange schutzbedürftiger Personen zu berücksichtigen, etwa von Familien mit Kindern oder Personen mit besonderen gesundheitlichen oder psychischen Belastungen.

Gesetzesbegründung zu § 49 AsylG (BT-Drs. 21/1848)

Zu Absatz 2

Der neue Satz 1 unterstreicht auf Basis der Besprechung des Bundeskanzlers mit den Regierungschefinnen und Regierungschefs der Länder am 10. Mai 2023 den gesetzlichen Regelfall, der eine Wohnverpflichtung der Ausländer in einer Aufnahmeeinrichtung mindestens bis zur Durchführung einer Anhörung vorsieht. Dies erleichtert dem Bundesamt für Migration und Flüchtlinge die Durchführung der Anhörung. Eine Änderung der in § 47 Absatz 1 geregelten Höchstfrist der Verpflichtung, in der Aufnahmeeinrichtung zu wohnen, ist mit der Regelung nicht verbunden. Sofern im jeweiligen Einzelfall besondere Umstände vorliegen, die eine Aufrechterhaltung der Wohnpflicht bis zu der Durchführung der Anhörung unter Abwägung der beiderseitigen Interessen nicht gerechtfertigt erscheinen lassen, kann die Entlassung ausnahmsweise auch bereits vor der Durchführung der Anhörung erfolgen. Dies kommt insbesondere dann in Betracht, wenn sich die Anhörung erheblich verzögert und der Ausländer die Gründe hierfür nicht zu vertreten hat. Hiervon unberührt bleibt die bereits nach bisheriger Rechtslage bestehende Möglichkeit nach Satz 2 erster Halbsatz, die Verpflichtung, in der Aufnahmeeinrichtung zu wohnen, aus Gründen der öffentlichen Gesundheitsfürsorge sowie aus sonstigen Gründen der öffentlichen Sicherheit und Ordnung zu beenden. Bei Vorliegenanderer zwingender Gründe ist die Wohnpflicht nach Satz 2 zweiter Halbsatz unverzüglich zu beenden. Zwingende Gründe sind besondere Härten, die auf gesundheitlichen, familiären oder sonstigen persönlichen Umständen beruhen, wenn deren Nichtberücksichtigung zu einem erheblichen, dem Betroffenen nicht zumutbaren Nachteil führt. Hierbei sind insbesondere auch die besonderen Bedürfnisse von Familien mit Kindern und vulnerabler Personengruppen im Sinne des Artikel 24 der Richtlinie (EU) 2024/1346 zu berücksichtigen. Die Beendigung der Wohnpflicht muss in diesen Fällen unverzüglich, d. h. ohne schuldhaftes Zögern, erfolgen. Einschränkungen, die gewöhnlicherweise mit der Unterbringung in einer Gemeinschaftsunterkunft einhergehen, sind demgegenüber hinzunehmen. Mit der Regelung ist in Bezug auf die übrigen in der Vorschrift genannten Gründe eine Verschiebung des bisher geltenden Maßstabes nicht verbunden.

§ 50 AsylG

bis 11.06.2026	ab 12.06.2026
§ 50 Landesinterne Verteilung	**§ 50 Landesinterne Verteilung**
(1) Ausländer sind unverzüglich aus der Aufnahmeeinrichtung zu entlassen und innerhalb des Landes zu verteilen, wenn das Bundesamt der zuständigen Landesbehörde mitteilt, dass	(1) [unverändert]
1. *dem* Ausländer *Schutz nach den §§ 2, 3 oder 4* zuerkannt wurde oder die Voraussetzungen des § 60 Absatz 5 oder 7 des Aufenthaltsgesetzes in der Person des Ausländers oder eines seiner Familienangehörigen im Sinne des *§ 26 Absatz 1 bis 3 vorliegen,* oder	1. **der** Ausländer **als Asylberechtigter anerkannt oder ihm internationaler Schutz** zuerkannt wurde oder die Voraussetzungen des § 60 Absatz 5 oder 7 des Aufenthaltsgesetzes in der Person des Ausländers oder eines seiner Familienangehörigen im Sinne des **Artikels 3 Nummer 9 der Verordnung (EU) 2024/1347 festgestellt wurden** oder
2. das Verwaltungsgericht die aufschiebende Wirkung der Klage gegen die Entscheidung des Bundesamtes angeordnet hat, es sei denn, der Asylantrag wurde als unzulässig nach § 29 *Absatz 1* Nummer *1 oder* 2 abgelehnt.	2. das Verwaltungsgericht die aufschiebende Wirkung der Klage gegen die Entscheidung des Bundesamtes angeordnet hat, es sei denn, **es wurde eine Überstellungsentscheidung nach Artikel 42 Absatz 1 der Verordnung (EU) 2024/1351 getroffen oder** der Asylantrag wurde als unzulässig nach § 29 Nummer 2 abgelehnt.
Eine Verteilung kann auch erfolgen, wenn der Ausländer aus anderen Gründen nicht mehr verpflichtet ist, in der Aufnahmeeinrichtung zu wohnen.	[unverändert]
(2) Die Landesregierung oder die von ihr bestimmte Stelle wird ermächtigt, durch Rechtsverordnung die Verteilung zu regeln, soweit dies nicht durch Landesgesetz geregelt ist.	(2) [unverändert]
(3) Die zuständige Landesbehörde teilt innerhalb eines Zeitraumes von drei Arbeitstagen dem Bundesamt den Bezirk der Ausländerbehörde mit, in dem der Ausländer nach einer Verteilung Wohnung zu nehmen hat.	(3) [unverändert]
(4) Die zuständige Landesbehörde erlässt die Zuweisungsentscheidung. Die Zuweisungsentscheidung ist schriftlich zu erlassen und mit einer Rechtsbehelfsbelehrung zu versehen. Sie bedarf keiner Begründung. Einer Anhörung des Ausländers bedarf es nicht. Bei der Zuweisung sind die Haushaltsgemeinschaft von Familienangehörigen im Sinne des § 26 Absatz 1 bis 3 oder sonstige humanitäre Gründe von vergleichbarem Gewicht zu berücksichtigen.	(4) [unverändert]
(5) Die Zuweisungsentscheidung ist dem Ausländer selbst zuzustellen. Wird der Ausländer durch einen Bevollmächtigten vertreten oder hat er einen Empfangsbevollmächtigten benannt, soll ein Abdruck der Zuweisungsentscheidung auch diesem zugeleitet werden.	(5) [unverändert]
(6) Der Ausländer hat sich unverzüglich zu der in der Zuweisungsverfügung angegebenen Stelle zu begeben.	(6) [unverändert]

Änderungen im AsylG

Redaktionelle Hinweise zu den Neuerungen

§ 50 AsylG bleibt die Vorschrift über die landesinterne Verteilung nach der Erstaufnahme. Die Reform ersetzt lediglich nationale Verweise durch die neue Terminologie der Anerkennungsverordnung (EU) 2024/1347 und die Überstellungsentscheidung nach nach Art. 42 Asyl- und Migrationsmanagement-Verordnung (EU) 2024/1351. Die Verteilungsmechanismen selbst bleiben unverändert.

Gesetzesbegründung zu § 50 AsylG (BT-Drs. 21/1848)

Bei Nummer 1 handelt es sich um eine Anpassung als Folgeänderung bzw. redaktionelle Änderung.

Bei Nummer 2 handelt es sich um eine Folgeänderung wegen Streichung von § 29 Absatz 1 Nummer 1.

§ 52 AsylG

bis 11.06.2026	ab 12.06.2026
§ 52 Quotenanrechnung	**§ 52 Quotenanrechnung**
Auf die Quoten nach § 45 wird die Aufnahme von *Asylbegehrenden* in den Fällen des § 14 Absatz 2 Satz 1 Nummer 2 und 3, *des § 14a* sowie des § 51 angerechnet.	Auf die Quoten nach § 45 wird die Aufnahme von **Ausländern** in den Fällen des § 14 Absatz 2 Satz 1 Nummer 2 und 3 sowie des § 51 angerechnet.

Gesetzesbegründung zu § 52 AsylG (BT-Drs. 21/1848)

Anpassung der Begrifflichkeiten an die neue Rechtslage.

Änderungen im AsylG

§ 53 AsylG

bis 11.06.2026	ab 12.06.2026
§ 53 Unterbringung in Gemeinschaftsunterkünften	**§ 53 Unterbringung in Gemeinschaftsunterkünften**
(1) Ausländer, die einen Asylantrag *gestellt* haben und nicht oder nicht mehr verpflichtet sind, in einer Aufnahmeeinrichtung zu wohnen, sollen in der Regel in Gemeinschaftsunterkünften untergebracht werden. Hierbei sind sowohl das öffentliche Interesse als auch Belange des Ausländers zu berücksichtigen.	(1) Ausländer, die einen Asylantrag **eingereicht** haben und nicht oder nicht mehr verpflichtet sind, in einer Aufnahmeeinrichtung zu wohnen, sollen in der Regel in Gemeinschaftsunterkünften untergebracht werden. Hierbei sind sowohl das öffentliche Interesse als auch Belange des Ausländers zu berücksichtigen.
(2) Eine Verpflichtung, in einer Gemeinschaftsunterkunft zu wohnen, endet, wenn das Bundesamt einen Ausländer als Asylberechtigten anerkannt oder ein Gericht das Bundesamt zur Anerkennung verpflichtet hat, auch wenn ein Rechtsmittel eingelegt worden ist, sofern durch den Ausländer eine anderweitige Unterkunft nachgewiesen wird und der öffentlichen Hand dadurch Mehrkosten nicht entstehen. Das Gleiche gilt, wenn das Bundesamt oder ein Gericht einem Ausländer internationalen Schutz im Sinne des § 1 Absatz 1 Nummer 2 zuerkannt hat. In den Fällen der Sätze 1 und 2 endet die Verpflichtung auch für die Familienangehörigen im Sinne des § 26 Absatz 1 bis 3 des Ausländers.	(2) [unverändert]
(3) § 44 Absatz *2a* und 3 gilt entsprechend.	(3) § 44 Absatz **2** und 3 gilt entsprechend.

Gesetzesbegründung zu § 53 AsylG (BT-Drs. 21/1848)

Zu Absatz 1

Anpassung der Begrifflichkeiten an die neue Rechtslage.

Zu Absatz 3

Es handelt sich um eine Folgeänderung zur neuen Nummerierung der Absätze in § 44

§ 55 AsylG

bis 11.06.2026	ab 12.06.2026
§ 55 Aufenthaltsgestattung	**§ 55 Aufenthaltsgestattung**
(1) Einem Ausländer, *der um Asyl nachsucht,* ist *zur Durchführung des Asylverfahrens* der Aufenthalt im Bundesgebiet *ab Ausstellung des Ankunftsnachweises gemäß § 63a Absatz 1* gestattet *(Aufenthaltsgestattung). Er hat keinen Anspruch darauf, sich in einem bestimmten Land oder an einem bestimmten Ort aufzuhalten. In den Fällen, in denen kein Ankunftsnachweis ausgestellt wird, entsteht die Aufenthaltsgestattung mit der Stellung des Asylantrags.*	(1) Einem Ausländer ist der Aufenthalt im Bundesgebiet **zur Durchführung des Asylverfahrens** gestattet **und er hat ein Recht auf Verbleib, solange die Voraussetzungen aus Artikel 10 Absatz 1 oder Artikel 68 Absatz 2, 4 oder 7 der Verordnung (EU) 2024/1348 vorliegen und keine Ausnahmen nach Artikel 10 Absatz 3 oder 4 der Verordnung (EU) 2024/1348 bestehen.**
(2) Mit der *Stellung* eines Asylantrags erlöschen eine Befreiung vom Erfordernis eines Aufenthaltstitels und ein Aufenthaltstitel mit einer Gesamtgeltungsdauer bis zu sechs Monaten sowie die in § 81 *Abs.* 3 und 4 des Aufenthaltsgesetzes bezeichneten Wirkungen eines Antrags auf Erteilung eines Aufenthaltstitels. § 81 *Abs.* 4 des Aufenthaltsgesetzes bleibt unberührt, wenn der Ausländer einen Aufenthaltstitel mit einer Gesamtgeltungsdauer von mehr als sechs Monaten besessen und dessen Verlängerung beantragt hat.	(2) Mit der **Einreichung** eines Asylantrags erlöschen eine Befreiung vom Erfordernis eines Aufenthaltstitels und ein Aufenthaltstitel mit einer Gesamtgeltungsdauer bis zu sechs Monaten sowie die in § 81 **Absatz** 3 und 4 des Aufenthaltsgesetzes bezeichneten Wirkungen eines Antrags auf Erteilung eines Aufenthaltstitels. § 81 **Absatz** 4 des Aufenthaltsgesetzes bleibt unberührt, wenn der Ausländer einen Aufenthaltstitel mit einer Gesamtgeltungsdauer von mehr als sechs Monaten besessen und dessen Verlängerung beantragt hat.
(3) Soweit der Erwerb oder die Ausübung eines Rechts oder einer Vergünstigung von der Dauer des Aufenthalts im Bundesgebiet abhängig ist, wird die Zeit eines Aufenthalts nach Absatz 1 nur angerechnet, wenn der Ausländer als Asylberechtigter anerkannt ist oder ihm internationaler Schutz im Sinne des § 1 Absatz 1 Nummer 2 zuerkannt wurde.	(3) [unverändert]

Redaktionelle Hinweise zu den Neuerungen

Nach bisherigem Recht entstand die Aufenthaltsgestattung vor allem durch nationale Verfahrensschritte, insbesondere durch die Ausstellung eines Ankunftsnachweises oder die Stellung eines Asylantrags. Diese klaren nationalen Anknüpfungspunkte entfallen nun vollständig. Stattdessen bestimmt sich die Aufenthaltsgestattung künftig danach, ob dem Ausländer nach der Verordnung (EU) 2024/1348 (=Asylverfahrensverordnung) ein Recht auf Verbleib im Bundesgebiet zusteht.

Damit verändert sich die rechtliche Einordnung grundlegend. Die Aufenthaltsgestattung ist nicht mehr in erster Linie eine eigenständige nationale Rechtsposition, sondern folgt unmittelbar dem unionsrechtlichen Aufenthaltsrecht während des Asylverfahrens. Besteht ein Recht auf Verbleib nach der Verordnung, besteht auch die Aufenthaltsgestattung; entfällt dieses Recht, entfällt zugleich die Gestattung. Für die Praxis bedeutet dies, dass der Sachbearbeiter stärker als bisher die unionsrechtlichen Voraussetzungen prüfen muss, um den Aufenthaltsstatus korrekt zu bestimmen.

Gleichzeitig wird klargestellt, dass dieses Recht auf Verbleib nicht nur während des Verwaltungsverfahrens besteht, sondern auch im Rahmen von Rechtsbehelfen fortwirken kann. Die Aufenthaltsgestattung kann daher je nach Verfahrensstand auch während gerichtlicher Verfahren bestehen, soweit die Verordnung dies vorsieht. Dadurch wird die bisherige Trennung zwischen Verwaltungs- und Gerichtsphase stärker aufgehoben und in ein einheitliches System überführt.

Ebenso wichtig ist, dass die Verordnung auch Ausnahmen vom Recht auf Verbleib vorsieht. In bestimmten Konstellationen, etwa bei besonderen Verfahrensarten oder bestimmten Folgeanträgen, kann dieses Recht eingeschränkt sein. In solchen Fällen entsteht auch keine Aufenthaltsgestattung im nationalen Sinne. Damit wird deutlich, dass die Gestattung künftig stärker differenziert zu betrachten ist und nicht mehr automatisch mit jedem Asylbegehren verbunden ist.

Die Änderungen in Absatz 2 sind demgegenüber vor allem terminologischer Natur. Der bisherige Begriff der „Stellung“ des Asylantrags wird durch den unionsrechtlich geprägten Begriff der „Einreichung“ ersetzt. Inhaltlich bleibt es dabei, dass mit diesem Zeitpunkt bestimmte aufenthaltsrechtliche Positionen, etwa kurzfristige Aufenthaltstitel oder bestimmte Fiktionswirkungen, grundsätzlich entfallen

Unverändert bleibt schließlich auch die Regelung, dass Zeiten der Aufenthaltsgestattung grundsätzlich nur dann auf aufenthaltsrechtliche Fristen angerechnet werden, wenn später tatsächlich Schutz gewährt wird. Diese Vorschrift behält ihre Funktion, den bloßen Aufenthalt während des Asylverfahrens nicht automatisch privilegierend zu berücksichtigen.

Gesetzesbegründung zu § 55 AsylG (BT-Drs. 21/1848)

Die Änderung dient der Anpassung an Artikel 10 der Verordnung (EU) 2024/1348.

Zu Absatz 2 Satz 1

Die Änderung dient der Anpassung an die Terminologie von Artikel 28 der Verordnung (EU) 2024/1348.

Zu Absatz 2 Satz 2

Es handelt sich um eine redaktionelle Änderung.

§ 57 AsylG

bis 11.06.2026	ab 12.06.2026
§ 57 Verlassen des Aufenthaltsbereichs einer Aufnahmeeinrichtung	**§ 57 Verlassen des Aufenthaltsbereichs einer Aufnahmeeinrichtung**
(1) Das Bundesamt *kann* einem Ausländer, der verpflichtet ist, in einer Aufnahmeeinrichtung zu wohnen, *erlauben,* den Geltungsbereich der Aufenthaltsgestattung vorübergehend zu verlassen, wenn zwingende Gründe es erfordern.	(1) Das Bundesamt **erlaubt** einem Ausländer, der verpflichtet ist, in einer Aufnahmeeinrichtung zu wohnen, den Geltungsbereich der Aufenthaltsgestattung vorübergehend zu verlassen, wenn **hinreichend begründete dringende und schwerwiegende familiäre Gründe, notwendige medizinische Behandlungen oder sonstige** zwingende Gründe es erfordern.
(2) Zur Wahrnehmung von Terminen bei Bevollmächtigten, beim Hohen Flüchtlingskommissar der Vereinten Nationen und bei Organisationen, die sich mit der Betreuung von Flüchtlingen befassen, soll die Erlaubnis unverzüglich erteilt werden.	(2) [unverändert]
(3) Der Ausländer kann Termine bei Behörden und Gerichten, bei denen sein persönliches Erscheinen erforderlich ist, ohne Erlaubnis wahrnehmen. Er hat diese Termine der Aufnahmeeinrichtung und dem Bundesamt anzuzeigen.	(3) [unverändert]

Redaktionelle Hinweise zu den Neuerungen

Die Neufassung des § 57 AsylG setzt Art. 8 Abs. 5 der neuen Aufnahmerichtlinie (EU) 2024/1346 um und konkretisiert die Voraussetzungen für das vorübergehende Verlassen des Aufenthaltsbereichs einer Aufnahmeeinrichtung.

Während zuvor lediglich allgemein von „zwingenden Gründen" die Rede war und die Entscheidung im Ermessen des Bundesamtes lag, nennt das Gesetz nun ausdrücklich bestimmte Fallgruppen, in denen die Erlaubnis zu erteilen ist. Dazu gehören insbesondere dringende und schwerwiegende familiäre Gründe sowie notwendige medizinische Behandlungen.

Gleichzeitig verschiebt sich die Rechtsnatur der Entscheidung. Aus der bisherigen Kann-Regelung wird im Ergebnis eine gebundene Entscheidung. Das Bundesamt hat die Erlaubnis zu erteilen, wenn einer der gesetzlich genannten Gründe vorliegt. Das Ermessen wird dadurch deutlich eingeschränkt.

Die ausdrückliche Aufnahme familiärer Gründe stellt eine wichtige Klarstellung dar. Solche Gründe konnten zwar schon bisher berücksichtigt werden, mussten aber unter den unbestimmten Begriff der zwingenden Gründe eingeordnet werden. Nun wird ihre besondere Bedeutung hervorgehoben, was insbesondere bei schwerwiegenden familiären Ereignissen eine einheitlichere Anwendung ermöglicht. Ebenso wird klargestellt, dass notwendige medizinische Behandlungen stets einen legitimen Anlass darstellen, den Aufenthaltsbereich vorübergehend zu verlassen.

§ 58 AsylG

bis 11.06.2026	ab 12.06.2026
§ 58 Verlassen eines zugewiesenen Aufenthaltsbereichs	**§ 58 Verlassen eines zugewiesenen Aufenthaltsbereichs**
(1) Die Ausländerbehörde kann einem Ausländer, der nicht oder nicht mehr verpflichtet ist, in einer Aufnahmeeinrichtung zu wohnen, erlauben, den Geltungsbereich der Aufenthaltsgestattung vorübergehend zu verlassen oder sich allgemein in dem Bezirk einer anderen Ausländerbehörde aufzuhalten. Die Erlaubnis ist zu erteilen, wenn hieran ein dringendes öffentliches Interesse besteht, zwingende Gründe es erfordern *oder die Versagung der Erlaubnis eine unbillige Härte bedeuten würde*. Die Erlaubnis wird in der Regel erteilt, wenn eine nach § 61 Absatz 2 erlaubte Beschäftigung ausgeübt werden soll oder wenn dies zum Zwecke des Schulbesuchs, der betrieblichen Aus- und Weiterbildung oder des Studiums an einer staatlichen oder staatlich anerkannten Hochschule oder vergleichbaren Ausbildungseinrichtung erforderlich ist. Die Erlaubnis bedarf der Zustimmung der Ausländerbehörde, für deren Bezirk der allgemeine Aufenthalt zugelassen wird.	(1) Die Ausländerbehörde kann einem Ausländer, der nicht oder nicht mehr verpflichtet ist, in einer Aufnahmeeinrichtung zu wohnen, erlauben, den Geltungsbereich der Aufenthaltsgestattung vorübergehend zu verlassen oder sich allgemein in dem Bezirk einer anderen Ausländerbehörde aufzuhalten. Die Erlaubnis ist zu erteilen, wenn hieran ein dringendes öffentliches Interesse besteht **oder hinreichend begründete dringende und schwerwiegende familiäre Gründe, notwendige medizinische Behandlungen oder sonstige** zwingende Gründe es erfordern. Die Erlaubnis wird in der Regel erteilt, wenn eine nach § 61 Absatz 2 erlaubte Beschäftigung ausgeübt werden soll oder wenn dies zum Zwecke des Schulbesuchs, der betrieblichen Aus- und Weiterbildung oder des Studiums an einer staatlichen oder staatlich anerkannten Hochschule oder vergleichbaren Ausbildungseinrichtung erforderlich ist. Die Erlaubnis bedarf der Zustimmung der Ausländerbehörde, für deren Bezirk der allgemeine Aufenthalt zugelassen wird.
(2) Zur Wahrnehmung von Terminen bei Bevollmächtigten, beim Hohen Flüchtlingskommissar der Vereinten Nationen und bei Organisationen, die sich mit der Betreuung von Flüchtlingen befassen, soll die Erlaubnis erteilt werden.	(2) [unverändert]
(3) Der Ausländer kann Termine bei Behörden und Gerichten, bei denen sein persönliches Erscheinen erforderlich ist, ohne Erlaubnis wahrnehmen.	(3) [unverändert]
(4) Der Ausländer kann den Geltungsbereich der Aufenthaltsgestattung ohne Erlaubnis vorübergehend verlassen, wenn ein Gericht das Bundesamt dazu verpflichtet hat, den Ausländer als Asylberechtigten anzuerkennen, ihm internationalen Schutz im Sinne des § 1 Absatz 1 Nummer 2 zuzuerkennen oder die Voraussetzungen des § 60 Absatz 5 oder 7 des Aufenthaltsgesetzes festzustellen, auch wenn diese Entscheidung noch nicht unanfechtbar ist. Satz 1 gilt entsprechend für Familienangehörige im Sinne des § 26 Absatz 1 bis 3.	(4) [unverändert]
(5) Die Ausländerbehörde eines Kreises oder einer kreisangehörigen Gemeinde kann einem Ausländer die allgemeine Erlaubnis erteilen, sich vorübergehend im gesamten Gebiet des Kreises aufzuhalten.	(5) [unverändert]

bis 11.06.2026	ab 12.06.2026
§ 58 Verlassen eines zugewiesenen Aufenthaltsbereichs	**§ 58 Verlassen eines zugewiesenen Aufenthaltsbereichs**
(6) Um örtlichen Verhältnissen Rechnung zu tragen, können die Landesregierungen durch Rechtsverordnung bestimmen, dass sich Ausländer ohne Erlaubnis vorübergehend in einem die Bezirke mehrerer Ausländerbehörden umfassenden Gebiet, dem Gebiet des Landes oder, soweit Einvernehmen zwischen den beteiligten Landesregierungen besteht, im Gebiet eines anderen Landes aufhalten können.	(6) [unverändert]

Redaktionelle Hinweise zu den Neuerungen

Die Änderungen des § 58 AsylG stehen in engem Zusammenhang mit der Neufassung des § 57 AsylG. Beide Vorschriften setzen dieselbe unionsrechtliche Vorgabe um, nämlich Art. 8 Abs. 5 Unterabs. 1 der Richtlinie (EU) 2024/1346 (Aufnahmerichtlinie). Während § 57 das Verlassen des Aufenthaltsbereichs für Personen regelt, die noch in einer Aufnahmeeinrichtung wohnen müssen, betrifft § 58 diejenigen Ausländer, die bereits einer Kommune oder Gemeinschaftsunterkunft zugewiesen wurden und daher nicht mehr der Wohnpflicht des § 47 AsylG unterliegen.

Die zentrale Änderung betrifft die Voraussetzungen für die Erteilung einer entsprechenden Erlaubnis. Während bisher neben „zwingenden Gründen" auch die offene Kategorie der „unbilligen Härte" genannt war, wird diese Formulierung gestrichen und durch eine konkretisierte, unionsrechtlich geprägte Regelung ersetzt. Künftig nennt das Gesetz ausdrücklich „hinreichend begründete dringende und schwerwiegende familiäre Gründe" sowie „notwendige medizinische Behandlungen" als eigenständige Fallgruppen neben den weiterhin bestehenden sonstigen zwingenden Gründen.

Für die Praxis bedeutet dies, dass insbesondere familiäre Notlagen und medizinisch notwendige Maßnahmen stärker in den Vordergrund rücken und als eigenständige, regelmäßig ausreichende Gründe anerkannt sind.

Trotz dieser Konkretisierung bleibt die Vorschrift flexibel. Durch die Beibehaltung der Kategorie der „sonstigen zwingenden Gründe" können weiterhin atypische Einzelfälle berücksichtigt werden, die nicht ausdrücklich benannt sind.

Unverändert bleibt, dass die Erlaubnis weiterhin zu erteilen ist, wenn ein dringendes öffentliches Interesse besteht oder wenn sie im Zusammenhang mit Beschäftigung, Ausbildung oder Studium erforderlich ist. Diese Regelungen behalten ihre praktische Bedeutung insbesondere im Hinblick auf Integration und Teilhabe. Ebenso bleiben die weiteren Verfahrensregelungen bestehen, etwa zur Wahrnehmung von Terminen bei Behörden, Gerichten oder Rechtsbeiständen, die teilweise weiterhin ohne vorherige Erlaubnis möglich sind.

Gesetzesbegründung zu § 58 AsylG (BT-Drs. 21/1848)

Die Regelung dient der Umsetzung von Artikel 8 Absatz 5 Unterabsatz 1 der Richtlinie (EU) 2024/1346.

§ 59 AsylG

bis 11.06.2026	ab 12.06.2026
§ 59 Durchsetzung der räumlichen Beschränkung	**§ 59 Durchsetzung der räumlichen Beschränkung**
(1) Die Verlassenspflicht nach § 12 *Abs.* 3 des Aufenthaltsgesetzes kann, soweit erforderlich, auch ohne Androhung durch Anwendung unmittelbaren Zwangs durchgesetzt werden. Reiseweg und Beförderungsmittel sollen vorgeschrieben werden.	(1) Die Verlassenspflicht nach § 12 **Absatz** 3 des Aufenthaltsgesetzes kann, soweit erforderlich, auch ohne Androhung durch Anwendung unmittelbaren Zwangs durchgesetzt werden. Reiseweg und Beförderungsmittel sollen vorgeschrieben werden.
(2) Der Ausländer ist festzunehmen und zur Durchsetzung der Verlassenspflicht auf richterliche Anordnung in Haft zu nehmen, wenn die freiwillige Erfüllung der Verlassenspflicht, auch in den Fällen des § 59a Absatz 2, nicht gesichert ist und andernfalls deren Durchsetzung wesentlich erschwert oder gefährdet würde.	(2) [unverändert]
(3) Zuständig für Maßnahmen nach den Absätzen 1 und 2 sind	(3) [unverändert]
1. die Polizeien der Länder,	1. [unverändert]
2. die Grenzbehörde, bei der der Ausländer *um Asyl nachsucht*,	2. die Grenzbehörde, bei der der Ausländer **einen Asylantrag stellt**,
3. die Ausländerbehörde, in deren Bezirk sich der Ausländer aufhält,	3. [unverändert]
4. die Aufnahmeeinrichtung, in der der Ausländer sich meldet, sowie	4. [unverändert]
5. die Aufnahmeeinrichtung, die den Ausländer aufgenommen hat.	5. [unverändert]

Gesetzesbegründung zu § 59 AsylG (BT-Drs. 21/1848)

Zu Absatz 1

Redaktionelle Anpassung.

Zu Absatz 3

Anpassung der Begrifflichkeiten an die neue Rechtslage.

Änderungen im AsylG

§ 61 AsylG

bis 11.06.2026	ab 12.06.2026
§ 61 Erwerbstätigkeit	**§ 61 Erwerbstätigkeit**
(1) Für die Dauer der Pflicht, in einer Aufnahmeeinrichtung zu wohnen, darf der Ausländer keine Erwerbstätigkeit ausüben. Abweichend von Satz 1 ist dem Ausländer die Ausübung einer Beschäftigung zu erlauben, *wenn*	(1) Für die Dauer der Pflicht, in einer Aufnahmeeinrichtung zu wohnen, darf der Ausländer keine Erwerbstätigkeit ausüben. Abweichend von Satz 1 ist dem Ausländer **drei Monate nach der Registrierung seines Asylantrags** die Ausübung einer Beschäftigung zu erlauben, **sofern**
1. das Asylverfahren nicht *innerhalb von sechs Monaten nach der Stellung des Asylantrags* unanfechtbar abgeschlossen ist,	1. das Asylverfahren **noch** nicht unanfechtbar abgeschlossen ist **und**
2. die Bundesagentur für Arbeit zugestimmt hat oder durch Rechtsverordnung bestimmt ist, dass die Ausübung der Beschäftigung ohne Zustimmung der Bundesagentur für Arbeit zulässig ist,	2. [unverändert]
3. *der Ausländer nicht Staatsangehöriger eines sicheren Herkunftsstaates (§ 29a oder § 29b) ist und*	**Die Frist nach Satz 2 beträgt sechs Monate, wenn**
4. *der Asylantrag nicht als offensichtlich unbegründet oder als unzulässig abgelehnt wurde, es sei denn das Verwaltungsgericht hat die aufschiebende Wirkung der Klage gegen die Entscheidung des Bundesamtes angeordnet;*	1. **ein Aufnahmegesuch gemäß Artikel 39 der Verordnung (EU) 2024/1351 gestellt wurde oder eine Wiederaufnahmemitteilung gemäß Artikel 41 der Verordnung (EU) 2024/1351 übermittelt wurde oder**
	2. **dem Ausländer bereits in einem anderen Mitgliedstaat der Europäischen Union internationaler Schutz im Sinne des § 1 Absatz 1 Nummer 2 gewährt wurde, es sei denn die Bundesrepublik Deutschland ist verpflichtet, ein erneutes Asylverfahren durchzuführen.**
Ausländern, die seit mindestens sechs Monaten eine Duldung nach § 60a des Aufenthaltsgesetzes besitzen, soll die Ausübung einer Beschäftigung erlaubt werden, es sei denn, zum Zeitpunkt der Beantragung der Erlaubnis zur Ausübung einer Beschäftigung stehen konkrete Maßnahmen zur Aufenthaltsbeendigung, die in einem hinreichenden sachlichen und zeitlichen Zusammenhang zur Aufenthaltsbeendigung stehen, bevor; diese konkreten Maßnahmen zur Aufenthaltsbeendigung stehen bevor, wenn	**Die Erlaubnis soll nicht erteilt werden, wenn der Ausländer wiederholt oder in erheblicher Weise seinen Mitwirkungspflichten nach § 15 Absatz 2 sowie nach Artikel 9 Absatz 2 der Verordnung (EU) 2024/1348 und nach Artikel 17 Absatz 3 der Verordnung (EU) 2024/1351 unentschuldigt nicht nachgekommen ist. Sofern das beschleunigte Verfahren nach Artikel 42 Absatz 1 Unterabsatz 1 Buchstaben a bis f der Verordnung (EU) 2024/1348 zur Anwendung gelangt, wird die Erlaubnis zur Beschäftigung nicht erteilt oder eine bereits erteilte Erlaubnis widerrufen oder zurückgenommen.** Ausländern, die seit mindestens sechs Monaten eine Duldung nach § 60a des Aufenthaltsgesetzes besitzen, soll die Ausübung einer Beschäftigung erlaubt werden, es sei denn, zum Zeitpunkt der Beantragung der Erlaubnis zur Ausübung einer Beschäftigung stehen konkrete Maßnahmen zur Aufenthaltsbeendigung, die in einem hinreichenden sachlichen und zeitlichen Zusammenhang zur Aufenthaltsbeendigung stehen, bevor; diese konkreten Maßnahmen zur Aufenthaltsbeendigung stehen bevor, wenn

bis 11.06.2026	ab 12.06.2026
§ 61 Erwerbstätigkeit	**§ 61 Erwerbstätigkeit**
1. eine ärztliche Untersuchung zur Feststellung der Reisefähigkeit veranlasst wurde,	1. [unverändert]
2. der Ausländer einen Antrag zur Förderung *mit staatlichen Mitteln einer freiwilligen Ausreise* gestellt hat,	2. der Ausländer einen Antrag zur Förderung **einer freiwilligen Ausreise mit staatlichen Mitteln** gestellt hat,
3. die Buchung von Transportmitteln für die Abschiebung eingeleitet wurde,	3. [unverändert]
4. vergleichbar konkrete Vorbereitungsmaßnahmen zur Abschiebung des Ausländers eingeleitet wurden, es sei denn, es ist von vornherein absehbar, dass diese nicht zum Erfolg führen, oder	4. [unverändert]
5. ein Verfahren zur Bestimmung des zuständigen Mitgliedstaates gemäß Artikel *20* Absatz 1 der Verordnung (EU) *Nr. 604/2013* eingeleitet wurde.	5. ein Verfahren zur Bestimmung des zuständigen Mitgliedstaates gemäß Artikel **38** Absatz 1 der Verordnung (EU) **2024/1351** eingeleitet wurde.
Die §§ 39, 40 Absatz 1 Nummer 1 und Absatz 2 und die §§ 41 und 42 des Aufenthaltsgesetzes gelten entsprechend für Ausländer nach *Satz 2.*	**Die Frist nach Satz 6 beträgt drei Monate, wenn die Voraussetzungen von § 60c Absatz 1 Satz 1 Nummer 2 des Aufenthaltsgesetzes vorliegen oder wenn die Identität des Ausländers durch Vorlage eines anerkannten und gültigen Passes oder Passersatzes geklärt ist.** Die §§ 39, 40 Absatz 1 Nummer 1 und Absatz 2 und die §§ 41 und 42 des Aufenthaltsgesetzes gelten entsprechend für Ausländer nach **den Sätzen 2 und 6. Abweichend von Satz 6 ist dem Ausländer die Ausübung einer Beschäftigung zu erlauben, sofern ihm vor der Duldung nach § 60a des Aufenthaltsgesetzes bereits während des Asylverfahrens die Ausübung einer Beschäftigung erlaubt wurde.**
(2) Im Übrigen *kann* einem *Asylbewerber*, der sich seit drei Monaten gestattet im Bundesgebiet aufhält, gemäß § 4a Absatz 4 des Aufenthaltsgesetzes die Ausübung einer Beschäftigung *erlaubt werden*, wenn die Bundesagentur für Arbeit zugestimmt hat oder durch Rechtsverordnung bestimmt ist, dass die Ausübung der Beschäftigung ohne Zustimmung der Bundesagentur für Arbeit zulässig ist. Ein geduldeter oder rechtmäßiger Voraufenthalt wird auf die Wartezeit nach Satz 1 angerechnet. Die §§ 39, 40 Absatz 1 Nummer 1 und Absatz 2 und die §§ 41 und 42 des Aufenthaltsgesetzes gelten entsprechend. Einem Ausländer aus einem sicheren Herkunftsstaat gemäß § 29a oder § 29b, der nach dem 31. August 2015 einen Asylantrag gestellt hat, darf während des Asylverfahrens die Ausübung einer Beschäftigung nicht erlaubt werden. Absatz 1 Satz 2 *bleibt* unberührt.	(2) Im Übrigen **ist** einem **Ausländer im Asylverfahren**, der sich seit drei Monaten gestattet im Bundesgebiet aufhält, gemäß § 4a Absatz 4 des Aufenthaltsgesetzes die Ausübung einer Beschäftigung **zu erlauben**, wenn die Bundesagentur für Arbeit zugestimmt hat oder durch Rechtsverordnung bestimmt ist, dass die Ausübung der Beschäftigung ohne Zustimmung der Bundesagentur für Arbeit zulässig ist. Ein geduldeter oder rechtmäßiger Voraufenthalt wird auf die Wartezeit nach Satz 1 angerechnet. Die §§ 39, 40 Absatz 1 Nummer 1 und Absatz 2 und die §§ 41 und 42 des Aufenthaltsgesetzes gelten entsprechend. Einem Ausländer aus einem sicheren Herkunftsstaat gemäß § 29a oder § 29b, der nach dem 31. August 2015 einen Asylantrag gestellt hat, darf während des Asylverfahrens die Ausübung einer Beschäftigung nicht erlaubt werden. Absatz 1 Satz 2 **bis 5 bleiben** unberührt.

Änderungen im AsylG

Redaktionelle Hinweise zu den Neuerungen

§ 61 AsylG verfolgt zwei Ziele, die nebeneinander stehen: Einerseits wird der Zugang zum Arbeitsmarkt deutlich erleichtert und beschleunigt, andererseits werden neue Einschränkungen eingeführt, die stärker an den Verlauf des Asylverfahrens und an unionsrechtliche Konstellationen anknüpfen.

Die wichtigste Änderung betrifft die Wartefrist bis zur Aufnahme einer Beschäftigung. Während bislang in der Regel eine Frist von sechs Monaten galt, wird diese nun grundsätzlich auf drei Monate verkürzt. Maßgeblich ist dabei nicht mehr die Stellung des Asylantrags, sondern dessen Registrierung. Damit wird die nationale Regelung an die unionsrechtliche Systematik angepasst. Für die Praxis bedeutet dies, dass Asylbewerber deutlich früher Zugang zum Arbeitsmarkt erhalten, sofern ihr Verfahren noch nicht abgeschlossen ist und die weiteren Voraussetzungen erfüllt sind.

Gleichzeitig wird der Charakter der Entscheidung teilweise verändert. Insbesondere außerhalb von Aufnahmeeinrichtungen besteht nun bei Vorliegen der Voraussetzungen ein Anspruch auf Erteilung der Arbeitserlaubnis. Aus der bisherigen Ermessensentscheidung wird eine gebundene Entscheidung. Der Sachbearbeiter hat daher weniger Spielraum als bisher und muss die Erlaubnis grundsätzlich erteilen, wenn keine Ausschlussgründe vorliegen.

Neben dieser Erleichterung führt die Vorschrift jedoch auch neue Einschränkungen ein. Für bestimmte Personengruppen gilt weiterhin oder erneut eine verlängerte Wartefrist von sechs Monaten. Dies betrifft insbesondere Fälle, in denen ein Verfahren zur Überstellung in einen anderen Mitgliedstaat läuft oder in denen bereits Schutz in einem anderen EU-Staat gewährt wurde. Hier nutzt der Gesetzgeber bewusst den unionsrechtlichen Spielraum, um den Arbeitsmarktzugang zu verzögern, solange unklar ist, ob Deutschland überhaupt für das Verfahren zuständig bleibt.

Hinzu kommt, dass der Arbeitsmarktzugang künftig stärker an das Verhalten des Antragstellers geknüpft wird. Verletzt ein Ausländer wiederholt oder erheblich seine Mitwirkungspflichten, etwa bei der Identitätsklärung oder im Rahmen des europäischen Verfahrens, soll eine Arbeitserlaubnis nicht erteilt werden. Für den Sachbearbeiter bedeutet dies, dass arbeitsmarktrechtliche Entscheidungen stärker in den Gesamtverfahrenskontext eingebettet sind und das Verhalten des Betroffenen berücksichtigt werden muss.

Eine besonders strikte Regelung gilt für beschleunigte Verfahren nach dem Unionsrecht (vgl. dazu auch die Ausführungen in § 30 und 30a). In diesen Fällen wird der Zugang zum Arbeitsmarkt grundsätzlich ausgeschlossen, und bereits erteilte Erlaubnisse können widerrufen oder zurückgenommen werden. Damit wird deutlich, dass in diesen Verfahren die zügige Durchführung und nicht die Integration in den Arbeitsmarkt im Vordergrund steht.

Für geduldete Personen bleibt das System im Grundsatz erhalten, wird aber punktuell weiterentwickelt. Grundsätzlich bleibt es bei einer Wartefrist von sechs Monaten, allerdings wird diese in bestimmten Fällen auf drei Monate verkürzt, etwa bei Aufnahme einer qualifizierten Ausbildung oder bei geklärter Identität. Zudem wird klargestellt, dass bereits erlaubte Beschäftigungen unter bestimmten Voraussetzungen fortgeführt werden können, auch wenn sich der Aufenthaltsstatus ändert.

Gesetzesbegründung zu § 61 AsylG (BT-Drs. 21/1848)

Die Regelung dient der Umsetzung von Artikel 17 Absatz 1 der Richtlinie (EU) 2024/1346. Demnach hat ein Antragsteller spätestens sechs Monate nach Registrierung seines Asylantrags Zugang zum Arbeitsmarkt, sofern das Bundesamt für Migration und Flüchtlinge noch nicht über den Asylantrag entschieden hat und diese Verzögerung nicht dem Antragsteller zur Last gelegt werden kann.

Neben den ausdrücklich genannten Fallgruppen können weiterhin auch andere zwingende Gründe berücksichtigt werden. Dadurch bleibt ausreichend Spielraum für besondere Einzelfälle, die nicht typisiert erfasst werden können.

Unverändert bleiben die weiteren Regelungen. Termine bei Rechtsbeiständen oder unterstützenden Organisationen sollen weiterhin unverzüglich ermöglicht werden, und für Termine bei Behörden oder Gerichten, bei denen ein persönliches Erscheinen erforderlich ist, ist keine vorherige Erlaubnis notwendig. Diese Vorschriften sichern weiterhin den Zugang zu Rechtsschutz und die Teilnahme an behördlichen Verfahren.

Gesetzesbegründung zu § 57 AsylG (BT-Drs. 21/1848)

Die Regelung dient der Umsetzung von Artikel 8 Absatz 5 Unterabsatz 1 der Richtlinie (EU) 2024/1346.

Im Hinblick auf Personen, bei denen nach der Verordnung (EU) 2024/1351 Verfahren durchgeführt werden, die zu einer Überstellung in einen anderen Mitgliedstaat führen können, sowie auf Personen, denen bereits internationaler Schutz in einem anderen Mitgliedstaat der Europäischen Union gewährt wurde, wird die Maximalfrist der Richtlinie (EU) 2024/1346 ausgeschöpft. Ab dem Zeitpunkt, zu dem der Ausländer von der Entscheidung in Kenntnis gesetzt wurde, ihn gemäß der Verordnung (EU) 2024/1351 in den zuständigen Mitgliedstaat zu überstellen, hat er gemäß Artikel 21 der Richtlinie (EU) 2024/1346 keinen Anspruch auf Zugang zum Arbeitsmarkt. Sofern das beschleunigte Verfahren nach Artikel 42 Absatz 1 Buchstaben a bis f der Verordnung (EU) 2024/1348 zur Anwendung gelangt, regelt Satz 5, dass die Erlaubnis nicht zu erteilen ist bzw. eine bereits erteilte Erlaubnis zu entziehen oder zu widerrufen ist. Bei wiederholten und erheblichen unentschuldigten Verstößen gegen Mitwirkungspflichten nach § 15 Absatz 2 sowie nach Artikel 9 Absatz 2 der Verordnung (EU) 2024/1348 und nach Artikel 17 Absatz 3 der Verordnung (EU) 2024/1351 soll keine Arbeitserlaubnis erteilt werden.

Die grundsätzliche Reduzierung der Frist von sechs auf drei Monate für Asylbewerber ist eine der Maßnahmen zur Umsetzung des folgenden Vorhabens des Koalitionsvertrags der 21. Legislaturperiode: „Hürden für Flüchtlinge bei der Beschäftigungsaufnahme werden wir abbauen und Arbeitsverbote auf maximal drei Monate reduzieren". Für Asylbewerber, die verpflichtet sind, in einer Aufnahmeeinrichtung zu wohnen, wird die Frist von sechs auf drei Monate verkürzt, Absatz 1 Satz 2. Bei Asylbewerbern, die nicht verpflichtet sind in einer Aufnahmeeinrichtung zu wohnen, hat die Ausländerbehörde bei Vorliegen der Voraussetzungen den Arbeitsmarktzugang nach drei Monaten zu gewähren, es ist nunmehr keine Ermessensentscheidung, Absatz 2 Satz 1. Absatz 1 Sätze 2 bis 5 gelten auch für Asylbewerber, die nicht verpflichtet sind in einer Aufnahmeeinrichtung zu wohnen.

Bei geduldeten Personen bleibt es überwiegend bei der bisherigen Regelung, wonach die Ausübung einer Beschäftigung Geduldeten in einer Aufnahmeeinrichtung grundsätzlich erst nach sechs Monaten erlaubt werden soll. Die verkürzte Frist von drei Monaten gilt für die Ausländer in Aufnahmeeinrichtungen, die im Besitz einer Duldung nach § 60a AufenthG sind und eine in § 60c Absatz 1 Satz 1 Nummer 2 AufenthG genannte Berufsausbildung aufnehmen. In Absatz 1 Satz 7 wird außerdem eine Ausnahme für jene geduldeten Ausländer geschaffen, denen bereits als Asylbewerber die Ausübung einer Beschäftigung erlaubt wurde, um ihnen die Möglichkeit einzuräumen, die Beschäftigung nach negativ beendeten Asylverfahren im Status der Duldung gegebenenfalls fortsetzen zu können. Trotz dieser Privilegierung bleiben diese Personen vollziehbar ausreisepflichtig.

Im Übrigen handelt es sich um eine redaktionelle Anpassung an die geänderte europäische Rechtslage. Artikel 20 Absatz 1 der Verordnung (EU) Nr. 604/2013 wurde durch Artikel 38 Absatz 1 der Verordnung (EU) 2024/1351 ersetzt.

Aus der Beschlussempfehlung (BT-Drs. 21/4321)

Die Regelung dient der Umsetzung von Artikel 17 Absatz 1 der Richtlinie (EU) 2024/1346 sowie des Koalitionsvertrags der 21. Legislaturperiode.

Die grundsätzliche Reduzierung der Frist von sechs auf drei Monate für Asylbewerber ist eine der Maßnahmen zur Umsetzung des folgenden Vorhabens des Koalitionsvertrags der 21. Legislaturperiode: „Hürden für Flüchtlinge bei der Beschäftigungsaufnahme werden wir abbauen und Arbeitsverbote auf maximal drei Monate reduzieren".

Für Asylbewerber, die verpflichtet sind, in einer Aufnahmeeinrichtung zu wohnen, wird die Frist von bislang sechs Monaten auf drei Monate verkürzt, Absatz 1 Satz 2.

Änderungen im AsylG

Der Arbeitsmarktzugang wird nicht gewährt, wenn das Asylverfahren innerhalb der drei Monate nach der Registrierung des Asylantrags unanfechtbar abgeschlossen ist.

Im Hinblick auf Personen, bei denen nach der Verordnung (EU) 2024/1351 Verfahren durchgeführt werden, die zu einer Überstellung in einen anderen Mitgliedstaat führen können sowie auf Personen, denen bereits internationaler Schutz in einem anderen Mitgliedstaat der Europäischen Union gewährt wurde, wird die Maximalfrist der Richtlinie (EU) 2024/1346 ausgeschöpft. Ab dem Zeitpunkt, zu dem der Ausländer von der Entscheidung in Kenntnis gesetzt wurde, ihn gemäß der Verordnung (EU) 2024/1351 in den zuständigen Mitgliedstaat zu überstellen, hat er gemäß Artikel 21 der Richtlinie (EU) 2024/1346 keinen Anspruch auf Zugang zum Arbeitsmarkt.

Bei wiederholten und erheblichen unentschuldigten Verstößen gegen Mitwirkungspflichten nach § 15 Absatz 2 sowie nach Artikel 9 Absatz 2 der Verordnung (EU) 2024/1348 und nach Artikel 17 Absatz 3 der Verordnung (EU) 2024/1351 soll keine Arbeitserlaubnis erteilt werden.

Sofern das beschleunigte Verfahren nach Artikel 42 Absatz 1 Buchstaben a bis f der Verordnung (EU) 2024/1348 zur Anwendung gelangt, regelt Satz 5, dass die Erlaubnis nicht zu erteilen ist bzw. eine bereits erteilte Erlaubnis zu entziehen oder zu widerrufen ist.

Bei geduldeten Personen bleibt es überwiegend bei der bisherigen Regelung, wonach die Ausübung einer Beschäftigung Geduldeten in einer Aufnahmeeinrichtung grundsätzlich erst nach sechs Monaten erlaubt werden soll. Die verkürzte Frist von drei Monaten gilt für die Ausländer in Aufnahmeeinrichtungen im Besitz einer Duldung nach § 60a AufenthG, wenn sie eine in § 60c Absatz 1 Satz 1 Nummer 2 AufenthG genannte Berufsausbildung aufnehmen oder wenn sie einen anerkannten und gültigen Pass oder Passersatz vorgelegt haben. In Absatz 1 Satz 9 wird außerdem eine Ausnahme für jene geduldeten Ausländer geschaffen, denen bereits als Asylbewerber die Ausübung einer Beschäftigung erlaubt wurde, um ihnen die Möglichkeit einzuräumen, die Beschäftigung nach negativ beendeten Asylverfahren im Status der Duldung gegebenenfalls fortsetzen zu können. Trotz dieser Privilegierung bleiben diese Personen vollziehbar ausreisepflichtig.

Bei Asylbewerbern, die nicht verpflichtet sind in einer Aufnahmeeinrichtung zu wohnen, hat die Ausländerbehörde bei Vorliegen der Voraussetzungen den Arbeitsmarktzugang nach drei Monaten zu gewähren. Dabei handelt es sich um eine gebundene Entscheidung.

Absatz 1 Satz 2 bis 5 gelten auch für Asylbewerber, die nicht verpflichtet sind in einer Aufnahmeeinrichtung zu wohnen.

Im Übrigen handelt es sich um eine redaktionelle Anpassung an die geänderte europäische Rechtslage. Artikel 20 Absatz 1 der Verordnung (EU) Nr. 604/2013 wurde durch Artikel 38 Absatz 1 der Verordnung (EU) 2024/1351 ersetzt.

In Absatz 1 Satz 6 Nummer 2 wird zur besseren Verständlichkeit die Satzstruktur angepasst; eine inhaltliche Änderung geht damit nicht einher.

§ 62 AsylG

bis 11.06.2026	ab 12.06.2026
§ 62 Gesundheitsuntersuchung	**§ 62 Gesundheitsuntersuchung**
(1) Ausländer, die in einer Aufnahmeeinrichtung oder Gemeinschaftsunterkunft zu wohnen haben, sind verpflichtet, eine ärztliche Untersuchung auf übertragbare Krankheiten einschließlich einer Röntgenaufnahme der Atmungsorgane zu dulden. Die oberste Landesgesundheitsbehörde oder die von ihr bestimmte Stelle bestimmt den Umfang der Untersuchung und den Arzt, der die Untersuchung durchführt.	(1) [unverändert]
(2) Das Ergebnis der Untersuchung ist der für die Unterbringung zuständigen Behörde mitzuteilen. Wird bei der Untersuchung der Verdacht *oder das Vorliegen* einer meldepflichtigen Krankheit nach § 6 des Infektionsschutzgesetzes oder eine Infektion mit einem Krankheitserreger nach § 7 des Infektionsschutzgesetzes festgestellt, ist *das Ergebnis der Untersuchung* auch dem Bundesamt mitzuteilen.	(2) Das Ergebnis der Untersuchung ist der für die Unterbringung zuständigen Behörde mitzuteilen. Wird bei der Untersuchung der Verdacht **einer Erkrankung oder die Erkrankung an** einer meldepflichtigen Krankheit nach § 6 des Infektionsschutzgesetzes oder eine Infektion mit einem Krankheitserreger nach § 7 des Infektionsschutzgesetzes festgestellt, ist **diese Feststellung** auch dem Bundesamt mitzuteilen**, sofern eine Pflicht zur namentlichen Meldung nach den §§ 6 oder 7 des Infektionsschutzgesetzes besteht.**

Gesetzesbegründung zu § 62 AsylG (BT-Drs. 21/1848)

Die Einfügung des letzten Halbsatzes dient der Klarstellung, dass eine Mitteilung an das Bundesamt nur zu erfolgen hat, wenn es sich um den Verdacht oder das Vorliegen einer nach den §§ 6 oder 7 des Infektionsschutzgesetzes namentlich zu meldenden Erkrankung handelt.

Änderungen im AsylG

§ 63 AsylG

bis 11.06.2026	ab 12.06.2026
§ 63 Bescheinigung über die Aufenthaltsgestattung	**§ 63 Bescheinigung über die Aufenthaltsgestattung**
(1) Dem Ausländer wird *nach* der *Asylantragstellung innerhalb von drei Arbeitstagen* eine mit den Angaben zur Person und einem Lichtbild versehene Bescheinigung über die Aufenthaltsgestattung ausgestellt, wenn er nicht im Besitz eines Aufenthaltstitels ist. Im Falle des Absatzes *3* Satz 2 ist der Ausländer bei der Asylantragstellung aufzufordern, innerhalb *der Frist nach Satz 1* bei der zuständigen Ausländerbehörde die Ausstellung der Bescheinigung zu beantragen.	(1) Dem Ausländer wird **bei** der **Antragseinreichung oder so schnell wie möglich im Anschluss daran** eine mit den Angaben zur Person und einem Lichtbild versehene Bescheinigung über die Aufenthaltsgestattung **im Sinne von Artikel 29 Absatz 4 der Verordnung (EU) 2024/1348** ausgestellt, wenn er nicht im Besitz eines Aufenthaltstitels ist. Im Falle des Absatzes **2** Satz 2 ist der Ausländer bei der Asylantragstellung aufzufordern, innerhalb **von drei Tagen** bei der zuständigen Ausländerbehörde die Ausstellung der Bescheinigung zu beantragen.
(2) Die Bescheinigung ist zu befristen. Solange der Ausländer verpflichtet ist, in einer Aufnahmeeinrichtung zu wohnen, beträgt die Frist längstens sechs und im Übrigen längstens zwölf Monate.	
(3) Zuständig für die Ausstellung der Bescheinigung ist das Bundesamt, solange der Ausländer verpflichtet ist, in einer Aufnahmeeinrichtung zu wohnen. Im Übrigen ist die Ausländerbehörde zuständig, auf deren Bezirk die Aufenthaltsgestattung beschränkt ist oder in deren Bezirk der Ausländer Wohnung zu nehmen hat.	**(2)** Zuständig für die Ausstellung der Bescheinigung ist das Bundesamt, solange der Ausländer verpflichtet ist, in einer Aufnahmeeinrichtung zu wohnen, **sowie in den Fällen von § 14 Absatz 2 und § 71 Absatz 2 Satz 2.** Im Übrigen ist die Ausländerbehörde zuständig, auf deren Bezirk die Aufenthaltsgestattung beschränkt ist oder in deren Bezirk der Ausländer Wohnung zu nehmen hat.
	Die ausstellende Behörde unterrichtet den Ausländer über die räumliche Beschränkung der Aufenthaltsgestattung, einschließlich ihrer geographischen Ausdehnung.
Auflagen und Änderungen der räumlichen Beschränkung sowie deren Anordnung (§ 59b) können auch von der Behörde vermerkt werden, die sie verfügt hat.	Auflagen und Änderungen der räumlichen Beschränkung sowie deren Anordnung (§ 59b) können auch von der Behörde vermerkt werden, die sie verfügt hat.
(4) Die Bescheinigung soll eingezogen werden, wenn die Aufenthaltsgestattung erloschen ist.	**(3)** Die Bescheinigung soll eingezogen werden, wenn die Aufenthaltsgestattung erloschen ist.
(5) Die Bescheinigung enthält folgende Angaben:	**(4)** Die Bescheinigung enthält **zusätzlich zu den in Artikel 29 Absatz 4 der Verordnung (EU) 2024/1348 genannten Angaben** folgende Angaben:
1. das Datum der Ausstellung des Ankunftsnachweises gemäß § 63a Absatz 1 Satz 2 Nummer 12, 1.	1. das Datum der Ausstellung des Ankunftsnachweises gemäß § 63a Absatz 1 Satz 2 Nummer 12, **sofern ein Ankunftsnachweis ausgestellt wurde,**
2. das Datum der Asylantragstellung und 2.	2. [unverändert]
3. die AZR-Nummer.	3. [unverändert]
Im Übrigen gilt § 78a Absatz 5 des Aufenthaltsgesetzes entsprechend.	[unverändert]

Redaktionelle Hinweise zu den Neuerungen

Die Vorschrift über die Bescheinigung der Aufenthaltsgestattung wird umfassend an die Asylverfahrensverordnung (EU) 2024/1348 angepasst. Unverändert dient die Bescheinigung dazu, nachzuweisen, dass ein Ausländer ein Asylverfahren durchläuft und nach § 55 AsylG zum Aufenthalt im Bundesgebiet berechtigt ist. Die Bescheinigung bleibt damit das zentrale Legitimationspapier während des laufenden Asylverfahrens. Sie dient aber künftig nicht mehr allein der nationalen Dokumentation des Aufenthaltsstatus, sondern setzt unmittelbar die unionsrechtlichen Vorgaben über die Dokumentation des Rechts auf Verbleib um.

Eine zentrale Änderung betrifft den Zeitpunkt der Ausstellung (Absatz 1). Während bisher eine Frist von drei Arbeitstagen nach Stellung des Asylantrags galt, soll die Bescheinigung nun bereits bei der Einreichung des Asylantrags oder so schnell wie möglich im Anschluss daran ausgestellt werden. Dadurch wird der Zeitraum verkürzt, in dem der Betroffene keinen formellen Nachweis über seinen Aufenthaltsstatus besitzt.

Zugleich wird die Bescheinigung ausdrücklich als Dokument im Sinne des Unionsrechts eingeordnet. Maßgeblich ist nun die Verordnung (EU) 2024/1348, die Mindestanforderungen an Inhalt und Funktion solcher Dokumente stellt. Damit ergibt sich der wesentliche Inhalt der Bescheinigung nicht mehr allein aus dem Asylgesetz, sondern wird durch europäische Vorgaben ergänzt und teilweise vorgegeben.

Eine wichtige Änderung ist auch der Wegfall der bisherigen nationalen Befristungsregelung (Wegfall des Absatz 2 a. F.). Bislang musste die Bescheinigung regelmäßig auf bestimmte Zeiträume begrenzt werden: maximal sechs Monate während des Aufenthalts in einer Aufnahmeeinrichtung, maximal zwölf Monate außerhalb der Aufnahmeeinrichtung. Diese Regelung entfällt vollständig. Die Gültigkeit richtet sich künftig mittelbar nach dem Bestehen der Aufenthaltsgestattung selbst und den unionsrechtlichen Vorgaben.

Angepasst werden auch die Zuständigkeitsregelung (Absatz 2 neu). Grundsätzlich bleibt es dabei, dass während der Wohnpflicht in einer Aufnahmeeinrichtung das Bundesamt zuständig ist und nach der Verteilung auf die Kommunen die Ausländerbehörde. Neu ist aber, dass das Bundesamt in bestimmten Konstellationen auch dann zuständig bleibt, wenn keine Wohnpflicht besteht. Dies betrifft Antragsteller, die keiner Wohnpflicht unterliegen, ihren Asylantrag aber dennoch beim Bundesamt einreichen müssen (vgl. § 14 Abs. 2 AsylG, § 71 Abs. 2 Satz 2 AsylG).

Eine weitere praxisrelevante Neuerung im neuen Absatz 2 ist die ausdrückliche Verpflichtung der ausstellenden Behörde, den Ausländer über die räumliche Beschränkung seiner Aufenthaltsgestattung zu informieren. Dabei geht es nicht nur um den Hinweis, dass eine Beschränkung besteht, sondern auch um deren konkrete geographische Ausdehnung, also

- wo sie sich aufhalten dürfen,
- welche räumlichen Beschränkungen gelten,
- wie weit der Aufenthaltsbereich reicht.

Der neue Absatz 3 übernimmt inhaltlich den bisherigen Absatz 4. Die Bescheinigung soll weiterhin eingezogen werden, wenn die Aufenthaltsgestattung erloschen ist.

Auch die Angaben, die in der Bescheinigung enthalten sein müssen, werden neu geregelt (Absatz 4 neu). Künftig ergeben sich die erforderlichen Angaben in erster Linie aus dem Unionsrecht und werden durch nationale Angaben ergänzt, etwa zum Datum der Antragstellung oder zur AZR-Nummer. Damit wird der Inhalt stärker standardisiert und an europäische Vorgaben angepasst.

Gesetzesbegründung zu § 63 AsylG (BT-Drs. 21/1848 und BT-Drs. 21/4321)

Zu Absatz 1

Die Änderung dient der Anpassung an Artikel 29 Absatz 4 der Verordnung (EU) 2024/1348.

Zur Streichung von Absatz 2 a. F.

Die Aufhebung dient der Anpassung an Artikel 29 Absatz 9 der Verordnung (EU) 2024/1348.

Zum neuen Absatz 2

Die Änderung dient der Anpassung an Artikel 8 Absatz 2 Unterabsatz 2 der Richtlinie 2024/1346.

Beschlussempfehlung BT-Drs. 21/4321: In Absatz 2 Satz 1 wird neu eingefügt, dass das BAMF auch dann die Aufenthaltsgestattung ausstellt, wenn Asylantragsteller keiner Wohnpflicht unterliegen, aber ihren Asylantrag nach § 14 Absatz 2 und § 71 Absatz 2 Satz 2 einreichen müssen.

Zum neuen Absatz 3

Es handelt sich um eine Folgeänderung zur Streichung von Absatz 2.

Zum neuen Absatz 4

Die Änderung dient der Anpassung an Artikel 29 Absatz 4 der Verordnung (EU) 2024/1348.

Bei der Änderung in Nummer 1 handelt es sich um eine Folgeänderung zur Änderung in § 63a Absatz 1 Satz 1.

§ 63a AsylG

bis 11.06.2026	ab 12.06.2026
§ 63a Bescheinigung über die Meldung als Asylsuchender	**§ 63a Ankunftsnachweis**
(1) Einem Ausländer, der *um Asyl nachgesucht* hat und *nach den Vorschriften des Asylgesetzes oder des Aufenthaltsgesetzes erkennungsdienstlich behandelt worden ist, aber noch keinen Asylantrag gestellt hat, wird unverzüglich* eine Bescheinigung über die Meldung als *Asylsuchender* (Ankunftsnachweis) ausgestellt. Dieses Dokument enthält folgende sichtbar aufgebrachte Angaben:	(1) Einem Ausländer, der **einen Asylantrag gestellt** hat und **dessen Asylantrag registriert wurde, der den Asylantrag aber noch nicht eingereicht hat, wird bei der Registrierung des Antrags nach Artikel 27 der Verordnung (EU) 2024/1348** eine Bescheinigung über die Meldung als **Asylantragsteller** (Ankunftsnachweis) **im Sinne von Artikel 29 Absatz 1 der Verordnung (EU) 2024/1348** ausgestellt. Dieses Dokument enthält folgende sichtbar aufgebrachte Angaben:
1. Name und Vornamen,	1. [unverändert]
2. Geburtsname,	2. [unverändert]
3. Lichtbild,	3. [unverändert]
4. Geburtsdatum,	4. [unverändert]
5. Geburtsort,	5. [unverändert]
6. Abkürzung der Staatsangehörigkeit,	6. [unverändert]
7. Geschlecht,	7. [unverändert]
8. Größe und Augenfarbe,	8. [unverändert]
9. zuständige Aufnahmeeinrichtung,	9. [unverändert]
10. Seriennummer der Bescheinigung (AKN-Nummer),	10. [unverändert]
11. ausstellende Behörde,	11. [unverändert]
12. Ausstellungsdatum,	12. [unverändert]
13. Unterschrift des Inhabers,	13. [unverändert]
14. Gültigkeitsdauer,	14. [unverändert]
15. Verlängerungsvermerk,	15. [unverändert]
16. das Geschäftszeichen der Registerbehörde (AZR-Nummer),	16. [unverändert]
17. Vermerk mit den Namen und Vornamen der begleitenden minderjährigen Kinder und Jugendlichen,	17. [unverändert]
18. Vermerk, dass die Angaben auf den eigenen Angaben des Inhabers beruhen,	18. [unverändert]
19. Vermerk, dass der Inhaber mit dieser Bescheinigung nicht der Pass- und Ausweispflicht genügt,	19. [unverändert]
20. maschinenlesbare Zone und	20. [unverändert]
21. Barcode.	21. [unverändert]

bis 11.06.2026	ab 12.06.2026
§ 63a Bescheinigung über die Meldung als Asylsuchender	**§ 63a Ankunftsnachweis**
Die Zone für das automatische Lesen enthält die in Satz 2 Nummer 1, 4, 6, 7, 10 und 14 genannten Angaben, die Abkürzung „MED", Prüfziffern und Leerstellen. Der automatisch erzeugte Barcode enthält die in Satz 3 genannten Angaben, eine digitale Signatur und die AZR-Nummer. Die Unterschrift durch ein Kind ist zu leisten, wenn es zum Zeitpunkt der Ausstellung des Ankunftsnachweises das zehnte Lebensjahr vollendet hat.	[unverändert]
(2) Die Bescheinigung nach Absatz 1 ist auf längstens sechs Monate zu befristen. Sie soll ausnahmsweise um jeweils längstens drei Monate verlängert werden, wenn	
1. *dem Ausländer bis zum Ablauf der Frist nach Satz 1 oder der verlängerten Frist nach Halbsatz 1 kein Termin bei der Außenstelle des Bundesamtes nach § 23 Absatz 1 genannt wurde,*	
2. *der dem Ausländer nach § 23 Absatz 1 genannte Termin bei der Außenstelle des Bundesamtes außerhalb der Frist nach Satz 1 oder der verlängerten Frist nach Halbsatz 1 liegt oder*	
3. *der Ausländer den ihm genannten Termin aus Gründen, die er nicht zu vertreten hat, nicht wahrnimmt.*	
(3) Zuständig für die *Ausstellung,* Änderung der Anschrift und Verlängerung einer Bescheinigung nach Absatz 1 ist die Aufnahmeeinrichtung, auf die der Ausländer verteilt worden ist, sofern nicht die dieser Aufnahmeeinrichtung zugeordnete Außenstelle des Bundesamtes eine erkennungsdienstliche Behandlung des Ausländers oder die Verarbeitung seiner personenbezogenen Daten vornimmt. Ist der Ausländer nicht mehr verpflichtet in der Aufnahmeeinrichtung zu wohnen, ist für die Verlängerung der Bescheinigung die Ausländerbehörde zuständig, in deren Bezirk der Ausländer sich aufzuhalten verpflichtet ist oder Wohnung zu nehmen hat; besteht eine solche Verpflichtung nicht, ist die Ausländerbehörde zuständig, in deren Bezirk sich der Ausländer tatsächlich aufhält.	**(2) Zuständig für die Ausstellung einer Bescheinigung nach Absatz 1 ist die Aufnahmeeinrichtung, mit der der Ausländer zuerst in Kontakt tritt. Wenn das Bundesamt die Registrierung nach § 13a Satz 2 durchführt, stellt das Bundesamt auch die Bescheinigung nach Absatz 1 aus.** Zuständig für die Änderung der Anschrift und Verlängerung einer Bescheinigung nach Absatz 1 ist die Aufnahmeeinrichtung, auf die der Ausländer verteilt worden ist, sofern nicht die dieser Aufnahmeeinrichtung zugeordnete Außenstelle des Bundesamtes eine erkennungsdienstliche Behandlung des Ausländers oder die Verarbeitung seiner personenbezogenen Daten vornimmt. Ist der Ausländer nicht mehr verpflichtet in der Aufnahmeeinrichtung zu wohnen, ist für die Verlängerung der Bescheinigung die Ausländerbehörde zuständig, in deren Bezirk der Ausländer sich aufzuhalten verpflichtet ist oder Wohnung zu nehmen hat; besteht eine solche Verpflichtung nicht, ist die Ausländerbehörde zuständig, in deren Bezirk sich der Ausländer tatsächlich aufhält.

bis 11.06.2026	ab 12.06.2026
§ 63a Bescheinigung über die Meldung als Asylsuchender	**§ 63a Ankunftsnachweis**
(4) Die Gültigkeit der Bescheinigung nach Absatz 1 endet *mit Ablauf der Frist nach Absatz 2 Satz 1 oder der verlängerten Frist nach Absatz 2 Satz 2,* mit Ausstellung der Bescheinigung über die Aufenthaltsgestattung nach § 63 oder mit dem Erlöschen der Aufenthaltsgestattung nach § 67. Bei Ausstellung der Bescheinigung über die Aufenthaltsgestattung wird die Bescheinigung nach Absatz 1 eingezogen. Zuständig für die Einziehung ist die Behörde, welche die Bescheinigung über die Aufenthaltsgestattung ausstellt.	**(3)** Die Gültigkeit der Bescheinigung nach Absatz 1 endet mit Ausstellung der Bescheinigung über die Aufenthaltsgestattung nach § 63 oder mit dem Erlöschen der Aufenthaltsgestattung nach § 67. Bei Ausstellung der Bescheinigung über die Aufenthaltsgestattung wird die Bescheinigung nach Absatz 1 eingezogen. Zuständig für die Einziehung ist die Behörde, welche die Bescheinigung über die Aufenthaltsgestattung ausstellt.
(5) Der Inhaber ist verpflichtet, der zuständigen Aufnahmeeinrichtung, dem Bundesamt oder der Ausländerbehörde unverzüglich	**(4)** Der Inhaber ist verpflichtet, der zuständigen Aufnahmeeinrichtung, dem Bundesamt oder der Ausländerbehörde unverzüglich
1. den Ankunftsnachweis vorzulegen, wenn eine Eintragung unrichtig ist,	1. [unverändert]
2. auf Verlangen den Ankunftsnachweis beim Empfang eines neuen Ankunftsnachweises oder der Aufenthaltsgestattung abzugeben,	2. [unverändert]
3. den Verlust des Ankunftsnachweises anzuzeigen und im Falle des Wiederauffindens diesen vorzulegen,	3. [unverändert]
4. auf Verlangen den Ankunftsnachweis abzugeben, wenn er eine einwandfreie Feststellung der Identität des Nachweisinhabers nicht zulässt oder er unerlaubt verändert worden ist.	4. [unverändert]

Redaktionelle Hinweise zu den Neuerungen

Der Ankunftsnachweis bleibt zwar erhalten, seine Funktion wird jedoch neu in die Verfahrensarchitektur der Asylverfahrensverordnung (EU) 2024/1348 eingebettet (1. Antragstellung, 2. Registrierung des Asylantrags, 3. Einreichung des Asylantrags, vgl. dazu auch die Ausführungen in § 13, § 13a).

Während bisher an das bloße Asylgesuch und eine erkennungsdienstliche Behandlung angeknüpft wurde, setzt die Neuregelung nun voraus, dass ein Asylantrag gestellt und registriert wurde, der Antrag aber noch nicht eingereicht ist. Der Ankunftsnachweis dokumentiert nun also gezielt die Phase zwischen der Registrierung und der eigentlichen Einreichung des Asylantrags.

Eine wichtige Änderung betrifft die Gültigkeitsdauer. Die bisherige Befristung auf regelmäßig sechs Monate mit möglichen Verlängerungen entfällt vollständig. Künftig richtet sich die Dauer nicht mehr nach starren Fristen, sondern danach, wie lange sich der Betroffene in der entsprechenden Verfahrensphase befindet. Die Gültigkeit endet nur noch mit Ausstellung der Aufenthaltsgestattung (§ 63 AsylG) oder mit Erlöschen der Aufenthaltsgestattung (§ 67 AsylG).

Auch die Zuständigkeitsregelung wird angepasst und klarer gefasst. Grundsätzlich ist weiterhin die Aufnahmeeinrichtung zuständig, mit der der Ausländer zuerst in Kontakt tritt. Neu ist jedoch, dass das Bundesamt selbst zuständig ist, wenn es die Registrierung vornimmt. Damit wird die Zuständigkeit unmittelbar an den Ort und die Durchführung des Registrierungsvorgangs gekoppelt.

Gesetzesbegründung zu § 63a AsylG (BT-Drs. 21/1848)

Zur Überschrift

Es handelt sich um eine redaktionelle Anpassung.

Zu Absatz 1

Die Änderung dient der Anpassung an Artikel 29 Absatz 1 der Verordnung (EU) 2024/1348.

Zur Streichung von Absatz 2

Die Aufhebung dient der Anpassung an Artikel 29 Absatz 1 Satz 2 der Verordnung (EU) 2024/1348.

Zum neuen Absatz 2 Satz 1

Die Änderung dient der Anpassung an Artikel 29 Absatz 1 der Verordnung (EU) 2024/1348 und ist eine Folgeänderung zu der Einfügung des § 13a.

Zum neuen Absatz 2 Satz 3

Es handelt sich um eine Folgeänderung zu § 67a Absatz 2 (n. F.) Satz 1.

Zum neuen Absatz 3

Es handelt sich um eine Folgeänderung zur Aufhebung von Absatz 2.

Zum neuen Absatz 4

Es handelt sich um eine Folgeänderung zur Aufhebung von Absatz 2 .

§ 63b AsylG

NEU ab 12.06.2026
§ 63b Ankunftsnachweis und Bescheinigung über die Aufenthaltsgestattung im Asylverfahren an der Grenze
(1) Wird ein Asylverfahren an der Grenze nach § 18a durchgeführt, ist einem Ausländer abweichend von § 63a keine Bescheinigung über die Meldung als Asylantragsteller (Ankunftsnachweis) und abweichend von § 63 keine Bescheinigung über die Aufenthaltsgestattung auszustellen. (2) Wird die Einreise gestattet, so findet § 63 zu diesem Zeitpunkt entsprechende Anwendung.

Redaktionelle Hinweise zu den Neuerungen

Der neue § 63b AsylG ist eine unmittelbare Folge der Einführung des Asylverfahrens an der Grenze (§ 18a AsylG) und regelt, welche Dokumente Antragsteller im Grenzverfahren erhalten – oder genauer: **welche Dokumente sie gerade nicht erhalten.**

Nach dem neuen System erhalten Asylsuchende im Normalverfahren zwei zentrale Dokumente:

- zunächst den Ankunftsnachweis nach der Registrierung des Asylantrags (§ 63a AsylG) und
- anschließend die Bescheinigung über die Aufenthaltsgestattung nach dessen Einreichung (§ 63 AsylG)

§ 63b stellt klar, dass dieses zweistufige System im Grenzverfahren nicht gilt. Wird ein Asylverfahren an der Grenze durchgeführt, sind beide Dokumente ausdrücklich nicht auszustellen.

Der Hintergrund dieser Regelung liegt in der besonderen rechtlichen Konstruktion des Grenzverfahrens. Die betroffene Person gilt während des gesamten Verfahrens als nicht in das Bundesgebiet eingereist. Diese sogenannte Fiktion der Nichteinreise prägt die gesamte rechtliche Einordnung. Da die üblichen Dokumente gerade den rechtmäßigen Aufenthalt im Bundesgebiet nachweisen sollen, fehlt im Grenzverfahren die Grundlage für deren Ausstellung.

Hinzu kommt, dass das Grenzverfahren organisatorisch anders ausgestaltet ist als das reguläre Asylverfahren. Die betroffenen Personen werden unmittelbar von der Grenzstelle in spezielle Einrichtungen verbracht und können sich außerhalb dieser Einrichtungen nicht frei bewegen. Sowohl der Aufenthaltsort als auch die Identität sind den Behörden aufgrund vorgelagerter Prüfungen regelmäßig bekannt. Ein zusätzlicher Nachweis im Sinne eines Ausweisdokuments ist daher nicht erforderlich.

Die Vorschrift enthält zugleich eine klare Regelung für den Übergang in das reguläre Verfahren. Wird die Einreise gestattet, greifen sofort die allgemeinen Vorschriften. In diesem Fall ist die Bescheinigung über die Aufenthaltsgestattung nach § 63 auszustellen. Damit wird der Zeitpunkt der Einreise zu einer entscheidenden Zäsur. Erst ab diesem Moment entsteht der Bedarf für ein formelles Dokument, das den Aufenthaltsstatus im Bundesgebiet nachweist.

Gesetzesbegründung zu § 63b AsylG (BT-Drs. 21/1848)

Es handelt sich um eine Anpassung an Artikel 29 Absatz 1 und 4 der Verordnung (EU) 2024/1348. Diese sehen die Ausstellung eines Dokuments bei der Registrierung des Asylantrags (Ankunftsnachweis) und eines weiteren Dokuments bei der Einreichung des Asylantrags (Aufenthaltsgestattung) vor. Bei Ausstellung der Aufenthaltsgestattung ist der Ankunftsnachweis einzuziehen.

Nach Artikel 29 Absatz 4 Buchstabe d der Verordnung 2024/1348 muss die Aufenthaltsgestattung die Angabe enthalten, dass der Antragsteller das Recht zum Verbleib hat und ob der Antragsteller sich innerhalb des gesamten oder nur eines Teils des Hoheitsgebiets frei bewegen darf.

Im Asylverfahren an der Grenze wird der Asylantrag vor der Einreise in die Bundesrepublik Deutschland gestellt und während des gesamten Verfahrens sind die Antragstellenden nicht eingereist, bzw. halten sich unter Anwendung der Fiktion der Nichteinreise in der Bundesrepublik auf. Insofern unterliegen die Antragstellenden im Asylverfahren an der Grenze nicht der Ausweispflicht im Sinne des § 64 Absatz 1 AsylG. Für die Ausstellung der Dokumente besteht während des Asylgrenzverfahrens keine praktische Notwendigkeit. Die Antragsteller werden von der Grenzübergangsstelle in die Unterbringungseinrichtung für das Asylverfahren an der Grenze verbracht. Die Antragsteller dürfen sich außerhalb dieser Einrichtung nicht frei bewegen. Aufgrund des vorgeschalteten Überprüfungsverfahrens sind den Behörden sowohl die Identität als auch der Aufenthaltsort dieser Personen bekannt. Auch innerhalb der Einrichtungen für dieses Verfahren ist die Erforderlichkeit eines offiziellen Ausweisdokuments nicht gegeben. Von den Antragstellenden abgegebene Identitätsdokumente verbleiben bei den Behörden und können jederzeit zur Identifizierung genutzt werden.

Die Notwendigkeit eines Ausweisdokuments entsteht hingegen im Falle der Einreise, weshalb zu diesem Zeitpunkt § 63 entsprechende Anwendung findet und dem Antragsteller dann eine Aufenthaltsgestattung ausgestellt wird.

§ 64 AsylG

bis 11.06.2026	ab 12.06.2026
§ 64 Ausweispflicht	**§ 64 Ausweispflicht**
(1) Der Ausländer genügt für die Dauer des Asylverfahrens seiner Ausweispflicht mit der Bescheinigung über die Aufenthaltsgestattung.	(1) Der Ausländer genügt für die Dauer des Asylverfahrens seiner Ausweispflicht mit der Bescheinigung über die Aufenthaltsgestattung **oder dem Ankunftsnachweis**.
(2) Die Bescheinigung berechtigt nicht zum Grenzübertritt.	(2) Die Bescheinigung **über die Aufenthaltsgestattung** berechtigt nicht zum Grenzübertritt.

Redaktionelle Hinweise zu den Neuerungen

Kern der Vorschrift bleibt, dass Ausländer im Asylverfahren verpflichtet sind, ein entsprechendes Dokument mitzuführen und auf Verlangen vorzulegen, um ihre Identität und ihren aufenthaltsrechtlichen Status nachzuweisen. Bislang bezog sich diese Pflicht vor allem auf den Ankunftsnachweis sowie die Bescheinigung über die Aufenthaltsgestattung. Diese Funktion bleibt bestehen, wird aber durch die Neuregelungen der §§ 63 und 63a AsylG in eine neue europäische Logik eingebettet. Der Ankunftsnachweis wird deshalb ausdrücklich als Dokument anerkannt, mit dem die Ausweispflicht während des Asylverfahrens erfüllt werden kann. Dadurch wird die neue Verfahrensphase zwischen Registrierung und Einreichung des Asylantrags rechtlich abgesichert.

Gesetzesbegründung zu § 64 AsylG (BT-Drs. 21/1848)

Zu Absatz 1

Es handelt sich um eine Anpassung an Artikel 28 Absatz in Verbindung mit Absatz 7 der Verordnung (EU) 2024/1348.

Zu Absatz 2

Es handelt sich um eine redaktionelle Klarstellung.

Änderungen im AsylG

§ 65 AsylG

bis 11.06.2026	ab 12.06.2026
§ 65 Herausgabe des Passes	**§ 65 Herausgabe des Passes**
(1) Dem Ausländer ist nach der *Stellung* des Asylantrags der Pass oder Passersatz auszuhändigen, wenn dieser für die weitere Durchführung des Asylverfahrens nicht benötigt wird und der Ausländer einen Aufenthaltstitel besitzt oder die Ausländerbehörde ihm nach den Vorschriften in anderen Gesetzen einen Aufenthaltstitel erteilt.	(1) Dem Ausländer ist nach der **Einreichung** des Asylantrags der Pass oder Passersatz auszuhändigen, wenn dieser für die weitere Durchführung des Asylverfahrens nicht benötigt wird und der Ausländer einen Aufenthaltstitel besitzt oder die Ausländerbehörde ihm nach den Vorschriften in anderen Gesetzen einen Aufenthaltstitel erteilt.
(2) Dem Ausländer kann der Pass oder Passersatz vorübergehend ausgehändigt werden, wenn dies in den Fällen des § 58 *Abs.* 1 für eine Reise oder wenn es für die Verlängerung der Gültigkeitsdauer oder die Vorbereitung der Ausreise des Ausländers erforderlich ist. Nach Erlöschen der räumlichen Beschränkung (§ 59a) gilt für eine Reise Satz 1 entsprechend.	(2) Dem Ausländer kann der Pass oder Passersatz vorübergehend ausgehändigt werden, wenn dies in den Fällen des § 58 **Absatz** 1 für eine Reise oder wenn es für die Verlängerung der Gültigkeitsdauer oder die Vorbereitung der Ausreise des Ausländers erforderlich ist. Nach Erlöschen der räumlichen Beschränkung (§ 59a) gilt für eine Reise Satz 1 entsprechend.

Redaktionelle Hinweise zu den Neuerungen

§ 65 AsylG bleibt die Vorschrift über die Herausgabe von Pässen und Passersatzpapieren. Die GEAS-Reform ändert weder Voraussetzungen noch Rechtsfolgen, sondern ersetzt lediglich die nationale Begrifflichkeit „Asylantragstellung" durch die unionsrechtliche „Einreichung des Asylantrags".

Gesetzesbegründung zu § 65 AsylG (BT-Drs. 21/1848)

Zu Absatz 1

Die Änderung dient der Anpassung an die Terminologie von Artikel 28 der Verordnung (EU) 2024/1348.

Zu Absatz 2

Redaktionelle Anpassung.

§ 66 AsylG

bis 11.06.2026	ab 12.06.2026
§ 66 Ausschreibung zur Aufenthaltsermittlung	**§ 66 Ausschreibung zur Aufenthaltsermittlung**
(1) Der Ausländer kann zur Aufenthaltsermittlung im Ausländerzentralregister und in den Fahndungshilfsmitteln der Polizei ausgeschrieben werden, wenn sein Aufenthaltsort unbekannt ist und er	(1) [unverändert]
1. innerhalb einer Woche nicht in der Aufnahmeeinrichtung eintrifft, an die er weitergeleitet worden ist,	1. [unverändert]
2. die Aufnahmeeinrichtung verlassen hat und innerhalb einer Woche nicht zurückgekehrt ist,	2. [unverändert]
3. einer Zuweisungsverfügung oder einer Verfügung nach § 60 *Abs.* 2 Satz 1 innerhalb einer Woche nicht Folge geleistet hat oder	3. einer Zuweisungsverfügung oder einer Verfügung nach § 60 **Absatz** 2 Satz 1 innerhalb einer Woche nicht Folge geleistet hat oder
4. unter der von ihm angegebenen Anschrift oder der Anschrift der Unterkunft, in der er Wohnung zu nehmen hat, nicht erreichbar ist;	4. [unverändert]
die in Nummer 4 bezeichneten Voraussetzungen liegen vor, wenn der Ausländer eine an die Anschrift bewirkte Zustellung nicht innerhalb von zwei Wochen in Empfang genommen hat.	[unverändert]
(2) Zuständig, die Ausschreibung zu veranlassen, sind die Aufnahmeeinrichtung, die Ausländerbehörde, in deren Bezirk sich der Ausländer aufzuhalten oder Wohnung zu nehmen hat, und das Bundesamt. Die Ausschreibung darf nur von hierzu besonders ermächtigten Personen veranlasst werden.	(2) [unverändert]

Gesetzesbegründung zu § 66 AsylG (BT-Drs. 21/1848)

Redaktionelle Anpassung.

Änderungen im AsylG

§ 67 AsylG

bis 11.06.2026	ab 12.06.2026
§ 67 Erlöschen der Aufenthaltsgestattung	**§ 67 Erlöschen der Aufenthaltsgestattung**
(1) Die Aufenthaltsgestattung erlischt,	(1) Die Aufenthaltsgestattung erlischt, **wenn ein Recht auf Verbleib nach der Verordnung (EU) 2024/1348 nicht besteht oder nicht mehr besteht, insbesondere**
1. wenn der Ausländer nach § 18 Absatz 2 und 3 zurückgewiesen oder zurückgeschoben wird,	1. [unverändert]
2. *wenn der Ausländer innerhalb von zwei Wochen, nachdem ihm der Ankunftsnachweis ausgestellt worden ist, noch keinen Asylantrag gestellt hat,*	
	2. **mit Ablauf der Frist nach § 20 Absatz 1 Satz 2, wenn der Ausländer der Verpflichtung nach § 20 Absatz 1 Satz 1 nicht nachgekommen ist,**
	3. **wenn ein Fall von Artikel 68 Absatz 3 oder 7 der Verordnung (EU) 2024/1348 vorliegt,**
3. im Falle der Rücknahme des Asylantrags mit der Zustellung der Entscheidung des Bundesamtes	4. im Falle der **Erklärung der ausdrücklichen** Rücknahme des Asylantrags **nach Artikel 40 Absatz 3 der Verordnung (EU) 2024/1348** mit der Zustellung der Entscheidung des Bundesamtes,
4. wenn eine nach diesem Gesetz oder nach § 60 Absatz 9 des Aufenthaltsgesetzes erlassene Abschiebungsandrohung vollziehbar geworden ist,	5. [unverändert]
5. mit der Vollziehbarkeit einer Abschiebungsanordnung nach § 34a,	6. [unverändert]
5a. mit der Bekanntgabe einer Abschiebungsanordnung nach § 58a des Aufenthaltsgesetzes,	7. [unverändert]
6. im Übrigen, wenn die Entscheidung des Bundesamtes unanfechtbar geworden ist.	8. [unverändert]
Liegt in den Fällen des § 23 Absatz 1 der dem Ausländer genannte Termin bei der Außenstelle des Bundesamtes nach der sich aus Satz 1 Nummer 2 ergebenden Frist, dann erlischt die Aufenthaltsgestattung nach dieser Bestimmung erst, wenn der Ausländer bis zu diesem Termin keinen Asylantrag stellt.	
(2) Die Aufenthaltsgestattung tritt wieder in Kraft, wenn	(2) Die Aufenthaltsgestattung tritt wieder in Kraft, wenn **ein Gericht in den Fällen des Artikels 68 Absatz 4 oder 7 der Verordnung (EU) 2024/1348 den Verbleib gestattet hat.**
1. *ein nach § 33 Absatz 1 eingestelltes Verfahren wieder aufgenommen wird oder*	2. *der Ausländer den Asylantrag nach Ablauf der in Absatz 1 Satz 1 Nummer 2 oder Satz 2 genannten Frist stellt.*
im Falle der Rücknahme des Asylantrags mit der Zustellung der Entscheidung des Bundesamtes,	

Redaktionelle Hinweise zu den Neuerungen

Der neue Wortlaut von § 67 AsylG vollzieht den Übergang von einem national geprägten zu einem unionsrechtlich gesteuerten System der Aufenthaltsgestattung. Die bisherige Regelung, die vor allem einzelne nationale Tatbestände für das Erlöschen der Aufenthaltsgestattung aufzählte, wird durch einen klaren übergeordneten Grundsatz ersetzt. Künftig gilt: Die Aufenthaltsgestattung besteht nur so lange, wie dem Ausländer nach der Asylverfahrensverordnung (EU) 2024/1348 ein Recht auf Verbleib zusteht, und sie erlischt, sobald dieses Recht wegfällt.

Damit wird die Vorschrift eng mit § 55 AsylG verzahnt. Während dort geregelt ist, wann eine Aufenthaltsgestattung besteht, klärt § 67 AsylG spiegelbildlich, wann sie endet.

Innerhalb dieses neuen Grundprinzips enthält die Vorschrift weiterhin typische Fallkonstellationen, die das Erlöschen konkretisieren. Dazu zählen insbesondere Fälle, in denen das Verfahren faktisch beendet wird, etwa durch Zurückweisung, vollziehbare Abschiebungsentscheidungen oder die Unanfechtbarkeit der Entscheidung des Bundesamtes.

Neu (Abs. 1 Nummer 2) ist die stärkere Anbindung an das Verhalten des Antragstellers im Verfahren. So erlischt die Aufenthaltsgestattung nun ausdrücklich auch dann, wenn der Ausländer die Pflicht zur Einreichung seines Asylantrags nicht wahrnimmt und die entsprechende Frist verstreicht. Hintergrund ist die neue europäische Verfahrenslogik, nach der bereits Versäumnisse im frühen Verfahrensstadium zum Verlust des Verbleibsrechts führen können.

Ebenfalls neu ist die ausdrückliche Verknüpfung mit dem unionsrechtlichen Rechtsschutzsystem. Absatz 1 Nummer 3 stellt klar, dass auch bestimmte Konstellationen im gerichtlichen Verfahren zum Erlöschen der Aufenthaltsgestattung führen können, wenn das Unionsrecht kein Recht auf Verbleib vorsieht. Umgekehrt wird auch geregelt, dass die Aufenthaltsgestattung wieder auflebt, wenn ein Gericht dem Antragsteller ein solches Recht gewährt.

Auch die Regelung zur Rücknahme des Asylantrags in Absatz 1 Nummer 4 wird an das Unionsrecht angepasst. Die Wirkung tritt nun ausdrücklich an die unionsrechtlich definierte Rücknahmeerklärung an und führt mit Zustellung der Entscheidung zum Erlöschen der Aufenthaltsgestattung. Damit wird deutlich, dass auch in diesem Bereich die nationalen Vorschriften nur noch die europäische Systematik abbilden.

Gesetzesbegründung zu § 67 AsylG (BT-Drs. 21/1848)

Absatz 1 regelt die Fälle, in denen die Aufenthaltsgestattung erlischt. Die Änderung dient der Anpassung an die Artikel 10, 40 Absatz 3 und an Artikel 68 Absatz 3, 4 und 7 der Verordnung (EU) 2024/1348. Die Streichung des bisherigen Absatz 1 Satz 2 ist eine Folgeänderung zur Aufhebung von § 23.

Absatz 2 regelt die Fälle, in denen die Aufenthaltsgestattung mit Wirkung ex tunc wieder in Kraft tritt, weil ein Gericht nach Artikel 68 Absatz 4 oder 7 der Verordnung (EU) 2024/1348 das Recht auf Verbleib gestattet hat.

§ 68 AsylG

bis 11.06.2026	ab 12.06.2026
§ 68 *(weggefallen)*	**§ 68 Beschränkung der Bewegungsfreiheit in Aufnahmeeinrichtungen zur Durchführung von Verfahren bei Sekundärmigration; Verordnungsermächtigung**
	(1) Die nach Landesrecht zuständige Behörde kann anordnen, dass sich ein Ausländer nur an dem nach § 47 Absatz 1b und 1c bestimmten Ort aufhalten darf. Die Anordnung ist zulässig, wenn dies verhältnismäßig und aus Gründen der öffentlichen Sicherheit und Ordnung oder, wenn Fluchtgefahr besteht, zur wirksamen Verhinderung einer Flucht des Ausländers erforderlich ist. Die Anordnung trägt der individuellen Situation des Ausländers, einschließlich seiner besonderen Bedürfnisse bei der Aufnahme, Rechnung.
	(2) Die Fluchtgefahr im Sinne des Absatzes 1 wird widerleglich vermutet. Die Vermutung der Fluchtgefahr kann nur widerlegt werden, wenn der Ausländer glaubhaft macht, dass auf Grund seiner persönlichen Verhältnisse und seiner sozialen Bindungen in der Bundesrepublik Deutschland auszuschließen ist, dass er sich dem Verfahren nach der Verordnung (EU) 2024/1351 oder dem Verfahren zur Zulässigkeit des Asylantrags nach § 29 Nummer 2 und der Rückführung in den Mitgliedstaat, der dem Ausländer internationalen Schutz gewährt hat, entziehen wird.
	(3) Die Beschränkung der Bewegungsfreiheit nach Absatz 1 ist auf die Dauer der Pflicht nach § 47 Absatz 1b und 1c, in der Aufnahmeeinrichtung zu wohnen, beschränkt. Innerhalb dieses Zeitraums beträgt die Höchstdauer einer Anordnung in den Fällen des Absatzes 4 Satz 1 jeweils sechs Monate und in den Fällen des Absatzes 4 Satz 2 und 3 jeweils zwölf Monate.
	(4) Die Pflicht nach Absatz 1 darf nur für den Zeitraum von 22 bis 6 Uhr (Nachtzeit) angeordnet werden, wenn
	1. die Anordnung gegenüber minderjährigen Kindern und ihren Eltern oder anderen Sorgeberechtigten sowie ihren volljährigen, ledigen Geschwistern erlassen wird oder
	2. der Ausländer nicht vollziehbar ausreisepflichtig ist.

bis 11.06.2026	ab 12.06.2026
§ 68 *(weggefallen)*	**§ 68 Beschränkung der Bewegungsfreiheit in Aufnahmeeinrichtungen zur Durchführung von Verfahren bei Sekundärmigration; Verordnungsermächtigung**
	Im Übrigen ist die Anordnung der Beschränkung der Bewegungsfreiheit nach Absatz 1 auch außerhalb der Nachtzeit bis zu einer Höchstdauer von zwölf Monaten zulässig. Ist der Ausländer flüchtig, kann die Beschränkung der Bewegungsfreiheit nach Satz 2 erneut bis zu einer Höchstdauer von zwölf Monaten angeordnet werden, längstens jedoch bis zum Ablauf der Dauer der Pflicht nach § 47 Absatz 1b, in der Aufnahmeeinrichtung zu wohnen. Die Frist nach Satz 3 beginnt, wenn der Ausländer nicht mehr flüchtig ist. Mit Ablauf der Höchstdauer nach Satz 2 und 3 gilt Satz 1 entsprechend, längstens jedoch bis zum Ablauf der Dauer der Pflicht nach § 47 Absatz 1b, in der Aufnahmeeinrichtung zu wohnen.
	(5) Die anordnende Behörde kann dem Ausländer erlauben, sich vorübergehend außerhalb der Aufnahmeeinrichtung aufzuhalten. Die Entscheidung ist unter Berücksichtigung der Umstände des Einzelfalls zu treffen und im Falle einer Ablehnung zu begründen. Ist die Beschäftigung nach § 61 erlaubt, soll dem Ausländer die Erlaubnis für ein konkretes Vorstellungsgespräch oder für die Ausübung eines bestehenden Beschäftigungsverhältnisses erteilt werden, wenn das konkrete Beschäftigungsverhältnis dies erfordert. Die Erlaubnis soll dem Ausländer auch erteilt werden, um die zur Behandlung akuter Erkrankungen erforderlichen ärztlichen Behandlungen wahrzunehmen. In den Fällen des Absatzes 4 Satz 2 soll die Erlaubnis im Übrigen nur erteilt werden, um eine zwingend gebotene sittliche Verpflichtung wahrzunehmen. Der Ausländer muss keine Erlaubnis einholen, um Termine bei Behörden oder Gerichten wahrzunehmen, bei denen seine Anwesenheit erforderlich ist, oder, wenn der Ausländer minderjährig ist, um eine Regelschule zu besuchen. Der Ausländer hat die anordnende Behörde vorab über solche Termine oder den Schulbesuch zu informieren. Das Verlassen der Aufnahmeeinrichtung sowie die Rückkehr in die Aufnahmeeinrichtung sind jeweils anzuzeigen.

Änderungen im AsylG

bis 11.06.2026	ab 12.06.2026
§ 68 *(weggefallen)*	**§ 68 Beschränkung der Bewegungsfreiheit in Aufnahmeeinrichtungen zur Durchführung von Verfahren bei Sekundärmigration; Verordnungsermächtigung**
	(6) Die nach Landesrecht zuständige Behörde kann, soweit erforderlich, anordnen, dass sich der Ausländer zu einem bestimmten Zeitpunkt oder in angemessenen Abständen bei einer Behörde meldet. Eine solche Meldepflicht kann angeordnet werden, um sicherzustellen, dass der Ausländer der Verpflichtung gemäß Absatz 1 Satz 1 nachkommt, oder um einen Ausländer wirksam an der Flucht zu hindern. Sie darf nicht zu einer unverhältnismäßigen Beeinträchtigung der Rechte des Ausländers nach der Richtlinie (EU) 2024/1346 führen.
	(7) Die Anordnung nach den Absätzen 1 und 6 ist schriftlich zu erlassen, zu begründen und mit einer Rechtsbehelfsbelehrung zu versehen. Über die Folgen eines Verstoßes gegen die durch die Anordnung nach Absatz 1 Satz 1 und Absatz 6 Satz 1 auferlegten Pflichten ist der Ausländer in präziser, transparenter, verständlicher und leicht zugänglicher Form sowie in klarer und einfacher Sprache zu unterrichten, die er versteht oder von der vernünftigerweise angenommen werden darf, dass er sie versteht.
	(8) § 46 Absatz 1 des Aufenthaltsgesetzes bleibt unberührt.
	(9) Die Landesregierungen werden ermächtigt, die für die Anordnung nach den Absätzen 1 und 6 zuständige Behörde durch Rechtsverordnung zu bestimmen.

Redaktionelle Hinweise zu den Neuerungen

Mit dem neuen § 68 AsylG wird erstmals eine eigenständige Rechtsgrundlage geschaffen, um die Bewegungsfreiheit bestimmter Asylbewerber innerhalb von Aufnahmeeinrichtungen einzuschränken.

Die Vorschrift steht in engem Zusammenhang mit den neuen Regelungen über die Unterbringung von Personen in Verfahren der Sekundärmigration (§ 47 Abs. 1b und 1c AsylG). Gemeint sind Ausländer, die eigentlich in einem anderen Mitgliedstaat verbleiben müssten oder dort bereits Schutz erhalten haben, sich aber dennoch in Deutschland aufhalten. Für diese Fälle soll sichergestellt werden, dass Zuständigkeitsverfahren, Überstellungen oder Rückführungen effektiv durchgeführt werden können.

Die Vorschrift erlaubt es der zuständigen Behörde, anzuordnen, dass sich der Betroffene nur an einem bestimmten Ort innerhalb der Aufnahmeeinrichtung aufhalten darf. Dabei handelt es sich ausdrücklich nicht um eine Freiheitsentziehung im engeren verfassungsrechtlichen Sinne, sondern um eine Beschränkung der Bewegungsfreiheit. Der Unterschied liegt darin, dass der Betroffene nicht physisch eingeschlossen wird, sondern rechtlich verpflichtet wird, sich an einem bestimmten Ort aufzuhalten. Es ist also kein Haftverfahren erforderlich, wohl aber eine sorgfältige behördliche Anordnung.

Eine solche Anordnung ist nur zulässig, wenn sie verhältnismäßig ist und entweder der öffentlichen Sicherheit und Ordnung dient oder erforderlich ist, um eine Flucht zu verhindern (Einzelfallprüfung!). Gleichzeitig enthält die Vorschrift eine wichtige Besonderheit, nämlich die gesetzliche Vermutung der Fluchtgefahr. Diese wird zunächst angenommen, kann aber vom Betroffenen widerlegt werden. Hierfür muss er nachvollziehbar darlegen, dass er sich voraussichtlich nicht dem Verfahren entziehen wird.

Die Dauer der Maßnahme ist klar begrenzt. Sie knüpft an die bestehende Pflicht an, in einer entsprechenden Aufnahmeeinrichtung zu wohnen, und darf diese zeitlich nicht überschreiten. Innerhalb dieses Rahmens sind Höchstdauern vorgesehen, die je nach Fallgestaltung unterschiedlich ausfallen. Damit wird sichergestellt, dass die Einschränkung nicht unbegrenzt fortdauert, sondern regelmäßig überprüft und beendet werden muss.

Zu beachten sind die Schutzvorschriften für Familien und minderjährige Personen. In diesen Fällen darf eine Einschränkung grundsätzlich nur während der Nacht bestehen. Dadurch soll verhindert werden, dass Kinder und Familien über den gesamten Tag hinweg in ihrer Bewegungsfreiheit eingeschränkt werden. Auch bei anderen Personengruppen, die noch nicht vollziehbar ausreisepflichtig sind, gelten entsprechend mildere Regelungen.

Trotz der Einschränkungen bleibt es möglich, die Einrichtung vorübergehend zu verlassen. Hierfür ist in der Regel eine Erlaubnis einzuholen, die unter Berücksichtigung des Einzelfalls zu erteilen ist. Diese Erlaubnis ist in bestimmten Fällen regelmäßig zu gewähren, etwa bei einer erlaubten Beschäftigung oder bei notwendigen medizinischen Behandlungen. Darüber hinaus sind bestimmte Situationen – wie Termine bei Behörden oder Gerichten oder der Schulbesuch von Kindern – von vornherein von der Erlaubnispflicht ausgenommen.

Ergänzend kann die Behörde zusätzlich Meldepflichten anordnen, um die Einhaltung der Aufenthaltsvorgaben sicherzustellen und ein Untertauchen zu verhindern. Diese Meldepflichten dürfen jedoch nicht unverhältnismäßig sein und müssen sich in das Gesamtsystem der Rechte des Betroffenen einfügen.

Jede Anordnung muss schriftlich erfolgen, begründet werden und mit einer Rechtsbehelfsbelehrung versehen sein muss. Zudem ist der Betroffene verständlich über seine Pflichten und die Folgen bei Verstößen zu informieren.

Gesetzesbegründung zu § 68 AsylG (BT-Drs. 21/1848 und BT-Drs. 21/4321)

§ 68 überführt § 47a Absatz 2 bis Absatz 6 in die neue Rechtslage.

Eine Anordnung der Beschränkung der Bewegungsfreiheit in Aufnahmeeinrichtungen zur Durchführung von Verfahren bei Sekundärmigration ist dann zulässig, wenn dies aus Gründen der öffentlichen Sicherheit und Ordnung oder, wenn Fluchtgefahr besteht, zur wirksamen Verhinderung einer Flucht des Ausländers erforderlich ist. § 68 schränkt die Bewegungsfreiheit der Person ein; eine Freiheitsentziehung im Sinne von Artikel 104 Absatz 2 des Grundgesetzes, wonach die Bewegungsfreiheit nach jeder Richtung hin aufgehoben wird (BverfGE 149, 293, 319), ist hiermit nicht verbunden. Der von § 68 erfasste Personenkreis wird nicht mit Zwangsmaßnahmen daran gehindert, den bestimmten Ort zu verlassen. Ein psychisch vermittelter Zwang, der einem unmittelbar wirkenden physischen Zwang gleichkommt (BverfG, Beschluss vom 19.11.2021 – 1 BvR 781/21, 246 ff.)

liegt ebenfalls nicht vor. § 68a Absatz 1 stellt klar, dass die Beschränkung der Bewegungsfreiheit in der Aufnahmeeinrichtung vollzogen wird, in der die Wohnpflicht nach § 47 Absatz 1b besteht.

Mit dieser Regelung wird Artikel 9 der Richtlinie (EU) 2024/1346 umgesetzt (vgl. Artikel 35 der Richtlinie (EU) 2024/1346). Aus Absatz 1 ergeben sich entsprechend die weiteren Voraussetzungen, insbesondere, dass die Anordnung der genannten Pflichten verhältnismäßig sein muss und unter Berücksichtigung der individuellen Situation des Ausländers, einschließlich seiner besonderen Bedürfnisse bei der Aufnahme, ergeht. Bei minderjährigen Ausländern ist im Rahmen der Verhältnismäßigkeitsprüfung vorrangig das Kindeswohl zu berücksichtigen. Bei maßgeblichen Änderungen der individuellen Situation des Ausländers, insbesondere bei Gefahren für Leib oder Leben sind unverzüglich die notwendigen und verhältnismäßigen Maßnahmen, wie etwa eine räumliche Separierung in der Liegenschaft oder eine Umverteilung in ein anderes Sekundärmigrationszentrum oder eine sonstige Aufnahmeeinrichtung, zu treffen. Sind solche Maßnahmen nicht möglich oder nicht ausreichend, kommen die Vorschriften des Verwaltungsverfahrensgesetzes zur Aufhebung oder Änderung von Verwaltungsakten zum Tragen. Das kann beispielsweise im Falle häuslicher oder sexualisierter Gewalt der Fall sein.

Zu Absatz 2

Gemäß Absatz 2 wird die Fluchtgefahr bei Ausländern, die verpflichtet sind, in einer Aufnahmeeinrichtung zur Durchführung von Verfahren bei Sekundärmigration zu wohnen, widerleglich vermutet. Dies betrifft die in Artikel 9 Absatz 1 Buchstabe a der Richtlinie (EU) 2024/1346 ausdrücklich genannte Fallgruppe von Personen, die sich nach Artikel 17 Absatz 4 der Verordnung (EU) 2024/1351 in einem anderen Mitgliedstaat aufzuhalten haben sowie Personen, die nach Deutschland eingereist sind und einen erneuten Asylantrag gestellt haben, obwohl ihnen bereits durch einen anderen Mitgliedstaat internationaler Schutz zuerkannt worden ist. Grund für die Annahme der Fluchtgefahr ist in diesen Fallkonstellationen, dass der Ausländer nach Deutschland eingereist ist, obwohl er sich in einem anderen Mitgliedstaat aufzuhalten hat.

Die Vermutung der Fluchtgefahr kann nur widerlegt werden, wenn der Ausländer glaubhaft macht, dass aufgrund seiner persönlichen Verhältnisse und seiner sozialen Bindungen in der Bundesrepublik Deutschland auszuschließen ist, dass er sich dem Verfahren zur Bestimmung der Zuständigkeit und dem Überstellungsverfahren oder dem Verfahren zur Zulässigkeit des Asylantrags nach § 29 Nummer 2 und der Rückführung in den Mitgliedstaat, der dem Ausländer internationalen Schutz gewährt hat, entziehen wird. Hierfür bedarf es eines substantiierten Sachvortrags, an den erhöhte Anforderungen zu stellen sind. Insbesondere reicht allein die Behauptung sich dem Verfahren nicht entziehen zu wollen nicht für die zur Glaubhaftmachung erforderliche überwiegende Wahrscheinlichkeit aus, um auszuschließen, dass sich der Antragssteller dem Verfahren entziehen wird.

Zu Absatz 3

Absatz 3 regelt die Dauer der Anordnung der Beschränkung der Bewegungsfreiheit, die auf die Dauer der Pflicht in der Aufnahmeeinrichtung nach § 47 Absatz 1b zu wohnen beschränkt wird. Innerhalb dieses Zeitraums beträgt die Höchstdauer der Anordnung der Beschränkung der Bewegungsfreiheit jeweils sechs Monate, wenn der Ausländer nicht vollziehbar ausreisepflichtig ist, das heißt vor der ablehnenden Entscheidung des Bundesamtes über den Asylantrag oder der Überstellungsentscheidung und wenn das Verwaltungsgericht die aufschiebende Wirkung der Klage gegen die Entscheidung des Bundesamtes angeordnet hat. Zudem beträgt sie sechs Monate bei Anordnungen gegenüber minderjährigen Kindern und ihren Eltern oder anderen Sorgeberechtigten sowie ihren volljährigen, ledigen Geschwistern. Die Höchstdauer beträgt in den übrigen Fällen jeweils zwölf Monate.

Zu Absatz 4

Absatz 4 bestimmt, dass im Fall von Anordnungen gegenüber minderjährigen Kindern und ihren Eltern oder anderen Sorgeberechtigten sowie ihren volljährigen, ledigen Geschwistern sowie gegenüber nicht vollziehbar Ausreisepflichtigen die Beschränkung der Bewegungsfreiheit nur zur Nachtzeit zwischen 22 Uhr und 6 Uhr vorgesehen werden darf. In den übrigen Fällen ist sie auch bis zur Höchstdauer von zwölf Monaten außerhalb dieses Zeitraums zulässig. Ist der Ausländer flüchtig, beginnt die Frist von zwölf Monaten nach Absatz 4 Satz 2 neu zu laufen, wenn der Ausländer nicht mehr flüchtig ist. In jedem Fall ist die Möglichkeit der Anordnung einer Beschränkung der Bewegungsfreiheit auf die Dauer der Pflicht, in der Aufnahmeeinrichtung zu wohnen, die sich aus § 47 Absatz 1b ergibt, beschränkt.

Zu Absatz 5

Absatz 5 regelt die Erlaubnis zum vorübergehenden Verlassen der Aufnahmeeinrichtung. Eine schriftliche oder mündliche formlose Äußerung, aus der erkennbar ist, dass der Ausländer sich vorübergehend außerhalb der Aufnahmeeinrichtung aufhalten möchte, reicht aus. Die anordnende Behörde hat dem Ausländer die Möglichkeit zu geben, vor Entscheidungsfindung seine konkreten Anliegen schriftlich oder mündlich vorzubringen. Das Verfahren ist möglichst einfach auszugestalten, sodass der Ausländer effektiv die Möglichkeit erhält, mit der Erlaubnis auch kurzfristig die Aufnahmeeinrichtung für einen bestimmten Anlass zu verlassen. Die Entscheidung ist unter Berücksichtigung der Umstände des Einzelfalls zu treffen und im Falle einer Ablehnung zu begründen. Ist die Beschäftigung nach § 61 erlaubt, soll dem Ausländer die Erlaubnis zum Verlassen der Einrichtung für ein konkretes Vorstellungsgespräch oder für die Ausübung eines bestehenden Beschäftigungsverhältnisses erteilt werden. Im Übrigen soll die Erlaubnis nur erteilt werden, um eine zwingend gebotene sittliche Verpflichtung wahrzunehmen. Es muss keine Erlaubnis eingeholt werden, um Termine bei Behörden oder Gerichten wahrzunehmen, bei denen die Anwesenheit des Ausländers erforderlich ist. Bei minderjährigen Ausländern muss in Umsetzung von Artikel 16 der Richtlinie (EU) 2024/1346 für den Besuch einer Regelschule keine Erlaubnis eingeholt werden. Der Ausländer hat die anordnende Behörde vorab über solche Termine oder den Schulbesuch zu informieren. Das Verlassen der Aufnahmeeinrichtung sowie die Rückkehr in die Aufnahmeeinrichtung sind jeweils anzuzeigen.

Beschlussempfehlung (BT-Drs. 21/432): Eine Ausnahme von der Aufenthaltsverpflichtung in einem Sekundärmigrationszentrum soll dem Ausländer auch erteilt werden, wenn ein Verlassen der Aufnahmeeinrichtung erforderlich ist, um die zur Behandlung einer akuten Erkrankung erforderlichen ärztlichen Behandlungen wahrzunehmen. Dies gilt unabhängig davon, ob eine Beschränkung der Bewegungsfreiheit nur zur Nachtzeit oder auch während des Tages gilt.

Zu Absatz 6

In Absatz 6 wird die Möglichkeit der Anordnung einer Meldepflicht geregelt.

Zu Absatz 7

Absatz 7 regelt, dass die Anordnung einer Meldepflicht oder der Beschränkung der Bewegungsfreiheit schriftlich zu erlassen, zu begründen und mit einer Rechtsbehelfsbelehrung zu versehen ist. Hinsichtlich der Anhörung des Ausländers gilt § 28 des Verwaltungsverfahrensgesetzes. Über die Folgen eines Verstoßes gegen die durch die Anordnung nach Absatz 1 Satz 1 und Absatz 6 Satz 1 auferlegten Pflichten ist der Ausländer in präziser, transparenter, verständlicher und leicht zugänglicher Form sowie in klarer und einfacher Sprache zu unterrichten, die er versteht oder von der vernünftigerweise angenommen werden darf, dass er sie versteht.

Zu Absatz 8

Absatz 8 stellt schließlich klar, dass § 46 Abs. 1 des Aufenthaltsgesetzes unberührt bleibt.

Zu Absatz 9

Beschlussempfehlung (BT-Drs. 21/432): Durch die Aufnahme einer Verordnungsermächtigung soll den Ländern die Möglichkeit gegeben werden, die für die Anordnung einer Beschränkung der Bewegungsfreiheit oder einer Meldepflicht nach den Absätzen 1 und 6 zuständigen Behörden durch Rechtsverordnung der Landesregierung zu bestimmen.

§ 68a AsylG

NEU ab 12.06.2026
§ 68a Beschränkung der Bewegungsfreiheit in sonstigen Aufnahmeeinrichtungen; Verordnungsermächtigung
(1) Die nach Landesrecht zuständige Behörde kann im Einzelfall anordnen, dass sich ein Ausländer nur an dem nach § 47 Absatz 1 bestimmten Ort aufhalten darf. Die Anordnung ist zulässig, wenn dies verhältnismäßig und aus Gründen der öffentlichen Sicherheit und Ordnung oder, wenn Fluchtgefahr besteht, zur wirksamen Verhinderung einer Flucht des Ausländers erforderlich ist. Die Anordnung trägt der individuellen Situation des Ausländers, einschließlich seiner besonderen Bedürfnisse bei der Aufnahme, Rechnung. (2) Die anordnende Behörde kann dem Ausländer erlauben, sich vorübergehend außerhalb des in der Anordnung nach Absatz 1 Satz 1 festgelegten Ortes aufzuhalten. Die Entscheidung ist unter Berücksichtigung der Umstände des Einzelfalls zu treffen und im Fall einer Ablehnung zu begründen. Ist die Beschäftigung nach § 61 erlaubt, soll dem Ausländer die Erlaubnis für ein konkretes Vorstellungsgespräch oder für die Ausübung eines bestehenden Beschäftigungsverhältnisses erteilt werden. Die Erlaubnis soll dem Ausländer auch erteilt werden, um die zur Behandlung akuter Erkrankungen erforderlichen ärztlichen Behandlungen wahrzunehmen. Der Ausländer muss keine Erlaubnis einholen, um Termine bei Behörden oder Gerichten wahrzunehmen, bei denen seine Anwesenheit erforderlich ist, oder, wenn der Ausländer minderjährig ist, um eine Regelschule zu besuchen. Der Ausländer hat die anordnende Behörde vorab über solche Termine oder den Schulbesuch zu informieren. (3) Die nach Landesrecht zuständige Behörde kann, soweit erforderlich, anordnen, dass sich der Ausländer zu einem bestimmten Zeitpunkt oder in angemessenen Abständen bei einer Behörde meldet. Eine solche Meldepflicht kann angeordnet werden, um sicherzustellen, dass der Ausländer der Verpflichtung gemäß Absatz 1 Satz 1 nachkommt, oder um einen Ausländer wirksam an der Flucht zu hindern. Sie darf nicht zu einer unverhältnismäßigen Beeinträchtigung der Rechte des Ausländers nach der Richtlinie (EU) 2024/1346 führen. (4) Die Anordnung nach den Absätzen 1 und 3 ist schriftlich zu erlassen, zu begründen und mit einer Rechtsbehelfsbelehrung zu versehen. Die Anordnung der Beschränkung der Bewegungsfreiheit ist auf die nach § 47 Absatz 1, 1a oder 1c geltende Dauer der Verpflichtung, in der Aufnahmeeinrichtung zu wohnen, beschränkt. Innerhalb dieses Zeitraums ist eine mehrmalige Anordnung bis zu einer Höchstdauer von jeweils sechs Monaten zulässig. Die Anordnung der Beschränkung der Bewegungsfreiheit außerhalb der Nachtzeit ist nur bis zu einer Höchstdauer von insgesamt zwölf Monaten zulässig. Die Anordnung gegenüber minderjährigen Kindern, ihren Eltern oder anderen Sorgeberechtigten und ihren volljährigen, ledigen Geschwistern sowie nicht vollziehbar ausreisepflichtigen Ausländern darf nur zur Nachtzeit erfolgen. Über die Folgen eines Verstoßes gegen die durch die Anordnung nach Absatz 1 Satz 1 und Absatz 3 Satz 1 auferlegten Pflichten ist der Ausländer in präziser, transparenter, verständlicher und leicht zugänglicher Form sowie in klarer und einfacher Sprache zu unterrichten, die er versteht oder von der vernünftigerweise angenommen werden darf, dass er sie versteht. (5) § 46 Absatz 1 des Aufenthaltsgesetzes bleibt unberührt. (6) Die Landesregierungen werden ermächtigt, die für die Anordnung nach den Absätzen 1 und 3 zuständige Behörde durch Rechtsverordnung zu bestimmen.

Redaktionelle Hinweise zu den Neuerungen

Mit dem neuen § 68a AsylG schafft der Gesetzgeber erstmals eine eigenständige Rechtsgrundlage für die Beschränkung der Bewegungsfreiheit von Asylbewerbern in gewöhnlichen Aufnahmeeinrichtungen. Während § 68 AsylG speziell die sogenannten Sekundärmigrationszentren betrifft, erfasst § 68a die übrigen Aufnahmeeinrichtungen nach § 47 Abs. 1 AsylG.

Änderungen im AsylG

Die Vorschrift setzt insbesondere Art. 9 der Aufnahmerichtlinie (EU) 2024/1346 um und gehört zu den neuen Instrumenten, die das GEAS den Mitgliedstaaten zur Steuerung und Sicherung von Asylverfahren zur Verfügung stellt.

Absatz 1 erlaubt der zuständigen Behörde, im Einzelfall anzuordnen, dass sich ein Ausländer nur an dem ihm zugewiesenen Ort innerhalb der Aufnahmeeinrichtung aufhalten darf. Diese Maßnahme ist an klare Voraussetzungen gebunden: Eine Beschränkung der Bewegungsfreiheit ist nur zulässig, wenn sie:

- verhältnismäßig ist

  und

- aus Gründen der öffentlichen Sicherheit und Ordnung erforderlich ist (z. B. Einhaltung von Verteilentscheidungen, Sicherstellung einer geordneten Unterbringung, zügige Durchführung des Asylverfahrens)

  oder

- zur Verhinderung einer Flucht erforderlich ist.

Anders als bei § 68 AsylG besteht hier keine gesetzliche Vermutung der Fluchtgefahr (vgl. die Ausführungen dort).

Es ist daher stets eine individuelle Prüfung erforderlich, bei der die persönlichen Umstände des Betroffenen umfassend zu berücksichtigen sind. Dazu gehören insbesondere Alter, Gesundheitszustand, familiäre Bindungen und besondere Schutzbedürfnisse.

Bei minderjährigen Personen ist das Kindeswohl vorrangig zu berücksichtigen.

Wie bereits bei § 68 AsylG ist auch hier klarzustellen, dass es sich nicht um eine Freiheitsentziehung handelt, sondern um eine Beschränkung der Bewegungsfreiheit. Der Betroffene wird also nicht in Haft genommen, sondern verpflichtet, sich an einem bestimmten Ort aufzuhalten. Gleichzeitig sieht Absatz 2 ein umfangreiches Ausnahmesystem vor. Der Betroffene kann im Einzelfall die Erlaubnis erhalten, die Einrichtung vorübergehend zu verlassen. Diese Entscheidung ist unter Berücksichtigung der konkreten Umstände zu treffen und muss im Falle einer Ablehnung begründet werden. Die Erlaubnis soll (Ermessensreduktion!) regelmäßig erteilt werden, wenn

- sie im Zusammenhang mit einer erlaubten Beschäftigung steht (z. B. Vorstellungsgespräch) oder
- für notwendige medizinische Behandlungen erforderlich ist.

Darüber hinaus ist für bestimmte Tätigkeiten keine vorherige Erlaubnis notwendig, etwa für Termine bei Behörden oder Gerichten oder für den Schulbesuch minderjähriger Kinder. Minderjährigen darüberhinaus grundsätzlich auch die Teilnahme ermöglicht werden an (siehe dazu auch unten die Gesetzesbegründung, die über den Normtext hinausgeht):

- schulischen Veranstaltungen außerhalb der Schule
- sportlichen Aktivitäten
- kulturellen Aktivitäten
- Freizeitangeboten

Ergänzend kann die Behörde Meldepflichten anordnen, um die Einhaltung der Aufenthaltsvorgaben zu überwachen und eine mögliche Flucht zu verhindern (Absatz 3). Auch hier gilt, dass solche Maßnahmen verhältnismäßig sein müssen und die Rechte des Betroffenen nicht unangemessen beeinträchtigen dürfen.

Jede Anordnung muss schriftlich erfolgen, begründet werden und eine Rechtsbehelfsbelehrung enthalten. Zudem ist der Betroffene verständlich über seine Pflichten und die Folgen eines Verstoßes zu informieren (Absatz 4).

Nach Absatz 4 ist die Anordnung grundsätzlich auf maximal sechs Monate befristet, kann aber mehrfach verlängert werden, solange die Pflicht zur Unterbringung in der Aufnahmeeinrichtung besteht. Gleichzeitig gibt es eine Obergrenze für weitergehende Einschränkungen, insbesondere wenn diese auch außerhalb der Nachtzeit gelten. Für bestimmte Personengruppen, vor allem Familien mit minderjährigen Kindern sowie nicht vollziehbar ausreisepflichtige Personen, ist eine Beschränkung regelmäßig nur während der Nacht zulässig. Diese Differenzierung stellt sicher, dass besonders schutzbedürftige Personen nicht unverhältnismäßig belastet werden.

Gesetzesbegründung zu § 68a AsylG (BT-Drs. 21/1848)

Artikel 35 Absatz 1 Unterabsatz 1 der Richtlinie (EU) 2024/1346 regelt die Erforderlichkeit der Umsetzung der Artikel 9 ff. der Richtlinie (EU) 2024/1346. Eine Umsetzung der Regelungen – hier der Beschränkung der Bewegungsfreiheit im Sinne der Neufassung des § 68a – hat zu erfolgen, da diese bisher nicht im nationalen Recht abgebildet sind.

Eine Anordnung der Beschränkung der Bewegungsfreiheit in Aufnahmeeinrichtungen ist nur dann zulässig, wenn dies aus Gründen der öffentlichen Sicherheit und Ordnung oder, wenn Fluchtgefahr besteht, zur wirksamen Verhinderung einer Flucht des Ausländers erforderlich ist. Die Anordnung der Maßnahme ist daher nur auf einen beschränkten Personenkreis anwendbar.

§ 68a schränkt die Bewegungsfreiheit der Person ein; eine Freiheitsentziehung im Sinne von Artikel 104 Absatz 2 des Grundgesetzes, wonach die Bewegungsfreiheit nach jeder Richtung hin aufgehoben wird (BverfGE 149, 293, 319), ist hiermit nicht verbunden. Der von § 68a erfasste Personenkreis wird nicht mit Zwangsmaßnahmen daran gehindert, den bestimmten Ort zu verlassen. Ein psychisch vermittelter Zwang, der einem unmittelbar wirkenden physischen Zwang gleichkommt (BverfG, Beschluss vom 19.11.2021 – 1 BvR 781/21, 246 ff.) liegt ebenfalls nicht vor. Ein Ausländer, der sich der Anordnung widersetzt, kann leistungsrechtlich sanktioniert werden (vgl. § 1a des Asylbewerberleistungsgesetzes); Leistungen werden nur am rechtmäßigen Aufenthaltsort gewährt (vgl. § 11 des Asylbewerberleistungsgesetzes). Außerdem kann er den Ort im Sinne des § 68a Absatz 1 Satz 1 in den in Absatz 2 geregelten Fällen verlassen. Eingriffe in die Freiheit der Person im Sinne des Artikel 2 Absatz 2 Satz 2 GG sind nur unter strengen Voraussetzungen zulässig. Die Einzelfallbewertung für die Anordnung der Beschränkung der Bewegungsfreiheit muss daher die tatsächlichen und rechtlichen Umstände miteinbeziehen.

Zu Absatz 1

Mit Absatz 1 wird Artikel 9 Absatz 1 und 4 der Richtlinie (EU) 2024/1346 umgesetzt. § 68a Absatz 1 stellt klar, dass die Beschränkung der Bewegungsfreiheit in der Aufnahmeeinrichtung vollzogen wird, in der die Wohnpflicht nach § 47 Absatz 1 besteht. Mit der Bezugnahme in § 47 Absatz 1 Satz 1 auf § 14 Absatz 1 werden grundsätzlich alle asylbegehrenden Ausländer erfasst; ausgenommen hiervon sind die im Katalog des § 14 Absatz 2 aufgeführten Ausländer. Die Wohnverpflichtung lebt nach § 47 Absatz 1 Satz 2 wieder auf, wenn die Voraussetzungen nach § 14 Absatz 2 Satz 1 Nummer 2 vor der Entscheidung des Bundesamtes entfallen. Artikel 9 Absatz 1 der Richtlinie (EU) 2024/1346 regelt die Möglichkeit der Beschränkung der Bewegungsfreiheit „aus Gründen der öffentlichen Ordnung". Entsprechend der üblichen Rechtsterminologie im nationalen Recht regelt

§ 68a Absatz 1, dass die Anordnung „aus Gründen der öffentlichen Sicherheit und Ordnung" erfolgen kann. Unter den Begriff der öffentlichen Ordnung können hierbei insbesondere die Einhaltung von Verteilentscheidungen oder die zügige Durchführung des Asylverfahrens fallen.

Hinsichtlich der weiteren Voraussetzungen, insbesondere, dass die Anordnung der genannten Pflichten verhältnismäßig sein muss und unter Berücksichtigung der individuellen Situation des Ausländers, einschließlich seiner besonderen Bedürfnisse bei der Aufnahme, ergeht, wird auf den Normtext in Absatz 1 verwiesen. Bei minderjährigen Ausländern ist im Rahmen der Verhältnismäßigkeitsprüfung vorrangig das Kindeswohl zu berücksichtigen. Bei maßgeblichen Änderungen der individuellen Situation des Ausländers, insbesondere bei Gefahren für Leib oder Leben sind unverzüglich die notwendigen und verhältnismäßigen Maßnahmen, wie etwa eine räumliche Separierung in der Liegenschaft oder eine Umverteilung in eine sonstige Aufnahmeeinrichtung, zu treffen. Sind solche Maßnahmen nicht möglich oder nicht ausreichend, kommen die Vorschriften des Verwaltungsverfahrensgesetzes zur Aufhebung oder Änderung von Verwaltungsakten zum Tragen. Das kann beispielsweise im Falle häuslicher oder sexualisierter Gewalt der Fall sein.

Zu Absatz 2

Mit Absatz 2 wird Artikel 9 Absatz 3 der Richtlinie (EU) 2024/1346 umgesetzt. Eine schriftliche oder mündliche formlose Äußerung, aus der erkennbar ist, dass der Ausländer sich vorübergehend außerhalb der Aufnahmeeinrichtung aufhalten möchte, reicht aus. Die anordnende Behörde hat dem Ausländer die Möglichkeit zu geben, vor Entscheidungsfindung seine konkreten Anliegen schriftlich oder mündlich vorzubringen. Ausländern mit einem Arbeitsmarktzugang soll die Erlaubnis für die Wahrnehmung eines konkreten Vorstellungsgesprächs oder für die Ausübung eines bereits bestehenden Beschäftigungsverhältnisses erteilt werden. Es muss keine Erlaubnis eingeholt werden, um Termine bei Behörden oder Gerichten wahrzunehmen, bei denen die Anwesenheit des Ausländers erforderlich ist. Bei minderjährigen Ausländern muss in Umsetzung von Artikel 16 der Richtlinie (EU) 2024/1346 für den Besuch einer Regelschule keine Erlaubnis eingeholt werden. Der Ausländer hat die anordnende Behörde vorab über solche Termine oder den Schulbesuch zu informieren. Zudem soll Minderjährigen grundsätzlich die Teilnahme an mit dem Besuch einer Regelschule verbundenen schulischen Aktivitäten (insbesondere an weiteren Orten) oder außerschulische (zum Beispiel sportliche oder kulturelle) Aktivitäten erteilt werden. Weitere Fälle sind Freizeitbeschäftigungen, einschließlich altersgerechter Spiel- und Erholungsmöglichkeiten. Familienmitglieder sollen zur Begleitung grundsätzlich ebenfalls eine Erlaubnis erteilt bekommen.

Beschlussempfehlung (BT-Drs. 21/4321): Entsprechend der Regelung in § 68 Absatz 5 soll dem Ausländer auch in regulären Erstaufnahmeeinrichtungen eine Erlaubnis zum Verlassen der Einrichtung erteilt werden, wenn dies erforderlich ist, um die zur Behandlung einer akuten Erkrankung erforderlichen ärztlichen Behandlungen wahrzunehmen

Zu Absatz 3

Mit Absatz 3 wird Artikel 9 Absatz 2 der Richtlinie (EU) 2024/1346 umgesetzt und die Möglichkeit der Anordnung einer Meldepflicht geregelt.

Zu Absatz 4

Mit der Neufassung von Absatz 4 wird Artikel 9 Absatz 5 der Richtlinie (EU) 2024/1346 umgesetzt, wonach die Anordnung einer Meldepflicht oder der Beschränkung der Bewegungsfreiheit schriftlich zu erlassen, zu begründen und mit einer Rechtsbehelfsbelehrung zu versehen ist. Hinsichtlich der Anhörung des Ausländers gilt § 28 des Verwaltungsverfahrensgesetzes.

Absatz 4 regelt zudem die zulässige Dauer der Anordnung einer Beschränkung der Bewegungsfreiheit. Diese ist lediglich für einen Zeitraum von bis zu sechs Monaten zulässig, kann jedoch nach Ablauf dieser Frist mehrmalig um bis zu jeweils sechs Monate verlängert werden. Die Gesamthöchstdauer der Beschränkung der Bewegungsfreiheit darf die nach § 47 Absatz 1, 1a oder 1c AsylG geltende Dauer der Verpflichtung, in der Aufnahmeeinrichtung zu wohnen, nicht überschreiten. Die Anordnung der Beschränkung der Bewegungsfreiheit außerhalb der Nachtzeit ist zudem nur bis zu einer Höchstdauer von insgesamt zwölf Monaten zulässig. Aus Gründen der Verhältnismäßigkeit erfolgt im Rahmen des § 68 (Beschränkung der Bewegungsfreiheit in Aufnahmeeinrichtungen zur Durchführung von Verfahren bei Sekundärmigration) eine Beschränkung der Bewegungsfreiheit gegenüber minderjährigen Kindern und ihren Eltern oder anderen Sorgeberechtigten sowie ihren volljährigen, ledigen Geschwistern nur zur Nachtzeit, auch wenn insoweit die Fluchtgefahr vermutet wird (§ 68 Absatz 4 Satz 1 Nummer 1). Für die Personengruppe der nicht vollziehbar ausreisepflichtigen Ausländer gilt dies ebenfalls. Diese aus Gründen der Verhältnismäßigkeit erfolgten Wertungen sind auch im Rahmen des § 68a berücksichtigt, wenn die Fluchtgefahr positiv festgestellt wurde.

Zu Absatz 5

Die Möglichkeit aufenthaltsrechtliche Ordnungsverfügungen nach § 46 Absatz 1 des Aufenthaltsgesetzes zu erlassen bleibt unberührt. § 46 Absatz 1 AufenthG eröffnet einen weiteren Kreis an Anordnungsmöglichkeiten, sodass neben der Anordnung nach Absatz 2 noch weitere Anordnungen nach § 46 Absatz 1 AufenthG möglich sind.

Zu Absatz 6

Beschlussempfehlung (BT-Drs. 21/4321): Durch die Aufnahme einer Verordnungsermächtigung soll den Ländern die Möglichkeit gegeben werden, die für die Anordnung einer Beschränkung der Bewegungsfreiheit oder einer Meldepflicht nach den Absätzen 1 und 3 zuständigen Behörden durch Rechtsverordnung der Landesregierung zu bestimmen.

§ 69 AsylG

bis 11.06.2026	ab 12.06.2026
§ 69 *(weggefallen)*	**§ 69 Asylverfahrenshaft; Verordnungsermächtigung**
	(1) Ein Ausländer darf während des Asylverfahrens auf richterliche Anordnung nur in Haft genommen werden (Asylverfahrenshaft),
	1. **wenn im Rahmen der Überprüfung des Ausländers gemäß Artikel 5 oder 7 der Verordnung (EU) 2024/1356 seine Identität oder Staatsangehörigkeit aus von ihm zu vertretenden Gründen nicht festgestellt werden konnte und konkrete Anhaltspunkte dafür vorliegen, dass er sich der Nachholung dieser Feststellung im Asylverfahren entziehen wird, indem er untertaucht,**
	2. **um sicherzustellen, dass der Ausländer die ihm durch eine Anordnung nach § 68 Absatz 1 Satz 1 oder Absatz 6 Satz 1 oder nach § 68a Absatz 1 Satz 1 oder Absatz 3 Satz 1 auferlegten rechtlichen Pflichten erfüllt, wenn er diesen Pflichten nicht nachgekommen ist und weiterhin Fluchtgefahr besteht,**
	3. **wenn im Rahmen eines Asylgrenzverfahrens über das Recht des Ausländers zur Einreise in das Hoheitsgebiet zu entscheiden ist und konkrete Anhaltspunkte dafür bestehen, dass er untertaucht und dadurch die Durchführung des Asylgrenzverfahrens vereitelt,**
	4. **wenn der Ausländer sich auf Grund eines Rückkehrverfahrens gemäß der Richtlinie 2008/115/EG zur Vorbereitung seiner Rückführung oder Fortsetzung des Abschiebungsverfahrens in Haft befindet und auf Grund konkreter Anhaltspunkte angenommen werden kann, dass er den Asylantrag nur stellt, um die Vollstreckung der Rückkehrentscheidung zu verzögern oder zu vereiteln; ein konkreter Anhaltspunkt ist insbesondere die Tatsache, dass der Ausländer bereits Zugang zum Asylverfahren hatte,**
	5. **wenn von dem Ausländer eine erhebliche Gefahr für Leib und Leben Dritter oder bedeutende Rechtsgüter der inneren Sicherheit ausgeht.**
	In den Fällen des Satzes 1 Nummer 5 beträgt die höchstzulässige Dauer der Haft jeweils einen Monat und kann jeweils bis zu einer Gesamtdauer von zwei Monaten verlängert werden.

bis 11.06.2026	ab 12.06.2026
§ 69 *(weggefallen)*	**§ 69 Asylverfahrenshaft; Verordnungsermächtigung**
	(2) Die Anordnung von Asylverfahrenshaft ist unzulässig, wenn sie als Mittel der Zweckerreichung nicht geeignet oder nicht verhältnismäßig ist oder wenn der Zweck der Haft durch ein milderes Mittel erreicht werden kann. Ein milderes Mittel als Haft kann auch die Leistung einer angemessenen Sicherheit durch den Ausländer oder einen Dritten darstellen. Auf das Verfahren zur Aussetzung der Haft gegen Sicherheitsleistung findet § 116a der Strafprozessordnung entsprechend Anwendung. Die Inhaftnahme ist auf die kürzestmögliche Dauer zu beschränken. Verwaltungsverfahren, auf die Absatz 1 Bezug nimmt, werden mit der gebotenen Sorgfalt durchgeführt. Eine Verlängerung der Haft auf Grund von Verzögerungen in diesen Verwaltungsverfahren ist nur zulässig, wenn diese dem Ausländer zuzurechnen sind.
	(3) Die Anordnung von Asylverfahrenshaft ist durch die nach Landesrecht zuständige Behörde zu beantragen. Die Landesregierungen werden ermächtigt, die für die Beantragung nach Satz 1 zuständige Behörde durch Rechtsverordnung zu bestimmen. Liegen dem Bundesamt Anhaltspunkte dafür vor, dass die Voraussetzungen nach Absatz 1 vorliegen, teilt es diese der für den Haftantrag zuständigen Behörde mit.
	(4) Die für den Haftantrag zuständige Behörde kann einen Ausländer ohne vorherige richterliche Anordnung festhalten und vorläufig in Gewahrsam nehmen, wenn
	1. dringende Gründe für die Annahme bestehen, dass die Voraussetzungen für die Anordnung von Haft nach Absatz 1 gegeben sind,
	2. die richterliche Entscheidung über die Anordnung der Haft nicht vorher eingeholt werden kann und
	3. der begründete Verdacht vorliegt, dass sich der Ausländer der Anordnung der Haft entziehen will.
	Die Maßnahmen nach Satz 1 sind schriftlich anzuordnen. Der Ausländer ist unverzüglich dem Richter zur Überprüfung der Rechtmäßigkeit der Inhaftnahme und zur Entscheidung über die Fortdauer der Haft vorzuführen. Ist die Fortdauer der Haft nicht bis zum Ablauf des auf die Inhaftnahme folgenden Tages durch richterliche Entscheidung angeordnet, ist der Ausländer freizulassen.

Änderungen im AsylG

Redaktionelle Hinweise zu den Neuerungen

Erstmals wird mit § 69 AsylG eine eigenständige „Asylverfahrenshaft" normiert, also die Möglichkeit, einen Ausländer bereits während des laufenden Asylverfahrens in Haft zu nehmen. Anders als bisher wird Haft damit nicht mehr nur im Rückführungs- oder Abschiebungskontext geregelt, sondern unmittelbar als Instrument zur Sicherung des Asylverfahrens selbst.

Eine solche Haft nur auf richterliche Anordnung zulässig (zur Abgrenzung zum vorläufigen Gewahrsam siehe unten die Erläuterung zu Absatz 3). Die Behörde kann die Haft also nicht selbst anordnen, sondern lediglich beantragen. Dies entspricht den verfassungsrechtlichen Anforderungen und stellt sicher, dass jeder Freiheitsentzug einer gerichtlichen Kontrolle unterliegt.

Absatz 1 beschränkt die Asylverfahrenshaft auf bestimmte, konkret benannte Fallkonstellationen. Maßgeblich ist dabei stets, dass konkrete Anhaltspunkte für eine Entziehungsgefahr bestehen oder ein besonders gewichtiger Sicherungszweck vorliegt.

Eine wichtige Fallgruppe betrifft die Situation, dass die Identität des Ausländers im Rahmen der unionsrechtlichen Überprüfung nicht festgestellt werden konnte und der Betroffene dies selbst zu vertreten hat. Wenn zusätzlich Anzeichen dafür bestehen, dass er sich einer weiteren Klärung entziehen könnte, kann Haft angeordnet werden.

Eine weitere grundlegende Neuerung ist die Verknüpfung mit den zuvor eingeführten Maßnahmen zur Aufenthaltssteuerung. Hat die Behörde bereits eine Bewegungsbeschränkung oder Meldepflicht angeordnet und hält sich der Betroffene nicht daran, kann als letztes Mittel die Haft in Betracht kommen, sofern weiterhin Fluchtgefahr besteht. Eine Haftanordnung setzt also regelmäßig voraus, dass zuvor weniger eingreifende Maßnahmen erfolglos geblieben sind.

Besondere Bedeutung kommt der Regelung für das Asylverfahren an der Grenze zu. Wenn über die Einreise entschieden wird und konkrete Anzeichen bestehen, dass der Betroffene sich dem Verfahren entziehen könnte, kann ebenfalls Haft angeordnet werden. Dies dient dazu, die Durchführung des Grenzverfahrens zu sichern und zu verhindern, dass der Betroffene untertaucht, bevor über seine Einreise entschieden ist.

Ebenfalls neu ist die Möglichkeit, Haft in Fällen missbräuchlicher Asylantragstellung anzuordnen. Dies betrifft insbesondere Personen, die sich bereits in einem Rückkehrverfahren, in Abschiebungshaft, befinden und den Asylantrag erkennbar nur stellen, um die Abschiebung zu verhindern oder zu verzögern.

Schließlich enthält der Katalog eine sicherheitsrechtlich geprägte Fallgruppe. Wenn von dem Ausländer eine erhebliche Gefahr für Leib und Leben Dritter oder für wichtige Sicherheitsinteressen ausgeht, kann ebenfalls Haft angeordnet werden. Diese Fälle sind besonders sensibel und unterliegen zusätzlichen zeitlichen Begrenzungen, sodass die Haft hier nur für einen vergleichsweise kurzen Zeitraum zulässig ist.

Ein zentrales Element ist der Verhältnismäßigkeitsgrundsatz, geregelt in Absatz 2. Die Haft darf nur angeordnet werden, wenn sie geeignet und erforderlich ist und wenn kein milderes Mittel zur Verfügung steht. Als solches milderes Mittel kommt insbesondere eine Sicherheitsleistung in Betracht. Zudem ist die Haft auf die kürzest mögliche Dauer zu beschränken und darf nicht aufgrund von Verzögerungen verlängert werden, die nicht vom Betroffenen zu vertreten sind. Haft muss also stets das letzte Mittel bleiben und laufend überprüft werden, ob sie noch gerechtfertigt ist.

Die Zuständigkeitsverteilung ist in Absatz 3 geregelt. Die Haft wird von den nach Landesrecht bestimmten Behörden beantragt, während das Bundesamt zwar nicht selbst antragsbefugt ist, aber relevante Informationen weitergeben muss, wenn im Verfahren Anhaltspunkte für Haftgründe bekannt werden. Dies führt zu einer engeren Zusammenarbeit zwischen Bundesamt und Landesbehörden.

Absatz 4 ermöglicht eine vorläufige Ingewahrsamnahme ohne richterliche Entscheidung, allerdings nur unter sehr engen Voraussetzungen. Dieser vorläufige Gewahrsam dient dazu, kurzfristig ein Untertauchen zu verhindern, wenn eine richterliche Entscheidung nicht rechtzeitig eingeholt werden kann. Gleichzeitig wird sichergestellt, dass sehr schnell eine gerichtliche Überprüfung erfolgt, da die Person andernfalls wieder freizulassen ist.

Gesetzesbegründung zu § 69 AsylG (BT-Drs. 21/1848 und BT-Drs. 21/4321)

Artikel 35 Absatz 1 Unterabsatz 1 der Richtlinie (EU) 2024/1346 regelt die Erforderlichkeit der Umsetzung der Artikel 9 ff. der Richtlinie (EU) 2024/1346. Eine Umsetzung der Regelungen – hier der Asylverfahrenshaft im Sinne der Neufassung des § 69 – hat zu erfolgen, da diese bisher nicht im nationalen Recht abgebildet sind.

Zu Absatz 1

Mit der Neufassung von Absatz 1 werden Artikel 10 Absatz 1 und Absatz 4 der Richtlinie (EU) 2024/1346 umgesetzt. Die Haft im Zuständigkeitsbestimmungsverfahren gemäß Artikel 44 der Verordnung (EU) 2024/1351 bleibt weiterhin in § 2 Absatz 14 AufenthG geregelt.

Absatz 1 Nummer 1 betrifft Fälle, in denen eine Person, die an der gem. Artikel 5 oder 7 der Verordnung (EU) 2024/1356 erforderlichen Überprüfung mitzuwirken verpflichtet ist, sich dieser aus von ihr zu vertretenen Gründen entziehen will, und damit über ihre Identität täuscht oder diese verschleiert. Es besteht eine Entziehungsgefahr wegen Identitätstäuschung bzw. -verschleierung. Absatz 1 Nummer 1 erweitert die Sicherung, Feststellung und Überprüfung der Identität durch erkennungsdienstliche Maßnahmen nach § 16 AsylG um die neue Möglichkeit der Anordnung von Asylverfahrenshaft in den Fällen einer Überprüfung nach Artikel 5 oder 7 der Verordnung (EU) 2024/1356 bei Vorliegen der weiteren Voraussetzungen. Die Identitätsfeststellung ist für die Durchführung des Asylverfahrens wesentlich. Wenn die Feststellung aus vom Ausländer zu vertretenden Gründen bislang nach Artikel 5 oder 7 der Verordnung (EU) 2024/1356 nicht erfolgt ist, kann sie nun durch die Anordnung von Asylverfahrenshaft nachgeholt werden.

Absatz 1 Nummer 2 betrifft Fälle der Durchsetzung der Beschränkung der Bewegungsfreiheit eines Ausländers bei weiterhin bestehender Fluchtgefahr.

Absatz 1 Nummer 3 betrifft Fälle der Sicherung der Anwesenheit des Ausländers für die Dauer der Entscheidung über die Einreise in das Hoheitsgebiet im Rahmen eines Verfahrens an der Grenze nach § 18a.

Absatz 1 Nummer 4 betrifft Fälle der Sicherung der Vollstreckung der bereits gegenüber einem Ausländer ergangenen Rückkehrentscheidung. Es wird der Fall geregelt, dass Abschiebungshaft vorliegt und aufgrund konkreter Anhaltspunkte angenommen werden kann, dass die neue Asylantragstellung missbräuchlich ist, d. h. der Ausländer den Asylantrag nur stellt, um die Vollstreckung der Rückkehrentscheidung zu verzögern oder zu vereiteln. Ein konkreter Anhaltspunkt ist insbesondere die Tatsache, dass der Ausländer bereits Zugang zum Asylverfahren hatte. Das ist insbesondere dann der Fall, wenn der Ausländer einen Asylantrag zurückgenommen hat, oder das Asylverfahren des Ausländers rechtskräftig abgeschlossen ist.

Absatz 1 Nummer 5 betrifft Fälle, in denen von dem Ausländer eine erhebliche Gefahr für Leib und Leben Dritter oder bedeutender Rechtsgüter der inneren Sicherheit ausgeht. Die Hafthöchstdauer in Absatz 1 Satz 2 orientiert sich an Artikel 20 Absatz 2 des Gesetzes über die Aufgaben und Befugnisse der Bayerischen Polizei.

Änderungen im AsylG

Zu Absatz 2

Mit der Neufassung von Absatz 2 werden Artikel 10 Absatz 2, 5 und Artikel 11 Absatz 1 der Richtlinie (EU) 2024/1346 umgesetzt.

Zu Absatz 3

Mit der Neufassung von Absatz 3 wird die Zuständigkeit für die Beantragung der Anordnung von Haft nach Artikel 11 Absatz 2 der Richtlinie (EU) 2024/1346 umgesetzt. Anhaltspunkte für das Vorliegen der Voraussetzungen der Fluchtgründe des Absatz 1 können während des Asylverfahrens auch zunächst beim Bundesamt offenbar werden. Das dürfte aufgrund der Zuständigkeit des Bundesamts vor allem bei der Antragstellung und während der Anhörung der Fall sein. Da das Bundesamt selbst nicht antragsbefugt für die Anordnung der Asylverfahrenshaft ist, ist zur Effektivierung der Anordnung der Asylverfahrenshaft und zur Beschleunigung der Anordnung erforderlich, dass das Bundesamt die im Rahmen seiner Aufgaben offenbarten Erkenntnisse nach Absatz 3 Satz 2 an die für den Haftantrag zuständige Landesbehörde übermitteln darf.

Im deutschen Recht entspricht Artikel 11 Absatz 2 der Richtlinie (EU) 2024/1346 der Antragsbefugnis im Sinne des § 417 Absatz 1 des Gesetzes über das Verfahren in Familiensachen und in den Angelegenheiten der freiwilligen Gerichtsbarkeit (FamFG).

Nach der allgemeinen grundgesetzlichen Kompetenzverteilung (Artikel 83 des Grundgesetzes) sind die Länder für den Vollzug der Asylverfahrenshaft zuständig; eine Zuständigkeit des Bundes für den Vollzug besteht nicht.

Nach ebendiesem Grundsatz sind die Länder zuständig für weitere Vollzugsaufgaben, die bei der Asylverfahrenshaft anfallen können. Dazu zählen insbesondere die Fahndung, die Festnahme, die Bewachung und der Transport des Ausländers. Die entsprechend zuständigen Behörden sind durch Landesrecht zu bestimmen.

Nach § 69 Absatz 3 gilt für die Bestimmung der örtlichen Zuständigkeit eines Amtsgerichts § 416 FamFG, nach der das Gericht zuständig ist, in dessen Bezirk die Person, der die Freiheit entzogen werden soll, ihren gewöhnlichen Aufenthalt hat, sonst das Gericht, in dessen Bezirk das Bedürfnis für die Freiheitsentziehung entsteht.

Beschlussempfehlung (BT-Drs. 21/4321): Durch die Aufnahme einer Verordnungsermächtigung soll den Ländern die Möglichkeit gegeben werden, die für die Beantragung der Asylverfahrenshaft zuständige Behörde durch Rechtsverordnung der Landesregierung zu bestimmen.

Zu Absatz 4

Absatz 4 ist eine Regelung zur vorläufigen Ingewahrsamnahme. Entsprechend der Ausführungen zu Absatz 3 gilt nach der allgemeinen grundgesetzlichen Kompetenzverteilung (Artikel 83 des Grundgesetzes), dass die Länder für die o. g. Vollzugsaufgaben zuständig sind. Die Zuständigkeit der gemäß Absatz 3 bestimmten Behörden erstreckt sich auch auf die entsprechenden Aufgaben bei der vorläufigen Festnahme.

Artikel 11 Absatz 6 der Richtlinie (EU) 2024/1346 regelt, dass der Antragsteller unter den in Artikel 29 genannten Voraussetzungen unentgeltliche Rechtsberatung und -vertretung in Anspruch nehmen kann. Dies entspricht der im nationalen Recht geregelten Prozesskostenhilfe. Artikel 11 Absatz 6 in Verbindung mit Artikel 29 Absatz 3 Unterabsatz 1 der Richtlinie (EU) 2024/1346 erlaubt es, die Gewährung von Prozesskostenhilfe von finanzieller Bedürftigkeit sowie von hinreichenden Erfolgsaussichten der Rechtsverfolgung abhängig zu machen, was in § 166 VwGO i. V. m. den §§ 114 ff. ZPO beziehungsweise § 76 FamFG i. V. m. den §§ 114 ff. ZPO abgebildet ist.

§ 70 AsylG

bis 11.06.2026	ab 12.06.2026
§ 70 *(weggefallen)*	**§ 70 Vollzug der Asylverfahrenshaft**
	(1) Die Haft nach § 69 wird grundsätzlich in speziellen Hafteinrichtungen vollzogen. Sind spezielle Hafteinrichtungen nicht vorhanden oder ist der Vollzug in einer speziellen Hafteinrichtung nicht ausreichend, um eine von dem Ausländer ausgehende erhebliche Gefahr für Leib und Leben Dritter oder bedeutende Rechtsgüter der inneren Sicherheit abzuwehren, kann sie in sonstigen Haftanstalten vollzogen werden; der in Haft genommene Ausländer ist in diesem Fall getrennt von Strafgefangenen unterzubringen. Ein in Haft genommener Ausländer wird, soweit möglich, getrennt von anderen Ausländern, die keinen Asylantrag eingereicht haben, untergebracht.
	(2) Mitarbeiter des Hohen Flüchtlingskommissars der Vereinten Nationen und des Vertreters des Hohen Flüchtlingskommissars der Vereinten Nationen in Deutschland sowie Vertreter anderer internationaler Organisationen oder nationaler Einrichtungen, denen nach völkerrechtlichen Vereinbarungen der Besuch in diesen Einrichtungen zu gestatten ist, können mit dem in Haft genommenen Ausländer Verbindung aufnehmen und ihn besuchen. Der Schutz der Privatsphäre ist hierbei zu gewährleisten.
	(3) Familienangehörige im Sinne des Artikels 2 Nummer 3 der Richtlinie (EU) 2024/1346, Rechtsbeistand oder Rechtsberater und Mitarbeiter von anerkannten einschlägig tätigen Nichtregierungsorganisationen können mit dem in Haft genommenen Ausländer Kontakt aufnehmen und ihn besuchen. Der Schutz der Privatsphäre ist hierbei zu gewährleisten. Unbeschadet des § 12c darf der Zugang zur Hafteinrichtung nur dann eingeschränkt werden, wenn dies für die Gewährleistung der öffentlichen Sicherheit und Ordnung oder die Gewährleistung der Funktionsfähigkeit der Hafteinrichtung objektiv erforderlich ist und der Zugang dadurch nicht wesentlich erschwert oder unmöglich gemacht wird.

Änderungen im AsylG

bis 11.06.2026	ab 12.06.2026
§ 70 *(weggefallen)*	**§ 70 Vollzug der Asylverfahrenshaft**
	(4) Ein in Haft genommener Ausländer ist unverzüglich schriftlich und in einer Sprache, die er versteht oder von der vernünftigerweise vorausgesetzt werden darf, dass er sie versteht, über die Gründe für die Haft und die im nationalen Recht vorgesehenen Verfahren für die Einlegung eines Rechtsmittels gegen die Haftanordnung sowie über die Möglichkeit, unentgeltlich Rechtsberatung und -vertretung in Anspruch zu nehmen, zu informieren. Ein in Haft genommener Ausländer ist systematisch über die in der Einrichtung geltenden Regeln sowie über seine Rechten und Pflichten in einer Sprache zu informieren, die er versteht oder von der vernünftigerweise vorausgesetzt werden darf, dass er sie versteht. In hinreichend begründeten Ausnahmefällen kann von der Verpflichtung nach Satz 2 für einen angemessenen Zeitraum, der so kurz wie möglich sein sollte, abgewichen werden, falls der in Haft genommene Ausländer an einer Grenzstelle oder in einer Transitzone in Haft genommen wird. Dies gilt nicht für Fälle nach Artikel 43 der Verordnung (EU) 2024/1348.

Redaktionelle Hinweise zu den Neuerungen

Der neue § 70 AsylG steht in engem Zusammenhang mit der gleichzeitig geschaffenen Asylverfahrenshaft nach § 69 AsylG. Während § 69 die Voraussetzungen für die Anordnung von Haft regelt, bestimmt § 70 die konkreten Bedingungen, unter denen diese Haft vollzogen wird.

Absatz 1 regelt die Organisation des Haftvollzugs. Grundsätzlich ist vorgesehen, dass die Asylverfahrenshaft in speziellen Hafteinrichtungen vollzogen wird. Damit soll sichergestellt werden, dass sich die Haftbedingungen an den besonderen Anforderungen des Asylverfahrens orientieren und sich von der Strafhaft unterscheiden. Nur wenn solche Einrichtungen nicht vorhanden sind oder im Einzelfall nicht ausreichen, etwa bei besonderen Sicherheitslagen, kann der Vollzug ausnahmsweise in anderen Haftanstalten erfolgen. In diesem Fall ist jedoch zwingend darauf zu achten, dass die Betroffenen getrennt von Strafgefangenen untergebracht werden. Eine Vermischung mit dem Strafvollzug soll also grundsätzlich vermieden werden.

Darüber hinaus verlangt Absatz 1 auch innerhalb der Haft eine Differenzierung. Soweit möglich, sollen Ausländer im Asylverfahren getrennt von anderen inhaftierten Ausländern untergebracht werden, die keinen Asylantrag gestellt haben. Auch hier wird der besondere Status des Asylverfahrens berücksichtigt und eine möglichst angepasste Unterbringung angestrebt.

Absatz 2 und Absatz 3 sollen die Rechte der Betroffenen während der Haft sicherstellen. So ist geregelt, dass internationale Organisationen, insbesondere der Hohe Flüchtlingskommissar der Vereinten Nationen, Zugang zu den inhaftierten Personen erhalten und Kontakt mit ihnen aufnehmen können. Ebenso wird gewährleistet, dass Familienangehörige, Rechtsbeistände und einschlägige Nichtregierungsorganisationen die Betroffenen besuchen können. Ein Zugang zu diesen Personen ist von den Behörden nicht als Ausnahme, sondern als Regelfall zu organisieren ist und darf nur ausnahmsweise eingeschränkt werden, etwa aus Gründen der Sicherheit oder zur Aufrechterhaltung des Betriebs der Einrichtung.

Der Schutz der Privatsphäre ist zu beachten (Absatz 3). Kontakte und Besuche müssen so gestaltet werden, dass sie vertraulich stattfinden können. Dies ist insbesondere für Gespräche mit Rechtsbeiständen von großer Bedeutung und stellt eine wesentliche Voraussetzung für effektiven Rechtsschutz dar.

Auch besteht eine die umfassende Informationspflicht gegenüber dem Betroffenen (Absatz 4). Der inhaftierte Ausländer muss unverzüglich und schriftlich über die Gründe seiner Inhaftnahme informiert werden. Zudem muss ihm verständlich erklärt werden, welche rechtlichen Möglichkeiten er hat, gegen die Haft vorzugehen, und dass er Anspruch auf rechtliche Beratung und Vertretung hat. Diese Informationen müssen in einer Sprache erfolgen, die der Betroffene versteht oder vernünftigerweise verstehen kann. Eine bloß formale Belehrung reicht nicht aus!

Darüber hinaus ist der Betroffene über die Regeln innerhalb der Einrichtung sowie über seine Rechte und Pflichten während der Haft zu unterrichten. Dies dient nicht nur der Information, sondern auch der Verfahrenssicherung, da nur informierte Personen ihre Rechte wahrnehmen und ihre Pflichten erfüllen können. In eng begrenzten Ausnahmefällen kann diese umfassende Information vorübergehend eingeschränkt werden, etwa in besonderen Situationen an der Grenze, jedoch nur für einen möglichst kurzen Zeitraum.

Gesetzesbegründung zu § 70 AsylG (BT-Drs. 21/1848)

Mit der Neufassung von Absatz 1 wird Artikel 12 Absatz 1 der Richtlinie (EU) 2024/1346 umgesetzt.

Mit der Neufassung von Absatz 2 wird Artikel 12 Absatz 3 der Richtlinie (EU) 2024/1346 umgesetzt.

Mit der Neufassung von Absatz 3 werden Artikel 12 Absatz 3 und Absatz 4 der Richtlinie (EU) 2024/1346 umgesetzt.

Mit der Neufassung von Absatz 4 wird Artikel 12 Absatz 5 der Richtlinie (EU) 2024/1346 umgesetzt.

Für die Überstellungshaft nach Artikel 44 der Verordnung (EU) 2024/1351 regelt der Absatz 4, dass hinsichtlich der Haftbedingungen und der Garantien die Artikel 11 bis 13 der Richtlinie (EU) 2024/1346 gelten. Einer nationalen Umsetzung bedarf es daher nicht. Unabhängig davon sind die Artikel 11 bis 13 der Richtlinie (EU) 2024/1346 für die Asylverfahrenshaft in §§ 70–72 des Asylgesetzes geregelt.

Änderungen im AsylG

§ 70a AsylG

NEU ab 12.06.2026

§ 70a Inhaftnahme von Ausländern mit besonderen Bedürfnissen

(1) Bei der Entscheidung über die Inhaftnahme eines Ausländers nach § 69 sind jegliche sichtbare Merkmale, Äußerungen oder Verhaltensweisen zu berücksichtigen, die darauf hindeuten, dass der Ausländer besondere Aufnahmebedürfnisse hat. Falls die in Artikel 25 der Richtlinie (EU) 2024/1346 vorgesehene Beurteilung noch nicht abgeschlossen wurde, ist sie unverzüglich abzuschließen und ihre Ergebnisse sind zu berücksichtigen, wenn entschieden wird, ob die Haft fortgesetzt wird oder die Haftbedingungen angepasst werden müssen.

(2) In Fällen, in denen die Inhaftnahme eines Ausländers mit besonderen Bedürfnissen bei der Aufnahme seine körperliche oder psychische Gesundheit ernsthaft gefährden würde, wird dieser Ausländer nicht in Haft genommen. In Fällen, in denen ein Ausländer mit besonderen Bedürfnissen in Haft genommen wird, erfolgen regelmäßige Überprüfungen des in Haft genommenen Ausländers und die Bereitstellung zeitnaher und angemessener Unterstützung, wobei der besonderen Situation des Ausländers einschließlich seiner körperlichen und psychischen Gesundheit Rechnung getragen wird.

(3) Minderjährige werden nicht in Haft genommen. Stattdessen sind im Einklang mit dem Grundsatz der Einheit der Familie für Familien mit Minderjährigen angemessene Alternativen zur Inhaftnahme zu nutzen. Abweichend von den Sätzen 1 und 2 dürfen Minderjährige nur in Ausnahmefällen als letztes Mittel und nachdem festgestellt worden ist, dass andere weniger einschneidende Maßnahmen nicht wirksam angewandt werden können und nachdem eine Prüfung ergeben hat, dass die Inhaftnahme ihrem Wohl dient, in Haft genommen werden,

1. im Fall von begleiteten Minderjährigen, wenn sich der Elternteil oder die primäre Betreuungsperson in Haft befindet oder

2. im Fall von unbegleiteten Minderjährigen, wenn die Haft den Minderjährigen schützt.

Eine derartige Haft wird für den kürzest möglichen Zeitraum angeordnet und im Abstand von drei Monaten durch das anordnende Gericht von Amts wegen überprüft. Minderjährige werden nicht in Haftanstalten oder in einer anderen zu Strafverfolgungs- oder Strafvollzugszwecken genutzten Einrichtung untergebracht. In Haft befindliche Minderjährige haben das Recht auf Bildung, es sei denn, die Bereitstellung von Bildung hat für sie nur begrenzten Wert, weil sie sich nur für sehr kurze Zeit in Haft befinden. Diese Minderjährigen erhalten ebenso Zugang zu Freizeitbeschäftigungen, einschließlich altersgerechter Spiel- und Erholungsmöglichkeiten.

(4) In Haft befindliche unbegleitete Minderjährige werden in Einrichtungen untergebracht, die für die Unterbringung von unbegleiteten Minderjährigen ausgerichtet sind. Solche Einrichtungen verfügen über Personal, das qualifiziert ist, die Rechte unbegleiteter Minderjähriger zu schützen und sich um ihre Bedürfnisse zu kümmern. Die unbegleiteten Minderjährigen werden getrennt von Erwachsenen untergebracht.

(5) In Haft befindliche Familien erhalten eine gesonderte Unterbringung, die ein angemessenes Maß an Privatsphäre gewährleistet. In Haft befindliche Familien mit Minderjährigen werden in Hafteinrichtungen untergebracht, die an die Bedürfnisse von Minderjährigen angepasst sind

(6) In Haft befindliche männliche und weibliche Ausländer werden getrennt voneinander untergebracht, es sei denn, es handelt sich bei den Ausländern um eine Familie im Sinne von Artikel 2 Nummer 3 der Richtlinie (EU) 2024/1346 und die Betroffenen haben ihre Zustimmung zur gemeinsamen Unterbringung erteilt. Bei trans- und intergeschlechtlichen Personen sowie nichtbinären Personen soll der geäußerte Wille bezüglich der Unterbringung berücksichtigt werden. Satz 1 gilt nicht für gemeinsame Räumlichkeiten, die zur Erholung und für soziale Aktivitäten, einschließlich der Bereitstellung von Mahlzeiten, bestimmt sind.

(7) Wird der Ausländer an einer Grenzübergangsstelle oder in einer Transitzone festgehalten, kann in hinreichend begründeten Fällen und für einen angemessenen Zeitraum, der so kurz wie möglich gehalten wird, von der Anwendung des Absatzes 4 Satz 1 und 2 sowie der Absätze 5 und 6 abgesehen werden. Satz 1 gilt nicht für Fälle nach Artikel 43 der Verordnung (EU) 2024/1348.

Redaktionelle Hinweise zu den Neuerungen

§ 70a AsylG ergänzt die zuvor geschaffene Asylverfahrenshaft nach § 69 AsylG um ein eigenständiges Schutzregime für besonders schutzbedürftige Personen. Die Vorschrift hat damit eine klar begrenzte, aber sehr wichtige Funktion: Sie regelt nicht, wann Haft zulässig ist, sondern unter welchen besonderen Voraussetzungen sie bei vulnerablen Personen überhaupt angeordnet oder fortgeführt werden darf und welche besonderen Anforderungen während der Haft einzuhalten sind.

Zentral ist zunächst der Gedanke der frühzeitigen Erkennung von besonderen Aufnahmebedürfnissen. Bereits vor der Inhaftnahme müssen alle erkennbaren Hinweise darauf berücksichtigt werden, dass ein Ausländer besonderen Schutz benötigt, etwa aufgrund seines Gesundheitszustands, seines Alters oder anderer persönlicher Umstände. Ist eine entsprechende Prüfung noch nicht abgeschlossen, muss sie unverzüglich nachgeholt werden. Eine Haftentscheidung darf also nicht losgelöst von der individuellen Situation getroffen werden, sondern setzt zwingend eine vorgelagerte Prüfung der Schutzbedürftigkeit voraus.

Besonders deutlich wird die Schutzfunktion der Vorschrift im Bereich der Gesundheit. Wenn die Inhaftnahme die körperliche oder psychische Gesundheit eines Betroffenen ernsthaft gefährden würde, ist sie unzulässig. Damit wird eine klare Grenze gezogen, die unabhängig von den eigentlichen Haftgründen gilt. Selbst wenn die Voraussetzungen des § 69 AsylG erfüllt sind, darf keine Haft angeordnet werden, wenn sie zu einer erheblichen Gesundheitsgefährdung führen würde.

Wird eine besonders schutzbedürftige Person dennoch in Haft genommen, entstehen zusätzliche Verpflichtungen für die Behörden. Der Gesundheitszustand muss regelmäßig überprüft werden, und es ist sicherzustellen, dass der Betroffene angemessene Unterstützung erhält. Zugleich müssen die Haftbedingungen so ausgestaltet werden, dass sie der individuellen Situation gerecht werden.

Besonders weitgehend sind die Regelungen für Minderjährige. Der Gesetzgeber stellt ausdrücklich klar, dass Minderjährige grundsätzlich nicht in Haft genommen werden sollen. Stattdessen sind geeignete Alternativen vorzuziehen, insbesondere im Interesse der Aufrechterhaltung der Familieneinheit. Eine Inhaftnahme kommt nur in eng begrenzten Ausnahmefällen in Betracht und setzt voraus, dass keine milderen Mittel zur Verfügung stehen und die Maßnahme sogar dem Wohl des Kindes dient. Diese hohen Anforderungen machen deutlich, dass es sich um absolute Ausnahmefälle handeln soll.

Wird ein Minderjähriger ausnahmsweise inhaftiert, gelten besonders strenge Schutzmaßnahmen. Die Haft muss auf den kürzest möglichen Zeitraum beschränkt werden und unterliegt einer regelmäßigen gerichtlichen Überprüfung. Zudem ist eine Unterbringung in Strafvollzugseinrichtungen ausgeschlossen, und es müssen Bildungsangebote sowie altersgerechte Freizeitmöglichkeiten bereitgestellt werden.

Für unbegleitete Minderjährige gelten noch strengere Maßstäbe. Sie müssen in speziell ausgestatteten Einrichtungen untergebracht werden, die auf ihre Bedürfnisse ausgerichtet sind und über entsprechend qualifiziertes Personal verfügen. Zudem ist eine Trennung von erwachsenen Inhaftierten zwingend. Auch hier zeigt sich, dass der Schutzgedanke im Vordergrund steht und die Haftbedingungen nicht mit denen für Erwachsene vergleichbar sind

Ein weiterer Schwerpunkt liegt auf dem Schutz von Familien. Für sie ist eine gesonderte Unterbringung vorgesehen, die ein Mindestmaß an Privatsphäre gewährleistet. Familien mit Kindern sollen zudem in Einrichtungen untergebracht werden, die auf die Bedürfnisse von Minderjährigen abgestimmt sind.

Änderungen im AsylG

Auch im Hinblick auf die Unterbringung nach Geschlechtern enthält die Vorschrift in Absatz 6 detaillierte Vorgaben. Grundsätzlich sind Männer und Frauen getrennt unterzubringen, wobei für Familien Ausnahmen möglich sind. Neu und besonders hervorzuheben ist, dass bei trans-, intergeschlechtlichen und nichtbinären Personen deren geäußerte Wünsche zur Unterbringung berücksichtigt werden sollen. Damit wird erstmals im Asylrecht ausdrücklich auf die Bedürfnisse dieser Personengruppen eingegangen

Schließlich enthält die Vorschrift eine eng begrenzte Ausnahme für besondere Situationen an Grenzübergangsstellen oder in Transitzonen. Dort kann in bestimmten Fällen vorübergehend von einzelnen Unterbringungsstandards abgewichen werden, allerdings nur, wenn dies sachlich gerechtfertigt ist und für einen möglichst kurzen Zeitraum erfolgt.

Gesetzesbegründung zu § 70a AsylG (BT-Drs. 21/1848)

Mit der Neufassung von Absatz 1 wird Artikel 10 Absatz 3 der Richtlinie (EU) 2024/1346 umgesetzt. Die Prüfung des Vorliegens von besonderen Aufnahmebedürfnissen muss vor Vollzug der Haft erfolgen.

Mit der Neufassung von Absatz 2 wird Artikel 13 Absatz 1 der Richtlinie (EU) 2024/1346 umgesetzt.

Mit der Neufassung von Absatz 3 wird Artikel 13 Absatz 2 der Richtlinie (EU) 2024/1346 umgesetzt.

Mit der Neufassung von Absatz 4 wird Artikel 13 Absatz 3 der Richtlinie (EU) 2024/1346 umgesetzt.

Mit der Neufassung von Absatz 5 wird Artikel 13 Absatz 4 der Richtlinie (EU) 2024/1346 umgesetzt.

Mit der Neufassung von Absatz 6 wird Artikel 13 Absatz 5 der Richtlinie (EU) 2024/1346 umgesetzt.

Mit der Neufassung von Absatz 7 wird Artikel 13 Absatz 6 der Richtlinie (EU) 2024/1346 umgesetzt.

Für die Überstellungshaft nach Artikel 44 der Verordnung (EU) 2024/1351 regelt der Absatz 4, dass hinsichtlich der Haftbedingungen und der Garantien die Artikel 11 bis 13 der Richtlinie (EU) 2024/1346 gelten. Einer nationalen Umsetzung bedarf es daher nicht. Unabhängig davon sind die Artikel 11 bis 13 der Richtlinie (EU) 2024/1346 für die Asylverfahrenshaft in §§ 70–72 des Asylgesetzes geregelt.

§ 70b AsylG

NEU ab 12.06.2026
§ 70b Haft im Rückkehrgrenzverfahren
(1) Ein Ausländer darf nach Artikel 5 Absatz 2 und 3 der Verordnung (EU) 2024/1349 (Haft im Rückkehrgrenzverfahren) nur auf richterliche Anordnung in Haft genommen werden. § 62 Absatz 3 Satz 1 Nummer 4 und Absatz 3a des Aufenthaltsgesetzes für die widerlegliche Vermutung einer Fluchtgefahr im Sinne des Artikels 5 Absatz 3 der Verordnung (EU) 2024/1349 und § 62 Absatz 3b Nummer 1 bis 4 des Aufenthaltsgesetzes als objektive Anhaltspunkte für die Annahme einer Fluchtgefahr im Sinne von Artikel 5 Absatz 3 der Verordnung (EU) 2024/1349 gelten entsprechend. Ferner wird Fluchtgefahr widerleglich vermutet, wenn 1. der Ausländer einen Mitgliedstaat vor Abschluss eines dort laufenden Verfahrens zur Zuständigkeitsbestimmung oder zur Prüfung eines Antrags auf internationalen Schutz verlassen hat oder 2. der Ausländer zuvor mehrfach einen Asylantrag in einem anderen Mitgliedstaat als der Bundesrepublik Deutschland im Geltungsbereich der Verordnung (EU) 2024/1351 gestellt und den Mitgliedstaat der Asylantragstellung wieder verlassen hat, ohne den Ausgang des dort laufenden Verfahrens zur Zuständigkeitsbestimmung oder zur Prüfung eines Antrags auf internationalen Schutz abzuwarten. (2) Für die Beantragung der Haft ist die Grenzbehörde zuständig. (3) Die Grenzbehörde kann einen Ausländer ohne vorherige Anordnung festhalten und vorläufig in Gewahrsam nehmen, wenn 1. der dringende Verdacht für das Vorliegen der Voraussetzungen nach Absatz 1 besteht, 2. die richterliche Entscheidung über die Anordnung der Haft nicht vorher eingeholt werden kann und 3. der begründete Verdacht vorliegt, dass sich der Ausländer der Anordnung der Haft entziehen will. Der Ausländer ist unverzüglich dem Richter zur Überprüfung der Rechtmäßigkeit der Inhaftnahme und zur Entscheidung über die Anordnung der Fortdauer der Haft vorzuführen. Ist die Fortdauer der Haft nicht bis zum Ablauf des auf die Inhaftnahme folgenden Tages durch richterliche Entscheidung angeordnet, ist der Ausländer freizulassen.

Redaktionelle Hinweise zu den Neuerungen

§ 70b AsylG regelt die Haft im Rückkehrgrenzverfahren und bildet damit das letzte und zugleich einschneidendste Sicherungsinstrument innerhalb der neuen Verfahrensarchitektur. Sie greift erst in einem sehr späten Stadium, nämlich nachdem ein Asylverfahren an der Grenze erfolglos abgeschlossen wurde und sich der Betroffene bereits im Rückkehrverfahren befindet.

Die Inhaftnahme ist ausschließlich auf richterliche Anordnung zulässig. Die Grenzbehörde kann die Haft nicht selbst verfügen, sondern muss einen entsprechenden Antrag stellen. Diese klare Trennung sichert die gerichtliche Kontrolle jeder Freiheitsentziehung ab und gilt auch hier uneingeschränkt.

Auch hier gilt der Grundsatz, dass die Haft nur als letztes Mittel in Betracht kommt. Der Gesetzgeber stellt ausdrücklich klar, dass sie nur zulässig ist, wenn eine Einzelfallprüfung ergibt, dass mildere Maßnahmen nicht ausreichen und die Haft erforderlich ist, um die Rückführung zu sichern. Damit wird die Haft eindeutig als „ultima ratio" ausgestaltet. Es ist also stets zu prüfen, ob weniger eingriffsintensive Maßnahmen – etwa Aufenthaltsbeschränkungen oder der Rückkehrgewahrsam – genügen.

Die zentrale Voraussetzung für die Haft ist das Vorliegen von Fluchtgefahr. Um diese in der Praxis handhabbar zu machen, greift die Vorschrift auf bereits bekannte Maßstäbe aus dem Aufenthaltsgesetz zurück (widerlegliche Vermutung der Fluchtgefahr, § 62 Abs. 3 Satz Nr. 4 AufenthG; allgemeine Vermutungsregel, § 62 Abs. 3a AufenthG; objektive Anhaltspunkte für Fluchtgefahr, § 62 Abs. 3b Nr. 1–4 AufenthG). Bestimmte gesetzlich definierte Umstände führen zu einer widerleglichen Vermutung der Fluchtgefahr oder stellen objektive Anhaltspunkte dar. Damit wird vermieden, dass völlig neue Bewertungsmaßstäbe entwickelt werden müssen, und es kann an bestehende Erfahrungen und Rechtsprechung angeknüpft werden. Darüber hinaus enthält die Vorschrift eigene, neue Vermutungstatbestände. Eine Fluchtgefahr wird insbesondere dann angenommen, wenn der Ausländer ein laufendes Verfahren in einem anderen Mitgliedstaat verlassen hat oder wiederholt in verschiedenen Mitgliedstaaten Asylanträge gestellt hat, ohne die jeweiligen Verfahren abzuwarten.

Die Zuständigkeit für die Beantragung der Haft liegt bei der Grenzbehörde (Absatz 2). Dies entspricht der Systematik des Grenzverfahrens, in dem die betroffenen Personen sich weiterhin in einem besonderen rechtlichen Status befinden und organisatorisch im Bereich der Grenzbehörden verbleiben.

Unter sehr engen Voraussetzungen ist eine vorläufige Ingewahrsamnahme ohne vorherige richterliche Entscheidung möglich (Absatz 3). Diese dient ausschließlich dazu, eine kurzfristige Entziehung von der Maßnahme zu verhindern, wenn eine richterliche Entscheidung nicht rechtzeitig eingeholt werden kann. Gleichzeitig wird durch die Pflicht zur unverzüglichen Vorführung vor den Richter sichergestellt, dass diese vorläufige Maßnahme sofort überprüft wird. Erfolgt keine rechtzeitige gerichtliche Entscheidung, muss die Person wieder freigelassen werden.

Die Dauer der Haft ist durch das Unionsrecht klar begrenzt und darf grundsätzlich nur für einen relativ kurzen Zeitraum erfolgen (Regelfall: max. 12 Wochen; bei Krise/höhere Gewalt: + 6 Wochen).

Zudem ist die Haft nur so lange zulässig, wie eine realistische Aussicht auf die Durchführung der Rückführung besteht. Dies ist während der gesamten Dauer der Haft fortlaufend zu überprüfen. Fällt die Abschiebungsperspektive weg, muss die Haft beendet werden.

Gesetzesbegründung zu § 70b AsylG (BT-Drs. 21/1848)

Zu Absatz 1 Satz 1

Betreffend die Haft nach Artikel 5 Absatz 2 und 3 der Verordnung (EU) 2024/1349 ist entsprechend der Vorgabe des Artikels 104 Absatz 2 Satz 1 des Grundgesetzes der Richtervorbehalt ergänzend im nationalen Recht zu normieren.

Im Rückkehrgrenzverfahren gilt demnach der Richtervorbehalt, wenn Haft nach Artikel 5 der Verordnung (EU) 2024/1349 beantragt wird. Eine Inhaftnahme darf gemäß Artikel 5 Absatz 1 der Verordnung (EU) 2024/1349 nur als letztes Mittel angeordnet werden, wenn sich dies aufgrund einer Einzelfallprüfung als notwendig erweist und andere weniger einschneidende Maßnahmen nicht wirksam angewandt werden können. Voraussetzung der Anordnung von Haft im Rückkehrgrenzverfahren ist damit immer eine einzelfallbezogene Prüfung unter Berücksichtigung sämtlicher Umstände der betroffenen Person und der Anwendung des Verhältnismäßigkeitsgrundsatzes. Die Haft im Rückkehrverfahren an der Grenze hat Ultima-Ratio-Charakter. Die Haft wird gemäß Artikel 5 Absatz 4 Satz 1 der Verordnung (EU) 2014/1349 für den kürzestmöglichen Zeitraum und nur so lange aufrechterhalten, wie eine hinreichende Aussicht auf Abschiebung besteht und während hierfür Vorkehrungen im Gange sind, die mit der gebotenen Sorgfalt durchgeführt werden. Nach Artikel 5 Absatz 4 Satz 2 der Verordnung (EU) 2024/1349 darf die Haftdauer den in Artikel 4 Absatz 2 der Verordnung (EU) 2024/1349 genannten Zeitraum von zwölf Wochen nicht überschreiten. Abweichend hiervon kann in einer Krisensituation oder einer Situation höherer Gewalt die Inhaftnahme um höchstens sechs Wochen verlängert werden (vgl. Artikel 6 Absatz 1 Buchstabe b der Verordnung (EU) 2024/1349). Gemäß Artikel 4 Absatz 3 der Verordnung (EU) 2024/1349 finden die Artikel 16 und 17 der Richtlinie 2008/115/EG Anwendung.

Zu Absatz 1 Satz 2 und 3

Gemäß Artikel 5 Absatz 3 der Verordnung (EU) 2024/1349 können die in Artikel 4 Absatz 1 der Verordnung (EU) 2024/1349 genannten Personen, die nicht während des Asylverfahrens an der Grenze in Haft genommen wurden, die nicht mehr zum Verbleib berechtigt sind und denen der weitere Verbleib nicht gestattet wurde, u. a. in Haft genommen werden, wenn Fluchtgefahr im Sinne der Richtlinie 2008/115/EG vorliegt.

Artikel 3 Nummer 7 der Richtlinie 2008/115/EG definiert Fluchtgefahr als das Vorliegen von Gründen im Einzelfall, die auf objektiven, gesetzlich festgelegten Kriterien beruhen und zu der Annahme Anlass geben, dass sich Drittstaatsangehörige einem Rückkehrverfahren durch Flucht entziehen könnten.

Die Sätze 2 und 3 regeln, wann eine widerlegliche Vermutung beziehungsweise konkrete Anhaltspunkte für eine Fluchtgefahr vorliegen.

Die Fluchtgefahr im Sinne des Artikel 5 Absatz 3 der Verordnung 2024/1349 wird entsprechend § 62 Absatz 3a AufenthG widerleglich vermutet. Zudem wird in Fällen des Verstoßes gegen ein Einreise- und Aufenthaltsverbot (§ 62 Absatz 3 Satz 1 Nummer 4 Aufenthaltsgesetz) ebenfalls Fluchtgefahr widerleglich vermutet. Objektive Anhaltspunkte für die Annahme einer Fluchtgefahr gelten entsprechend § 62 Absatz 3b Nummer 1 bis 4 des Aufenthaltsgesetzes.

Zu Absatz 2

Absatz 2 regelt, dass die Grenzbehörde für die Beantragung der Haft im Rückkehrverfahren an der Grenze zuständig ist.

Zu Absatz 3

Absatz 3 regelt die vorläufige Ingewahrsamnahme. Die Zuständigkeit der gemäß Absatz 2 bestimmten Behörde erstreckt sich auch auf die entsprechenden Aufgaben bei der vorläufigen Ingewahrsamnahme

Änderungen im AsylG

§ 71 AsylG

bis 11.06.2026	ab 12.06.2026
§ 71 Folgeantrag	**§ 71 Folgeantrag**
(1) *Stellt der Ausländer nach Rücknahme oder unanfechtbarer Ablehnung eines früheren Asylantrags erneut einen Asylantrag (Folgeantrag), so ist ein weiteres Asylverfahren nur durchzuführen, wenn neue Elemente oder Erkenntnisse zutage getreten oder vom Ausländer vorgebracht worden sind, die mit erheblicher Wahrscheinlichkeit zu einer für den Ausländer günstigeren Entscheidung beitragen, oder Wiederaufnahmegründe entsprechend § 580 der Zivilprozessordnung gegeben sind und der Ausländer ohne eigenes Verschulden außerstande war, die Gründe für den Folgeantrag im früheren Asylverfahren, insbesondere durch Rechtsbehelf, geltend zu machen; die Prüfung obliegt dem Bundesamt. Das Gleiche gilt für den Asylantrag eines Kindes, wenn der Vertreter nach § 14a Absatz 3 auf die Durchführung des Asylverfahrens verzichtet hatte.*	(1) **Ein Folgeantrag liegt vor, wenn die Voraussetzungen des Artikels 3 Nummer 19 der Verordnung (EU) 2024/1348 erfüllt sind. Das Verfahren zur Prüfung des Folgeantrags richtet sich nach den Artikeln 55 und 56 der Verordnung (EU) 2024/1348. Soweit dort oder nachfolgend keine abweichenden Regelungen getroffen werden, gelten die Regelungen für den Asylantrag auch für den Folgeantrag. § 46 findet keine Anwendung. Die Prüfung eines Folgeantrags obliegt dem Bundesamt.**
(2) *Der Ausländer hat den Folgeantrag persönlich bei einer Außenstelle des Bundesamtes zu stellen;* ist sein Aufenthalt nach § 61 des Aufenthaltsgesetzes festgelegt, so hat er den Folgeantrag bei der nächstgelegenen Außenstelle in dem Land seines Aufenthalts *zu stellen. Wenn der Ausländer das Bundesgebiet zwischenzeitlich verlassen hatte, gelten die §§ 47 bis 67 entsprechend.* In den Fällen des § 14 Absatz 2 Satz 1 Nummer 2 oder wenn der Ausländer nachweislich am persönlichen Erscheinen gehindert ist, ist *der Folgeantrag schriftlich zu stellen. § 19 Absatz 1 findet keine Anwendung.*	(2) **Sofern der Ausländer das Bundesgebiet nicht zwischenzeitlich verlassen hat, hat er den Folgeantrag abweichend von § 14 Absatz 1 persönlich bei einer der Außenstellen des Bundesamtes einzureichen;** ist sein Aufenthalt nach § 61 des Aufenthaltsgesetzes festgelegt, so hat er den Folgeantrag bei der nächstgelegenen Außenstelle in dem Land seines Aufenthalts **einzureichen.** In den Fällen des § 14 Absatz 2 Satz 1 Nummer 2 oder wenn der Ausländer nachweislich am persönlichen Erscheinen gehindert ist, ist **die beabsichtigte Stellung und Einreichung des Folgeantrags dem Bundesamt unter Verwendung eines Formblatts anzuzeigen. § 14 Absatz 2 Satz 2 bis 6 findet Anwendung.**
(3) In dem Folgeantrag hat der Ausländer seine Anschrift sowie die Tatsachen und Beweismittel anzugeben, aus denen sich das Vorliegen der Voraussetzungen des Absatzes 1 Satz 1 ergibt. Auf Verlangen hat der Ausländer diese Angaben schriftlich zu machen. Von einer Anhörung kann abgesehen werden. § 10 gilt entsprechend.	
(4) Liegen die Voraussetzungen des Absatzes 1 Satz 1 nicht vor, sind die §§ 34, 35 und 36 entsprechend anzuwenden; im Falle der Abschiebung in einen sicheren Drittstaat (§ 26a) ist § 34a entsprechend anzuwenden.	

bis 11.06.2026	ab 12.06.2026
§ 71 Folgeantrag	**§ 71 Folgeantrag**
(5) Stellt der Ausländer, nachdem eine nach Stellung des früheren Asylantrags ergangene Abschiebungsandrohung oder -anordnung vollziehbar geworden ist, einen Folgeantrag, der nicht *zur Durchführung eines weiteren Verfahrens führt,* so bedarf es zum Vollzug der Abschiebung keiner erneuten Fristsetzung und Abschiebungsandrohung oder -anordnung. *Hat der Ausländer den Folgeantrag nur zur Verzögerung oder Behinderung der Abschiebung gestellt oder hat der Ausländer nach unanfechtbarer Ablehnung eines Folgeantrags einen erneuten Folgeantrag gestellt,* so darf die Abschiebung vollzogen werden, wenn das Bundesamt mitgeteilt hat, dass *die Voraussetzungen des Absatzes 1 Satz 1 nicht vorliegen.* Im Übrigen darf die Abschiebung erst nach Ablauf der Frist nach § 74 Absatz 1 *zweiter Halbsatz* und im Fall eines innerhalb der Frist gestellten Antrags nach § 80 Absatz 5 der Verwaltungsgerichtsordnung erst nach *der gerichtlichen Ablehnung dieses Antrags* vollzogen werden.	**(3)** Stellt der Ausländer, nachdem eine nach Stellung des früheren Asylantrags ergangene Abschiebungsandrohung oder -anordnung vollziehbar geworden ist, einen Folgeantrag, der nicht **weiter nach Artikel 55 Absatz 7 der Verordnung (EU) 2024/1348 geprüft wird,** so bedarf es zum Vollzug der Abschiebung keiner erneuten Fristsetzung und Abschiebungsandrohung oder -anordnung. **In den Fällen des Artikels 56 der Verordnung (EU) 2024/1348** darf die Abschiebung vollzogen werden, wenn das Bundesamt mitgeteilt hat, dass **der Grundsatz der Nichtzurückweisung eingehalten wird.** Im Übrigen darf die Abschiebung erst nach Ablauf der Frist nach § 74 Absatz 1 **Satz 1 oder Satz 3** und im Fall eines innerhalb der Frist gestellten Antrags nach § 80 Absatz 5 der Verwaltungsgerichtsordnung erst nach **Zustellung des ablehnenden gerichtlichen Beschlusses** vollzogen werden **, es sei denn, es liegt ein Fall des Artikels 68 Absatz 6 der Verordnung (EU) 2024/1348 vor und das Bundesamt hat mitgeteilt, dass der Grundsatz der Nichtzurückweisung eingehalten wird**.
(6) Absatz 5 gilt auch, wenn der Ausländer zwischenzeitlich das Bundesgebiet verlassen hatte. Im Falle einer unerlaubten Einreise aus einem sicheren Drittstaat *(§ 26a)* kann der Ausländer nach § 57 Absatz 1 und 2 des Aufenthaltsgesetzes dorthin zurückgeschoben werden, ohne dass es der vorherigen Mitteilung des Bundesamtes bedarf.	**(4) Absatz 3** gilt auch, wenn der Ausländer zwischenzeitlich das Bundesgebiet verlassen hatte. Im Falle einer unerlaubten Einreise aus einem sicheren Drittstaat **nach § 26a** kann der Ausländer nach § 57 Absatz 1 und 2 des Aufenthaltsgesetzes dorthin zurückgeschoben werden, ohne dass es der vorherigen Mitteilung des Bundesamtes bedarf.
(7) War der Aufenthalt des Ausländers während des früheren Asylverfahrens räumlich beschränkt, gilt die letzte räumliche Beschränkung fort, solange keine andere Entscheidung ergeht. Die §§ 59a und 59b gelten entsprechend. In den Fällen der Absätze *5 und 6* ist für ausländerrechtliche Maßnahmen auch die Ausländerbehörde zuständig, in deren Bezirk sich der Ausländer aufhält.	**(5)** War der Aufenthalt des Ausländers während des früheren Asylverfahrens räumlich beschränkt, gilt die letzte räumliche Beschränkung fort, solange keine andere Entscheidung ergeht. Die §§ 59a und 59b gelten entsprechend. In den Fällen der Absätze **3 und 4** ist für ausländerrechtliche Maßnahmen auch die Ausländerbehörde zuständig, in deren Bezirk sich der Ausländer aufhält.
(8) Ein Folgeantrag steht der Anordnung von Abschiebungshaft nicht entgegen. Wird ein weiteres Asylverfahren durchgeführt, gilt § 14 Absatz *3* entsprechend.	**(6)** Ein Folgeantrag steht der Anordnung von Abschiebungshaft nicht entgegen. Wird ein weiteres Asylverfahren durchgeführt, gilt § 14 Absatz **4** entsprechend.

Redaktionelle Hinweise zu den Neuerungen

§ 71 AsylG regelt nach wie vor den Folgeantrag, verliert ihren bisherigen eigenständigen materiellen Regelungsgehalt aber weitgehend und verweist nun in zentralen Punkten auf das unionsrechtliche Verfahren nach Artikel 55 und 56 der Verordnung (EU) 2024/1348 (= Asylverfahrensverordnung). So ist die Definition und die Prüfungsvoraussetzungen für einen Folgeantrag nicht mehr im nationalen Recht geregelt. Während bisher detailliert festgelegt war, unter welchen

Voraussetzungen ein weiteres Asylverfahren durchgeführt wird, bestimmt § 71 nun lediglich, dass ein Folgeantrag vorliegt, wenn die unionsrechtlichen Voraussetzungen erfüllt sind. Die eigentliche Prüfung richtet sich nach den Artikeln 55 und 56 der Asylverfahrensverordnung.

Neu ist außerdem der allgemeine Grundsatz, dass die Vorschriften über den Asylantrag auch für Folgeanträge gelten, soweit keine besonderen Regelungen bestehen. Damit wird das Verfahren vereinheitlicht. Viele bisherige Sonderregelungen werden überflüssig, weil Folgeanträge im Grundsatz wie Erstanträge behandelt werden.

Eine wichtige Klarstellung betrifft die Verteilung der Antragsteller. Folgeanträge führen künftig grundsätzlich nicht zu einer neuen Verteilung innerhalb Deutschlands. Der Betroffene bleibt also in der bisherigen Zuständigkeitsstruktur.

Auch das Verfahren zur Stellung eines Folgeantrags wird angepasst. Grundsätzlich muss der Antrag weiterhin persönlich beim Bundesamt eingereicht werden. Kann der Betroffene jedoch nicht persönlich erscheinen, wird ein neues Anzeigeverfahren eingeführt. In diesem Fall meldet der Ausländer zunächst, dass er einen Folgeantrag stellen will, und nutzt dafür ein vorgegebenes Formblatt. Das Bundesamt entscheidet dann über das weitere Vorgehen.

Absatz 4 enthält die neuen Regelungen zum Vollzug der Abschiebung im Zusammenhang mit Folgeanträgen. Wenn ein Folgeantrag nach den unionsrechtlichen Vorschriften nicht weiter geprüft wird, kann die Abschiebung grundsätzlich ohne neue Fristsetzung vollzogen werden. Gleichzeitig wird geregelt, dass vor dem Vollzug geprüft werden muss, ob der Grundsatz der Nichtzurückweisung eingehalten ist. Diese Prüfung übernimmt das Bundesamt und teilt das Ergebnis mit.

Absatz 4 berücksichtigt zudem die neuen unionsrechtlichen Regelungen zum Recht auf Verbleib während gerichtlicher Verfahren. Auch hier wird klargestellt, dass eine Abschiebung an bestimmte Voraussetzungen geknüpft ist und insbesondere eine entsprechende Mitteilung des Bundesamtes erforderlich sein kann. Damit wird das Zusammenspiel zwischen Verwaltungsverfahren, gerichtlichem Rechtsschutz und Vollzug deutlicher geregelt als bisher.

Unverändert bleibt im Kern, dass bestehende räumliche Beschränkungen fortgelten und ein Folgeantrag einer Abschiebungshaft nicht entgegensteht. Diese Kontinuität sorgt dafür, dass das Verfahren auch bei wiederholten Antragstellungen handhabbar bleibt und nicht durch neue Anträge blockiert wird.

Gesetzesbegründung zu § 71 AsylG (BT-Drs. 21/1848)

Zu Absatz 1 und 2

Die Änderung der Regelungen zum Folgeantrag dient der Anpassung an Artikel 55 der Verordnung (EU) 2024/1348.

Absatz 1 Satz 3 stellt klar, dass die Regelungen zum Asylantrag auch auf den Folgeantrag Anwendung finden, soweit die Verordnung (EU) 2024/1348 oder das Asylgesetz keine abweichenden Regelungen treffen.

Absatz 2 verweist auf die Regelungen zur Einreichung des Antrags nach § 14, welche nach § 14 Absatz 1 grundsätzlich persönlich zu erfolgen hat. In den Fällen des § 14 Absatz 2 Satz 1 Nummer 2 oder wenn der Ausländer nachweislich am persönlichen Erscheinen gehindert ist, ist die beabsichtigte Stellung und Einreichung des Folgeantrags dem Bundesamt unter Verwendung eines Formblatts anzuzeigen. Durch den Verweis auf § 14 Absatz 2 Satz 2 bis 6 wird klargestellt, dass hinsichtlich des weiteren Verfahrens nach der Anzeige der beabsichtigten Stellung und Einreichung des Folgeantrags mittels eines Formblatts (d. h. Entscheidung des BAMF über Modalitäten/Ort der Antragstellung- und einreichung und nachfolgende Verfahrensschritte) ebenfalls die Regelungen zum Asylantrag entsprechende Anwendung finden. Die Anzeige der beabsichtigten Stellung und Einreichung des Folgeantrags soll auch hier als Antragstellung gelten, sofern die Rechte des Ausländers an den Zeitpunkt der Antragstellung anknüpfen.

Zur Streichung der Absätze 3 und 4

Die Aufhebung dient der Anpassung an die neue Regelung in Absatz 1, dass die Regelungen für Erstanträge auch für Folgeanträge gelten.

Zum neuen Absatz 3

Die Änderung dient der Anpassung an Artikel 56 der Verordnung (EU) 2024/1348.

Absatz 3 Satz 3 entspricht inhaltlich dem bisherigen Absatz 5 Satz 3.

Zum neuen Absatz 4

Satz 1:Es handelt sich um eine Folgeänderung zur Aufhebung der Absätze 3 und 4.

Satz 2: Durch die Aufhebung der Legaldefinition in § 26a und die Neufassung des § 27 ist diese Änderung zur Klarstellung erforderlich, welche sicheren Drittstaaten von der Regelung in § 71 erfasst sind.

Zum neuen Absatz 5

Es handelt sich um eine Folgeänderung zur Aufhebung der Absätze 3 und 4.

Zum neuen Absatz 6

Es handelt sich um eine Folgeänderung zur Neufassung des § 14.

Änderungen im AsylG

§ 71a AsylG

bis 11.06.2026	ab 12.06.2026
§ 71a *Zweitantrag*	**71a (weggefallen)**
(1) Stellt der Ausländer nach erfolglosem Abschluss eines Asylverfahrens in einem sicheren Drittstaat (§ 26a), für den Rechtsvorschriften der Europäischen Gemeinschaft über die Zuständigkeit für die Durchführung von Asylverfahren gelten oder mit dem die Bundesrepublik Deutschland darüber einen völkerrechtlichen Vertrag geschlossen hat, im Bundesgebiet einen Asylantrag (Zweitantrag), so ist ein weiteres Asylverfahren nur durchzuführen, wenn die Bundesrepublik Deutschland für die Durchführung des Asylverfahrens zuständig ist und die Voraussetzungen des § 51 Abs. 1 bis 3 des Verwaltungsverfahrensgesetzes vorliegen; die Prüfung obliegt dem Bundesamt.	
(2) Für das Verfahren zur Feststellung, ob ein weiteres Asylverfahren durchzuführen ist, gelten die §§ 12 bis 25, 33, 44 bis 54 entsprechend. Von der Anhörung kann abgesehen werden, soweit sie für die Feststellung, dass kein weiteres Asylverfahren durchzuführen ist, nicht erforderlich ist. § 71 Abs. 8 gilt entsprechend.	
(3) Der Aufenthalt des Ausländers gilt als geduldet. Die §§ 56 bis 67 gelten entsprechend.	
(4) Wird ein weiteres Asylverfahren nicht durchgeführt, sind die §§ 34 bis 36, 42 und 43 entsprechend anzuwenden.	
(5) Stellt der Ausländer nach Rücknahme oder unanfechtbarer Ablehnung eines Zweitantrags einen weiteren Asylantrag, gilt § 71.	

Redaktionelle Hinweise zu den Neuerungen

Der Wegfall des § 71a AsylG bedeutet nicht das Ende der Prüfung von Zweitanträgen, sondern deren vollständige Integration in das unionsrechtliche Folgeantragssystem. Die bisherige deutsche Unterscheidung zwischen Folgeanträgen nach einem deutschen Verfahren und Zweitanträgen nach einem Verfahren in einem anderen Mitgliedstaat wird aufgegeben. Künftig gilt ein einheitlicher europäischer Begriff des Folgeantrags nach Art. 3 Nr. 19 der Asylverfahrensverordnung (EU) 2024/1348 (Definition in Art. 3Nr. 19: „Folgeantrag" einen weiteren Antrag auf internationalen Schutz, der in einem beliebigen Mitgliedstaat nach Erlass einer unanfechtbaren Entscheidung über einen früheren Antrag gestellt wird, auch in Fällen, in denen der Antrag als ausdrücklich oder stillschweigend zurückgenommen abgelehnt wurde).

Gesetzesbegründung zu § 71a AsylG (BT-Drs. 21/1848)

Die Aufhebung dient der Anpassung an Artikel 3 Nummer 19 der Verordnung (EU) 2024/1348. Die Definition des Folgeantrags umfasst auch den bisherigen Zweitantrag.

§ 72 AsylG

bis 11.06.2026	ab 12.06.2026
§ 72 Erlöschen	**§ 72 Erlöschen**
(1) Die Anerkennung als Asylberechtigter und die Zuerkennung des internationalen Schutzes erlöschen, wenn der Ausländer	(1) Die Anerkennung als Asylberechtigter und die Zuerkennung des internationalen Schutzes erlöschen **im Einklang mit Artikel 66 Absatz 6 der Verordnung (EU) 2024/1348**, wenn der Ausländer
1. eindeutig, freiwillig und schriftlich gegenüber dem Bundesamt auf sie verzichtet *oder*	1. [unverändert]
2. eindeutig, freiwillig und schriftlich gegenüber dem Bundesamt auf sie verzichtet *oder*	2. auf seinen Antrag die deutsche Staatsangehörigkeit **oder die eines anderen Mitgliedstaats** erworben hat **oder**
	3. **nachträglich in einem anderen Mitgliedstaat internationalen Schutz erhalten hat.**
Satz 1 Nummer 2 gilt entsprechend für die Feststellung eines Abschiebungsverbots nach § 60 Absatz 5 oder 7 des Aufenthaltsgesetzes.	[unverändert]
(2) Der Ausländer hat einen Anerkennungs-, Zuerkennungs- oder Feststellungsbescheid und einen Reiseausweis unverzüglich bei der Ausländerbehörde abzugeben.	(2) [unverändert]
	(3) Gerichtlicher Rechtsschutz unmittelbar gegen das Erlöschen besteht nicht. Der Ausländer erhält auf Antrag eine Bestätigung des Vorliegens der Voraussetzungen nach Absatz 1.

Redaktionelle Hinweise zu den Neuerungen

§72 AsylG behält zwar ihre Grundfunktion, nämlich das Erlöschen bereits zuerkannter Schutzpositionen zu regeln, wird jedoch stärker in das europäische Asylrecht eingebettet

Inhaltlich bleiben die klassischen Erlöschensgründe erhalten, werden aber erweitert. Der freiwillige Verzicht auf den Schutzstatus führt weiterhin zum Erlöschen, wenn er eindeutig, freiwillig und schriftlich gegenüber dem Bundesamt erklärt wird. Ebenso bleibt es dabei, dass der Erwerb einer Staatsangehörigkeit zum Wegfall des Schutzes führt. Neu ist allerdings, dass dies nicht mehr nur für die deutsche Staatsangehörigkeit gilt, sondern auch für die Staatsangehörigkeit eines anderen Mitgliedstaats der Europäischen Union. Damit wird der Gedanke umgesetzt, dass jemand, der Unionsbürger ist, keines internationalen Schutzes mehr bedarf.

Die wichtigste materielle Neuerung besteht darin, dass der Schutzstatus künftig auch dann erlischt, wenn der Betroffene in einem anderen Mitgliedstaat internationalen Schutz erhält. Diese Regelung ist Ausdruck der zunehmenden Vernetzung der europäischen Asylsysteme. Sie soll verhindern, dass eine Person parallel in mehreren Staaten Schutz genießt.

Unverändert bleibt, dass bestimmte Folgewirkungen des Erlöschens bestehen. Insbesondere müssen entsprechende Bescheide und Reiseausweise unverzüglich bei der Ausländerbehörde abgegeben werden.

Neu ist die Regelung zum Rechtsschutz. Absatz 3 stellt nun ausdrücklich klar, dass kein unmittelbarer gerichtlicher Rechtsbehelf gegen das Erlöschen selbst gegeben ist. Hintergrund ist, dass das Erlöschen nicht durch eine Entscheidung der Behörde erfolgt, sondern automatisch eintritt, sobald die gesetzlichen Voraussetzungen vorliegen. Gleichzeitig bleibt der Betroffene aber nicht rechtsschutzlos. Er kann weiterhin gerichtlich klären lassen, ob die Voraussetzungen des Erlöschens tatsächlich vorlagen. Zudem sieht das Gesetz vor, dass auf Antrag eine behördliche Bestätigung über das Vorliegen der Erlöschensgründe erteilt wird. Diese Bestätigung schafft Klarheit über den Status und kann Grundlage für eine gerichtliche Überprüfung sein

Gesetzesbegründung zu § 72 AsylG (BT-Drs. 21/1848)

Die Änderung dient der Anpassung an Artikel 66 Absatz 6 und Artikel 67 Absatz 1 Unterabsatz 2 der Verordnung (EU) 2024/1348.

Hierdurch wird von der Möglichkeit Gebrauch gemacht, klarzustellen, dass gegen das Erlöschen an sich kein Rechtsbehelf eingelegt werden kann. Eine Inzidenzprüfung, insbesondere im Rahmen einer Feststellungsklage ist hierdurch indes nicht ausgeschlossen.

§ 73 AsylG

bis 11.06.2026	ab 12.06.2026
§ 73 *Widerrufs- und Rücknahmegründe*	**§ 73 (weggefallen)**
(1) Die Anerkennung als Asylberechtigter oder die Zuerkennung der Flüchtlingseigenschaft ist zu widerrufen, wenn die Voraussetzungen für sie nicht mehr vorliegen. Dies ist insbesondere der Fall, wenn der Ausländer	
1. *sich freiwillig erneut dem Schutz des Staates, dessen Staatsangehörigkeit er besitzt, unterstellt,*	
2. *nach dem Verlust seiner Staatsangehörigkeit diese freiwillig wiedererlangt hat,*	
3. *auf Antrag eine neue Staatsangehörigkeit erworben hat und den Schutz des Staates, dessen Staatsangehörigkeit er erworben hat, genießt,*	
4. *freiwillig in das Land, das er aus Furcht vor Verfolgung verlassen hat oder außerhalb dessen er sich aus Furcht vor Verfolgung befindet, zurückgekehrt ist und sich dort niedergelassen hat,*	
5. *nach Wegfall der Umstände, die zur Anerkennung als Asylberechtigter oder zur Zuerkennung der Flüchtlingseigenschaft geführt haben, es nicht mehr ablehnen kann, den Schutz des Landes in Anspruch zu nehmen, dessen Staatsangehörigkeit er besitzt, oder*	
6. *als Staatenloser nach Wegfall der Umstände, die zur Anerkennung als Asylberechtigter oder zur Zuerkennung der Flüchtlingseigenschaft geführt haben, in der Lage ist, in das Land zurückzukehren, in dem er seinen gewöhnlichen Aufenthalt hatte.*	
Die Veränderung der Umstände nach Satz 2 Nummer 5 und 6 muss erheblich und nicht nur vorübergehend sein, sodass die Furcht des Ausländers vor Verfolgung nicht länger als begründet angesehen werden kann	
(2) Die Zuerkennung des subsidiären Schutzes ist zu widerrufen, wenn die Umstände, die zur Zuerkennung des subsidiären Schutzes geführt haben, nicht mehr bestehen oder sich in einem Maß verändert haben, dass ein solcher Schutz nicht mehr erforderlich ist. Die Veränderung der Umstände nach Satz 1 muss wesentlich und nicht nur vorübergehend sein, sodass der Ausländer tatsächlich nicht länger Gefahr läuft, einen ernsthaften Schaden zu erleiden.	

Änderungen im AsylG

bis 11.06.2026	ab 12.06.2026
§ 73 *Widerrufs- und Rücknahmegründe*	**§ 73 (weggefallen)**
(3) Absatz 1 Satz 2 Nummer 5 und 6 und Absatz 2 gelten nicht, wenn sich der Ausländer auf zwingende, auf früheren Verfolgungen beruhende Gründe oder auf früher erlittenen ernsthaften Schaden berufen kann, um die Inanspruchnahme des Schutzes des Landes, dessen Staatsangehörigkeit er besitzt, oder wenn er staatenlos ist, des Landes, in dem er seinen gewöhnlichen Aufenthalt hatte, abzulehnen.	
(4) Die Anerkennung als Asylberechtigter oder die Zuerkennung des internationalen Schutzes ist zurückzunehmen, wenn sie auf Grund unrichtiger Angaben oder infolge Verschweigens wesentlicher Tatsachen erteilt worden ist und sie dem Ausländer auch aus anderen Gründen nicht erteilt werden könnte.	
(5) Die Anerkennung als Asylberechtigter oder die Zuerkennung des internationalen Schutzes ist auch zurückzunehmen oder zu widerrufen, wenn der Ausländer von der Erteilung nach § 3 Absatz 2 bis 4 oder nach § 4 Absatz 2 oder 3 hätte ausgeschlossen werden müssen oder ausgeschlossen ist.	
(6) Die Feststellung eines Abschiebungsverbots nach § 60 Absatz 5 oder 7 des Aufenthaltsgesetzes ist zu widerrufen, wenn die Voraussetzungen nicht mehr vorliegen. Die Feststellung eines Abschiebungsverbots nach § 60 Absatz 5 oder 7 des Aufenthaltsgesetzes ist zurückzunehmen, wenn sie fehlerhaft ist.	
(7) Reist der Ausländer in den Staat, dessen Staatsangehörigkeit er besitzt oder wenn er staatenlos ist, in den Staat, in dem er seinen gewöhnlichen Aufenthalt hatte, wird vermutet, dass die Voraussetzungen für die Asylberechtigung, die Zuerkennung des internationalen Schutzes oder die Feststellung eines Abschiebungsverbotes nach § 60 Absatz 5 oder Absatz 7 des Aufenthaltsgesetzes nicht mehr vorliegen. Die Vermutung nach Satz 1 gilt nicht, wenn die Reise sittlich zwingend geboten ist.	

Redaktionelle Hinweise zu den Neuerungen

Mit dem Wegfall des § 73 AsylG werden Widerruf und Rücknahme internationalen Schutzes vollständig in die Asylverfahrensverordnung verlagert. Die bisherigen nationalen Widerrufs- und Rücknahmegründe bestehen fort, beruhen künftig aber unmittelbar auf Art. 65 der Asylverfahrensverordnung (EU) 2024/1348.

Gesetzesbegründung zu § 73 AsylG (BT-Drs. 21/1848)

Die Aufhebung von § 73 dient der Anpassung an Artikel 65 der Verordnung (EU) 2024/1348.

§ 73a AsylG

bis 11.06.2026	ab 12.06.2026
§ 73a *Gründe für einen Widerruf von Familienasyl und internationalem Schutz für Familienangehörige*	**§ 73a (weggefallen)**
In den Fällen des § 26 Absatz 1 bis 3 und 5 ist die Anerkennung als Asylberechtigter oder die Zuerkennung des internationalen Schutzes zu widerrufen, wenn die Voraussetzungen des § 26 Absatz 4 Satz 1 oder Absatz 5 Satz 3 vorliegen. Die Anerkennung als Asylberechtigter ist ferner zu widerrufen, wenn die Anerkennung des Asylberechtigten, von dem die Anerkennung abgeleitet worden ist, erlischt, widerrufen oder zurückgenommen wird und der Ausländer nicht aus anderen Gründen als Asylberechtigter anerkannt werden könnte. Die Zuerkennung des internationalen Schutzes ist ferner zu widerrufen, wenn der internationale Schutz des Ausländers, von dem die Zuerkennung abgeleitet worden ist, erlischt, widerrufen oder zurückgenommen wird und dem Ausländer nicht aus anderen Gründen internationaler Schutz zuerkannt werden könnte. § 26 Absatz 1 Satz 2 gilt entsprechend.	

Redaktionelle Hinweise zu den Neuerungen

Der Wegfall des § 73a AsylG ist eine unmittelbare Folge der Neuordnung des Familienschutzes durch die GEAS-Reform. Die bisherige Vorschrift regelte den Widerruf von Familienasyl und internationalem Schutz für Familienangehörige, wenn die Schutzposition des Stammberechtigten wegfiel. Da das System des Familienschutzes in § 26 AsylG grundlegend verändert wird, verliert § 73a seine Funktion und wird aufgehoben. Siehe auch die Ausführungen in § 26.

Gesetzesbegründung zu § 73a AsylG (BT-Drs. 21/1848)

Die Aufhebung von § 73a ist eine Folgeänderung zur Anpassung von § 26.

§ 73b AsylG

bis 11.06.2026	ab 12.06.2026
§ 73b *Widerrufs- und Rücknahmeverfahren*	**§ 73b Gründe und Verfahren für Entzug, Widerruf und Rücknahme**
(1) Das Bundesamt prüft den Widerruf oder die Rücknahme nach § 73 und § 73a, sobald es Kenntnis von Umständen oder Tatsachen erhält, die einen Widerruf oder eine Rücknahme rechtfertigen könnten.	(1) **Die nachfolgenden Regelungen gelten ergänzend zu den Artikeln 65 und 66 der Verordnung (EU) 2024/1348 sowie Artikel 11 der Verordnung (EU) 2024/1347. Hinsichtlich des Vorliegens einer Gefahr für die Allgemeinheit nach Artikel 14 Absatz 1 Buchstabe e der Verordnung (EU) 2024/1347 ist eine besonders schwere Straftat im Sinne des Artikels 14 Absatz 1 Buchstabe e der Verordnung (EU) 2024/1347 anzunehmen, wenn die in § 60 Absatz 8 Nummer 2 des Aufenthaltsgesetzes genannten Voraussetzungen vorliegen oder das Bundesamt nach § 60 Absatz 8a oder 8b des Aufenthaltsgesetzes von der Anwendung des § 60 Absatz 1 des Aufenthaltsgesetzes abgesehen hat. Die Feststellung eines Abschiebungsverbots nach § 60 Absatz 5 oder 7 des Aufenthaltsgesetzes ist zu widerrufen, wenn die Voraussetzungen nicht mehr vorliegen. Die Feststellung eines Abschiebungsverbots nach § 60 Absatz 5 oder 7 des Aufenthaltsgesetzes ist zurückzunehmen, wenn sie fehlerhaft ist.**
	(1a) Reist der Ausländer in den Staat, dessen Staatsangehörigkeit er besitzt, oder, wenn er staatenlos ist, in den Staat, in dem er seinen gewöhnlichen Aufenthalt hatte, wird vermutet, dass die Voraussetzungen für die Asylberechtigung, die Zuerkennung des internationalen Schutzes oder die Feststellung eines Abschiebungsverbotes nach § 60 Absatz 5 oder Absatz 7 des Aufenthaltsgesetzes nicht mehr vorliegen. Die Vermutung nach Satz 1 gilt nicht, wenn die Reise sittlich zwingend geboten ist.
(2) Bei *Widerruf oder Rücknahme* der Anerkennung als Asylberechtigter oder der Zuerkennung der Flüchtlingseigenschaft ist zu entscheiden, ob die Voraussetzungen für den subsidiären Schutz oder die Voraussetzungen eines Abschiebungsverbots nach § 60 Absatz 5 oder 7 des Aufenthaltsgesetzes vorliegen. Bei *Widerruf oder Rücknahme* des subsidiären Schutzes ist zu entscheiden, ob die Voraussetzungen eines Abschiebungsverbots nach § 60 Absatz 5 oder 7 des Aufenthaltsgesetzes vorliegen.	(2) Bei **Entzug** der Anerkennung als Asylberechtigter oder der Zuerkennung der Flüchtlingseigenschaft ist zu entscheiden, ob die Voraussetzungen für den subsidiären Schutz oder die Voraussetzungen eines Abschiebungsverbots nach § 60 Absatz 5 oder 7 des Aufenthaltsgesetzes vorliegen. Bei **Entzug** des subsidiären Schutzes ist zu entscheiden, ob die Voraussetzungen eines Abschiebungsverbots nach § 60 Absatz 5 oder 7 des Aufenthaltsgesetzes vorliegen.
(3) Liegen die Voraussetzungen für einen Widerruf oder eine Rücknahme vor, teilt das Bundesamt dieses Ergebnis der Ausländerbehörde mit. *Der Ausländerbehörde ist auch mitzuteilen, welche Personen nach § 26 ihre Asylberechtigung oder ihren internationalen Schutz von dem Ausländer ableiten und ob bei ihnen die Voraussetzungen für einen Widerruf oder eine Rücknahme vorliegen.*	(3) Liegen die Voraussetzungen für einen **Entzug oder einen** Widerruf oder eine Rücknahme vor, teilt das Bundesamt dieses Ergebnis der Ausländerbehörde mit.

bis 11.06.2026	ab 12.06.2026
§ 73b *Widerrufs- und Rücknahmeverfahren*	**§ 73b Gründe und Verfahren für Entzug, Widerruf und Rücknahme**
(4) Bis zur Bestandskraft des Widerrufs oder der Rücknahme entfällt für Einbürgerungsverfahren die Verbindlichkeit der Entscheidung über den Asylantrag.	(4) Bis zur Bestandskraft **des Entzugs,** des Widerrufs oder der Rücknahme entfällt für Einbürgerungsverfahren die Verbindlichkeit der Entscheidung über den Asylantrag.
(5) Der Ausländer ist nach Aufforderung durch das Bundesamt persönlich zur Mitwirkung bei der Prüfung des Vorliegens der Voraussetzungen des Widerrufs oder der Rücknahme verpflichtet, soweit dies für die Prüfung erforderlich und dem Ausländer zumutbar ist. § 15 Absatz 1 Satz 2, Absatz 2 Nummer 1, 4 bis 7 und Absatz 3 sowie § 16 gelten entsprechend, hinsichtlich der Sicherung der Identität durch erkennungsdienstliche Maßnahmen (§ 16 Absatz 1 Satz 1 und 2) mit der Maßgabe, dass sie nur zulässig ist, soweit die Identität des Ausländers nicht bereits gesichert worden ist. Das Bundesamt soll den Ausländer mit Mitteln des Verwaltungszwangs zur Erfüllung seiner Mitwirkungspflichten anhalten. Kommt der Ausländer den Mitwirkungspflichten nicht oder nicht vollständig nach, kann das Bundesamt nach Aktenlage entscheiden, sofern	
1. *die unterbliebene Mitwirkungshandlung nicht unverzüglich nachgeholt worden ist oder*	
2. *der Ausländer die Mitwirkungspflichten ohne genügende Entschuldigung verletzt hat.*	
Bei der Entscheidung nach Aktenlage sind für die Entscheidung über einen Widerruf oder eine Rücknahme nach dieser Vorschrift oder nach § 48 des Verwaltungsverfahrensgesetzes sämtliche maßgeblichen Tatsachen und Umstände zu berücksichtigen. Ferner ist zu berücksichtigen, inwieweit der Ausländer seinen Mitwirkungspflichten nachgekommen ist. Der Ausländer ist durch das Bundesamt auf Inhalt und Umfang seiner Mitwirkungspflichten nach dieser Vorschrift sowie auf die Rechtsfolgen einer Verletzung hinzuweisen.	
(5a) Teilt der Ausländer dem Bundesamt mit, im Asylverfahren unrichtige oder unvollständige Angaben gemacht oder benutzt zu haben, so darf diese Information zu Beweiszwecken in einem gegen den Ausländer oder gegen einen seiner in § 52 Absatz 1 der Strafprozessordnung bezeichneten Angehörigen geführten Straf- oder Bußgeldverfahren nur mit Zustimmung des Ausländers verwendet werden. Der Ausländer ist auf diese Rechtsfolgen hinzuweisen.	**(5)** Teilt der Ausländer dem Bundesamt mit, im Asylverfahren unrichtige oder unvollständige Angaben gemacht oder benutzt zu haben, so darf diese Information zu Beweiszwecken in einem gegen den Ausländer oder gegen einen seiner in § 52 Absatz 1 der Strafprozessordnung bezeichneten Angehörigen geführten Straf- oder Bußgeldverfahren nur mit Zustimmung des Ausländers verwendet werden. Der Ausländer ist auf diese Rechtsfolgen hinzuweisen.

Änderungen im AsylG

bis 11.06.2026	ab 12.06.2026
§ 73b *Widerrufs- und Rücknahmeverfahren*	**§ 73b Gründe und Verfahren für Entzug, Widerruf und Rücknahme**
(6) Dem Ausländer ist die beabsichtigte Entscheidung über einen Widerruf *oder* eine Rücknahme nach dieser Vorschrift oder nach § 48 des Verwaltungsverfahrensgesetzes schriftlich unter Angabe der Gründe mitzuteilen und ihm ist Gelegenheit zu einer mündlichen oder schriftlichen Äußerung zu geben. Ihm kann aufgegeben werden, sich innerhalb eines Monats schriftlich zu äußern. *Hat sich der Ausländer innerhalb dieser Frist nicht geäußert, ist nach Aktenlage zu entscheiden; der Ausländer ist auf diese Rechtsfolge hinzuweisen.*	(6) Dem Ausländer ist die beabsichtigte Entscheidung über **einen Entzug,** einen Widerruf **und** eine Rücknahme nach dieser Vorschrift oder nach § 48 des Verwaltungsverfahrensgesetzes schriftlich unter Angabe der Gründe mitzuteilen und ihm ist Gelegenheit zu einer mündlichen oder schriftlichen Äußerung zu geben. Ihm kann aufgegeben werden, sich innerhalb eines Monats schriftlich zu äußern. **§ 15 Absatz 1 Satz 2, Absatz 2 Nummer 1, 4 bis 7 und Absatz 3 sowie § 16 gelten entsprechend, hinsichtlich der Sicherung der Identität durch erkennungsdienstliche Maßnahmen (§ 16 Absatz 1 Satz 1 und 2) mit der Maßgabe, dass sie nur zulässig ist, soweit die Identität des Ausländers nicht bereits gesichert worden ist. Bei Nichtbeachtung der Mitwirkungspflichten findet Artikel 66 Absatz 5 der Verordnung (EU) 2024/1348 entsprechend Anwendung.**
(7) Die Entscheidung des Bundesamtes über den Widerruf oder die Rücknahme ergeht schriftlich. Sie ist zu begründen und ihr ist eine Rechtsbehelfsbelehrung beizufügen. Mitteilungen oder Entscheidungen des Bundesamtes, die eine Frist in Lauf setzen, sind dem Ausländer zuzustellen.	(7) Die Entscheidung des Bundesamtes über **den Entzug,** den Widerruf oder die Rücknahme ergeht schriftlich. Sie ist zu begründen und ihr ist eine Rechtsbehelfsbelehrung beizufügen. Mitteilungen oder Entscheidungen des Bundesamtes, die eine Frist in Lauf setzen, sind dem Ausländer zuzustellen.
(8) Ist die Anerkennung als Asylberechtigter, die Zuerkennung des internationalen Schutzes oder die Feststellung eines Abschiebungsverbots nach § 60 Absatz 5 oder 7 des Aufenthaltsgesetzes unanfechtbar widerrufen oder zurückgenommen oder aus einem anderen Grund nicht mehr wirksam, gilt § 72 Absatz 2 entsprechend. In den Fällen des *§ 75 Absatz 2* gilt § 72 Absatz 2 ab der Vollziehbarkeit der Entscheidung.	(8) Ist die Anerkennung als Asylberechtigter **oder** die Zuerkennung des internationalen Schutzes **unanfechtbar entzogen** oder die Feststellung eines Abschiebungsverbots nach § 60 Absatz 5 oder 7 des Aufenthaltsgesetzes unanfechtbar widerrufen oder zurückgenommen oder aus einem anderen Grund nicht mehr wirksam, gilt § 72 Absatz 2 entsprechend. In den Fällen des **Artikels 68 Absatz 3 Buchstabe e der Verordnung (EU) 2024/1348** gilt § 72 Absatz 2 ab der Vollziehbarkeit der Entscheidung.

Redaktionelle Hinweise zu den Neuerungen

§ 73b AsylG wird zum 12. Juni 2026 grundlegend neu ausgerichtet und erhält eine deutlich veränderte Funktion innerhalb des Systems. Während die Vorschrift bislang vor allem das nationale Widerrufs- und Rücknahmeverfahren ausgestaltete, wird sie nun zu einer ergänzenden Regelung zu den unmittelbar geltenden unionsrechtlichen Vorgaben. Die materiellen Voraussetzungen für den Entzug, den Widerruf oder die Rücknahme eines Schutzstatus ergeben sich künftig in erster Linie aus den Artikeln 65 und 66 der Verordnung (EU) 2024/1348 sowie aus der Qualifikationsverordnung (EU) 2024/1347. § 73b AsylG übernimmt dagegen vor allem eine konkretisierende und verfahrensrechtliche Rolle.

Eine wichtige inhaltliche Ergänzung betrifft die Konkretisierung des unionsrechtlichen Begriffs der Gefahr für die Allgemeinheit. Dieser ist in den europäischen Vorschriften nur abstrakt beschrieben. § 73b stellt nun klar, wann von einer besonders schweren Straftat auszugehen ist, nämlich insbesondere dann, wenn die Voraussetzungen des Aufenthaltsgesetzes erfüllt sind oder das Bundesamt aus sicherheitsrechtlichen Gründen vom Schutz abgesehen hat.

Das die Behandlung nationaler Abschiebungsverbote nicht vollständig durch das Unionsrecht geregelt wird, enthält § 73b weiterhin eigenständige Vorgaben dazu. Ein Abschiebungsverbot ist zu widerrufen, wenn die Voraussetzungen nicht mehr vorliegen, und zurückzunehmen, wenn es von Anfang an fehlerhaft war.

Eine weiterhin praxisrelevante Regel ist die Vermutung, dass der Schutzbedarf entfallen ist, wenn der Betroffene in seinen Herkunftsstaat zurückreist. Diese Vermutung gilt aber nicht ausnahmslos, sondern kann widerlegt werden, insbesondere wenn die Reise aus zwingenden Gründen erfolgt ist.

Die Systematik der Schutzprüfung wird fortgeführt und erweitert. Wenn ein Schutzstatus entzogen oder aufgehoben wird, muss stets geprüft werden, ob eine andere Schutzform greift. Nach Wegfall der Flüchtlingseigenschaft ist also zu prüfen, ob subsidiärer Schutz oder zumindest ein nationales Abschiebungsverbot besteht.

Gesetzesbegründung zu § 73b AsylG (BT-Drs. 21/1848)

Zur Überschrift

Die Änderung dient der Anpassung an die Terminologie des Artikels 65 der Verordnung (EU) 2024/1348.

Zu Absatz 1

Die Änderung dient der Anpassung an Artikel 65 der Verordnung (EU) 2024/1348. Hinsichtlich des Vorliegens einer Gefahr für die Allgemeinheit aus Artikel 14 Absatz 1 Buchstabe e und Artikel 17 Absatz 1 Buchstabe d der Verordnung (EU) 2024/1347 wird auf § 60 Absatz 8 des Aufenthaltsgesetzes verwiesen, um einen Gleichlauf bei der Anwendung des unbestimmten Rechtsbegriffs zu gewährleisten. Da für die Abschiebungsverbote nicht die Vorschriften für den Entzug des internationalen Schutzes gelten, bedarf es weiterhin eigener Widerrufs- und Rücknahmegründe.

Zu Absatz 1a

Absatz 1a entspricht der Regelung des bisherigen § 73 Absatz 7. Ein Rückgriff auf Artikel 65 der Verordnung (EU) 2024/1348 berücksichtigt die Vorgaben aus der Verordnung (EU) 2024/1347 und erfolgt im Einklang mit den primärrechtlichen Vorgaben des Artikel 78 Absatz 1 Satz 2 AEUV.

Zu Absatz 2

Die Änderung dient der Anpassung an die Terminologie des Artikels 65 der Verordnung (EU) 2024/1348.

Zu Absatz 3 Satz 1

Die Änderung dient der Anpassung an die Terminologie des Artikels 65 der Verordnung (EU) 2024/1348.

Zur Streichung von Absatz 3 Satz 2

Die Änderung ist eine Folgeänderung zur Anpassung des § 26.

Zu Absatz 4

Die Änderung dient der Anpassung an die Terminologie des Artikels 65 der Verordnung (EU) 2024/1348.

Zur Streichung von Absatz 5

Die Änderung dient der Anpassung an Artikel 65 der Verordnung (EU) 2024/1348. Dieser regelt keine Mitwirkungspflichten vor Einleitung des Verfahrens, weshalb diese gestrichen werden.

Zum neuen Absatz 5

Es handelt sich um eine Folgeänderung zur Aufhebung von Absatz 5.

Zu Absatz 6 Satz 1

Die Änderung dient der Anpassung an die Terminologie des Artikels 65 und an die Voraussetzung aus Artikel 66 Absatz 1 Buchstabe d der Verordnung (EU) 2024/1348, wonach dem Ausländer Gelegenheit zu einer schriftlichen und mündlichen Äußerung gegeben werden muss.

Zu Absatz 6 Satz 3

Die Änderung dient der Anpassung an Artikel 66 Absatz 5 der Verordnung (EU) 2024/1348. Dieser gibt vor, welche Folgen eine unterbliebene mündliche oder schriftliche Äußerung hat. Einer weitergehenden Regelung bedarf es nicht. Eingefügt wurde der bisherige Satz 2 aus Absatz 5, da es weiterhin einer Regelung für im Entzugsverfahren nachzuholende erkennungsdienstliche Behandlungen bedarf. Der neu eingefügte Satz 4 dient der Klarstellung, dass Artikel 66 Absatz 5 der Verordnung (EU) 2024/1348 auch in diesen Fällen und bei der Aufhebung von festgestellten Abschiebungsverboten Anwendung findet.

Zu Absatz 7

Die Änderung dient der Anpassung an die Terminologie des Artikels 65 der Verordnung (EU) 2024/1348 und an die Voraussetzungen aus Artikel 66 Absatz 3 der Verordnung (EU) 2024/1348, wonach die Entscheidung, den internationalen Schutz abzuerkennen, schriftlich ergehen und eine Begründung sowie eine Rechtsbehelfsbelehrung enthalten muss.

Zu Absatz 8 Satz 1

Die Änderung dient der Anpassung an die Terminologie des Artikels 65 der Verordnung (EU) 2024/1348.

Zu Absatz 8 Satz 2

Es handelt sich um eine Folgeänderung zur Neufassung des § 75.

§ 73c AsylG

bis 11.06.2026	ab 12.06.2026
§ 73c Ausländische Anerkennung als Flüchtling	**§ 73c Ausländische Anerkennung als Flüchtling**
(1) Ist bei einem Ausländer, der von einem ausländischen Staat als Flüchtling im Sinne des Abkommens über die Rechtsstellung der Flüchtlinge anerkannt worden ist, die Verantwortung für die Ausstellung des Reiseausweises auf die Bundesrepublik Deutschland übergegangen (Verantwortungsübergang), so erlischt seine Rechtsstellung als Flüchtling in der Bundesrepublik Deutschland, wenn einer der in § 72 Absatz 1 genannten Umstände eintritt. Der Ausländer hat den Reiseausweis unverzüglich bei der Ausländerbehörde abzugeben.	(1) [unverändert]
(2) Im Falle des Verantwortungsübergangs auf die Bundesrepublik Deutschland wird dem Ausländer durch das Bundesamt die Rechtsstellung als Flüchtling in der Bundesrepublik Deutschland entzogen, wenn die Voraussetzungen für die Zuerkennung der Flüchtlingseigenschaft nicht oder nicht mehr vorliegen. Die *§§ 73 bis 73b gelten* entsprechend.	(2) Im Falle des Verantwortungsübergangs auf die Bundesrepublik Deutschland wird dem Ausländer durch das Bundesamt die Rechtsstellung als Flüchtling in der Bundesrepublik Deutschland entzogen, wenn die Voraussetzungen für die Zuerkennung der Flüchtlingseigenschaft nicht oder nicht mehr vorliegen. **§ 73**b **gilt** entsprechend.

Gesetzesbegründung zu § 73c AsylG (BT-Drs. 21/1848)

Es handelt sich um eine Folgeänderung zur Aufhebung der §§ 73, 73a .

Änderungen im AsylG

§ 74 AsylG

bis 11.06.2026	ab 12.06.2026
§ 74 Klagefrist, Zurückweisung verspäteten Vorbringens, Verhandlung durch den abgelehnten Richter	**§ 74 Klagefrist, Zurückweisung verspäteten Vorbringens, Verhandlung durch den abgelehnten Richter**
(1) Die Klage gegen Entscheidungen nach diesem Gesetz muss innerhalb von zwei Wochen nach Zustellung der Entscheidung erhoben werden; *ist der Antrag nach § 80 Absatz 5 der Verwaltungsgerichtsordnung innerhalb einer Woche zu stellen (§ 34a Absatz 2 Satz 1 und 3, § 36 Absatz 3 Satz 1 und 10), ist auch die Klage innerhalb einer Woche zu erheben.*	(1) Die Klage gegen Entscheidungen nach diesem Gesetz muss **im Einklang mit Artikel 67 Absatz 7 Buchstabe b der Verordnung (EU) 2024/1348 und mit Artikel 43 Absatz 2 der Verordnung (EU) 2024/1351** innerhalb von zwei Wochen nach Zustellung der Entscheidung erhoben werden.
	Abweichend von Satz 1 ist die Klage im Einklang mit Artikel 43 Absatz 3 der Verordnung (EU) 2024/1351 innerhalb einer Woche zu erheben, wenn der Antrag nach § 80 Absatz 5 der Verwaltungsgerichtsordnung innerhalb einer Woche zu stellen ist (§ 34a Absatz 3 Satz 1). Die Frist von einer Woche gilt auch in den in Artikel 67 Absatz 7 Buchstabe a der Verordnung (EU) 2024/1348 genannten Fällen. § 58 der Verwaltungsgerichtsordnung gilt mit der Maßgabe, dass die Frist nach § 58 Absatz 2 der Verwaltungsgerichtsordnung drei Monate beträgt.
(2) Der Kläger hat die zur Begründung dienenden Tatsachen und Beweismittel binnen einer Frist von einem Monat nach Zustellung der Entscheidung anzugeben. § 87b *Abs.* 3 der Verwaltungsgerichtsordnung gilt entsprechend. Der Kläger ist über die Verpflichtung nach Satz 1 und die Folgen der Fristversäumnis zu belehren. Das Vorbringen neuer Tatsachen und Beweismittel bleibt unberührt.	(2) Der Kläger hat die zur Begründung dienenden Tatsachen und Beweismittel binnen einer Frist von einem Monat nach Zustellung der Entscheidung anzugeben. § 87b **Absatz** 3 der Verwaltungsgerichtsordnung gilt **unbeschadet des Artikels 67 Absatz 6 der Verordnung (EU) 2024/1348** entsprechend. Der Kläger ist über die Verpflichtung nach Satz 1 und die Folgen der Fristversäumnis zu belehren. Das Vorbringen neuer Tatsachen und Beweismittel bleibt unberührt.
(3) Wird ein Richter innerhalb eines Zeitraums von drei Werktagen vor der Verhandlung oder während der Verhandlung von einem der Beteiligten wegen Besorgnis der Befangenheit abgelehnt und würde die Entscheidung über die Ablehnung eine Verlegung des Termins oder Vertagung der Verhandlung erfordern, so kann der Termin oder die Verhandlung unter Mitwirkung des abgelehnten Richters durchgeführt oder fortgesetzt werden. Wird die Ablehnung für begründet erklärt, so ist der nach der Anbringung des Ablehnungsgesuchs liegende Teil der Verhandlung zu wiederholen.	(3) [unverändert]

Redaktionelle Hinweise zu den Neuerungen

§ 74 AsylG behält ihre Funktion als Kernregelung für Klagefristen, Begründungspflichten und die Behandlung verspäteten Vorbringens im asylgerichtlichen Verfahren. Neu ist jedoch, dass diese Regelungen ausdrücklich auf europäisches Recht gestützt werden und sich in ihrer Auslegung daran orientieren müssen.

Bereits in Absatz 1 wird deutlich, dass die Klagefristen künftig nicht mehr rein national bestimmt sind. Sie werden ausdrücklich an die Vorgaben der Asylverfahrensverordnung (EU) 2024/1348 sowie ergänzend an weitere unionsrechtliche Regelungen angebunden.

Im Grundsatz bleibt es dabei, dass die Klage innerhalb von zwei Wochen nach Zustellung der Entscheidung zu erheben ist. Auch die verkürzte einwöchige Frist in bestimmten Eilkonstellationen bleibt bestehen. Neu ist jedoch, dass diese einwöchige Frist nun ausdrücklich auch in den unionsrechtlich geregelten Fallgruppen gilt. Dadurch wird sichergestellt, dass das deutsche Recht mit den europaweit vorgesehenen beschleunigten Verfahren übereinstimmt.

Die praktisch wichtigste Änderung betrifft den Umgang mit fehlerhaften oder fehlenden Rechtsbehelfsbelehrungen. Nach bisherigem Recht führte ein solcher Fehler regelmäßig dazu, dass die Klagefrist auf ein Jahr verlängert wurde. Diese Jahresfrist wird nun deutlich verkürzt. Künftig gilt in diesen Fällen eine Frist von drei Monaten. Hintergrund ist das Ziel des europäischen Rechts, Asylverfahren insgesamt zu beschleunigen und lange Schwebezeiten zu vermeiden.

Absatz 2 bleibt im Kern bestehen, wird aber ebenfalls europarechtlich überlagert. Der Kläger muss weiterhin innerhalb eines Monats die zur Begründung dienenden Tatsachen und Beweismittel vorbringen. Gleichzeitig wird klargestellt, dass die unionsrechtlichen Regelungen zur Behandlung verspäteter Unterlagen daneben gelten. Die Möglichkeit, verspätetes Vorbringen unberücksichtigt zu lassen, bleibt damit grundsätzlich erhalten. Ziel ist weiterhin eine zügige Durchführung der Verfahren. Gleichzeitig ist zu beachten, dass das Unionsrecht in bestimmten Konstellationen eigene Vorgaben macht, die Vorrang haben.

Absatz 3, der sich mit Befangenheitsanträgen gegen Richter kurz vor oder während der mündlichen Verhandlung befasst, bleibt unverändert.

Gesetzesbegründung zu § 74 AsylG (BT-Drs. 21/1848)

Zu Absatz 1

Die Änderung dient der Anpassung an Artikel 67 Absatz 7 der Verordnung (EU) 2024/1348 und an Artikel 43 Absatz 2 und 3 der Verordnung (EU) 2024/1351. Der neu eingefügte letzte Satz zur Klagefrist bei unterbliebener oder unrichtiger Rechtsbehelfsbelehrung dient der Umsetzung der Vorgabe der im Asylgerichtsverfahren gestrafften Fristen. Der Beginn der Rechtsbehelfsfrist ist nach Artikel 67 Absatz 8 Satz 1 der Verordnung (EU) 2024/1348 an die Mitteilung der Entscheidung geknüpft. Anders als nach § 58 Absatz 1 Verwaltungsgerichtsordnung kommt es nicht darauf an, dass der Entscheidung eine Rechtsbehelfsbelehrung angefügt ist. Allerdings kann eine unrichtige Rechtsbehelfsbelehrung zu einem Irrtum führen, wodurch die Rechtsbehelfsfrist versäumt werden kann. Daher dürfte implizit aus dem Recht auf einen wirksamen Rechtsbehelf nach Artikel 67 Absatz 1 Verordnung (EU) 2024/1348 und Artikel 47 der EU-Grundrechtecharta folgen, dass dieses Recht nur dann effektiv ausgeübt werden kann, wenn der Betroffene nach Artikel 36 Absatz 3

Satz 1 der Verordnung (EU) 2024/1348 darüber informiert worden ist, wie er die ihn belastende Entscheidung anfechten kann, und diese Information korrekt ist.

Daher wird dem falsch informierten Antragsteller eine über die Zeiträume von Artikel 67 Absatz 7 der Verordnung (EU) 2024/1348 hinausgehende Frist für die Einlegung seines Rechtsbehelfs zugestanden. Bei der Festlegung der Frist und Abweichung von der Jahresfrist des § 58 Absatz 2 VwGO bleibt indes zu berücksichtigen, dass den in Rede stehenden Fällen in der Sphäre der Behörde liegende Verfahrensfehler zugrunde liegen. Die sich daraus ergebenden Rechte des Antragstellers sind in die Abwägung einzubeziehen. Insofern und um dem Zweck des § 58 Absatz 2 VwGO Rechnung zu tragen, ist es erforderlich, über die Frist aus Artikel 67 Absatz 7 der Verordnung EU 2024/1348 hinauszugehen. Die von § 58 Absatz 2 der Verwaltungsgerichtsordnung vorgesehene Jahresfrist tritt jedoch mit den Zielen der Asylverfahrensverordnung in Konflikt. Letztere zielt darauf ab, die Verfahrensvorschriften zu straffen, um das Verwaltungs- und Gerichtsverfahren beschleunigt abschließen zu können. Daher ist es erforderlich, die von Artikel 67 Absatz 7 der Verordnung (EU) 2024/1348 vorgesehenen Fristen nicht deutlich zu überschreiten. Daher wird § 58 Absatz 2 Satz 1 der Verwaltungsgerichtsordnung im vorliegenden asylrechtlichen Zusammenhang eingeschränkt. Im Hinblick auf die Beschleunigungsziele der Asylverfahrensverordnung und insoweit vor dem Hintergrund des Effektivitätsgrundsatzes in der Abwägung mit den Rechten des Antragstellers ist eine Verkürzung der Frist auf drei Monate angemessen.

Zu Absatz 2

Die Änderung dient der Anpassung an Artikel 67 Absatz 6 der Verordnung (EU) 2024/1348 und einer Klarstellung dahingehend, dass für § 74 Absatz 2 ein Anwendungsbereich verbleibt. Artikel 67 Absatz 6 der Verordnung (EU) 2024/1348 trifft besondere Regelungen für die Präklusion von zu übersetzenden Schriftstücken, die nicht innerhalb einer vom Gericht festgesetzten Frist vorgelegt werden. Für andere Beweismittel als Schriftstücke gilt sie nicht. Sie gilt auch nicht für Schriftstücke, die innerhalb von gesetzlichen Fristen vorgelegt werden müssen. Die Regelung ist insoweit eine Spezialregelung zu § 74 Absatz 2 und dem darin in Bezug genommenen § 87b Absatz 3 VwGO. Die Regelungen in § 74 Absatz 2 zur Präklusion von den der Begründung dienenden Tatsachen oder Beweismitteln, die der Antragsteller nach § 74 Absatz 2 Satz 1 in der gesetzlich vorgegebenen Frist anzugeben hat, gelten ergänzend. Dies gilt auch für § 87b VwGO.

§ 75 AsylG

bis 11.06.2026	**ab 12.06.2026**
§ 75 Aufschiebende Wirkung der Klage	**§ 75 Aufschiebende Wirkung der Klage, Recht auf Verbleib**
(1) Die Klage gegen Entscheidungen nach diesem Gesetz hat *nur in den Fällen des § 38 Absatz 1 sowie des § 73b Absatz 7 Satz 1* aufschiebende Wirkung. *Die Klage gegen Maßnahmen des Verwaltungszwangs (§ 73b Absatz 5) hat keine aufschiebende Wirkung.*	Die Klage gegen Entscheidungen nach diesem Gesetz hat **keine** aufschiebende Wirkung **, außer Artikel 68 der Verordnung (EU) 2024/1348 und Artikel 43 der Verordnung (EU) 2024/1351 sehen eine aufschiebende Wirkung vor.**
(2) Die Klage gegen Entscheidungen des Bundesamtes, mit denen die Anerkennung als Asylberechtigter oder die Zuerkennung der Flüchtlingseigenschaft widerrufen oder zurückgenommen worden ist, hat in folgenden Fällen keine aufschiebende Wirkung:	
1. *bei Widerruf oder Rücknahme wegen des Vorliegens der Voraussetzungen des § 60 Absatz 8 Nummer 2 oder 3 des Aufenthaltsgesetzes oder des § 3 Absatz 2,*	
2. *bei Widerruf oder Rücknahme, weil das Bundesamt nach § 60 Absatz 8a oder 8b des Aufenthaltsgesetzes von der Anwendung des § 60 Absatz 1 des Aufenthaltsgesetzes abgesehen hat.*	
Dies gilt entsprechend bei Klagen gegen den Widerruf oder die Rücknahme der Gewährung subsidiären Schutzes wegen Vorliegens der Voraussetzungen des § 4 Absatz 2. § 80 Abs.2 Satz 1 Nr. 4 der Verwaltungsgerichtsordnung bleibt unberührt.	

Redaktionelle Hinweise zu den Neuerungen

§ 75 AsylG regelt die aufschiebende Wirkung von Klagen künftig nicht mehr selbst. Ob ein Rechtsbehelf den Vollzug einer Rückkehrentscheidung hemmt, bestimmt sich nun grundsätzlich nach dem unionsrechtlichen Recht auf Verbleib aus Art. 68 der Aufenthaltsverordnung (EU) 2024/1348 und den Sonderregelungen der Krisenverordnung (Verordnung (EU) 2024/135).

Gesetzesbegründung zu § 75 AsylG (BT-Drs. 21/1848)

Die Änderung dient der Anpassung an Artikel 68 der Verordnung (EU) 2024/1348 und an Artikel 43 der Verordnung (EU) 2024/1351. In den in Artikel 68 Absatz 3 der Verordnung (EU) 2024/1348 genannten Fallgestaltungen muss Artikel 68 Absatz 4 der Verordnung (EU) 2024/1348 jedoch zur Gewährleistung der sich aus dem Primärrecht ergebenden Verfahrensgarantien dahingehend ausgelegt werden, dass die Gerichte zu einer positiven Aussetzungsentscheidung mit Wirkung ex tunc verpflichtet sind.

Die aufschiebende Wirkung eines Rechtsmittels gegen eine Rückkehrentscheidung im deutschen Recht bewirkt, dass der Ausländer für die Dauer des Rechtsmittelverfahrens nicht ausreisepflichtig ist. Sie steht daher dem Recht auf Verbleib aus der Verordnung (EU) 2024/1348 gleich, so dass kein gesondertes Verfahren für ein Recht auf Verbleib eingeführt wird.

Änderungen im AsylG

§ 77 AsylG

bis 11.06.2026	ab 12.06.2026
§ 77 Entscheidung des Gerichts	**§ 77 Entscheidung des Gerichts**
(1) In Streitigkeiten nach diesem Gesetz stellt das Gericht auf die Sach- und Rechtslage im Zeitpunkt der letzten mündlichen Verhandlung ab; ergeht die Entscheidung ohne mündliche Verhandlung, ist der Zeitpunkt maßgebend, in dem die Entscheidung gefällt wird. § 74 Absatz 2 Satz 2 bleibt unberührt.	(1) [unverändert]
(2) Das Gericht kann außer in den Fällen des *§ 38 Absatz 1 und des § 73b Absatz 7* bei Klagen gegen Entscheidungen nach diesem Gesetz im schriftlichen Verfahren durch Urteil entscheiden, wenn der Ausländer anwaltlich vertreten ist. Auf Antrag eines Beteiligten muss mündlich verhandelt werden. Hierauf sind die Beteiligten von dem Gericht hinzuweisen.	(2) Das Gericht kann außer in den Fällen des **Artikels 67 Absatz 1 Unterabsatz 1 Buchstabe b erste Alternative und Buchstabe d der Verordnung (EU) 2024/1348** bei Klagen gegen Entscheidungen nach diesem Gesetz im schriftlichen Verfahren durch Urteil entscheiden, wenn der Ausländer anwaltlich vertreten ist. Auf Antrag eines Beteiligten muss mündlich verhandelt werden. Hierauf sind die Beteiligten von dem Gericht hinzuweisen.
(3) Das Gericht sieht von einer weiteren Darstellung des Tatbestandes und der Entscheidungsgründe ab, soweit es den Feststellungen und der Begründung des angefochtenen Verwaltungsaktes folgt und dies in seiner Entscheidung feststellt oder soweit die Beteiligten übereinstimmend darauf verzichten.	(3) [unverändert]
(4) Wird während des Verfahrens der streitgegenständliche Verwaltungsakt, mit dem ein Asylantrag als unzulässig abgelehnt wurde, durch eine Ablehnung als unbegründet oder offensichtlich unbegründet ersetzt, so wird der neue Verwaltungsakt Gegenstand des Verfahrens. Das Bundesamt übersendet dem Gericht, bei dem das Verfahren anhängig ist, eine Abschrift des neuen Verwaltungsakts. Nimmt der Kläger die Klage daraufhin unverzüglich zurück, trägt das Bundesamt die Kosten des Verfahrens. Unterliegt der Kläger ganz oder teilweise, entscheidet das Gericht nach billigem Ermessen.	(4) [unverändert]
(5) Hält ein Gericht die Bestimmung eines sicheren Herkunftsstaates durch eine Rechtsverordnung nach § 29b, auf deren Gültigkeit es bei der Entscheidung ankommt, für rechtswidrig, so ist das Klageverfahren auszusetzen und die Entscheidung des Bundesverwaltungsgerichts einzuholen. § 47 Absatz 5 Satz 1 und 2 der Verwaltungsgerichtsordnung findet entsprechende Anwendung. Das Bundesverwaltungsgericht kann von Amts wegen oder auf Antrag der Beteiligten eine einstweilige Anordnung erlassen, wenn dies zur Abwehr schwerer Nachteile oder aus anderen wichtigen Gründen dringend geboten ist.	(5) Hält ein Gericht die Bestimmung eines **sicheren Drittstaates oder eines** sicheren Herkunftsstaates durch eine Rechtsverordnung nach **§ 27 oder** § 29b, auf deren Gültigkeit es bei der Entscheidung ankommt, für rechtswidrig, so ist das Klageverfahren auszusetzen und die Entscheidung des Bundesverwaltungsgerichts einzuholen. § 47 Absatz 5 Satz 1 und 2 der Verwaltungsgerichtsordnung findet entsprechende Anwendung. Das Bundesverwaltungsgericht kann von Amts wegen oder auf Antrag der Beteiligten eine einstweilige Anordnung erlassen, wenn dies zur Abwehr schwerer Nachteile oder aus anderen wichtigen Gründen dringend geboten ist.

bis 11.06.2026	ab 12.06.2026
§ 77 Entscheidung des Gerichts	**§ 77 Entscheidung des Gerichts**
	(6) Das Gericht soll in Verfahren nach Artikel 67 Absatz 1 der Verordnung (EU) 2024/1348 innerhalb von sechs Monaten ab Erhebung der Klage entscheiden. Artikel 35 Absatz 5 der Verordnung (EU) 2024/1348 gilt entsprechend.
	(7) Hebt das Gericht die Entscheidung des Bundesamts auf, entscheidet das Bundesamt im Einklang mit Artikel 35 Absatz 8 der Verordnung (EU) 2024/1348 innerhalb der folgenden Fristen:
	1. **Die Frist nach Artikel 35 Absatz 1 Unterabsatz 1 und Absatz 2 der Verordnung (EU) 2024/1348 beträgt einen Monat; die Frist nach Artikel 35 Absatz 1 Unterabsatz 2 der Verordnung (EU) 2024/1348 beträgt fünf Tage.**
	2. **Die Frist nach Artikel 35 Absatz 3 der Verordnung (EU) 2024/1348 beträgt zwei Monate.**
	3. **Die Frist nach Artikel 35 Absatz 4 und 5 der Verordnung (EU) 2024/1348 beträgt vier Monate.**
	(8) Das Gericht kann in den Fällen, in denen das Bundesamt den Antrag als unzulässig abgelehnt hat, auch über die Begründetheit entscheiden. In diesen Fällen entscheidet das Gericht auch über das Vorliegen der Voraussetzungen aus § 34 Absatz 1 Satz 1 Nummer 3 und 4.

Redaktionelle Hinweise zu den Neuerungen

§ 77 AsylG wird in seiner Grundstruktur beibehalten, erfährt jedoch inhaltliche Erweiterungen. Während die Absätze 1 bis 4 weitgehend unverändert bleiben, werden mit den neuen Absätzen 5 bis 8 mehrere zentrale Instrumente eingeführt, die der Beschleunigung, Vereinheitlichung und Effektivierung des Rechtsschutzes dienen. Besonders hervorzuheben sind:

- die zentrale Normenkontrolle beim Bundesverwaltungsgericht für Rechtsverordnungen zu sicheren Drittstaaten und sicheren Herkunftsstaaten

neue gerichtliche Entscheidungsfristen

verkürzte Fristen für das BAMF nach erfolgreicher Klage

die Möglichkeit einer umfassenden gerichtlichen Sachentscheidung bei Unzulässigkeitsentscheidungen

Gesetzesbegründung zu § 77 AsylG (BT-Drs. 21/1848)

Zu Absatz 2

Es handelt sich um eine Folgeänderung aufgrund der Anpassung von § 38 Absatz 1 in Artikel 2 Nummer 47.

Zu den Absätzen 5 bis 8

In Absatz 5 wird eine neue Vorschrift für eine zentrale Normenkontrolle für die Rechtsverordnungen nach §§ 27 und 29b AsylG geschaffen.

Nach Absatz 5 Satz 1 ist das Klageverfahren auszusetzen und die Entscheidung des Bundesverwaltungsgerichts einzuholen, wenn ein Gericht die Bestimmung eines sicheren Herkunftsstaates durch eine Rechtsverordnung nach § 27 oder § 29b, auf deren Gültigkeit es bei der Entscheidung ankommt, für rechtswidrig hält.

Es wird damit ausgeschlossen, dass die Verwaltungsgerichte die Rechtmäßigkeit der Rechtsverordnungen nach §§ 27, 29b AsylG inzident prüfen und zu unterschiedlichen Ergebnissen kommen.

Die sich aus Artikel 267 AEUV und der entsprechenden Rechtsprechung des Europäischen Gerichtshofs ergebenden Befugnisse und Pflichten der Verwaltungsgerichte zur Vorlage an den Europäischen Gerichtshof (vgl. hierzu nur EuGH, Urteil vom 22. Juni 2010, Rs. C-188/10 und C-189/10, Rn. 57, EuGH, Urteil vom 22. Februar 2022, Rs. C-430/21, Rn. 65 ff.) sowie die Berechtigung, die Regelung im Falle eines sog. „acte claire“ oder eines „acte éclairé“ von sich aus unangewendet zu lassen (vgl. EuGH, Urteil vom 22. Juni 2010, Rs. C-188/10 und C-189/10, Rn. 57; Urteil vom 1. August 2025, Rs. C-758/24 und C-759/24, Rn. 63; Urteil vom 6. Oktober 1982, Rs. 283/81) bleiben von der Regelung unberührt. Soweit die Verwaltungsgerichte in allen anderen Fällen nicht dem Europäischen Gerichtshof eine Frage zur Auslegung des Unionsrechts vorlegen, sind sie – sofern sie die entsprechende Rechtsverordnung nach § 27 oder § 29b AsylG für rechtswidrig halten – zur Vorlage an das Bundesverwaltungsgericht verpflichtet.

Die Entscheidung über die Rechtmäßigkeit der Rechtsverordnung wird dem Bundesverwaltungsgericht übertragen. Es handelt sich um eine spezielle sachliche Zuständigkeit des Bundesverwaltungsgerichts ergänzend zu der allgemeinen Ausnahmevorschrift zur Begründung der erst- und letztinstanzlichen Zuständigkeit des Bundesverwaltungsgerichts nach § 50 VwGO. Die Regelung ist sachgerecht, um ein Verwerfungsmonopol zu schaffen, das es andernfalls vorliegend – anders als bei formellen Gesetzen durch die konkrete Normenkontrolle nach Artikel 100 GG – nicht gäbe. Ein solches dient indes der Rechtseinheit und der Rechtssicherheit.

Hinsichtlich des Maßes der Überzeugungsbildung durch das Verwaltungsgericht ist der Wortlaut des Absatzes 5 Satz 1 an Artikel 100 GG angelehnt. Bloße Zweifel an der Rechtmäßigkeit der Rechtsverordnung genügen danach nicht.

Auf das Verfahren vor dem Bundesverwaltungsgericht finden die §§ 81 ff. VwGO Anwendung. Aufgrund der Besonderheiten des Vorlageverfahrens werden § 47 Absätze 5 Satz 1 und 2 und

Absatz 6 VwGO gemäß Absatz 5 Satz 2 entsprechend angewendet. Die Vorlage an das Bundesverwaltungsgericht soll in der Hauptsache unverzüglich erfolgen.

Hinsichtlich der Aussetzung durch das erstinstanzliche Gericht gilt – wie im Rahmen der allgemeinen Aussetzungsnorm des § 94 VwGO anerkannt –, dass das Verfahren auch der Prozessökonomie dient, insbesondere der Reduzierung eigenen Ermittlungsaufwands des Gerichts (vgl. Jacob, in: Gärditz, VwGO, 2. Aufl. 2018, § 94 Rn. 1; Peters/Schwarzburg, in: Sodan/Ziekow, VwGO, 5. Aufl. 2018, § 94 Rn. 2). Dabei ist das aus Artikel 19 Absatz 4 GG resultierende Beschleunigungsgebot – wie allgemein im Rahmen des § 94 VwGO (Peters/Schwarzburg, in: Sodan/Ziekow, VwGO, 5. Aufl. 2018, § 94 Rn. 3) – auch im vorliegenden Verfahren zu beachten.

Änderungen im AsylG

§ 78 AsylG

bis 11.06.2026	ab 12.06.2026
§ 78 Rechtsmittel	**§ 78 Rechtsmittel**
(1) Das Urteil des Verwaltungsgerichts, durch das die Klage in Rechtsstreitigkeiten nach diesem Gesetz als offensichtlich unzulässig oder offensichtlich unbegründet abgewiesen wird, ist unanfechtbar. Das gilt auch, wenn nur das Klagebegehren gegen die Entscheidung über den Asylantrag als offensichtlich unzulässig oder offensichtlich unbegründet, das Klagebegehren im Übrigen hingegen als unzulässig oder unbegründet abgewiesen worden ist.	(1) [unverändert]
(2) In den übrigen Fällen steht den Beteiligten die Berufung gegen das Urteil des Verwaltungsgerichts zu, wenn sie von dem Oberverwaltungsgericht zugelassen wird.	(2) [unverändert]
(3) Die Berufung ist nur zuzulassen, wenn	(3) [unverändert]
1. die Rechtssache grundsätzliche Bedeutung hat oder	1. [unverändert]
2. das Urteil von einer Entscheidung des Oberverwaltungsgerichts, des Bundesverwaltungsgerichts, des Gemeinsamen Senats der obersten Gerichtshöfe des Bundes oder des Bundesverfassungsgerichts abweicht und auf dieser Abweichung beruht oder	2. [unverändert]
3. ein in § 138 der Verwaltungsgerichtsordnung bezeichneter Verfahrensmangel geltend gemacht wird und vorliegt.	3. [unverändert]
(4) Die Zulassung der Berufung ist innerhalb eines Monats nach Zustellung des Urteils zu beantragen. Der Antrag ist bei dem Verwaltungsgericht zu stellen. Er muss das angefochtene Urteil bezeichnen. In dem Antrag sind die Gründe, aus denen die Berufung zuzulassen ist, darzulegen. Die Stellung des Antrags hemmt die Rechtskraft des Urteils.	(4) [unverändert]
(5) Über den Antrag entscheidet das Oberverwaltungsgericht durch Beschluss, der keiner Begründung bedarf. Mit der Ablehnung des Antrags wird das Urteil rechtskräftig. Lässt das Oberverwaltungsgericht die Berufung zu, wird das Antragsverfahren als Berufungsverfahren fortgesetzt; der Einlegung einer Berufung bedarf es nicht.	(5) [unverändert]
(6) § 134 der Verwaltungsgerichtsordnung findet keine Anwendung, wenn das Urteil des Verwaltungsgerichts nach Absatz 1 unanfechtbar ist.	(6) [unverändert]
(7) Ein Rechtsbehelf nach § 84 *Abs.* 2 der Verwaltungsgerichtsordnung ist innerhalb von zwei Wochen nach Zustellung des Gerichtsbescheids zu erheben.	(7) Ein Rechtsbehelf nach § 84 **Absatz 2** der Verwaltungsgerichtsordnung ist innerhalb von zwei Wochen nach Zustellung des Gerichtsbescheids zu erheben.

bis 11.06.2026	ab 12.06.2026
§ 78 Rechtsmittel	**§ 78 Rechtsmittel**
(8) Gegen das Urteil des Oberverwaltungsgerichts steht den Beteiligten die Revision an das Bundesverwaltungsgericht abweichend von § 132 Absatz 1 und § 137 Absatz 1 der Verwaltungsgerichtsordnung auch zu, wenn das Oberverwaltungsgericht	(8) [unverändert]
1. in der Beurteilung der allgemeinen asyl-, abschiebungs- oder überstellungsrelevanten Lage in einem Herkunfts- oder Zielstaat von deren Beurteilung durch ein anderes Oberverwaltungsgericht oder durch das Bundesverwaltungsgericht abweicht und	1. [unverändert]
2. die Revision deswegen zugelassen hat.	2. [unverändert]
Eine Nichtzulassungsbeschwerde kann auf diesen Zulassungsgrund nicht gestützt werden. Die Revision ist beschränkt auf die Beurteilung der allgemeinen asyl-, abschiebungs- oder überstellungsrelevanten Lage in einem Herkunfts- oder Zielstaat. In dem hierfür erforderlichen Umfang ist das Bundesverwaltungsgericht abweichend von § 137 Absatz 2 der Verwaltungsgerichtsordnung nicht an die in dem angefochtenen Urteil getroffenen tatsächlichen Feststellungen gebunden. Das Bundesverwaltungsgericht berücksichtigt für die Beurteilung der allgemeinen Lage diejenigen herkunfts- oder zielstaatsbezogenen Erkenntnisse, die von den in Satz 1 Nummer 1 genannten Gerichten verwertet worden sind, die ihm zum Zeitpunkt seiner mündlichen Verhandlung oder Entscheidung § 77 Absatz 1) von den Beteiligten vorgelegt oder die von ihm beigezogen oder erhoben worden sind. Die Anschlussrevision ist ausgeschlossen.	[unverändert]
(8a) Das Bundesministerium des Innern und für Heimat evaluiert im Einvernehmen mit dem Bundesministerium der Justiz die Revision nach Absatz 8 drei Jahre nach Inkrafttreten.	(8a) [unverändert]
	(9) In den Fällen, in denen bis zum Abschluss des erstinstanzlichen Klageverfahrens ein Recht auf Verbleib besteht, ist der Antrag auf das Recht auf Verbleib nach Artikel 68 Absatz 7 der Verordnung (EU) 2024/1348 innerhalb eines Monats bei dem Gericht zu stellen, bei dem das Rechtsmittel einzulegen ist. Ist dieses Gericht nicht das Rechtsmittelgericht, leitet es den Antrag unverzüglich an das Rechtsmittelgericht weiter. Das Rechtsmittelgericht soll über den Antrag innerhalb von zwei Wochen nach dortigem Eingang des Antrags entscheiden. Vor Ablauf der Frist nach Satz 1 und bis zur Entscheidung über den fristgemäß gestellten Antrag ist die Abschiebung nicht zulässig.

Änderungen im AsylG

bis 11.06.2026	ab 12.06.2026
§ 78 Rechtsmittel	**§ 78 Rechtsmittel**
	(10) Wurde die Klage gegen eine Überstellungsentscheidung nach Artikel 42 Absatz 1 oder Artikel 67 Absatz 10 der Verordnung (EU) 2024/1351 im ersten Rechtszug abgewiesen, besteht die aufschiebende Wirkung der Klage abweichend von § 80b Absatz 1 der Verwaltungsgerichtsordnung nur fort, wenn das Rechtsmittelgericht auf Antrag die Fortdauer anordnet. Absatz 9 gilt entsprechend.

Redaktionelle Hinweise zu den Neuerungen

Während die bisherigen Regelungen zum Instanzenzug, zur Zulassung der Berufung und zur Revision im Kern unverändert bleiben, verschiebt sich der Schwerpunkt von § 78 AsylG deutlich hin zur Frage, unter welchen Voraussetzungen ein Ausländer nach einer erstinstanzlichen gerichtlichen Niederlage weiterhin im Bundesgebiet verbleiben darf.

Das klassische System der Rechtsmittel bleibt zunächst bestehen. Urteile, mit denen eine Klage als offensichtlich unzulässig oder offensichtlich unbegründet abgewiesen wird, sind weiterhin unanfechtbar. In allen anderen Fällen ist eine Berufung nur nach Zulassung möglich, wobei sich die Zulassungsgründe ebenfalls nicht geändert haben. Auch die besonderen Regelungen zur Revision, etwa zur Vereinheitlichung der Beurteilung der Lage in Herkunftsstaaten, bleiben bestehen.

Die entscheidende Neuerung (Absatz 9) liegt jedoch darin, dass das Rechtsmittel und der Aufenthalt während des Rechtsmittelverfahrens künftig auseinanderfallen. Nach bisherigem Verständnis war ein eingelegtes Rechtsmittel häufig mit einer aufschiebenden Wirkung verbunden, sodass der Vollzug einer Abschiebung zunächst gehemmt war. Dieses Modell wird durch das unionsrechtlich geprägte Konzept des „Rechts auf Verbleib“ ersetzt. Maßgeblich ist nicht mehr allein, ob ein Rechtsmittel eingelegt wurde, sondern ob ein eigenständiges Recht besteht, während dieses Verfahrens im Bundesgebiet zu bleiben

Kern der Neuregelung ist, dass nach einer erfolglosen erstinstanzlichen Entscheidung grundsätzlich kein automatisches Recht auf Verbleib mehr besteht. Die bloße Einlegung eines Rechtsmittels reicht also nicht mehr aus, um eine Abschiebung auszuschließen. Für die Praxis bedeutet dies eine deutliche Verschärfung, da sich die Rechtslage für den Betroffenen unmittelbar nach Abschluss der ersten Instanz verändert.

Gleichzeitig wird aber ein neuer Mechanismus geschaffen, der einen Ausgleich ermöglicht. Der Betroffene kann einen gesonderten Antrag stellen, mit dem er beantragt, dass ihm das Rechtsmittelgericht ein weiteres Verbleiberecht gewährt. Dieser Antrag muss innerhalb eines Monats gestellt werden und richtet sich an das Gericht, bei dem auch das Rechtsmittel einzulegen ist. Wird der Antrag rechtzeitig gestellt, darf bis zur Entscheidung über diesen Antrag keine Abschiebung erfolgen. Für den Sachbearbeiter bedeutet dies, dass neben dem eigentlichen Rechtsmittel stets auch geprüft werden muss, ob ein entsprechender Antrag gestellt wurde und welche Wirkung er entfaltet. Dem Gericht wird dafür eine relativ kurze Entscheidungsfrist vorgegeben. Das Rechtsmittelgericht soll innerhalb von zwei Wochen über den Antrag entscheiden.

Eine weitere Schutzkomponente besteht darin, dass bis zum Ablauf der Monatsfrist für die Antragstellung sowie bis zur Entscheidung über einen rechtzeitig gestellten Antrag keine Abschiebung erfolgen darf. Damit wird verhindert, dass der Betroffene faktisch rechtsschutzlos gestellt wird.

Die neue Regelung wird zudem auf Überstellungsentscheidungen ausgeweitet, etwa im Zusammenhang mit europäischen Zuständigkeitsverfahren (Absatz 10). Auch hier gilt künftig, dass ein Rechtsmittel nicht automatisch ein Verbleiberecht vermittelt. Dies dient der Angleichung unterschiedlicher Verfahrensarten und verhindert, dass in bestimmten Fallgruppen ein weitergehender Schutz besteht als in anderen.

Gesetzesbegründung zu § 78 AsylG (BT-Drs. 21/1848 und BT-Drs. 21/4321)

Zu Absatz 7

Redaktionelle Änderung.

Zu Absatz 9

Die Einfügung von Absatz 9 dient der Anpassung an Artikel 68 Absatz 7 der Verordnung (EU) 2024/1348. Diese Regelung sieht vor, dass nach erfolglosem Abschluss des erstinstanzlichen Verfahrens grundsätzlich kein Recht auf Verbleib besteht, auch wenn ein weiterer Rechtsbehelf eingelegt wird. Die Einlegung eines Rechtsbehelfs, auch eines zulässigen, führt deshalb nicht automatisch zu einem Recht auf Verbleib. Das Gericht kann den Verbleib jedoch gestatten. Diese Gestattung kann von der Entscheidung über den Rechtsbehelf abweichen. Bei der Regelung handelt es sich um eine Spezialregelung zu § 80b VwGO. Mit der eingefügten Regelung in § 78 Absatz 9 wird für das nationale Recht geregelt, dass der Antrag innerhalb eines Monats zu stellen ist, um einen Gleichlauf mit den bestehenden Rechtsmittelfristen herzustellen. Zusätzlich wird geregelt, dass über den Antrag das Rechtsmittelgericht innerhalb von zwei Wochen entscheiden soll. Vor Ablauf der Antragsfrist und vor Entscheidung über den fristgemäßen Antrag wird die Abschiebung ausgeschlossen.

Beschlussempfehlung (BT-Drs. 21/4321): In Satz 1 wird ergänzend klargestellt, dass der Antrag nur in den Fällen zulässig ist, in denen bis zum Abschluss des erstinstanzlichen Verfahrens noch ein Recht zum Verbleib besteht. Aus verfahrensökonomischen Gründen wird in Satz 1 neu geregelt, dass der Antrag bei dem Gericht zu stellen ist, bei dem auch das Rechtsmittel einzulegen ist. Im neu eingefügten Satz 2 wird das Ausgangsgericht zur unverzüglichen Weiterleitung an das Rechtsmittelgericht verpflichtet. Im neuen Satz 3 wird ergänzend klargestellt, dass die Frist für das Rechtsmittelgericht erst bei Eingang des Antrags bei diesem beginnt.

Zu Absatz 10

Beschlussempfehlung (BT-Drs. 21/4321): Um einen Gleichlauf des Rechts auf Verbleib in der Rechtsmittelinstanz bei Klagen gegen Asylentscheidungen mit Klagen gegen Überstellungsentscheidungen nach Artikel 42 Absatz 1 oder Artikel 67 Absatz 10 der Verordnung (EU) 2024/1351 zu gewährleisten, wird ein neuer Absatz 10 eingefügt. Nach Artikel 68 Absatz 7 der Verordnung (EU) 2024/1348 besteht in der Rechtsmittelinstanz kein Recht auf Verbleib, es sei denn das Gericht gestattet ein solches auf Antrag. Im Unterschied hierzu enthält die Verordnung (EU) 2024/1351 keine Regelung zum Recht auf Verbleib in der Rechtsmittelinstanz, weshalb § 80b Absatz 1der Verwaltungsgerichtsordnung an zuwenden wäre. Danach käme dem Antragsteller bei Klagen gegen eine Überstellungsentscheidung im Ergebnis ein Recht auf Verbleib während eines längeren Zeitraumes zu als bei Klagen gegen Asylentscheidungen. Da ein sachlicher Grund hierfür nicht ersichtlich und auch nicht unionsrechtlich vorgegeben ist, ist eine entsprechende Ergänzung in § 78 vorzunehmen. Wie bei Klagen gegen Asylentscheidungen soll auch bei einer Klage gegen Überstellungsentscheidungen ein Recht auf Verbleib in der Rechtsmittelinstanz nicht bestehen, es sei denn, das Gericht gibt einem entsprechenden Antrag statt. Durch den Verweis auf Absatz 9 wird sichergestellt, dass insoweit die gleichen Fristen gelten.

Änderungen im AsylG

§ 80a AsylG

bis 11.06.2026	ab 12.06.2026
§ 80a Ruhen des Verfahrens	**§ 80a Ruhen des Verfahrens**
(1) Für das Klageverfahren gilt § 32a *Abs.* 1 entsprechend. Das Ruhen hat auf den Lauf von Fristen für die Einlegung oder Begründung von Rechtsbehelfen keinen Einfluss.	(1) Für das Klageverfahren gilt § 32a **Absatz** 1 entsprechend. Das Ruhen hat auf den Lauf von Fristen für die Einlegung oder Begründung von Rechtsbehelfen keinen Einfluss.
(2) Die Klage gilt als zurückgenommen, wenn der Kläger nicht innerhalb eines Monats nach Ablauf der Geltungsdauer der Aufenthaltserlaubnis nach § 24 des Aufenthaltsgesetzes dem Gericht anzeigt, dass er das Klageverfahren fortführen will.	(2) [unverändert]
(3) Das Bundesamt unterrichtet das Gericht unverzüglich über die Erteilung und den Ablauf der Geltungsdauer der Aufenthaltserlaubnis nach § 24 des Aufenthaltsgesetzes.	(3) [unverändert]

Gesetzesbegründung zu § 80a AsylG (BT-Drs. 21/1848)

Redaktionelle Änderung [von Absatz 1].

§ 84 AsylG

bis 11.06.2026	ab 12.06.2026
§ 84 Verleitung zur missbräuchlichen Asylantragstellung	**§ 84 Verleitung zur missbräuchlichen Asylantragstellung**
(1) Mit Freiheitsstrafe bis zu drei Jahren oder mit Geldstrafe wird bestraft, wer einen Ausländer verleitet oder dabei unterstützt, im Asylverfahren vor dem Bundesamt oder im gerichtlichen Verfahren unrichtige oder unvollständige Angaben zu machen, um seine Anerkennung als Asylberechtigter oder die Zuerkennung internationalen Schutzes im Sinne des § 1 Absatz 1 Nummer 2 zu ermöglichen.	(1) [unverändert]
(2) In besonders schweren Fällen ist die Strafe Freiheitsstrafe bis zu fünf Jahren oder Geldstrafe. Ein besonders schwerer Fall liegt in der Regel vor, wenn der Täter	(2) [unverändert]
1. für eine in Absatz 1 bezeichnete Handlung einen Vermögensvorteil erhält oder sich versprechen lässt oder	
2. wiederholt oder zugunsten von mehr als fünf Ausländern handelt.	
(3) Mit Freiheitsstrafe von sechs Monaten bis zu zehn Jahren wird bestraft, wer in den Fällen des Absatzes 1	(3) [unverändert]
1. gewerbsmäßig oder	
2. als Mitglied einer Bande, die sich zur fortgesetzten Begehung solcher Taten verbunden hat, handelt.	
(4) Der Versuch ist strafbar.	(4) [unverändert]
(5) Wer die Tat nach Absatz 1 zugunsten eines Angehörigen im Sinne des § 11 *Abs.* 1 *Nr.* 1 des Strafgesetzbuches begeht, ist straffrei.	(5) Wer die Tat nach Absatz 1 zugunsten eines Angehörigen im Sinne des § 11 **Absatz** 1 **Nummer** 1 des Strafgesetzbuches begeht, ist straffrei.

Gesetzesbegründung zu § 84 AsylG (BT-Drs. 21/1848)

Redaktionelle Änderung [von Absatz 5].

Änderungen im AsylG

§ 84a AsylG

bis 11.06.2026	ab 12.06.2026
§ 84a Gewerbs- und bandenmäßige Verleitung zur missbräuchlichen Asylantragstellung	**§ 84a Gewerbs- und bandenmäßige Verleitung zur missbräuchlichen Asylantragstellung**
(1) Mit Freiheitsstrafe von einem Jahr bis zu zehn Jahren wird bestraft, wer in den Fällen des § 84 *Abs.* 1 als Mitglied einer Bande, die sich zur fortgesetzten Begehung solcher Taten verbunden hat, gewerbsmäßig handelt.	(1) Mit Freiheitsstrafe von einem Jahr bis zu zehn Jahren wird bestraft, wer in den Fällen des § 84 **Absatz** 1 als Mitglied einer Bande, die sich zur fortgesetzten Begehung solcher Taten verbunden hat, gewerbsmäßig handelt.
(2) In minder schweren Fällen ist die Strafe Freiheitsstrafe von sechs Monaten bis zu fünf Jahren.	(2) [unverändert]

Gesetzesbegründung zu § 84a AsylG (BT-Drs. 21/1848)

Redaktionelle Änderung [in Absatz 1].

§ 85 AsylG

bis 11.06.2026	ab 12.06.2026
§ 85 Sonstige Straftaten	**§ 85 Sonstige Straftaten**
(1) Mit Freiheitsstrafe bis zu einem Jahr oder mit Geldstrafe wird bestraft, wer	(1) Mit Freiheitsstrafe bis zu einem Jahr oder mit Geldstrafe wird bestraft, wer
1. entgegen § 50 *Abs. 6 , auch in Verbindung mit § 71a Abs. 2 Satz 1* sich nicht unverzüglich zu der angegebenen Stelle begibt,	1. entgegen § 50 **Absatz 6** sich nicht unverzüglich zu der angegebenen Stelle begibt,
2. wiederholt einer Aufenthaltsbeschränkung nach § 56 oder § 59b Absatz 1 , *jeweils auch in Verbindung mit § 71a Abs. 3,* zuwiderhandelt,	2. wiederholt einer Aufenthaltsbeschränkung nach § 56 oder § 59b Absatz 1 zuwiderhandelt,
3. einer vollziehbaren Anordnung nach § 60 *Abs. 2* Satz 1, *auch in Verbindung mit § 71a Abs. 3,* nicht rechtzeitig nachkommt,	3. einer vollziehbaren Anordnung nach § 60 **Absatz 2** Satz 1 nicht rechtzeitig nachkommt,
4. entgegen § 61 *Abs. 1, auch in Verbindung mit § 71a Abs. 3,* eine Erwerbstätigkeit ausübt,	4. entgegen § 61 **Absatz 1** eine Erwerbstätigkeit ausübt,
5. entgegen § 15 Absatz 2 Nummer 1 wider besseres Wissen eine erforderliche Angabe zu seinem Alter, seiner Identität oder seiner Staatsangehörigkeit nicht, nicht richtig oder nicht vollständig macht, soweit nicht die Tat in Absatz 2 mit Strafe bedroht ist oder	5. [unverändert]
6. entgegen § 15 Absatz 2 Nummer 4 bis 6 einen Pass, Passersatz, erforderliche Urkunden, sonstige Unterlagen oder Datenträger nicht vorlegt, aushändigt oder überlässt.	6. [unverändert]
(2) Mit Freiheitsstrafe bis zu drei Jahren oder mit Geldstrafe wird bestraft, wer im Asylverfahren vor dem Bundesamt oder im gerichtlichen Verfahren unrichtige oder unvollständige Angaben macht oder benutzt, um	(2) [unverändert]
1. die Anerkennung als Asylberechtigter, die Zuerkennung internationalen Schutzes im Sinne des § 1 Absatz 1 Nummer 2 oder die Feststellung der Voraussetzungen des § 60 Absatz 5 oder Absatz 7 des Aufenthaltsgesetzes zu erreichen oder	1. [unverändert]
2. den *Widerruf oder die Rücknahme* der Anerkennung als Asylberechtigter, der Zuerkennung internationalen Schutzes im Sinne des § 1 Absatz 1 Nummer 2 oder der Feststellung der Voraussetzungen des § 60 Absatz 5 oder Absatz 7 Satz 1 des Aufenthaltsgesetzes abzuwenden.	2. den **Entzug** der Anerkennung als Asylberechtigter, der Zuerkennung internationalen Schutzes im Sinne des § 1 Absatz 1 Nummer 2 oder **den Widerruf oder die Rücknahme** der Feststellung der Voraussetzungen des § 60 Absatz 5 oder Absatz 7 Satz 1 des Aufenthaltsgesetzes abzuwenden.

Gesetzesbegründung zu § 85 AsylG (BT-Drs. 21/1848)

Zu Absatz 1

Nummer 1 bis Nummer 4: Es handelt sich um eine Folgeänderung zur Aufhebung von § 71a.

Zu Absatz 2

Es handelt sich um eine Folgeänderung zur Anpassung von § 73b.

Änderungen im AsylG

§ 86 AsylG

bis 11.06.2026	ab 12.06.2026
§ 86 Bußgeldvorschriften	**§ 86 Bußgeldvorschriften**
(1) Ordnungswidrig handelt *ein Ausländer, der*	(1) Ordnungswidrig handelt, **wer**
	1. **entgegen § 25 Absatz 5 Satz 1 Nummer 2 eine dort genannte Tonaufzeichnung oder einen dort genannten Ausschnitt veröffentlicht oder zugänglich macht oder**
einer Aufenthaltsbeschränkung nach § 56 oder § 59b Absatz 1, *jeweils auch in Verbindung mit § 71a Abs. 3,* zuwiderhandelt.	2. **als Ausländer** einer Aufenthaltsbeschränkung nach § 56 oder § 59b Absatz 1 zuwiderhandelt.
(2) Die Ordnungswidrigkeit kann mit einer Geldbuße bis zu *zweitausendfünfhundert* Euro geahndet werden.	(2) Die Ordnungswidrigkeit kann mit einer Geldbuße bis zu **dreitausend** Euro geahndet werden.

Redaktionelle Hinweise zu den Neuerungen

§ 86 AsylG dient nach wie vor dazu, Verstöße gegen Aufenthaltsbeschränkungen als Ordnungswidrigkeit zu sanktionieren.

Die entscheidende Neuerung liegt in der Einführung eines zusätzlichen Bußgeldtatbestandes zum Schutz der Tonaufzeichnung von Anhörungen. Künftig handelt ordnungswidrig, wer eine solche Aufzeichnung oder Teile davon unbefugt veröffentlicht oder Dritten zugänglich macht. Damit wird erstmals ausdrücklich geregelt, dass die Inhalte der Anhörung nicht frei verbreitet werden dürfen. Für die Praxis bedeutet dies, dass mit den Aufzeichnungen besonders sensibel umzugehen ist und jede Weitergabe genau geprüft werden muss.

Hintergrund dieser Regelung ist, dass sich die Dokumentation der Anhörung grundlegend verändert. Während bisher in der Regel ein schriftliches Protokoll erstellt wurde, handelt es sich künftig um vollständige Tonaufzeichnungen, die den gesamten Gesprächsverlauf einschließlich der Stimmen aller Beteiligten enthalten. Dadurch entsteht ein deutlich höheres Schutzbedürfnis, weil diese Daten wesentlich sensibler sind als reine Textprotokolle.

Der Anwendungsbereich der Vorschrift ist bewusst weit gefasst. Täter kann grundsätzlich jede Person sein, die Zugang zu einer Aufzeichnung erhält, unabhängig davon, ob dieser Zugang rechtmäßig oder unrechtmäßig erfolgt ist. Entscheidend ist allein, ob die Aufzeichnung unbefugt veröffentlicht oder weitergegeben wird.

Angehoben wird auch der Bußgeldrahmen. Die maximale Geldbuße steigt auf 3.000 Euro. Diese Erhöhung unterstreicht die gestiegene Bedeutung des geschützten Bereichs und soll eine abschreckende Wirkung entfalten.

Gesetzesbegründung zu § 86 AsylG (BT-Drs. 21/1848)

Durch die in Artikel 14 der Verordnung (EU) 2024/1348 und Artikel 22 der Verordnung (EU) 2024/1351 vorgeschriebene Tonaufzeichnung aller Anhörungen im Asylverfahren und im Zuständigkeitsbestimmungsverfahren erfolgt ein weitgehender Eingriff in die Persönlichkeitsrechte des Antragstellers, des Sprachmittelnden und des Mitarbeitenden des Bundesamts, der die Anhörung durchführt.

Zum Schutz der an der Anhörung Beteiligten regelt § 25 Absatz 5 das Verbot, Tonaufzeichnungen der Anhörung oder Ausschnitte hieraus zu veröffentlichen oder Unberechtigten zugänglich zu machen. Ein Verstoß gegen § 25 Absatz 5 ist nach dem neu eingefügten § 86 Absatz 1a mit einem Bußgeld bewehrt. Im Vergleich zu der bisherigen Verwaltungspraxis, nach der der Inhalt des im Rahmen der Anhörung Gesprochenen lediglich in einem Ergebnisprotokoll zusammengefasst wird, besteht bezüglich der anzufertigenden Tonaufzeichnungen ein erhöhtes Schutzbedürfnis: Diese umfasst den wortwörtlichen Gesprächsverlauf in Echtzeit nebst Aufnahme der Stimmen aller Beteiligten, womit ein tiefgreifender Eingriff in die Persönlichkeitsrechts der Beteiligten verbunden ist. Darüber hinaus bergen die sich fortlaufend weiterentwickelnden technologischen Fortschritte im Bereich der künstlichen Intelligenz die Gefahr einer Manipulation der Gesprächsverläufe. Auch könnten Tonaufzeichnungen durch gezielte Schnitte aus dem Zusammenhang gerissen werden. Zudem könnten im Falle einer unbefugten Veröffentlichung aufgezeichnete Stimmen der Beteiligten mithilfe von KI-Technologie für andere Zwecke missbraucht werden. Darüber hinaus besteht im Zusammenhang mit Stimmerkennungssoftware für ausländische Dolmetscher die Gefahr, durch die Veröffentlichung ihrer Stimme durch ausländische Geheimdienste identifiziert zu werden. Aufgrund ihrer Zusammenarbeit mit der deutschen Asylbehörde könnte Dolmetscher somit leicht in das Visier von Verfolgerstaaten geraten. Sowohl zum Schutz der Anhörenden, Antragstellenden und Dolmetschenden ist somit der Tonaufzeichnung eine besonders hohe Schutzbedürftigkeit beizumessen.

Täter kann jede Person sein, die rechtmäßig oder unrechtmäßig in den Besitz einer Tonaufzeichnung einer Anhörung beim Bundesamt gelangt. Als Teilnehmer kommt jede andere Person in Betracht. Tathandlung ist der Bruch der Vertraulichkeit der Tonaufzeichnung der Anhörung durch deren Veröffentlichung, auch in Ausschnitten, in jeder technisch möglichen Form. Der Veröffentlichung steht die Weitergabe an Personen, die selbst nicht zum Erhalt der Tonaufzeichnung berechtigt sind, weil sie nicht zu dem Personenkreis gehören, der nach § 29 Verwaltungsverfahrensgesetz oder § 100 Verwaltungsgerichtsordnung zur Einsicht in die Akte, deren Bestandteil die Tonaufzeichnung ist, berechtigt sind, gleich.

Änderungen im AsylG

§ 87a AsylG

bis 11.06.2026	ab 12.06.2026
§ 87a Übergangsvorschriften aus Anlass der am 1. Juli 1993 in Kraft getretenen Änderungen	**§ 87a Übergangsvorschriften aus Anlass der am 1. Juli 1993 in Kraft getretenen Änderungen**
(1) Soweit in den folgenden Vorschriften nicht etwas anderes bestimmt ist, gelten die Vorschriften dieses Gesetzes mit Ausnahme der §§ 26a und 34a auch für Ausländer, die vor dem 1. Juli 1993 einen Asylantrag gestellt haben. Auf Ausländer, die aus einem Mitgliedstaat der Europäischen Gemeinschaften oder aus einem in der Anlage I bezeichneten Staat eingereist sind, finden die §§ 27, 29 Abs. 1 und 2 entsprechende Anwendung.	(1) [unverändert]
(2) Für das Verwaltungsverfahren gelten folgende Übergangsvorschriften:	(2) Für das Verwaltungsverfahren gelten folgende Übergangsvorschriften:
1. § 10 Abs. 2 Satz 2 und 3, Abs. 3 und 4 findet Anwendung, wenn der Ausländer insoweit ergänzend schriftlich belehrt worden ist.	1. [unverändert]
2. § *33 Abs. 2* gilt nur für Ausländer, die nach dem 1. Juli 1993 in ihren Herkunftsstaat ausreisen.	2. § **32** gilt nur für Ausländer, die nach dem 1. Juli 1993 in ihren Herkunftsstaat ausreisen.
3. Für Folgeanträge, die vor dem 1. Juli 1993 gestellt worden sind, gelten die Vorschriften der §§ 71 und 87 Abs. 1 Nr. 2 in der bis zu diesem Zeitpunkt geltenden Fassung.	3. [unverändert]
(3) Für die Rechtsbehelfe und das gerichtliche Verfahren gelten folgende Übergangsvorschriften:	(3) [unverändert]
1. Die Zulässigkeit eines Rechtsbehelfs gegen einen Verwaltungsakt richtet sich nach dem bis zum 1. Juli 1993 geltenden Recht, wenn der Verwaltungsakt vor diesem Zeitpunkt bekannt gegeben worden ist.	
2. Die Zulässigkeit eines Rechtsbehelfs gegen eine gerichtliche Entscheidung richtet sich nach dem bis zum 1. Juli 1993 geltenden Recht, wenn die Entscheidung vor diesem Zeitpunkt verkündet oder von Amts wegen anstelle einer Verkündung zugestellt worden ist.	
3. § 76 Abs. 4 findet auf Verfahren, die vor dem 1. Juli 1993 anhängig geworden sind, keine Anwendung.	
4. Die Wirksamkeit einer vor dem 1. Juli 1993 bereits erfolgten Übertragung auf den Einzelrichter bleibt von § 76 Abs. 5 unberührt.	
5. § 83 Abs. 1 ist bis zum 31. Dezember 1993 nicht anzuwenden.	

Gesetzesbegründung zu § 87a AsylG (BT-Drs. 21/1848)

Es handelt sich um eine Folgeänderung zur Aufnahme des bisherigen Regelungsgehalts von § 33 in § 32.

§ 87e AsylG

NEU ab 12.06.2026
§ 87e Übergangsvorschrift aus Anlass der am 12. Juni 2026 in Kraft getretenen Änderung
(1) Für die Durchführung des Asylverfahrens zur Prüfung der Zulässigkeit und Begründetheit von Asylanträgen sowie für die Durchführung des Verfahrens zum Entzug des internationalen Schutzes gilt Artikel 79 Absatz 3 der Verordnung (EU) 2024/1348. Diese Regelung gilt auch hinsichtlich des Asylgesetzes in der Fassung bis zum 12. Juni 2026 und für die Prüfung der Asylberechtigung und der Feststellung von Abschiebungsverboten nach § 60 Absatz 5 und 7 des Aufenthaltsgesetzes im Rahmen des Asylverfahrens sowie für die Durchführung des Verfahrens zum Entzug der Asylberechtigung und des Widerrufs und der Rücknahme der Feststellung von Abschiebungsverboten nach § 60 Absatz 5 und 7 des Aufenthaltsgesetzes. Soweit die Verordnung (EU) 2024/1348 Informationspflichten vor dem Zeitpunkt der Antragseinreichung vorsieht, sind diese Informationen spätestens bei der Einreichung des Antrags zur ab diesem Zeitpunkt geltenden Rechtslage zur Verfügung zu stellen. (2) In Übereinstimmung mit den Artikeln 1 und 79 Absatz 3 der Verordnung (EU) 2024/1348 findet die Verordnung (EU) 2024/1347 für die Prüfung nach diesem Gesetz Anwendung in Bezug auf Anträge, die ab dem 12. Juni 2026 eingereicht werden. Hinsichtlich der Überprüfung des Entzuges des internationalen Schutzes gilt dies für alle Entzugsverfahren, die ab dem 12. Juni 2026 begonnen werden. (3) Für den Widerruf oder die Rücknahme einer Zuerkennung von Familienasyl und internationalem Schutz für Familienangehörige nach § 26 in der bis zum 12. Juni 2026 geltenden Fassung finden § 73 Absatz 4 und 5 sowie § 73a in der bis zum 12. Juni 2026 geltenden Fassung Anwendung. Liegen die Voraussetzungen für einen Widerruf oder eine Rücknahme der Asylberechtigung oder des internationalen Schutzes eines Ausländers vor, von dem andere Personen ihre Asylberechtigung oder ihren internationalen Schutz nach § 26 in der bis zum 12. Juni 2026 geltenden Fassung ableiten, findet § 73b Absatz 3 Satz 2 in der bis zum 12. Juni 2026 geltenden Fassung entsprechend Anwendung

KORREKTUR ab 01.10.2026
§ 87e Übergangsvorschrift aus Anlass der am 12. Juni 2026 in Kraft getretenen Änderung
Für die Durchführung des Asylverfahrens zur Prüfung der Zulässigkeit und Begründetheit von Asylanträgen sowie für die Durchführung des Verfahrens zum Entzug des internationalen Schutzes gilt Artikel 79 Absatz 3 der Verordnung (EU) 2024/1348. Diese Regelung gilt auch hinsichtlich des Asylgesetzes in der Fassung bis zum 12. Juni 2026 und für die Prüfung der Asylberechtigung und der Feststellung von Abschiebungsverboten nach § 60 Absatz 5 und 7 des Aufenthaltsgesetzes im Rahmen des Asylverfahrens sowie für die Durchführung des Verfahrens zum Entzug der Asylberechtigung und des Widerrufs und der Rücknahme der Feststellung von Abschiebungsverboten nach § 60 Absatz 5 und 7 des Aufenthaltsgesetzes. Soweit die Verordnung (EU) 2024/1348 Informationspflichten vor dem Zeitpunkt der Antragseinreichung vorsieht, sind diese Informationen spätestens bei der Einreichung des Antrags zur ab diesem Zeitpunkt geltenden Rechtslage zur Verfügung zu stellen.

Redaktionelle Hinweise zu den Neuerungen

§ 87e AsylG ist die zentrale Brückenvorschrift zwischen dem bisherigen deutschen Asylrecht und dem ab dem 12. Juni 2026 geltenden GEAS. Die Norm bestimmt, welche Verfahren weiterhin nach altem Recht geführt werden.

Gesetzesbegründung zu § 87e AsylG (BT-Drs. 21/1848)

Die Einfügung der Übergangsvorschrift dient der Klarstellung, dass die Übergangsregelung aus der Verordnung (EU) 2024/1348 auch für das Grundrecht auf Asyl und für die Abschiebungsverbote nach § 60 Absatz 5 und 7 des Aufenthaltsgesetzes Anwendung findet. Hinsichtlich der Informationspflichten bedarf es zudem einer zusätzlichen Regelung. Dies gilt auch für die im Rahmen des Asylverfahrens anzuwendenden Regelungen der Verordnung (EU) 2024/1347. Aufgrund der Aufhebung des § 26 in Artikel 2 Nummer 29 und der daraus folgenden Aufhebung der §§ 73a und 73b Absatz 3 Satz 2 (Artikel 2 Nummer 79 und Artikel 2 Nummer 80 Buchstabe e Doppelbuchstabe bb) ist durch eine Übergangsregelung sicherzustellen, dass die bisherigen Regelungen zu Widerruf und Rücknahme für Anwendungsfälle des bisherigen § 26 weiterhin Anwendung finden können.

Aus der Beschlussempfehlung (BT-Drs. 21/4321)

Zu Absatz 1

Die Änderung in Absatz 1 Satz 1 dient der Klarstellung, dass Artikel 79 Absatz 3 der Verordnung (EU) 2024/1348 auch für das Verfahren zum Entzug des internationalen Schutzes gilt. Die Ergänzung in Absatz 1 Satz 2 dient der Klarstellung, dass die Übergangsregelung auch für die Verfahren zur Prüfung des Entzugs der Asylberechtigung sowie des Widerrufs und der Rücknahme der Feststellung von Abschiebungsverboten nach § 60 Absatz 5 und 7 des Aufenthaltsgesetzes gilt.

Zu Absatz 2

Der neue Satz 2 dient der Klarstellung, dass es bei den Entzugsverfahren auf den Beginn ab dem 12. Juni 2026 ankommt.

Zu Absatz 3

Die Ergänzung dient der Klarstellung, dass neben dem Widerruf auch Rücknahmen erfasst sind, wie bereits in der Begründetheit zur Regelung ausgeführt.

Korrektur: Wegfall von Absatz 2 und Absatz 3 ab 1. Oktober 2026

Absatz 2 und Absatz 3 sind eine fehlerhafte Formulierung des Gesetzgebers, der irrtümlich davon ausging, dass die neue Verordnung, nach der künftig entschieden wird, wer schutzberechtigt ist und wer nicht, nicht auf bereits laufende Asylverfahren angewendet werden soll. Aufgrund einer Anfrage der Abgeordneten Clara Bünger (Linke) fiel dieser Fehler auf. Dazu die Bundesregierung in ihrer Antwort auf diese kleine Anfrage: Die Prüfung von Asylanträgen richte sich ab dem 12. Juni nach der neuen Verordnung, und „eine Unterscheidung zwischen laufenden Verfahren und neuen Anträgen ab diesem Datum wird nicht gemacht". Eine entsprechende Korrektur wurde im Omnibusverfahren an das Gesetz zur Reform der missbräuchlichen Anerkennung von Vaterschaften gehängt (Artikel 10 der BT-Drs. 21/6393 vom 10.06.2026). Als Inkrafttreten wurde der 1. Oktober 2026 genannt. Der 1. Oktober sei der frühestmögliche Zeitpunkt, zu dem das Bundesamt für Migration und Flüchtlinge (BAMF) die aufgrund der geänderten Rechtslage erforderlichen Anpassungen in operativer und technischer Hinsicht vornehmen könne, führt das Innenministerium in seiner Antwort an die Abgeordnete weiter aus. Für den Zeitraum zwischen dem 12. Juni und dem 30. September habe man das BAMF angewiesen, in Fällen, in denen sich aufgrund der neuen Verordnung ein für die Antragsteller günstigerer Entscheidungsmaßstab ergebe als nach den alten Regeln, bereits den Maßstab der neuen Verordnung anzuwenden.

Die Gesetzesbegründung (BT-Drs. 21/6393) zu dieser Korrektur lautet wie folgt:

Die Verordnung (EU) 2024/1347 ist nach Artikel 288 Absatz 2 des Vertrags über die Arbeitsweise der Europäi-schen Union (AEUV) in allen ihren Teilen verbindlich und gilt unmittelbar. In Artikel 42 legt diese Verordnung als Anwendungszeitpunkt den 12. Juni 2026 fest. Eine Unterscheidung zwischen laufenden Verfahren und neuen Anträgen ab diesem Datum wird nicht gemacht. Entsprechend regelt Artikel 41 Unterabsatz 1 Satz 1 Verordnung (EU) 2024/1347 die Aufhebung der zuvor geltenden Richtlinie 2011/95/EU zu diesem Datum. Raum für eine hiervon abweichende Regelung besteht nicht. Daher werden die Absätze 2 und 3 von § 87e Asylgesetz (AsylG) gestrichen.

Ab dem 12. Juni 2026 wird bei der Prüfung, ob der internationale Schutz zuzuerkennen oder zu ent-ziehen ist, die Verordnung (EU) 2024/1347 angewandt. Dies gilt auch für Verfahren, die vor dem 12. Juni 2026 begonnen worden sind. Ab dem 12. Juni 2026 entfallen sowohl § 26 AsylG als auch § 73a AsylG in der bis zum 11. Juni 2026 geltenden Fassung des Asylgesetzes. In Fällen von vor dem 12. Juni 2026 zuerkanntem abgeleitetem Schutz nach § 26 AsylG in der bis zum 11. Juni 2026 geltenden Fassung, in denen der Schutzstatus der Person, von der der Schutz abgeleitet wurde, nach dem bis zum 12. Juni 2026 anwendbaren Recht aberkannt wurde oder nach dem ab dem 12. Juni 2026 geltenden Recht entzogen worden ist oder wird oder nach § 72 AsylG erloschen ist, ist weiterhin zu prüfen, ob auch der abgeleitete Schutz der Familienangehörigen zu entziehen ist, wenn ihnen nicht aus anderen Gründen internationaler Schutz zuzuerkennen ist. Die Prüfung richtet sich hinsichtlich der Asylberechtigung und des Flüchtlingsschutzes nach Artikel 11 i. V. m. Artikel 14 Absatz 1 Buchstabe a Verordnung (EU) 2024/1347. Der Wegfall der Schutzzuerkennung des Stammberechtigten, von dem der Schutz abgeleitet wird, stellt einen weggefallenen Umstand i. S. d. Artikel 11 Absatz 1 Satz 1 Buchstabe e oder f Verordnung (EU) 2024/1347 dar, aufgrund dessen der abgeleitete Flüchtlingsschutz zuerkannt oder die abgeleitete Asylberechtigung anerkannt wurde. Für den abgeleiteten subsidiären Schutz richtet sich die Prüfung nach Artikel 16 Absatz 1 i. V. m. Artikel 19 Absatz 1 Buchstabe a Verordnung (EU) 2024/1347. Der Wegfall der Schutzzuerkennung des Stammberechtigten, von dem der Schutz abgeleitet wird, stellt einen nicht mehr bestehenden Umstand im Sinne des Arti-kel 16 Absatz 1 Verordnung (EU) 2024/1347 dar, aufgrund dessen der abgeleitete subsidiäre Schutz zuerkannt wurde.

Und zum Inkraftteten am 1. Oktober 2026 lautet die Begründung (BT-Drs. 21/6393) wie folgt:

Die Änderung des zum 12. Juni 2026 in Kraft tretenden § 87e AsylG tritt erst zum 1. Oktober 2026 in Kraft. Dies ist der frühestmögliche Zeitpunkt, zu dem das für die Umsetzung zuständige Bundesamt für Migration und Flüchtlinge (BAMF) die aufgrund der geänderten Rechtslage erforderlichen Anpassungen im operativen Bereich (Überarbeitung von Dienstanweisungen, Gerüstbescheiden bzw. Textbausteinen und Dokumentvorlagen) sowie auf technischer Ebene (Anpassungen der Entscheidungsmaske im Asylantragsbearbeitungssystem MARiS (Migrations-Asyl-Reintegrationssystem) und in den Fachanwendungen) vornehmen kann. Im Übergangszeitraum zwischen dem 12. Juni 2026 und dem 30. September 2026 wendet das BAMF in Konstellationen, in denen sich aufgrund der Verordnung (EU) 2024/1347 ein aus Sicht der Antragstellenden günstigerer Entscheidungsmaßstab ergibt als nach §§ 3 und 4 AsylG in der bis zum 11. Juni 2026 geltenden Fassung, bereits den Maßstab der Ver-ordnung (EU) 2024/1347 an. Dadurch sollen rechtliche Beeinträchtigungen für die Antragstellenden vermieden werden.

Änderungen im AsylG

§ 88 AsylG

bis 28.04.2026	ab 29.04.2026
§ 88 Verordnungsermächtigungen	**§ 88 Verordnungsermächtigungen**
(1) Das Bundesministerium des Innern, *für Bau und Heimat* kann durch Rechtsverordnung mit Zustimmung des Bundesrates die zuständigen Behörden für die Ausführung von Rechtsvorschriften der *Europäischen Gemeinschaft* und völkerrechtlichen Verträgen über die Zuständigkeit für die Durchführung von Asylverfahren bestimmen, insbesondere für	(1) Das Bundesministerium des Innern kann durch Rechtsverordnung mit Zustimmung des Bundesrates die zuständigen Behörden für die Ausführung von Rechtsvorschriften der **Europäischen Union** und völkerrechtlichen Verträgen über die Zuständigkeit für die Durchführung von Asylverfahren, **über die Gewährung vorübergehenden Schutzes und zur Feststellung der Identität illegal aufhältiger Drittstaatsangehöriger oder Staatenloser und für die Ausführung der Aufnahme schutzbedürftiger Personen** bestimmen, insbesondere für
1. *Auf- und Wiederaufnahmeersuchen* an andere Staaten,	1. **Aufnahmegesuche und Wiederaufnahmemitteilungen** an andere Staaten,
2. Entscheidungen über *Auf- und Wiederaufnahmeersuchen* anderer Staaten,	2. Entscheidungen über **Aufnahmegesuche und Bestätigungen von Wiederaufnahmemitteilungen** anderer Staaten,
3. den Informationsaustausch mit anderen Staaten und der *Europäischen Gemeinschaft* sowie Mitteilungen an die betroffenen Ausländer *und*	3. den Informationsaustausch mit anderen Staaten und der **Europäischen Union** sowie Mitteilungen an die betroffenen Ausländer,
4. die Erfassung, Übermittlung und den Vergleich von *Fingerabdrücken* der betroffenen Ausländer.	4. die Erfassung, Übermittlung und den Vergleich von **biometrischen Daten** der betroffenen Ausländer **und**
	5. **die Eintragung und die Löschung der Tatsache, dass die Person als Ergebnis der in der Verordnung (EU) 2024/1356 genannten Sicherheitskontrolle oder einer Prüfung nach Artikel 16 Absatz 4 der Verordnung (EU) 2024/1351 oder nach Artikel 9 Absatz 5 der Verordnung (EU) 2024/1348 eine Gefahr oder Bedrohung für die innere Sicherheit darstellen könnte, in Eurodac sowie den Informationsaustausch mit anderen Staaten und der Europäischen Union einschließlich der Konsultation gemäß Artikel 17 Absatz 4 der Verordnung (EU) 2024/1358.**
(2) Das Bundesministerium des Innern und für Heimat wird ermächtigt, durch Rechtsverordnung mit Zustimmung des Bundesrates Regelungen für die Qualitätssicherung der nach § 16 verarbeiteten Lichtbilder, Fingerabdruckdaten, ausländischen Ausweis- oder Identifikationsdokumente sowie für die Vordruckmuster und die Ausstellungsmodalitäten für die Bescheinigungen nach den §§ 63 und 63a (Dokumentationspflichten des Ankunftsnachweises) festzulegen.	(2) [unverändert]
(3) Die Landesregierung kann durch Rechtsverordnung Aufgaben der Aufnahmeeinrichtung auf andere Stellen des Landes übertragen.	(3) [unverändert]

Redaktionelle Hinweise zu den Neuerungen

§ 88 AsylG wird inhaltlich deutlich erweitert, ohne dass sich seine grundlegende Funktion ändert. Die Vorschrift bleibt eine klassische Verordnungsermächtigung. Sie regelt also nicht unmittelbar Rechte oder Pflichten der Betroffenen, sondern schafft die Grundlage dafür, dass das Bundesministerium des Innern durch Rechtsverordnung festlegen kann, welche Behörden bestimmte Aufgaben im Zusammenhang mit dem Asylverfahren und angrenzenden unionsrechtlichen Verfahren wahrnehmen.

Die Verordnungsermächtigung wurde auf neue Personengruppen, neue unionsrechtliche Verfahren und insbesondere auf das erheblich ausgeweitete Eurodac-System erstreckt. Von besonderer Bedeutung ist die neue Möglichkeit, Sicherheitskennzeichnungen in Eurodac einzutragen, zu ändern und zu löschen sowie die hierfür erforderlichen Konsultationsverfahren durchzuführen. Die Vorschrift schafft damit die verwaltungsorganisatorische Grundlage für die engere europäische Zusammenarbeit bei Identitätsfeststellung, Sicherheitsüberprüfung und Datenverarbeitung im GEAS.

Gesetzesbegründung zu § 88 AsylG (BT-Drs. 21/1848)

Die Erstreckung des Anwendungsbereichs auf weitere Personengruppen folgt aus den mit der Verordnung (EU) 2024/1358 zusätzlich eingefügten Speicherkategorien in Eurodac.

Die Anfügung der Nummer 5 regelt die Eintragung und Löschung von Sicherheitskennzeichnungen in Eurodac. Die entsprechende Verordnung (EU) 2024/1358 sieht diese Eintragung in den folgenden Regelungen vor: Artikel 17 Absatz 2 Buchstabe i, Artikel 22 Absatz 3 Buchstabe d, Artikel 23 Absatz 3 Buchstabe e und Artikel 24 Absatz 3 Buchstabe f. Die Tatbestandsmerkmale „Eintragung" und „Löschung" umfassen nach allgemeinem Sprachgebrauch auch die Fortschreibung, Veränderung und Korrektur. Darüber hinaus erfasst die Regelung das in Artikel 17 Absatz 4 der genannten Verordnung (EU) 2024/1358 geregelte Konsultationsverfahren.

Änderungen im AsylG

§ 89 AsylG

bis 28.06.2026	**ab 29.06.2026**
§ 89 Einschränkung von Grundrechten	**§ 89 Einschränkung von Grundrechten**
(1) Die Grundrechte der körperlichen Unversehrtheit (Artikel 2 Abs. 2 Satz 1 des Grundgesetzes) und der Freiheit der Person (Artikel 2 Abs. 2 Satz 2 des Grundgesetzes) werden nach Maßgabe dieses Gesetzes eingeschränkt.	(1) [unverändert]
(2) Das Verfahren bei Freiheitsentziehungen richtet sich nach *Buch* 7 des Gesetzes über das Verfahren in Familiensachen und in den Angelegenheiten der freiwilligen Gerichtsbarkeit.	(2) Das Verfahren bei Freiheitsentziehungen richtet sich nach **den Büchern 1 und** 7 des Gesetzes über das Verfahren in Familiensachen und in den Angelegenheiten der freiwilligen Gerichtsbarkeit,
	soweit in diesem Gesetz oder in der Verordnung (EU) 2024/1349 nichts anderes geregelt ist. Ist über die Fortdauer der Asylverfahrenshaft oder der Haft im Rückkehrgrenzverfahren zu entscheiden, so kann das Amtsgericht das Verfahren durch unanfechtbaren Beschluss an das Gericht abgeben, in dessen Bezirk die Asylverfahrenshaft oder die Haft im Rückkehrgrenzverfahren jeweils vollzogen wird. Wird die Haft im Wege der Amtshilfe in Justizvollzugsanstalten vollzogen, gelten die §§ 171, 173 bis 175 und 178 Absatz 2 und 3 des Strafvollzugsgesetzes entsprechend, soweit in diesem Gesetz oder der Verordnung (EU) 2024/1349 nichts Abweichendes bestimmt ist.

Redaktionelle Hinweise zu den Neuerungen

Die Änderungen des § 89 AsylG stehen in engem Zusammenhang mit den neuen Haftformen des GEAS. Während die Vorschrift bislang lediglich auf das gerichtliche Verfahren bei Freiheitsentziehungen verwies, wird sie nun erheblich erweitert. Anlass hierfür sind insbesondere die Einführung der Asylverfahrenshaft (§§ 69, 70 AsylG), Haft im Rückkehrgrenzverfahren (§ 70a AsylG) sowie die Vorgaben der Rückkehrgrenzverfahrensverordnung (EU) 2024/1349.

Während die Vorschrift bislang im Wesentlichen eine eher knappe Verweisungsnorm zum Verfahren bei Freiheitsentziehungen darstellte, wird sie nun zu einer zentralen Regelung für das gerichtliche Verfahren und den Vollzug der neu eingeführten Haftformen.

Unverändert bleibt zunächst die verfassungsrechtliche Grundfunktion. § 89 stellt weiterhin klar, dass durch das Asylgesetz in die Grundrechte auf körperliche Unversehrtheit und Freiheit der Person eingegriffen werden kann. Diese Regelung erfüllt die verfassungsrechtliche Zitierpflicht und hat vor allem klarstellende Bedeutung für die Zulässigkeit solcher Maßnahmen.

Neu ist die Ausgestaltung des gerichtlichen Verfahrens bei Freiheitsentziehungen. Während bisher in Absatz 2 nur auf die speziellen Vorschriften des FamFG verwiesen wurde, wird dieser Verweis nun erweitert. Künftig gelten neben den besonderen Regelungen auch die allgemeinen Verfahrensvorschriften des FamFG. Dadurch wird das Verfahren umfassender geregelt und es wird sichergestellt, dass grundlegende Verfahrensrechte wie Anhörung, Zustellung oder Fristen klar zur Anwendung kommen. Zugleich wird klargestellt, dass das nationale Verfahrensrecht nur insoweit gilt, wie das Asylgesetz selbst oder das unmittelbar anwendbare Unionsrecht keine abweichenden Regelungen treffen.

Neu ist auch die Regelung zur gerichtlichen Zuständigkeit während des laufenden Haftverfahrens. Künftig kann das ursprünglich zuständige Amtsgericht das Verfahren an das Gericht abgeben, in dessen Bezirk die Haft tatsächlich vollzogen wird. Diese Abgabe erfolgt durch unanfechtbaren Beschluss. Hintergrund ist, dass sich der Haftort im Verlauf eines Verfahrens ändern kann und es sinnvoll ist, die Entscheidung über die Fortdauer der Haft von dem Gericht treffen zu lassen, das räumlich näher am Vollzug ist.

Eine weitere wichtige Neuerung betrifft den Vollzug der Haft (Trennungsgebot). Personen, die im Rahmen des Asylverfahrens inhaftiert sind, sollen grundsätzlich nicht in gewöhnlichen Justizvollzugsanstalten untergebracht werden, sondern in speziellen Einrichtungen. Gleichzeitig wird aber geregelt, wie in Ausnahmefällen zu verfahren ist, in denen solche speziellen Einrichtungen nicht zur Verfügung stehen. In diesen Fällen kann die Haft ausnahmsweise im Wege der Amtshilfe in einer Justizvollzugsanstalt vollzogen werden. Für diese Konstellation enthält § 89 erstmals eine klare gesetzliche Grundlage, indem bestimmte Vorschriften des Strafvollzugsgesetzes entsprechend für anwendbar erklärt werden.

Gesetzesbegründung zu § 89 AsylG (BT-Drs. 21/1848)

Es handelt sich um eine Folgeänderung zur Einfügung von § 69. Die Abgabemöglichkeit für das Amtsgericht wird parallel zum Verfahren in § 106 Absatz 2 Aufenthaltsgesetz ausgestaltet.

Nach Satz 3 sind in den Haftarten nach diesem Gesetz, d. h. der Asylverfahrenshaft und der Haft im Rückkehrgrenzverfahren dann, wenn die Haft ausnahmsweise in Justizvollzugsanstalten vollzogen wird, bestimmte Regelungen des Strafvollzugsgesetzes entsprechend anwendbar, soweit §§ 70 und 70a oder Artikel 4 Absatz 3 der Verordnung (EU) 2024/1349 nichts Abweichendes bestimmen. In Artikel 4 Absatz 3 der Verordnung (EU) 2024/1349 in Verbindung mit Artikel 16 der Richtlinie 2008/115/EG sowie Artikel 12 Absatz 1 Satz 1 der Richtlinie (EU) 2024/1346 ist das Trennungsgebot unionsrechtlich niedergelegt. Der Vollzug der Haft erfolgt danach grundsätzlich in speziellen Einrichtungen. Insofern handelt es sich in Satz 3 um eine Regelung, die nur zur Anwendung kommt, wenn die Haft nicht in speziellen Einrichtungen vollzogen werden kann. Die genannten Haftarten können nur im Wege der Amtshilfe in Justizvollzugsanstalten vollzogen werden, sofern die Voraussetzungen für die Inhaftnahme sowie jeweils die Voraussetzungen für die Amtshilfe vorliegen. Im Hinblick auf die bundesgesetzliche Beschränkung des Schusswaffengebrauchs wird nunmehr ausdrücklich auch auf § 178 Absatz 2 des Strafvollzugsgesetzes verwiesen und nicht nur § 178 Absatz 3 dieses Gesetzes, der weitergehende Beschränkungen durch Landesrecht gestattet.